o suicídio
émile durkheim

o suicídio
émile durkheim

ESTUDO DE SOCIOLOGIA

TRADUÇÃO
MARCO ANTONIO CASANOVA

SUMÁRIO

INTRODUÇÃO _____ 19

I. Necessidade de constituir, por uma definição objetiva, o objeto da pesquisa. Definição objetiva do suicídio. Como ela previne das exclusões arbitrárias e das aproximações enganosas: eliminação dos suicídios de animais. Como ela marca as relações dos suicídios com as formas ordinárias de conduta.

II. Diferença entre o suicídio considerado entre os indivíduos e o suicídio como fenômeno coletivo. A taxa social de suicídios; sua definição. Sua constância e sua especificidade superiores àquelas da mortalidade em geral.

A taxa social de suicídios é, então, um fenômeno *sui generis*; é ele que constitui o objeto do presente estudo. Divisões da obra.

LIVRO I

Os fatores extrassociais _____ 35

CAPÍTULO I

O suicídio e os estados psicopáticos _____ 35

Principais fatores extrassociais suscetíveis de ter uma influência sobre a taxa social de suicídios: tendências individuais de uma generalidade suficiente, estados do meio físico.

I. Teoria segundo a qual o suicídio seria apenas um efeito da loucura. Duas maneiras de demonstrá-la: 1° o suicídio é uma monomania *sui generis*; 2° é uma síndrome da loucura, que não se encontra em outra parte.

II. O suicídio é uma monomania? A existência de monomanias não é mais admitida. Razões clínicas e psicológicas contrárias a essa hipótese.

III. O suicídio é um episódio específico da loucura? Redução de todos os suicídios vesânicos a quatro tipos. Existência de suicídios racionais que não se encaixam nesses quadros...

IV. Mas o suicídio, sem ser um produto da loucura, dependeria estreitamente da neurastenia? Razões para acreditar que o neurastênico é o tipo psicológico mais geral entre os suicidas. Resta determinar a influência dessa condição individual sobre a taxa de suicídios. Método para determiná-la: analisar se a taxa de suicídios varia conforme a taxa da loucura. Inexistência de qualquer relação entre a maneira pela qual esses fenômenos variam e os sexos, os cultos, a idade, os países, o grau de civilização. O que explica a inexistência de relações: indeterminação de efeito que implica a neurastenia.

V. Existiriam relações mais diretas com a taxa de alcoolismo? Comparação com a distribuição geográfica dos delitos de embriaguez, das loucuras alcoólicas, do consumo de álcool. Resultados negativos dessa comparação.

CAPÍTULO II
O suicídio e os estados psicológicos normais:
a raça e a hereditariedade _____ **67**

I. Necessidade de definir a raça. Não pode ser definida como um tipo hereditário; mas então a palavra adquire um sentido indeterminado. Daí a necessidade de uma grande reserva.

II. Três grandes raças distinguidas por Morselli. Enorme diversidade de aptidão para o suicídio entre os eslavos, os celto-romanos, as nações germânicas. Sozinhos, os alemães têm uma tendência geralmente intensa, mas eles a perdem fora da Alemanha.

III. A raça pode ser um fator do suicídio apenas se ele for essencialmente hereditário; insuficiência de provas favoráveis a essa hereditariedade: 1° a frequência relativa dos casos imputáveis à hereditariedade é desconhecida; 2° possibilidade de uma outra explicação; influência da loucura e da imitação. Razões contrárias a essa hereditariedade especial: 1° por que o suicídio é menos transmitido para a mulher? 2° a maneira pela qual o suicídio evolui com a idade é inconciliável com essa hipótese.

CAPÍTULO III

O suicídio e os fatores cósmicos _____ 91

I. O clima não tem nenhuma influência.

II. A temperatura. Variações sazonais do suicídio; sua generalidade. Como a escola italiana as explica pela temperatura.

III. Concepção contestável de suicídio que está na base dessa teoria. Exame dos fatos: a influência dos calores anormais ou dos frios anormais não prova nada; inexistência de relações entre a taxa de suicídios e a temperatura sazonal ou mensal; o suicídio raro em um grande número de países quentes

Hipótese segundo a qual os primeiros calores seriam nocivos. Inconciliável: 1° com a continuidade da curva de suicídios no aumento e na queda; 2° com o fato de que os primeiros frios, que deveriam ter o mesmo efeito, são inofensivos.

IV. Natureza das causas de que dependem essas variações. Paralelismo perfeito entre as variações mensais do suicídio e aquelas da duração dos dias; confirmado pelo fato de que os suicídios ocorrem sobretudo durante o dia. Razão desse paralelismo: é porque, durante o dia, a vida social está em plena atividade. Explicação confirmada pelo fato de que o suicídio é máximo nos dias e horas em que a atividade social é máxima. Como ela explica as variações sazonais do suicídio; provas confirmatórias diversas.

As variações mensais do suicídio dependem, então, de causas sociais.

CAPÍTULO IV

A imitação _____ 113

A imitação é um fenômeno de psicologia individual. Utilidade que há em verificar se ela tem alguma influência sobre a taxa social de suicídios.

I. Diferença entre a imitação e diversos outros fenômenos com os quais ela foi confundida. Definição da imitação.

II. Numerosos casos em que os suicídios se transmitem contagiosamente de indivíduo a indivíduo; distinção entre os fatos de contágio e as epidemias. Como o problema da possível influência da imitação sobre a taxa de suicídios permanece inteiro.

III. Essa influência deve ser estudada por meio da distribuição geográfica de suicídios. Critérios segundo os quais ela pode ser reconhecida. Aplicação desse método ao mapa de suicídios franceses por distrito, ao mapa por comunas do Sena e Marne, ao mapa da Europa em geral. Nenhum traço visível da imitação na distribuição geográfica.

Experiência a ser tentada: o suicídio cresce conforme o número de leitores de jornais? Razões que levam à opinião contrária.

IV. Razão que faz a imitação não ter efeitos apreciáveis sobre a taxa de suicídios: é porque ela não é um fator original, mas apenas reforça a ação de outros fatores.

Consequência prática dessa discussão: que não há motivo para proibir a publicidade judiciária.

Consequência teórica: a imitação não tem a eficácia social que lhe é dada.

LIVRO II
Causas sociais e tipos sociais _____ 137

CAPÍTULO I
Método para determinar as causas e os tipos sociais_____ 133

I. Utilidade que haveria em classificar metodologicamente os tipos de suicídio para remontar, em seguida, a suas causas; impossibilidade dessa classificação. O único método praticável consiste em classificar os suicídios por suas causas. Por que ele é mais conveniente que qualquer outro método em um estudo sociológico do suicídio.

II. Como alcançar essas causas? As informações dadas pelas estatísticas sobre as razões presumidas dos suicídios: 1° são suspeitas; 2° não dão a conhecer as verdadeiras causas. O único método eficaz é examinar como a taxa de suicídios varia em função de diversos concomitantes sociais.

CAPÍTULO II

O suicídio egoísta _____ 145

I. O suicídio e as religiões. Agravamento geral devido ao protestantismo; imunidade dos católicos e sobretudo dos judeus.

II. A imunidade dos católicos não está relacionada a seu estado de minoria nos países protestantes, mas ao seu menor individualismo religioso, por conseguinte, à mais forte integração da Igreja católica. Como essa explicação se aplica aos judeus.

III. Verificação dessa explicação: 1º a imunidade relativa da Inglaterra em relação aos outros países protestantes, ligada à mais forte integração da Igreja anglicana; 2º o individualismo religioso varia conforme o gosto pelo saber; ora, a) o gosto pelo saber é mais pronunciado entre os povos protestantes do que entre os católicos, b) o gosto pelo saber varia conforme o suicídio todas as vezes que ele corresponde a um progresso do individualismo religioso. Como a exceção dos judeus confirma a lei.

IV. Consequências deste capítulo: 1º a ciência é o remédio para o mal que o progresso dos suicídios sintomatiza, mas não é sua causa; 2º se a sociedade religiosa se preserva do suicídio, é simplesmente porque ela é uma sociedade fortemente integrada.

CAPÍTULO III

O suicídio egoísta (continuação) _____ 165

I. Imunidade geral dos casamentos tal como calculou Bertillon. Inconvenientes do método que ele deve ter seguido. Necessidade de separar mais completamente a influência da idade e aquela do estado civil. Quadros em que essa separação é efetuada. Leis depreendidas desse método.

III. Explicação dessas leis. O coeficiente de preservação dos esposos não tem relação com a seleção matrimonial. Provas: 1º razões *a priori*; 2º razões de fato: a) variações do coeficiente nas diversas idades; b) da imunidade desigual da qual gozam os esposos dos dois sexos.

Essa imunidade ocorre devido ao casamento ou à família? Razões contrárias à primeira hipótese: 1º contraste entre o estado estável da nupcialidade e os progressos do suicídio; 2º imunidade fraca dos esposos sem filhos; 3º agravamento entre as esposas sem filhos.

III. A leve imunidade da qual gozam os homens casados sem filhos se deve à seleção conjugal? Prova contrária deduzida do agravamento das esposas sem filhos. Como a persistência parcial desse coeficiente entre os viúvos sem filhos se explica sem a interferência da seleção conjugal. Teoria geral da viuvez.

IV. Quadro recapitular dos resultados precedentes. É à ação da família que se deve quase toda imunidade dos esposos e toda aquela das esposas. Ela cresce com a densidade da família, quer dizer, com o seu grau de integração.

V. O suicídio e as crises políticas nacionais. A regressão que ele sofre, então, é real e geral. Ela se deve ao fato de que o grupo adquire nessas crises uma integração mais forte.

VI. Conclusão geral do capítulo. Relação direta entre o suicídio e o grau de integração dos grupos sociais, quaisquer que eles sejam. Causa dessa relação; por que e em que condições a sociedade é necessária ao indivíduo. Como, quando ela falta, o suicídio se desenvolve. Provas confirmatórias dessa explicação. Constituição do suicídio egoísta.

CAPÍTULO IV
O suicídio altruísta _____ 215

I. O suicídio em sociedades inferiores: características que o distinguem, opostas àquelas do suicídio egoísta. Constituição do suicídio altruísta obrigatório. Outras formas desse tipo.

II. O suicídio nos exércitos europeus; generalidade do agravamento que resulta do serviço militar. Ele é independente do celibato; do alcoolismo. Ele não se deve ao desgosto pelo serviço. Provas: 1° ele cresce com a duração do serviço; 2° ele é mais forte entre os voluntários e entre os contratados; 3° entre os oficiais e suboficiais que entre os soldados simples. Ele se deve ao espírito militar e ao estado de altruísmo que ele implica. Provas confirmatórias: 1° ele é tanto mais forte quanto menos os povos têm tendência para o suicídio egoísta; 2° ele é máximo nas tropas de elite; 3° ele decresce à medida que o suicídio egoísta se desenvolve.

III. Como os resultados obtidos justificam o método seguido.

CAPÍTULO V

O suicídio anômico _____ 239

I. O suicídio cresce com as crises econômicas. Essa progressão se mantém durante as crises de prosperidade: exemplos da Prússia, da Itália. As exposições universais. O suicídio e a riqueza.

Ii. Explicação dessa relação. O homem pode viver somente se as necessidades estão em harmonia com seus meios; o que implica uma limitação desses últimos. É a sociedade que os limita; como essa influência moderadora se exerce normalmente. Como ela é impedida pelas crises; daí o desregramento, anomia, suicídios. Confirmação retirada de relações entre o suicídio e a riqueza.

III. A anomia está atualmente em estado crônico no mundo econômico. Suicídios que resultam disso. Constituição do suicídio anômico.

IV. Suicídios devidos à anomia conjugal. A viuvez. O divórcio. Paralelismo dos divórcios e dos suicídios. Ele se deve a uma constituição matrimonial que opera em sentido contrário sobre os esposos e sobre as esposas; provas que o apoiam. Em que consiste essa constituição matrimonial. O enfraquecimento da disciplina matrimonial que implica o divórcio agrava a tendência para o suicídio dos homens e a diminui para as mulheres. Razão desse antagonismo. Provas confirmatórias dessa explicação. Concepção do casamento depreendida desse capítulo.

CAPÍTULO VI

Formas individuais dos diferentes tipos de suicídio _____ 281

Utilidade e possibilidade de completar a classificação etiológica precedente por meio de uma classificação morfológica.

I. Formas fundamentais tomadas pelas três correntes suicidógenas encarnando-se entre os indivíduos. Formas mistas que resultam da combinação dessas formas fundamentais.

II. O instrumento de morte escolhido deve entrar nessa classificação? Essa escolha depende de causas sociais. Mas essas causas são independentes daquelas que determinam o suicídio. Elas não fazem parte, então, da presente pesquisa.

Quadro sinóptico dos diferentes tipos de suicídio.

LIVRO III

Do suicídio como fenômeno social em geral _____ 299

CAPÍTULO I

O elemento social do suicídio _____ 299

I. Resultados do que precede. Ausência de relações entre a taxa dos suicídios e os fenômenos cósmicos ou biológicos. Relações definidas com os fatos sociais. A taxa social corresponde, então, a uma tendência coletiva da sociedade.

II. A constância e a individualidade dessa taxa não podem ser explicadas de outro modo. Teoria de Quételet para enfrentar esse problema: o homem médio. Refutação: a regularidade dos dados estatísticos se encontra até mesmo nos fatos que estão fora da média. Necessidade de admitir uma força ou um grupo de forças coletivas das quais a taxa social dos suicídios exprime a intensidade.

III. O que se precisa entender por essa força coletiva: trata-se de uma realidade exterior e superior ao indivíduo. Exposição e exame das objeções feitas a essa concepção:

1º Objeção segundo a qual um fato social não pode se transmitir senão por tradições interindividuais. Resposta: a taxa dos suicídios não pode ser transmitida assim.

2º Objeção segundo a qual o indivíduo é todo o real da sociedade. Resposta: a) como é que as coisas materiais, exteriores aos indivíduos, são erigidas como fatos sociais e desempenham, com essa qualidade, um papel *sui generis;* b) os fatos sociais que não se objetivam sob essa forma ultrapassam toda e qualquer consciência individual. Eles têm por substrato o agregado formado pelas consciências individuais reunidas em sociedade. Essa concepção não tem nada de ontológica.

Aplicação dessas ideias ao suicídio.

CAPÍTULO II
Relações do suicídio com os outros fenômenos sociais _____ **327**

Método para determinar se o suicídio deve ser classificado entre os fatos morais ou imorais.

I. Exposição histórica das disposições jurídicas ou morais usuais nas diferentes sociedades relativamente ao suicídio. Progresso contínuo da reprovação da qual ele é objeto, salvo nas épocas de decadência. Razão de ser dessa reprovação; que ela está mais do que nunca fundada na constituição normal das sociedades modernas.

II. Relações do suicídio com as outras formas de imoralidade. O suicídio e os atentados contra a propriedade; ausência de qualquer relação. O suicídio e o homicídio; teoria segundo a qual eles consistiriam todos os dois em um mesmo estado orgânico-psíquico, mas dependeriam de condições sociais antagônicas.

III. Discussão da primeira parte da proposição. O sexo, a idade, a temperatura não agem da mesma maneira sobre os dois fenômenos.

IV. Discussão da segunda parte. Casos em que o antagonismo não se verifica. Casos, mais numerosos, em que ele se verifica. Explicação dessas contradições aparentes: existência de diferentes tipos de suicídio dos quais uns excluem o homicídio enquanto outros dependem das mesmas condições sociais. Natureza desses tipos; por que os primeiros são atualmente mais numerosos do que os segundos.

Como o que precede esclarece a questão das relações históricas do egoísmo e do altruísmo.

CAPÍTULO III
Consequências práticas _____ **363**

I. A solução do problema prático varia conforme atribuímos ao estado presente do suicídio um caráter normal ou anormal. Como a questão se coloca apesar da natureza imoral do suicídio. Razões para crer que a existência de uma taxa moderada de suicídios não tem nada de mórbido. Mas razões para acreditar que a taxa atual nos povos europeus é o indício de um estado patológico.

II. Meios propostos para conjurar o mal: 1° medidas repressivas. Quais são aquelas que seriam possíveis. Por que elas não poderiam ter mais do que uma eficácia restrita; 2° a educação. Ela não pode reformar o estado moral da sociedade porque ela não é senão o reflexo desse estado. Necessidade de atingir as próprias causas das correntes suicidógenas; pode-se sempre negligenciar o suicídio altruísta do qual o estado não tem nada de anormal.

O remédio contra o suicídio egoísta: tornar mais consistentes os grupos que enquadram o indivíduo. Quais são os mais próprios para esse papel? Não é nem a sociedade política, que está distante demais do indivíduo, nem a sociedade religiosa, que não o socializa senão retirando dele a liberdade de pensar, nem a família, que tende a se reduzir ao casal conjugal. Os suicídios dos esposos progridem tanto quanto o dos solteiros.

III. Do grupo profissional. Por que ele é o único capaz de realizar essa função. O que ele deve se tornar para isso. Como ele pode constituir um meio moral. Como ele pode conter também o suicídio anômico. Caso da anomia conjugal. Posição antinômica do problema: o antagonismo dos sexos. Meios de remediá-lo.

IV. Conclusão. O estado presente do suicídio é o indício de uma miséria moral. O que é preciso compreender por uma afecção moral da sociedade. Como a reforma proposta é reclamada pelo conjunto de nossa evolução histórica. Desaparecimento de todos os grupos sociais intermediários entre o indivíduo e o Estado; necessidade de reconstituí-los. A descentralização profissional oposta à descentralização territorial; como é que ela é a base necessária da organização social.

Importância da questão do suicídio; sua solidariedade com os maiores problemas práticos do tempo atual.

PRANCHAS

I. SUICÍDIOS E ALCOOLISMO NA FRANÇA:
 Prancha I – A 60
 Prancha I – B 61
 Prancha I – C 62
 Prancha I – D 63

II. SUICÍDIOS NA FRANÇA POR DISTRITO 125

III. SUICÍDIOS NA EUROPA CENTRAL 131

IV. SUICÍDIOS E DENSIDADE FAMILIAR NA FRANÇA (2 mapas)
 Prancha IV – A 197
 Prancha IV – B 198

V. SUICÍDIOS E RIQUEZA NA FRANÇA (2 mapas):
 Prancha V – A 244
 Prancha V – B 245

VI. SUICÍDIOS DOS CASADOS E VIÚVOS DOS DOIS SEXOS, COM OU SEM FILHOS 361

o suicídio
émile durkheim

ESTUDO DE SOCIOLOGIA

INTRODUÇÃO

I

Como a palavra suicídio aparece incessantemente no decorrer das conversas, poder-se-ia acreditar que o seu sentido seria conhecido de todo mundo e que seria supérfluo defini-lo. Mas, em realidade, as palavras da língua usual, assim como os conceitos que elas exprimem, são sempre ambíguas, de tal modo que o homem de ciência que as empregasse tal como as recebe do uso e sem submetê-las a outra elaboração se exporia às mais graves confusões. Não apenas a compreensão é muito pouco circunscrita, variando de um caso para o outro segundo as necessidades do discurso, mas, além disso, como a classificação da qual elas são o produto não procede de uma análise metódica, mas traduz somente as impressões confusas da massa, acontece constantemente de as categorias de fatos muito diferentes serem reunidas indistintamente sob uma mesma rubrica ou de as realidades de uma mesma natureza serem chamadas por nomes diferentes. Se, então, deixamo-nos guiar pela acepção recebida, arriscamo-nos a distinguir o que deve ser confundido ou de confundir o que deve ser distinguido, de desconhecer, portanto, o verdadeiro parentesco das coisas e, por conseguinte, de nos equivocar sobre sua natureza. Não explicamos as coisas senão por meio de comparações. Portanto, uma investigação científica não poderá chegar ao seu fim se não abarcar fatos comparáveis e ela tem tanto mais chances de ter sucesso quanto mais se assegurar de ter reunido todos aqueles fatos que podem ser comparados de maneira útil. Todavia, essas afinidades naturais dos seres não seriam alcançadas com alguma certeza por um exame superficial como aquele do qual resultou a terminologia vulgar: consequentemente, o homem de ciência não pode tomar como objeto de suas investigações os grupos de fatos completamente constituídos aos quais correspondem as palavras da língua corrente. Mas é obrigado a constituir ele mesmo os grupos que quer estudar, a fim de lhes dar a homogeneidade e a especificidade que lhes são necessárias para que possam ser tratados cientificamente. É assim que o botânico, ao falar de flores e de frutos, o zoologista, ao falar de peixes ou insetos, consideram esses diferentes termos no sentido que eles tiveram de fixar previamente.

Nossa primeira tarefa deve ser, então, determinar a ordem dos fatos que nos propusemos a estudar sob o nome de suicídio. Por isso, procuraremos definir se, entre os diferentes tipos de morte, não há aqueles que possuem em comum características bastante objetivas, para que possam ser reconhecidos por todo observador de boa-fé, bastante especiais para não estarem alhures, mas, ao mesmo tempo, suficientemente próximos daquelas mortes que nós colocamos geralmente sob a alcunha de suicídios, a fim de que possamos, sem violentar o costume, conservar essa mesma expressão. Se nós os encontrarmos, reuniremos sob essa denominação todos os fatos, sem exceção, que apresentarem essas características distintivas; e isso sem nos inquietarmos sobre se a classe assim formada compreenderia todos os casos que ordinariamente chamaríamos assim, ou, ao contrário, se ela compreenderia também o que nos acostumamos a chamar de outro modo. Pois o que importa não é exprimir com um pouco de precisão a noção que a média das inteligências construiu sobre o suicídio, mas sim constituir uma categoria de objetos que, podendo receber, sem inconveniente, a etiqueta com essa rubrica, esteja fundada objetivamente, ou seja, corresponda a uma natureza determinada de coisas.

Ora, entre as diversas espécies de morte, há aquelas que apresentam esse traço particular de que elas são uma ação da própria vítima, de que elas resultam de um ato do qual o paciente é o autor; e, por outro lado, é certo que essa mesma característica se encontra na base da ideia que nós comumente fazemos do suicídio. Pouco importa, de qualquer modo, a natureza intrínseca dos atos que produzem esse resultado. Por mais que, em geral, nós imaginemos o suicídio como uma ação positiva e violenta que implica certo emprego de força muscular, pode ser que uma atitude puramente negativa ou uma simples abstenção tenham a mesma consequência. As pessoas se matam tanto se recusando a comer quanto se destruindo pelo ferro e pelo fogo. Não é nem mesmo necessário que o ato que emana do paciente tenha sido o antecedente imediato da morte para que ela seja considerada seu efeito; a relação de causalidade pode ser indireta, o fenômeno não muda, por isso, de natureza. O iconoclasta que, para conquistar o sucesso do martírio, comete um crime de lesa-majestade, um crime que ele sabe ser um crime capital, e que morre pela mão do carrasco, é o autor de seu próprio fim tanto quanto se tivesse dado ele mesmo o golpe mortal; ao menos não há nenhum lugar para classificar em gêneros diferentes essas duas variedades de morte voluntárias, uma vez que não há diferenças entre elas senão nos detalhes materiais da execução. Chegamos, então, a esta primeira fórmula: chama-se de suicídio toda morte que resulta mediata ou imediatamente de um ato positivo ou negativo, realizado pela própria vítima.

Mas essa definição é incompleta; ela não distingue dois tipos de morte muito diferentes. Nós não saberíamos classificar da mesma forma, e tratar da mesma maneira, a morte do alucinado que se precipita de uma janela alta porque acredita que ela esteja no mesmo nível do solo e a morte do homem, são de espírito, que se alveja sabendo o que está fazendo. De qualquer modo, em certo sentido, há muito poucos desfechos mortais que não sejam a consequência próxima ou longínqua de alguma ação do paciente. As causas da morte estão situadas fora de nós muito mais do que em nós e elas não nos atingem senão quando nos aventuramos em sua esfera de ação.

Diremos que não há suicídio se o ato do qual a morte resulta tiver sido realizado pela vítima com vistas a esse resultado? Que só se mata verdadeiramente aquele que quis se matar e que o suicídio é um homicídio intencional de si mesmo? De início, porém, isso seria definir o suicídio por uma característica que, quaisquer que possam ser o seu interesse e a sua importância, teria, pelo menos, o caráter lastimável de não ser facilmente reconhecível, porquanto não é fácil de observar. Como saber qual é a motivação que determinou o agente e se, quando ele tomou a sua resolução, era de fato a morte que ele queria ou se tinha alguma outra finalidade? A intenção é uma coisa íntima demais para poder ser alcançada de fora por outra via para além de grosseiras aproximações. Ela se furta até mesmo à observação interior. Quantas vezes não nos enganamos sobre as verdadeiras razões que nos fazem agir! Incessantemente, explicamos por meio de paixões generosas ou de considerações elevadas os acontecimentos que nos inspirados por sentimentos triviais ou uma rotina cega.

Além disso, de uma maneira geral, um ato não pode ser definido pelo fim perseguido pelo agente, pois um mesmo sistema de movimentos, sem mudar de natureza, pode ser ajustado a um número grande demais de fins diferentes. E, com efeito, se houvesse suicídio somente quando houvesse a intenção de se matar, seria necessário recusar essa denominação aos fatos que, apesar das dessemelhanças aparentes, são, no fundo, idênticos àqueles que todo mundo chama assim, e que não podemos chamar de outro modo a menos que deixemos o termo sem uso. O soldado que corre diante de uma morte certa para salvar seu regimento não quer morrer, contudo, não é o autor de sua própria morte do mesmo modo que o industrial ou o comerciante que se matam para escapar das humilhações da falência? Podemos dizer o mesmo do mártir que morre por sua fé, da mãe que se sacrifica por seu filho, etc. Que a morte seja simplesmente aceita como uma condição lastimável, mas inevitável, que ela seja o fim para o qual tendemos ou que seja expressamente desejada e procurada por ela mesma, o sujeito, em um caso como no outro, renuncia à existência, e as diferentes maneiras de realizar essa renúncia não podem ser mais do que variedades de uma mesma classe. Há muitas semelhanças fundamentais entre elas para que não as reuníssemos sob a mesma expressão genérica, a não ser que queiramos distinguir em seguida espécies no interior do gênero assim constituído. Sem dúvida alguma, vulgarmente, o suicídio é, antes de tudo, o ato de desespero de um homem que não tem mais por que viver. Mas, em realidade, uma vez que ainda estamos ligados à vida no momento em que nos apartamos dela, não deixamos aí de abandoná-la; e, entre todos os atos pelos quais um ser vivente abandona assim aquele que entre todos os seus bens é considerado o mais precioso, há traços comuns que são evidentemente essenciais. Ao contrário, a diversidade dos motivos que podem ter ditado essas resoluções não teria como promover o nascimento senão de diferenças secundárias. Portanto, quando a devoção vai às raias do sacrifício certo da vida, trata-se cientificamente de um suicídio; nós veremos mais tarde de qual tipo.

O que é comum a todas as formas possíveis dessa renúncia suprema é que o ato que o consagra é levado a termo com conhecimento de causa; o que é comum é que a vítima, no momento de agir, sabe o que deve resultar de sua conduta, qualquer que tenha sido a razão que a tenha levado a se conduzir assim. Todos os fatos ligados à morte que apresentam essa particularidade característica se distinguem nitidamente de todos os outros nos quais o paciente ou não é o agente de seu próprio falecimento, ou é somente o agente inconsciente. Eles se distinguem por meio de uma característica fácil de reconhecer, pois não se trata de um problema insolúvel saber se o indivíduo conhecia ou não de antemão as consequências naturais de sua ação. Eles formam, portanto, um grupo definido, homogêneo, discernível de todos os outros e que, por consequência, deve ser designado por uma palavra especial. O termo suicídio lhe convém e não há razão para criar outro; pois a generalidade muito grande dos fatos que denominamos cotidianamente assim é abarcada por ele. Portanto, dizemos definitivamente: *chamamos de suicídio todo caso de morte que resulta direta ou indiretamente de um ato positivo ou negativo, realizado pela própria vítima, e que ela sabia que produziria esse resultado.* A tentativa é o ato assim definido, mas interrompido antes que a morte resultasse dele.

Essa definição é suficiente para excluir de nossa pesquisa tudo aquilo que concerne aos suicídios de animais. Com efeito, o que sabemos acerca da inteligência animal não permite que atribuamos às bestas uma representação antecipada de sua morte, nem mesmo dos meios capazes de produzi-la. Vemos que eles se recusam a entrar em um lugar onde outros foram mortos; diríamos que pressentem a sua sorte. Contudo, em realidade, o odor do sangue é suficiente para determinar esse movimento instintivo de recuo. Todos os casos um pouco autênticos que são citados e nos quais buscamos ver suicídios propriamente ditos podem ser explicados de uma maneira completamente diversa. Se o escorpião irritado perfura a si mesmo com seu aguilhão (o que, além disso, não é certo), isso acontece provavelmente em virtude de uma reação automática e irrefletida. A energia motora, estimulada por seu estado de irritação, se descarrega inopinadamente, tal como ela pode; o que acontece é que o animal é a vítima, sem que se possa dizer que ele teria representado de antemão a consequência de seu movimento. Inversamente, caso se trate de cães que se recusam a se alimentar quando perdem seu mestre, o que se dá é que a tristeza, na qual eles se veem mergulhados, suprime mecanicamente o apetite; a morte é o resultado, mas sem que ela tenha sido prevista. Nem o jejum nesse caso nem a ferida no outro tinham sido empregados como meios cujo efeito era conhecido. As características distintivas do suicídio, tal como nós o definimos, não se encontram, portanto, presentes. É por isso que, no que se seguirá, nós nos ocuparemos unicamente do suicídio humano.[1]

Mas essa definição não tem apenas a vantagem de prevenir as aproximações enganosas e as exclusões arbitrárias; ela nos dá a partir de agora uma ideia do lugar que os suicídios ocupam no conjunto da vida moral. Ela nos mostra, com efeito, que eles não constituem, como se poderia crer, um grupo completamente à parte, uma classe isolada de fenômenos monstruosos, sem ligação com outros modos de conduta, mas, ao contrário, que eles se ligam a esses modos por uma série contínua de intermediários. Eles não são senão a forma exagerada das práticas usuais. Efetivamente, há suicídio, nós dizíamos, quando a vítima, no momento em que começa o ato que deve pôr um fim em seus dias, sabe com toda certeza o que deve normalmente resultar dele. Mas essa certeza pode ser mais ou menos forte. Se introduzirmos algumas nuances, teremos um fato novo, que não é mais o suicídio, mas que é dele um parente próximo, uma vez que não existe entre eles senão diferenças de graus. Um homem que se expõe conscientemente pelo bem de outro, sem que um desfecho mortal seja certo, não é, sem dúvida alguma, um suicida, mesmo que aconteça de sucumbir; assim como não o é o imprudente que joga de caso pensado com a morte, procurando incessantemente evitá-la, ou o apático que, não se atendo vivamente a nada, não se dá ao trabalho de cuidar de sua saúde e a compromete por sua negligência. E, contudo, essas diferentes maneiras de agir não se distinguem radicalmente dos suicídios propriamente ditos. Elas procedem de estados de espírito análogos, porquanto envolvem igualmente riscos de morte que não são ignorados pelo agente e cuja perspectiva não o

---

[1] Resta ainda um número muito pequeno de casos que não têm como ser explicados assim, mas que são mais do que suspeitos. Por exemplo, o relato de Aristóteles, sobre um cavalo que, ao descobrir que lhe tinham feito cobrir sua mãe, sem que ele tivesse conhecimento e depois de ter se recusado muitas vezes, teria se lançado do alto de um rochedo (*História dos animais*, IX, 47). Os criadores asseguram que o cavalo não é de modo algum refratário ao incesto. Ver sobre toda essa questão WESTCOTT, *Suicide*, p. 174-179.

detém; toda a diferença é que as chances de morte são menores. Assim, também não é sem qualquer fundamento que se costuma dizer do cientista esgotado pela vigília que ele matou a si mesmo. Todos esses fatos constituem tipos de suicídio embrionários, e, se não é próprio de um bom método confundi-los com o suicídio completo e desenvolvido, não podemos de qualquer modo perder de vista as relações de parentesco que eles possuem com esse último fenômeno. Pois tudo se mostra segundo um aspecto completamente diverso, quando reconhecemos que o suicídio está ligado de uma vez por todas por um laço de continuidade com os atos de coragem e de desprendimento por um lado, e, por outro lado, com os atos de imprudência e de simples negligência. Nós veremos melhor em seguida o que essas aproximações possuem de instrutivo.

II

Mas o fato assim definido interessa ao sociólogo? Como o suicídio é um ato do indivíduo que não afeta senão o indivíduo, parece que ele depende exclusivamente de fatores individuais e que concerniria, consequentemente, apenas à psicologia. De fato, não é pelo temperamento do suicida, por seu caráter, por seus antecedentes, pelos eventos de sua história privada que se costuma explicar a sua resolução?

Não temos de investigar por enquanto em que medida e sob quais condições é legítimo estudar assim os suicídios, mas o que é certo é que eles podem ser considerados sob um aspecto completamente diferente. Com efeito, se, no lugar de não vermos aí senão eventos particulares, isolados uns dos outros e requisitando uma análise de cada um à parte, considerarmos o conjunto dos suicídios cometidos em uma dada sociedade durante uma unidade de tempo dada, nós constataremos que o total assim obtido não é uma simples soma de unidades independentes, um todo como uma coleção, mas que ele constitui por si mesmo um fato novo e *sui generis*, que tem sua unidade e sua individualidade, e, portanto, sua natureza própria, e que, além disso, essa natureza é eminentemente social. Com efeito, em uma mesma sociedade, contanto que a observação não se volte para um período extenso demais, essa cifra é mais ou menos invariável, como prova o quadro I (ver p. 26). É que, de um ano para o outro, as circunstâncias em meio às quais se desenvolve a vida dos povos permanecem sensivelmente as mesmas. Produzem-se, vez por outra, variações mais importantes; mas elas são completamente excepcionais. Pode-se ver, além disso, que elas são sempre contemporâneas de uma crise qualquer que afeta passageiramente o estado social.[2]

---
[2] Colocamos entre parênteses os números que se referem a esses anos excepcionais.

É assim que em 1848 uma baixa brusca ocorre em todos os Estados europeus.

Se considerarmos um espaço de tempo mais longo, então constataremos mudanças mais graves. Mas, com isso, elas se tornam crônicas; elas testemunham, portanto, simplesmente o fato de que as características constitucionais da sociedade sofreram, no mesmo momento, profundas modificações. É interessante observar que elas não se produzem com a lentidão extrema que lhes foi atribuída por um número muito grande de observadores; mas são ao mesmo tempo bruscas e progressivas. De repente, depois de uma série de anos nos quais as cifras oscilam entre limites muito próximos, um aumento se manifesta que, depois de hesitações em sentido contrário, se afirma, se acentua, enfim, se fixa. É que toda ruptura do equilíbrio social, que irrompe subitamente, leva sempre certo tempo para produzir todas as suas consequências. A evolução do suicídio é, assim, composta de ondas de movimento, distintas e sucessivas, que ocorrem por impulsos, desenvolvendo-se durante um tempo, depois parando para recomeçar em seguida. Podemos ver no quadro I que uma dessas ondas se formou quase em toda a Europa logo após os eventos de 1848, ou seja, por volta dos anos de 1850-1853, de acordo com os países; uma outra começou na Alemanha depois da guerra de 1866; na França, um pouco mais cedo, por volta de 1860, na época que marca o apogeu do governo imperial; na Inglaterra, por volta de 1868, ou seja, depois da revolução comercial que determinara, então, os tratados de comércio. Talvez o novo recrudescimento que constatamos por aqui [na França] por volta de 1865 também se deva à mesma causa. Enfim, depois da guerra de 1870, começou um novo movimento para a frente que ainda dura e que é quase geral na Europa.[3]

---

[3] No quadro, representamos alternativamente por cifras ordinárias ou por cifras em *itálico* as séries de números que representam essas diferentes ordens de movimento, a fim de tornar materialmente sensível a individualidade de cada uma delas.

QUADRO I

Constância do suicídio nos principais países da Europa (cifras absolutas)

Anos	França	Prússia	Inglaterra	Saxônia	Baviera	Dinamarca
1841	2.814	1.630		290		337
1842	2.866	1.598		318		317
1843	3.020	1.720		420		301
1844	2.973	1.575		335	244	285
1845	3.082	1.700		338	250	290
1846	3.102	1.707		373	220	376
1847	(3.647)	(1.852)		377	217	345
1848	(3.301)	(1.649)		398	215	(305)
1849	3.583	(1.527)		(328)	(189)	337
1850	3.596	1.736		390	250	340
1851	3.598	1.809		402	260	401
1852	3.676	2.073		530	226	426
1853	3.415	1.942		431	263	419
1854	3.700	2.198		547	318	363
1855	3.810	2.351		568	307	399
1856	4.189	2.377		550	318	426
1857	3.967	2.038	1.349	485	286	427
1858	3.903	126	1.275	491	329	457
1859	3.899	146	1.248	507	381	451
1860	4.050	2.105	1.365	548	339	468
1861	4.454	2.185	1.347	(643)		
1862	4.770	2.112	1.317	557		
1863	4.613	2.374	1.315	643		
1864	4.521	2.203	1.340	(545)		411
1865	4.946	2.361	1.392	619		451
1866	5.119	2.485	1.329	704	410	443
1867	5.011	3.625	1.316	752	471	469
1868	(5.547)	3.658	1.508	800	453	498
1869	5.114	3.544	1.588	710	425	462
1870		3.270	1.554		486	
1871		3.135	1.495			
1872		3.467	1.514			

Cada sociedade possui, então, a cada momento de sua história, uma propensão definida para o suicídio. Mede-se a intensidade relativa dessa propensão considerando-se a relação entre a cifra global de mortes voluntárias e a população de todas as idades e de todos os sexos. Nós chamaremos esse dado numérico de *taxa da mortalidade-suicídio própria à sociedade considerada*. Nós a calculamos geralmente em relação a um milhão de habitantes ou a cem mil habitantes.

Não apenas essa taxa é constante durante longos períodos de tempo, mas a invariabilidade é mesmo maior nesse caso do que aquela dos principais fenômenos demográficos. A mortalidade geral, notadamente, varia muito mais frequentemente de um ano para o outro e as variações pelas quais elas passam são muito mais importantes. Para se assegurar disso, basta comparar, durante muitos períodos, a maneira pela qual evoluem um e outro fenômeno. Foi isso que fizemos no quadro II (ver p. 2). Para facilitar a comparação, tanto para os falecimentos quanto para os suicídios, exprimimos a taxa de cada ano em função da taxa média do período, reduzida a 100. As diferenças de um ano para o outro ou em relação à taxa média do período também foram comparadas nas duas colunas. Ora, resulta dessa comparação que a cada período a amplitude das variações é muito mais considerável do lado da mortalidade geral do que do lado dos suicídios; ela é, na média, duas vezes maior. Só que a diferença mínima entre dois anos consecutivos possui sensivelmente a mesma importância de um lado e de outro durante os dois últimos períodos. Esse mínimo, contudo, é uma exceção na coluna dos falecimentos, enquanto as variações anuais dos suicídios não divergem senão excepcionalmente. Nós percebemos isso comparando as diferenças médias.[4]

É verdade que, se compararmos não mais os anos sucessivos de um mesmo período, mas as médias de períodos diferentes, as variações que observaremos na taxa da mortalidade se tornam quase insignificantes. As mudanças em sentidos contrários, que ocorrem de um ano para o outro e que se devem à ação de causas passageiras e acidentais, neutralizam-se mutuamente quando se toma por base de cálculo uma unidade de tempo mais extensa; elas desaparecem, então, da cifra média que, em consequência dessa eliminação, apresenta uma invariabilidade muito grande. Foi assim que, na França, de 1841 a 1870, as coisas se deram para cada período decenal, 23,18; 23,72; 22,87. De início, porém, já se trata de um fato notável que o suicídio tenha, de um ano para o seguinte, um grau de constância ao menos igual, senão superior àquele que a mortalidade geral manifesta tão somente de período em período. Além disso, a taxa média da mortalidade não alcança essa regularidade senão se tornando algo de geral e de impessoal, que não serve se não muito imperfeitamente para caracterizar uma dada sociedade. Com efeito, ela é sensivelmente a mesma para todos os povos que chegaram mais ou menos ao mesmo grau de civilização; ao menos, as diferenças são muito insignificantes. Assim, na França, como acabamos de ver, essa taxa oscila entre 1841 e 1870 em torno de 23 falecimentos por 1.000 habitantes; enquanto ao mesmo tempo ela foi sucessivamente na Bélgica de 23,93, 22,5, 24,04; na Inglaterra de 22,32. 22,21, 22,68; e na Dinamarca de 22,65 (1845-49), 20,44 (1855-59) e 20,4 (1861-68).

---

[4] Wagner tinha já comparado dessa maneira a mortalidade e a nupcialidade (*Die Gesetzmässigkeit*, etc., p. 87).

QUADRO II

Período 1841-46	Suicídios por 100.000 habitantes	Falecimentos por 100.000 habitantes	Período 1849-55	Suicídios por 100.000 habitantes	Falecimentos por 100.000 habitantes	Período 1856-60	Suicídios por 100.000 habitantes	Falecimentos por 100.000 habitantes
A. – Cifras absolutas								
1841	8,2	23,2	1849	10,0	27,3	1856	11,6	23,1
1842	8,3	24,0	1850	10,1	21,4	1857	10,9	23,7
1843	8,7	23,1	1851	10,0	22,3	1858	10,7	24,1
1844	8,5	22,1	1852	10,5	22,5	1859	11,1	26,8
1845	8,8	21,2	1853	9,4	22,0	1860	11,9	21,4
1846	8,7	23,1	1854	10,2	27,4			
			1855	10,5	25,9			
Médias	8,5 1	22,8	Médias	10,1	24,1	Médias	11,2	23,8
B. – Taxa de cada ano expressa em função da média reduzida a 100								
1841	96	101,7	1849	98,9	113,2	1856	103,5	97
1842	97	105,2	1850	100	88,7	1857	97,3	99,3
1843	102	101,3	1851	98,9	92,5	1858	95,5	101,2
1844	100	96,9	1852	103,8	93,3	1859	99,1	112,6
1845	103,5	92,9	1853	93	91,2	1860	106,0	89,9
1846	102,3	101,7	1854	100,9	113,6			
			1855	103	107,4			
Médias	100	100	Médias	100	100	Médias	100	100

	Entre dois anos consecutivos			Acima e abaixo da média	
	Diferença máxima	Diferença mínima	Diferença média	Máxima abaixo	Máxima acima
C. – Grandeza da diferença					
PERÍODO 1841-46:					
Mortalidade geral	8,8	2,5	4,9	7,1	4,0
Taxa de suicídios	5,0	1	2,5	4	2,8
PERÍODO 1849-55:					
Mortalidade geral	24,5	0,8	10,6	136	11,3
Taxa de suicídios	10,8	1,1	4,48	3,8	7,0
PERÍODO 1856-60					
Mortalidade geral	22,7	1,9	9,57	126	10,1
Taxa de suicídios	6,9	1,8	4,82	6,0	4,5

Se nos abstrairmos da Rússia, que ainda é europeia geograficamente, os únicos países grandes da Europa onde a décima mortuária se destaca de uma maneira um pouco acentuada das cifras precedentes são a Itália, onde ela se elevou ainda entre 1861 e 1867 até a faixa dos 30,6, e a Áustria, onde era ainda mais considerável (32,52).[5] Ao contrário, a taxa de suicídios, ao mesmo tempo que não acusa senão mudanças anuais insignificantes, varia de acordo com as sociedades do simples ao duplo, ao triplo, ao quádruplo e até mais (ver quadro III, p. 30). Em um grau muito mais elevado, portanto, do que a taxa de mortalidade, a taxa dos suicídios é própria a cada grupo social do qual ela pode ser considerada um indício característico. Ela está tão estreitamente ligada ao que há de mais profundamente constitucional em cada temperamento nacional, que a ordem, na qual se classificam, sob esse aspecto, as diferentes sociedades permanece rigorosamente a mesma em épocas muito diferentes. É o que prova o exame desse mesmo quadro. No curso de três períodos que são nela comparados, o suicídio cresceu por toda parte; mas, nessa marcha avante, os diversos povos mantiveram suas distâncias respectivas. Cada um possui o coeficiente de aceleração que lhe é próprio.

---

[5] Segundo BERTILLON, artigo "Mortalidade" do *Dicionário enciclopédico das ciências médicas*, tomo LXI, p. 738.

QUADRO III

Taxa de suicídios por milhão de habitantes nos diferentes países da Europa

	Período 1866-70	1871-75	1874-78	Números de ordens no		
				1º período	2º período	3º período
Itália	30	35	38	1	1	1
Bélgica	66	69	78	2	3	4
Inglaterra	67	66	69	3	2	2
Noruega	76	73	71	4	4	3
Áustria	78	94	130	5	7	7
Suécia	85	81	91	6	5	5
Baviera	90	91	100	7	6	6
França	135	150	160	8	9	9
Prússia	142	134	152	9	8	8
Dinamarca	277	258	255	10	10	10
Saxônia	293	267	334	11	11	11

As taxas de suicídio constituem, então, uma ordem de fatos una e determinada; é isso que demonstram, ao mesmo tempo, a sua permanência e a sua variabilidade. Pois essa permanência seria inexplicável, se não tivesse um conjunto de características distintivas, solidárias umas com as outras, que, apesar da diversidade das circunstâncias ambientes, afirmam-se simultaneamente; e essa variabilidade é um testemunho da natureza individual e concreta dessas mesmas características, uma vez que elas variam como a própria individualidade social. Em suma, esses dados estatísticos exprimem a tendência para o suicídio pela qual cada sociedade é coletivamente afligida. Não temos como dizer atualmente em que consiste essa tendência, se ela é um estado *sui generis* da alma coletiva,[6] possuindo a sua própria realidade, ou se ela não representa senão uma soma de estados individuais. Por mais que as considerações precedentes só muito dificilmente sejam conciliáveis com essa última hipótese, nós resguardamos o problema que será tratado no decorrer desta obra[7]. Quaisquer que sejam as coisas que possam ser pensadas sobre esse tema, não há como contestar que essa tendência existe, por

---

[6] É preciso deixar claro que, ao nos servirmos dessa expressão, não pretendemos de modo algum hipostasiar a consciência coletiva. Não admitimos a alma substancial na sociedade, assim como não o fazemos no indivíduo. Retornaremos posteriormente a esse ponto.
[7] Ver livro III, capítulo I.

uma razão ou por outra. Cada sociedade está predisposta a fornecer um contingente determinado de mortes voluntárias. Essa predisposição pode, então, ser objeto de um estudo especial que se destaca na sociologia. É esse estudo que nós empreenderemos.

Nossa intenção não é, portanto, fazer um inventário tão completo quanto possível de todas as condições que podem entrar na gênese dos suicídios particulares, mas apenas investigar aquelas condições das quais depende esse fato definido que nós denominamos a taxa social dos suicídios. Compreendemos que as duas questões são muito distintas, por mais que possa haver uma ligação, por outro lado, entre elas. Com efeito, entre as condições individuais, há certamente muitas que não são gerais o suficiente para afetar a ligação entre o número total das mortes voluntárias e a população. Elas podem fazer talvez com que tal ou tal indivíduo isolado se mate, mas não com que a sociedade de modo global tenha uma propensão mais ou menos intensa para o suicídio. Assim como elas não têm uma ligação com certo grau da organização social, elas também não têm repercussões sociais. Por conseguinte, elas interessam ao psicólogo, não ao sociólogo. É que a pesquisa do sociólogo está voltada para as causas por intermédio das quais é possível agir não sobre os indivíduos isoladamente, mas sobre o grupo. Consequentemente, entre os fatores do suicídio, os únicos que lhe concernem são aqueles que fazem sentir sua ação sobre o conjunto da sociedade. A taxa dos suicídios é o produto desses fatores. É por isso que devemos nos ater a ela.

Esse é o objeto do presente trabalho, que compreende três partes.

O fenômeno que procuraremos explicar não se deve senão a causas extrassociais de uma grande generalidade ou a causas propriamente sociais. Nós nos perguntaremos de início qual é a influência das primeiras e veremos que ela é nula ou muito restrita.

Determinaremos em seguida a natureza das causas sociais, a maneira pela qual elas produzem seus efeitos e suas relações com os estados individuais que acompanham os diferentes tipos de suicídio.

Feito isso, estaremos em uma melhor posição para precisar em que consiste o elemento social do suicídio, ou seja, essa tendência coletiva da qual acabamos de falar, quais são suas ligações com os outros fatos sociais e por quais meios é possível agir sobre ela.[8]

---

[8] Constará na abertura de cada capítulo, quando houver espaço para isso, a bibliografia especial sobre as questões particulares que são aí tratadas. Na próxima página estão as indicações relativas à bibliografia geral acerca do suicídio.

I – Publicações estatísticas oficiais das quais nos servimos principalmente

Estatística Austríaca (Estatística do Sistema de Socorro) – Anuário estatístico da Bélgica. – Revista do *bureau* estatístico imperial bávaro – Estatística prussiana (Mortalidade segundo causas mortais e classes etárias dos falecidos) – Livro do ano de Württemberg para estatística e geografia física – Estatística bádica – *Tenth Census of the United States. Report on the Mortality and vital statistic of the United States* 1880, 1ª Parte – Anuário estatístico italiano – Estatística das causas de morte em todas as comunidades do reino – Relações médico-estatísticas segundo condições sanitárias do exército italiano – Notícias estatísticas do grande Condado de Oldemburgo – Cômputo geral da administração da justiça criminal na França.

Livro do ano de estatísticas da cidade de Berlin – Estatística da cidade de Viena – Manual de estatística para o Hamburgo – Livro do ano de estatística oficial dos Estados de Bremen – Anuário estatístico da cidade de Paris.

Encontrar-se-ão, por outro lado, informações úteis nos seguintes artigos: PLATTER, Über die Selbstmorde in Österreich in den Jahren 1819-1872 (Sobre o suicídio na Áustria nos anos entre 1819 e 1872), em: Statist. Monatsch. 1876; BRATTASSÉVIC, *Die Selbstmorde in Österreich in den Jahren 1873-77* (O suicídio na Áustria nos anos entre 1873-77), em: Stat. Monatsch, 1878, p. 429; OGLE, *Suicides in England and Wales in Relation to Age, Sex, Season and Occupation*, em: Journal of the Statistical Society, 1886; ROSSI, *Il Suicidio nella Spagna nel 1884*, Arch di psychiatria, Turin 1886.

II – Estudos sobre o suicídio em geral

De GUERRY, *Statistique morale de la France*, Paris 1835, e *Statistique morale comparée de la France e de l'Anglaterre*, Paris 1864. – TISSOT, *De la manie du suicide et de l'esprit de revolte, de leurs causes et de leurs remèdes*, Paris 1841. – ETOC-DEMAZY, *Recherches statistiques sur le suicide*, Paris 1844. – LISLE, *Du suicide*, Paris 1856. – WAPPÄUS, *Allgemeine Bevölkerungsstatistik*, Leipzig 1861. – WAGNER, *Die Gesetzmässigkeit in den scheinbar willkürlichen menschlichen Handlungen*, Hamburgo 1864, 1ª parte. – BRIERRE DE BOISMONT, *Du suicide et de la folie-suicide*, Paris, Germer Baillière, 1865. – DOUAY, *Le suicide ou la mort volontaire*, Paris 1870. – LEROY, Étude sur le suicide et les maladies mentales dans le *département de Seine-et-Marne*, Paris 1870. – OETTINGEN, *Die Moralstatistik*, 3ª edição, Erlangen 1882, p. 786-832 e quadros anexos, 103-120. – Do mesmo autor, Über acuten und chronischen Selbstmord, Dorpat 1881. – MORSELLI, *Il suicidio*, Milão 1879. – LEGOYT, *Le suicide ancien et moderne*, Paris 1881. – MASARYK, *Der Selbstmord als sociale*

Massenerscheinung, Viena 1881. – WESTCOTT, *Suicide, its history, literature etc.*, Londres 1885. – MOTTA, *Bibliografia del Suicidio*, Bellinzona 1890. – CORRE, *Crime et suicide*, Paris 1891. – BONOMELLI, *Il Suicidio*, Milão 1892. – MAYE, *Selbstmordstatistik*, em: Dicionário de bolso das ciências políticas, organizado por Conrad, Primeiro volume suplementar, Iena 1895. – HAUVILLER D., *Suicide*, tese, 1898-99.

LIVRO I

OS FATORES EXTRASSOCIAIS

CAPÍTULO I

O SUICÍDIO E OS ESTADOS PSICOPÁTICOS[9]

Há dois tipos de causas extrassociais, às quais se pode atribuir *a priori* uma influência sobre a taxa dos suicídios: trata-se das disposições psíquico-orgânicas e da natureza do meio psíquico. Poderia bem ser que, na constituição individual ou, ao menos, na constituição de uma classe importante de indivíduos, houvesse uma inclinação, de intensidade variável segundo o país, e que essa inclinação impelisse o homem para o suicídio; por outro lado, o clima, a temperatura etc. poderiam, pelo modo como agem sobre o organismo, produzir indiretamente os mesmos efeitos. A hipótese, em todo caso, não pode ser descartada sem discussão. Nós examinaremos, por isso, sucessivamente essas duas ordens de fatores e procuraremos determinar se elas tomam, com efeito, parte no fenômeno que estudamos e qual é essa parte.

I

Há doenças cuja taxa anual é relativamente constante para uma dada sociedade, ao mesmo tempo que varia de maneira muito sensível para outros povos. Uma doença como essa é a loucura. Se tivéssemos alguma razão para ver em toda morte voluntária uma manifestação vesânica, o problema

---

[9] Bibliografia. – FALRET, *De l'hypocondrie et du suicide*, Paris, 1822. – ESQUIROL, *Des maladies mentales*, Paris, 1838 (tomo I, p. 526-676) e artigo "Suicídio", em: *Dictionnaire de médecine*, em 60 volumes. – CAZAUVIEILH, *Du suicide et de l'aliénation mentale*, Paris 1840. – ETOC-DEMAZY, "De la folie dans la production du suicide", em *Anais médico-psiquiátricos*, 1844 – BOURDIN, *Du suicide considéré comme maladie*, Paris, 1845. – DECHAMBRE, *De la monomanie homicide-suicide*, em: Gazette médic., 1852. – JOUSSET, *Du suicide et de la monomanie suicide*, 1858. – BRIERRE DE BOISMONT, *op. cit.* – LEROY, *op. cit.* – Artigo "Suicídio", do Dicionário de medicina e cirurgia prática, tomo XXXIV, p. 117. – STRAHAN, *Suicide and Insanity*, Londres, 1894.
LUNIER, *De la production et de la consommation des boissons alcooliques en France*, Paris, 1877. – Do mesmo autor, artigo nos anais médico-psiquiátricos, 1872; Journal de la Sec. de stat., 1878. – PRINZING, *Trunksucht und Selbstmord*, Leipzig, 1895.

que colocamos para nós mesmos estaria resolvido: o suicídio não seria senão uma afecção individual.[10]

Essa é a tese sustentada por um número bem grande de alienistas. Segundo Esquirol: "O suicídio oferece todas as características das alienações mentais".[11] "O homem não atenta contra a sua vida senão quando é tomado pelo delírio e os suicidas são alienados".[12] Partindo desse princípio, ele conclui que o suicídio, sendo involuntário, não deveria ser punido pela lei. Falret[13] e Moreau de Tours se exprimem com termos praticamente idênticos. É verdade que Moreau de Tours, na própria passagem em que anuncia a doutrina à qual adere, faz uma observação que é suficiente para torná-la suspeita: "O suicídio, ele diz, deve ser considerado em todos os casos como o resultado de uma alienação mental? Sem querer resolver aqui essa difícil questão, diríamos como tese geral que estamos tão instintivamente inclinados para a resposta afirmativa que fizemos um estudo mais aprofundado da loucura, que adquirimos mais experiências e que, por fim, vimos mais alienados".[14] Em 1845, o Dr. Bourdin, ainda menos comedido, em um pequeno livro que, ao ser lançado, fez algum barulho no mundo médico, sustenta a mesma opinião.

Talvez essa teoria tenha sido defendida de duas maneiras diferentes. Ou se diz que, para ele mesmo, o suicida constitui uma entidade mórbida *sui generis*, uma loucura especial; ou, sem fazer dele uma espécie distinta, vemos aí simplesmente um episódio de um ou de muitos tipos de loucura, mas que não são encontrados nos sujeitos sãos de espírito. A primeira tese é a tese de Bourdin; Esquirol, ao contrário, é, entre todos, o representante mais autorizado da outra concepção. "De acordo com o que foi exposto até aqui, ele diz, nós já entrevemos que o suicídio não é para nós senão um fenômeno consecutivo em relação a um grande número de causas diversas, que ele se mostra com características muito diferentes; que esse fenômeno não pode caracterizar uma doença. Foi por ter transformado o suicídio em uma doença *sui generis* que se estabeleceram proposições gerais desmentidas pela experiência".[15]

Mas existe uma loucura suicida?

---

[10] Na medida em que a loucura é ela mesma puramente individual. Em realidade, ela é, em parte, um fenômeno social. Nós retornaremos a esse ponto.
[11] *Maladies mentales*, tomo I, p. 639.
[12] Ibid., tomo I, p. 665.
[13] *Du suicide*, etc., p. 137.
[14] Em *Anais médico-psiquiátricos*, tomo VII, p. 287.
[15] *Maladies mentales*, tomo I, p. 528.

II

Como a tendência ao suicídio é, por natureza, especial e definida, se ela constituir uma variedade da loucura, essa não pode ser senão uma loucura parcial e limitada a um só ato. Para que ela pudesse caracterizar um delírio, seria preciso que se referisse a esse único objeto; pois, se houvesse múltiplos objetos, não haveria razão para definir a loucura por um deles mais do que pelos outros. Na terminologia tradicional da patologia mental, chamam-se monomanias esses delírios restritos. O monômano é um doente, cuja consciência é perfeitamente sã, salvo em um ponto; ele não apresenta senão uma tara nitidamente localizada. Por exemplo, ele tem durante alguns momentos um desejo irracional e absurdo de beber, de roubar ou de injuriar; mas todos os seus outros atos tanto quanto todos os seus outros pensamentos são de uma correção rigorosa. Se, então, há uma loucura suicida, ela não pode ser senão uma monomania e foi justamente assim que ela foi com frequência qualificada.[16]

Inversamente, explica-se que, se admitirmos esse gênero particular de doenças chamadas monomanias, estar-se-á facilmente induzido a fazer com que o suicídio entre no quadro dessas doenças. O que caracteriza, com efeito, esses tipos de afecções, segundo a definição mesma que acabamos de lembrar, é que eles não implicam confusões essenciais no funcionamento intelectual. A base da vida mental é a mesma no monômano e no homem são de espírito; a única diferença é que, no monômano, um estado psíquico determinado se destaca dessa base comum por um relevo especial. A monomania, com efeito, é simplesmente, na ordem das tendências, uma paixão exagerada e, na ordem das representações, uma ideia falsa. Todavia, essa ideia é de tal intensidade que ela obceca o espírito e lhe priva de toda liberdade. Por exemplo, a princípio normal, a ambição se torna doentia e se transforma em monomania de grandeza quando ela assume proporções tais que todas as outras funções cerebrais são como que por ela paralisadas. Basta, então, que um movimento um pouco violento da sensibilidade venha perturbar o equilíbrio mental para que apareça a monomania. Ora, parece correto dizer que os suicidas estão geralmente submetidos à influência de alguma paixão anormal, que essa paixão esgota sua energia a um só golpe ou não desenvolve essa energia senão a longo prazo; pode-se mesmo acreditar com uma aparência de razão que se necessita sempre de alguma força desse gênero para neutralizar o instinto, tão fundamental, de conservação. Por outro lado, muitos suicidas, para além do ato especial pelo qual eles põem um fim à sua vida, não têm nada de singular em relação a outros homens; não há, consequentemente, razão alguma para imputar-lhes um delírio

---

[16] Ver BRIERRE DE BOISMONT, p. 140.

geral. Eis aí como, encoberto pela monomania, o suicídio foi colocado na categoria das vesânias.

Bem, mas há monomanias? Durante muito tempo, a sua existência não foi colocada em dúvida; a unanimidade dos alienistas admitia, sem discussão, a teoria dos delírios parciais. Não apenas se cria que essa teoria tinha sido demonstrada pela observação clínica, mas se a apresentava mesmo como um corolário dos ensinamentos da psicologia. Professava-se, portanto, que o espírito humano é formado por faculdades distintas e forças separadas, que cooperam de maneira ordinária, mas que são suscetíveis de agir isoladamente; parecia, por isso, natural que elas pudessem ser tocadas separadamente pela doença. Uma vez que o homem pode manifestar inteligência sem vontade e sensibilidade sem inteligência, por que não poderia haver doenças da inteligência ou da vontade sem perturbações da sensibilidade e vice-versa? Aplicando o mesmo princípio às formas mais especiais dessas faculdades, chega-se a admitir que a lesão poderia afetar exclusivamente uma tendência, uma ação ou uma ideia isolada.

Hoje em dia, porém, essa opinião foi universalmente abandonada. Com certeza, não se pode demonstrar diretamente por meio da observação que há monomanias; mas está definido que não se pode citar um único exemplo incontestável. Jamais a experiência clínica pôde observar uma doença do espírito em um estado de verdadeiro isolamento; todas as vezes que uma faculdade é lesada, as outras também o são ao mesmo tempo, e, se os partidários da monomania não perceberam tais lesões concomitantes, isso aconteceu porque eles dirigiram mal as suas observações. "Tomemos como exemplo", diz Falret, "um alienado preocupado com ideias religiosas que seria classificado entre os monômanos religiosos. Ele se diz inspirado por Deus; encarregado de uma missão divina, ele traz ao mundo uma nova religião... Essa ideia, dir-se-ia, é completamente louca, mas, para além dessa série de ideias religiosas, ele raciocina como os outros homens. Bem, mas se for interrogado com um pouco mais de cuidado, não se tardará a descobrir nele outras ideias doentias: encontrar-se-ia, por exemplo, paralelamente às ideias religiosas, uma tendência orgulhosa. Ele se acreditará não apenas convocado a reformar a religião, mas também a reformar a sociedade; talvez ele também venha a se imaginar como se o mais alto destino lhe estivesse reservado... Admitamos que, depois de uma pesquisa sobre as tendências orgulhosas desse doente, elas não tivessem sido encontradas, mas sim a presença de ideias de humildade ou tendências amedrontadas. O doente, preocupado com ideias religiosas, se acreditará perdido, destinado a perecer etc."[17] Sem dúvida, todos esses delírios não se encontram habitualmente reunidos no

---

[17] *Maladies mentales*, 437.

mesmo sujeito. No entanto, são aqueles que mais frequentemente encontramos juntos. Ou então, se eles não coexistem em um só e mesmo momento da doença, nós os vemos se sucederem em fases mais ou menos próximas.

Enfim, independentemente dessas manifestações particulares, há sempre junto aos pretensos monômanos um estado geral de toda a vida mental que é a base mesma da doença, da qual essas ideias delirantes não são mais do que a expressão superficial e temporária. O que constitui essa base é uma exaltação excessiva ou uma depressão extrema, ou uma perversão geral. Há, sobretudo, ausência de equilíbrio e de coordenação tanto no pensamento quanto na ação. O doente raciocina, e, no entanto, suas ideias não se encadeiam sem lacunas; ele não se conduz de uma maneira absurda, mas sua conduta carece de continuidade. Não é exato, portanto, dizer que a loucura poderia ter aí uma parcela de culpa, e uma parcela restrita; desde o momento em que ela penetra no entendimento, ela o invade por inteiro.

Além disso, o princípio sobre o qual se apoiava a hipótese das monomanias está em contradição com os dados atuais da ciência. A antiga teoria das faculdades não conta mais com muitos defensores. Não se veem mais nos diferentes modos da atividade consciente forças separadas, que não se recompõem e não reencontram a sua unidade senão no cerne de uma substância metafísica, mas sim funções solidárias; é, portanto, impossível que uma seja lesada sem que essa lesão repercuta sobre as outras. Essa penetração é ela mesma mais íntima na vida cerebral do que no resto do organismo; pois as funções psíquicas não têm órgãos tão distintos uns dos outros para que um pudesse ser atingido sem que os outros também o fossem. A repartição entre as diferentes regiões do encéfalo não possui nada de muito bem definido, tal como prova a facilidade com a qual as diferentes partes do cérebro se preenchem mutuamente, se uma delas é impedida de realizar a sua tarefa. Seu enredamento é, portanto, completo demais para que a loucura pudesse afetar algumas partes, deixando outras intactas. Com uma razão ainda mais forte, é completamente impossível que ela possa alterar uma ideia ou um sentimento particular sem que a vida psíquica seja alterada em sua raiz. Pois as representações e as tendências não possuem existência própria: elas não são um grande número de substâncias pequenas, de átomos espirituais que, ao se agregarem, formariam o espírito. Ao contrário, elas não fazem outra coisa senão manifestar externamente o estado geral dos centros conscientes; elas se derivam daí e os exprimem. Consequentemente, elas não podem ter um caráter mórbido sem que esse estado seja ele mesmo viciado.

Mas, se as taras mentais não são suscetíveis de se localizar, então não há, não pode haver monomanias propriamente ditas. Os distúrbios, que possuem uma aparência local e que foram chamados por esse nome, resultam sempre de uma perturbação mais extensa; eles não são doenças, mas acidentes particulares e secundários de doenças mais gerais. Se, então, não há monomanias, também não poderia haver uma monomania suicida e, por conseguinte, o suicídio não é uma loucura distinta.

III

Mas continua sendo possível que ele só ocorra no estado da loucura. Se, por si mesmo, ele não é uma vesânia especial, não existe forma da vesânia na qual ele não possa se mostrar. Ele não é senão uma síndrome episódica, ainda que frequente. Podemos concluir com base nessa frequência que ele nunca é produzido no estado de saúde e que ele é um indício certo de uma alienação mental?

A conclusão seria precipitada. Pois se, entre os atos dos alienados, há alguns que são próprios ao suicídio e que podem servir para caracterizar a loucura, também há outros, ao contrário, que os suicidas têm em comum com os homens sãos, por mais que eles assumam entre os loucos uma forma especial. *A priori*, não há razão para classificar o suicídio na primeira dessas duas categorias. Sem dúvida, os alienistas afirmam que a maior parte dos suicidas que conheceram apresentava todos os signos da alienação mental. Não obstante, esse testemunho não teria como ser suficiente para resolver a questão; pois tais inspeções são por demais sumárias. Além disso, de uma experiência tão estreita e especial não se conseguiria induzir nenhuma lei geral. A partir dos suicidas que eles conheceram e que, naturalmente, eram alienados, não se pode concluir nada em relação àqueles que eles não observaram e que, no entanto, são os mais numerosos.

A única maneira de proceder metodicamente consiste em classificar, segundo as suas propriedades essenciais, os suicídios cometidos pelos loucos, constituindo, assim, os tipos principais de suicídios vesânicos e investigando se todas as mortes voluntárias entram nesses quadros nosológicos. Em outras palavras, para saber se o suicídio é um ato especial dos alienados, é preciso determinar as formas que ele assume na alienação e ver, em seguida, se os alienados são os únicos que ele afeta.

Em geral, os especialistas se dedicaram pouco à classificação dos suicídios dos alienados. Não obstante, pode-se considerar que os quatro tipos apresentados a seguir encerram as espécies mais importantes. Os traços essenciais dessa classificação foram extraídos de Jousset e de Moreau de Tours.[18]

I. *Suicídio maníaco.* – Ele se dá seja em função de alucinações, seja em função de concepções delirantes. O doente se mata para escapar de um perigo ou de uma desonra imaginária, ou ainda para obedecer a uma ordem

---

[18] Ver artigo "Suicídio" do *Dictionnaire de médicine et de chirurgie pratique*.

misteriosa que ele recebeu do céu etc.[19] Mas os motivos desse suicídio e seu modo de evolução refletem as características gerais da doença da qual ele deriva, a saber, a mania. O que distingue essa afecção é sua extrema mobilidade. As ideias, os sentimentos mais diversos e mesmo contraditórios se sucedem com uma rapidez extraordinária no espírito dos maníacos. Trata-se de um turbilhão perpétuo. Mal nasce um estado de consciência e ele já é substituído por outro. O mesmo vale para os motivos que determinam o suicídio maníaco: eles nascem, desaparecem ou se transformam com uma rapidez espantosa. Abruptamente, a alucinação ou o delírio que levam o sujeito decididamente a se destruir aparecem; resulta daí a tentativa de suicídio; depois, um instante depois, a cena muda e, se a tentativa é abortada, o suicídio não é retomado, ao menos não no mesmo momento. Se ela se reproduz mais tarde, será por outro motivo. O incidente mais insignificante pode levar a bruscas transformações. Um doente desse tipo, querendo colocar um fim a seus dias, se jogou em um rio em geral pouco profundo. Ele estava procurando um lugar onde a submersão fosse possível, quando um policial aduaneiro, suspeitando de seu intuito, lhe aponta a arma e ameaça atirar com o seu fuzil caso ele não saísse da água. Imediatamente, então, nosso homem volta pacificamente para casa, sem nem mesmo sonhar em se matar.[20]

II. *O suicídio melancólico.* – Ele está ligado a um estado geral de extrema depressão, de tristeza exagerada, que faz com que o doente não aprecie mais de maneira sã as ligações que as pessoas e as coisas que o envolvem têm com ele. Os prazeres não têm para ele nenhum atrativo; ele vê tudo em negro. A vida lhe parece entediante ou dolorosa. Como essas disposições são constantes, o mesmo acontece com as ideias de suicídio; elas são dotadas de uma grande fixidez e os motivos gerais que as determinam são sempre sensivelmente os mesmos. Uma moça jovem, nascida de uma família saudável, depois de ter passado sua infância no campo, é obrigada a ir para longe por volta dos catorze anos a fim de completar seus estudos. A partir desse momento, ela se vê tomada por um tédio inexprimível, um gosto pronunciado pela solidão, assim como um desejo de morrer que não tem como ser dissipado por nada. "Ela permanece, por horas a fio, imóvel, com os olhos fixos sobre a terra, o peito oprimido e no estado de uma pessoa que teme um evento sinistro. Na firme convicção de se jogar no rio, ela busca os lugares mais afastados, a fim de que ninguém possa vir a seu socorro".[21] Nesse ínterim, porém, compreendendo melhor que o ato por ela premeditado é um

---

[19] Não se pode confundir essas alucinações com aquelas que têm por efeito que o doente desconheça os riscos que ele corre, por exemplo, confundir uma janela com uma porta. Nesse caso, não há suicídio segundo a definição previamente dada, mas morte acidental.
[20] BOURDIN, *op. cit.*, p. 43.
[21] FALRET, *Hipochondrie et suicide*, p. 299-307.

crime, ela renuncia ao suicídio por algum tempo. Ao final de um ano, no entanto, a inclinação para o suicídio retorna com mais força e as tentativas se repetem com uma distância pequena umas das outras.

Frequentemente, em meio a esse desespero geral, acrescentam-se alucinações e ideias delirantes que levam diretamente ao suicídio. Todavia, elas não são móveis como aquelas que acabamos de observar junto aos maníacos. Ao contrário, elas são fixas como o estado geral do qual derivam. Os temores que assombram o sujeito, as críticas que ele se faz, as mágoas que ele sente são sempre os mesmos. Se, portanto, o suicídio é, por um lado, determinado por razões imaginárias exatamente como no caso precedente, ele se distingue, por outro lado, desse caso por seu caráter crônico. Ao mesmo tempo, ele é muito tenaz. Os doentes dessa categoria preparam com calma os seus meios de execução; eles desenvolvem, ao perseguirem sua meta, uma perseverança e, às vezes, uma astúcia incríveis. Nada se parece menos com esse espírito inicialmente do que a instabilidade perpétua dos maníacos. Em um, não temos senão lampejos passageiros, enquanto que, no outro, há um estado constante que está ligado ao caráter geral do sujeito.

III. *Suicídio obsessivo.* – Neste caso, o suicídio não é causado por motivo algum, nem real nem imaginário, mas somente pela ideia fixa da morte que, sem razão representável, se apossou soberanamente do espírito do doente. O doente fica obcecado pelo desejo de se matar, por mais que ele saiba perfeitamente que não há nenhum motivo razoável para fazê-lo. Trata-se de um desejo instintivo sobre o qual não reinam a reflexão e o raciocínio, de maneira análoga aos desejos de roubar, de matar, de incendiar, pelos quais se buscou construir tantas monomanias. Como o sujeito se dá conta do caráter absurdo de seu anseio, ele tenta de início lutar. Mas por todo o tempo que dura essa resistência, ele fica triste, oprimido e sente na cavidade epigástrica uma ansiedade que aumenta a cada dia. Por essa razão, deu-se por vezes a esse gênero de suicídio o nome de *suicídio ansioso. Eis* a confissão que um doente fez um dia a Brierre de Boismont, confissão na qual esse estado é perfeitamente descrito: "Empregado em uma casa comercial, eu cumpro convenientemente os deveres de minha profissão, mas ajo como um autômato e, logo que alguém me dirige a palavra, ela me parece ressoar no vazio. Meu maior tormento provém da ideia do suicídio, da qual não consigo me libertar por um instante. Há um ano que estou exposto a esse impulso; ele tinha permanecido de início pouco pronunciado; depois de mais ou menos dois meses, passou a me perseguir por toda parte, *por mais que eu não tenha nenhum motivo para me matar...* Minha saúde é boa: nenhuma pessoa em minha família teve algum dia uma afecção semelhante; não tive perdas, meus rendimentos me bastam e me permitem os prazeres de minha idade".²² Mas desde o momento em que o doente decide renunciar à luta, desde que ele resolve se matar, essa ansiedade cessa e a calma retorna. Se a tentativa é abortada, ela é por vezes suficiente para, ainda que fracassada, apaziguar por um tempo esse desejo doentio. Dir-se-ia que a vontade do sujeito passou.

IV. Suicídio impulsivo ou automático. – Assim como o anterior, esse também não é um suicídio motivado; não há nenhuma razão de ser nem na realidade, nem na imaginação do doente. A única diferença aqui é que, em vez de ser produzido por uma ideia fixa que persegue o espírito durante um tempo mais ou menos longo e que não se apodera senão progressivamente da vontade, ele se mostra como o resultado de um impulso brusco e imediatamente irresistível. Em um piscar de olhos, essa espécie de suicídio surge completamente desenvolvida e suscita o ato ou, ao menos, um começo de sua execução. Esse caráter repentino lembra aquilo que observamos acima sobre a mania; a única diferença é que o suicida maníaco tem sempre alguma razão, ainda que irracional. Ele se atém às concepções delirantes do sujeito. Aqui, ao contrário, a inclinação para o suicídio irrompe e produz seus efeitos com um verdadeiro automatismo, sem ser precedida por nenhum antecedente intelectual. A visão de uma faca, o passeio à beira de um precipício etc. fazem nascer instantaneamente a ideia do suicídio e o ato se segue com tal rapidez que, com frequência, os doentes não têm consciência do que aconteceu. "Um homem conversa tranquilamente com seus amigos; de maneira abrupta, ele se arremete, ultrapassa o parapeito e cai na água. Retirado imediatamente, as pessoas lhe perguntam os motivos de sua conduta; ele não sabe de nada, ele cedeu a uma força que o arrebatou contra a sua vontade".²³ "O que há de singular, diz um outro, é que me é impossível lembrar o modo como escalei a sacada e qual era a ideia que me dominava naquele momento; pois eu não tinha nenhuma ideia de me matar ou, ao menos, não tenho hoje a lembrança de tal ideia".²⁴ Em um grau menor, os doentes sentem o impulso nascer e conseguem escapar do fascínio que o instrumento da morte exerce sobre eles, fugindo dele imediatamente.

Em resumo, todos os suicidas vesânicos ou são privados de qualquer motivo, ou são determinados por motivos puramente imaginários. Ora, um grande número de mortes voluntárias não entra nem em uma, nem em outra dessas categorias; a maior parte delas possui motivos que não são desprovidos de fundamento na realidade. Não se poderia, portanto, sem abusar das palavras, ver um louco em todo suicida. De todos os suicídios que acabamos de caracterizar, aquele que pode parecer o mais difícil de ser

---

²² *Suicide et folie-suicide*, p. 397.
²³ Brierre, *op. cit.*, p. 574.
²⁴ Ibid., p. 314.

discernido dentre aqueles que observamos junto aos homens sãos de espírito é o suicídio melancólico; pois, muito frequentemente, o homem normal que se mata também se encontra em um estado de abatimento e de depressão, exatamente como o alienado. Mas sempre há entre eles a diferença essencial de que o estado do primeiro e o ato que resulta daí não deixam de ter uma causa objetiva, enquanto que, no segundo, não há nenhuma ligação com as circunstâncias exteriores. Em suma, os suicídios vesânicos se distinguem dos outros suicídios como as alucinações e as ilusões de percepções normais e como os impulsos automáticos dos atos deliberados. É verdade que passamos de uns aos outros suicídios sem solução de continuidade; mas, se havia uma razão para identificá-los, seria necessário igualmente confundir, de uma maneira geral, a saúde com a doença, uma vez que a doença não é senão uma variedade da saúde. Ainda que estabelecêssemos que os sujeitos medianos não se matam jamais e que só aqueles que apresentam quaisquer anomalias é que se destroem, não teríamos, com isso, o direito de considerar a loucura como uma condição necessária do suicídio; pois um alienado não é simplesmente um homem que pensa ou que age de maneira um pouco diferente da média.

Também não se pôde ligar tão estreitamente o suicídio à loucura senão restringindo arbitrariamente o sentido da palavra. "Não é de maneira alguma um homicida de si mesmo, escreve Esquirol, aquele que, não escutando senão sentimentos nobres e generosos, se lança em um perigo certo, se expõe a uma morte inevitável e sacrifica voluntariamente a sua vida para obedecer às leis, para respeitar a fé jurada, para alcançar a salvação de seu país".[25] E ele cita o exemplo de Décio, de D'Assas etc. Falret, ao mesmo tempo, se recusa a considerar Cárcio, Codrus e Aristodemo como suicidas.[26] Bourdin estende a mesma exceção para todas as mortes voluntárias que são inspiradas não somente pela fé religiosa ou pelas crenças políticas, mas também por sentimentos de carinho exaltado. Mas nós sabemos que a natureza dos motivos que determinam imediatamente o suicídio não podem servir para defini-lo nem, consequentemente, para distingui-lo daquilo que ele não é. Todos os casos de morte que resultam de um ato realizado pelo próprio paciente com pleno conhecimento dos efeitos que dele deveriam resultar apresentam, qualquer que seja o objetivo, semelhanças muito essenciais para poderem ser divididos em gêneros separados. Em todos os casos, eles não podem constituir senão espécies de um mesmo gênero; e, ainda, para proceder a essas distinções, seria necessário outro critério que não o fim, mais ou menos problemático, perseguido pela vítima. Eis aí, então, ao menos um grupo de suicidas no

---

[25] *Maladies mentales*, Tomo I, p. 529.
[26] *Hypocondrie et suicide*, p. 3.

qual a loucura se acharia ausente. Ora, uma vez que abrimos a porta para as exceções, é muito difícil fechá-la. Pois entre essas mortes inspiradas por paixões particularmente generosas e aquelas determinadas pelos móveis menos importantes não há nenhuma solução de continuidade. Passa-se de uma para as outras por uma gradação imperceptível. Se, então, os primeiros são suicidas, não há nenhuma razão para não dar aos segundos a mesma qualificação.

Assim, há suicídios, e em grande número, que não são vesânicos. Nós os reconhecemos por meio desse duplo signo: por um lado, são deliberados e, por outro, as representações que entram nessa deliberação não são puramente alucinações. Vê-se que esta questão, tantas vezes em pauta, pode ser resolvida sem que seja necessário levantar o problema da liberdade. Para saber se todos os suicidas são loucos, nós não perguntamos se eles agem livremente ou não; baseamo-nos unicamente nas características empíricas que os diversos tipos de morte voluntária apresentam à observação.

IV

Uma vez que os suicidas alienados não são o único gênero de suicidas, mas não representam senão uma variedade, os estados psicopáticos que constituem a alienação mental não podem dar conta da inclinação coletiva para o suicídio em sua generalidade. No entanto, entre a alienação mental propriamente dita e o perfeito equilíbrio da inteligência, existe toda uma série de intermediários: tenho em vista com isso as anomalias diversas que costumam ser reunidas sob o nome comum de neurastenia. Portanto, há um espaço para pesquisar aqui se, a despeito da loucura, elas não desempenham um papel importante na gênese do fenômeno que nos ocupa.

É a própria existência do suicídio vesânico que coloca a questão. Com efeito, se uma perversão profunda do sistema nervoso é suficiente para criar todas as peças do suicídio, uma perversão menor deve, em um degrau inferior, exercer a mesma influência. A neurastenia é uma espécie de loucura rudimentar; ela deve então ter, em parte, os mesmos efeitos. Ora, ela é um estado muito mais difundido do que a vesânia; ela está mesmo cada vez mais se generalizando. Pode ser que, portanto, o conjunto das anomalias que chamamos assim seja um dos fatores em função dos quais varia a taxa de suicídios.

Compreende-se, além disso, que a neurastenia possa predispor ao suicídio; pois os neurastênicos, por seu temperamento, são como que predestinados ao sofrimento. Sabe-se, com efeito, que a dor, em geral, é o resultado de um abalo forte demais do sistema nervoso; uma onda nervosa bastante intensa é muito frequentemente dolorosa. Essa intensidade máxima, porém, para além da qual começa a dor, varia segundo os indivíduos; ela é mais elevada naqueles indivíduos cujos nervos são mais resistentes, mais baixa nos outros. Por conseguinte, nesses últimos, a zona de dor começa mais cedo. Para o neuropata, toda impressão causa mal-estar, todo movimento é uma fadiga; seus nervos, como se estivessem à flor da pele, se contraem ao menor contato; a realização das funções fisiológicas, que são normalmente as mais silenciosas, é para ele uma fonte de sensações em geral penosas. É verdade que, em contrapartida, a própria zona do prazer também começa mais embaixo; pois essa penetrabilidade excessiva de um sistema nervoso enfraquecido o torna acessível a excitações que não chegariam a produzir um tremor num organismo normal. É assim que eventos insignificantes podem ser para semelhante sujeito uma ocasião para prazeres desmedidos. Parece, então, que ele deva recuperar de um lado aquilo que perde do outro, e que, graças a essa compensação, esteja tão bem armado quanto os outros para sustentar a luta. Mas não é nada disso: sua inferioridade é real; pois as impressões correntes, as sensações cujo retorno é propiciado mais frequentemente pelas condições da existência medianas, são sempre de uma certa força. Para ele, consequentemente, a vida corre o risco de não ser bastante temperada. Sem dúvida, quando pode se evadir dela, criando para si um meio especial no qual o barulho de fora não chega senão abafado, ele consegue viver sem sofrer muito; é por isso que o vemos às vezes fugir do mundo que lhe faz mal e buscar a solidão. Mas se ele é obrigado a entrar no embate, se não consegue proteger cuidadosamente a sua delicadeza doentia contra os choques exteriores, então ele tem boas chances de experimentar mais dores do que prazeres. Para a ideia do suicídio, portanto, tais organismos são um terreno predileto.

Essa não é a única razão que torna a existência do neuropata difícil. Em consequência dessa extrema sensibilidade de seu sistema nervoso, suas ideias e seus sentimentos estão sempre em um equilíbrio instável. Como as impressões mais leves têm nele uma repercussão anormal, sua organização mental é, a cada instante, transtornada de cima a baixo e, sob o choque desses solavancos ininterruptos, ele não chega a se fixar em uma forma determinada. Ela, sua organização mental, está sempre em vias de transformação. Para que ela pudesse se consolidar, seria necessário que as experiências passadas tivessem efeitos duradouros, o que não acontece porque elas são incessantemente destruídas e arrastadas pelas bruscas revoluções que se abatem sobre ele. Ora, a vida, em um ambiente fixo e constante, não é possível senão se as funções do vivente tiverem um grau igual de constância e de fixidez. Pois viver é responder às excitações exteriores de uma maneira apropriada e essa correspondência harmônica não pode se estabelecer a não ser com o auxílio do tempo e do hábito. A vida é um produto de tateamentos, repetidos por vezes durante gerações, cujos resultados se tornaram em parte hereditários, e que não podem recomeçar do zero todas as vezes em que for necessário agir. Se, ao contrário, tudo precisar ser refeito, por assim dizer, no momento da ação, é impossível que ela seja tudo o que deve ser. Essa estabilidade não nos é apenas necessária nas relações com o meio físico, mas também com o meio social. Em uma sociedade, cuja organização é definida, o indivíduo não pode se manter senão com a condição de ter uma constituição mental e moral igualmente definida. Ora, é isso que falta ao neuropata. O estado de abalo no qual ele se encontra faz com que as circunstâncias o surpreendam incessantemente em meio ao imprevisto. Como ele não está preparado para responder a isso, é obrigado a inventar formas originais de conduta; daí advém o seu gosto bem conhecido pelas novidades. Mas quando o que está em questão é se adaptar às situações tradicionais, combinações improvisadas não têm como prevalecer em relação àquelas que são consagradas pela experiência; muito frequentemente, portanto, elas falham. É assim que, quanto mais o sistema social possui fixidez, tanto mais um sujeito tão móvel tem dificuldade de viver nele.

Portanto, é provável que esse tipo psicológico seja aquele que se encontra mais genericamente entre os suicidas.

Resta saber qual é o papel que essa condição completamente individual tem na produção das mortes voluntárias. É ela suficiente para suscitá-las, por mais que venha a ser pouco auxiliada pelas circunstâncias, ou ela não tem outro efeito senão o de tornar os indivíduos mais acessíveis à ação de forças que lhe são exteriores e que são as únicas a constituir as causas determinantes do fenômeno?

Para poder resolver diretamente a questão, seria necessário poder comparar as variações do suicídio com as variações da neurastenia. Infelizmente, essas variações não são cobertas pelas estatísticas. Mas um expediente vai nos fornecer os meios para que possamos contornar a dificuldade. Uma vez que a loucura não é senão a forma ampliada da degenerescência nervosa, pode-se admitir, sem sérios riscos de erro, que o número dos degenerados varia como o de loucos, substituindo, consequentemente, a consideração dos segundos pela dos primeiros. Esse procedimento terá, além disso, a vantagem de nos permitir estabelecer de uma maneira geral a ligação que a taxa dos suicídios mantém com o conjunto das anomalias mentais de todos os tipos.

Um primeiro fato poderia nos levar a lhes atribuir uma influência que elas não têm; é que o suicídio, tal como a loucura, está mais difundido nas cidades do que no campo. Nesse sentido, ele parece crescer e decrescer junto com elas; o que poderia nos levar a crer que ele dependeria delas. No entanto, esse paralelismo não exprime necessariamente uma ligação de causa e efeito; ele pode ser muito bem o produto de um simples encontro. A hipótese é tanto mais permitida, uma vez que as causas sociais das quais depende o suicídio estão elas mesmas, como veremos, estreitamente ligadas à civilização urbana e é nos grandes centros que elas se mostram da maneira mais intensa. Para avaliar a ação que os estados psíquicos podem ter sobre o suicídio, é necessário, então, eliminar os casos nos quais esses estados variam tanto quanto as condições sociais do mesmo fenômeno; pois, quando esses dois fatores atuam no mesmo sentido, é impossível dissociar, no resultado total, a parte que cabe a cada um deles. É preciso considerá-los exclusivamente como inversamente proporcionais; é só quando se estabelece entre eles uma espécie de conflito que se pode chegar a saber qual dos dois é o determinante. Se as desordens mentais desempenham o papel essencial que se imputou a elas vez por outra, elas devem revelar a sua presença por meio de efeitos característicos, ou seja, mesmo que as condições sociais tendam a neutralizá-las; e, inversamente, essas condições devem ser impedidas de se manifestar quando as condições individuais agirem em sentido inverso. Ora, os seguintes fatos demonstram que é o contrário que é a regra:

1°) Todas as estatísticas estabelecem que, dentro dos asilos dos alienados, a população feminina é ligeiramente superior à população masculina. A relação varia segundo o país, mas, como mostra o quadro seguinte, ela é, em geral, de 54 ou 55 mulheres para 46 ou 45 homens:

	Ano	Para 100 alienados, quantos são			Ano	Para 100 alienados, quantos são	
		Homens	Mulheres			Homens	Mulheres
Silésia	1858	49	51	Nova York	1855	44	56
Saxônia	1861	48	52	Massachusets	1854	46	54
Württemberg	1853	45	55	Maryland	1850	46	54
Dinamarca	1847	45	55	França	1890	47	53
Noruega	1855	45	56		1891	48	52

Koch reuniu os resultados do recenseamento efetuado nos onze Estados diferentes sobre o conjunto da população alienada. Para 166.675 loucos dos dois sexos, ele encontrou 78.584 homens e 88.091 mulheres, ou seja, 1,18 alienados a cada 1.000 habitantes do sexo masculino e 1,30 a cada 1.000 habitantes do outro sexo.[27] Mayr, por sua parte, encontrou cifras análogas.

---
[27] KOCH, *Zur Statistik der Geisteskrankheiten*. Stuttgart, 1878, p. 73.

QUADRO IV[28]

Parte de cada sexo na cifra total dos suicídios

		Números absolutos de suicídios		Para 100 suicídios, quantos são de	
		Homens	Mulheres	Homens	Mulheres
Áustria	(1873-77)	11.429	2.478	82,1	17,9
Prússia	(1831-40)	11.435	2.534	81,9	18,1
	(1871-76)	16.425	3.724	81,5	18,5
Itália	(1872-77)	4.770	1.195	80	20
Saxônia	(1851-60)	4.004	1.055	79,1	20,9
	(1871-76)	3.625	870	80,7	19,3
França	(1836-40)	9.561	3.307	74,3	25,7
	(1851-55)	13.596	4.601	74,8	25,2
	(1871-76)	25.341	6.839	78,7	21,3
Dinamarca	(1845-56)	3.324	1.106	75,0	25,0
	(1870-76)	2.485	748	76,9	23,1
Inglaterra	(1863-67)	4.905	1.791	73,3	26,7

As pessoas se perguntaram, é verdade, se esse excedente das mulheres não se devia simplesmente ao fato de que a mortalidade dos loucos é superior à das loucas. De fato, é certo que, na França, para cada 100 alienados que morrem nos asilos, há por volta de 55 homens. O número mais considerável de sujeitos femininos recenseados em um momento dado não provaria, portanto, que a mulher teria uma tendência mais forte para a loucura, mas somente que, nessa condição, como também em todas as outras, ela sobrevive mais do que o homem. Não obstante, não se acha menos estabelecido que a população existente de alienados conta com mais mulheres do que homens; se, então, como parece legítimo, se conclui dos loucos para os que sofrem de problemas nervosos, deve-se admitir que há a todo momento mais neurastênicos do sexo feminino do que do sexo masculino. Por conseguinte, se houvesse uma relação de causa e efeito entre as taxas de suicídio e a neurastenia, as mulheres deveriam se matar mais do que os homens. Ao menos, elas deveriam se matar tanto quanto os homens. Pois mesmo levando em conta a sua menor mortalidade e corrigindo consequentemente as indicações dos recenseamentos, tudo o que se poderia concluir daí seria que elas possuem uma predisposição perceptivelmente igual à do homem

---

[28] Segundo MORSELLI.

para a loucura; sua dízima mortuária mais fraca e a superioridade numérica que elas acusam em todas as contagens de alienados se compensam, com efeito, quase que exatamente. Ora, bem longe de sua aptidão para a morte voluntária ser superior ou equivalente à do homem, o que vemos é que o suicídio é uma manifestação essencialmente masculina. Para cada mulher que se mata, há em média 4 homens que se matam (v. quadro IV, p. 49). Cada sexo tem, então, uma inclinação definida para o suicídio, inclinação essa que é mesmo constante para cada meio social. Mas a intensidade dessa tendência não varia de modo algum como o fator psicopático, quer se avalie esse fator segundo o número de casos novos registrados cada ano, quer segundo o número de sujeitos recenseados no mesmo momento.

2°) O quadro V permite comparar a intensidade da tendência à loucura nos diferentes cultos.

Vê-se que a loucura é muito mais frequente nos judeus do que nas outras confissões religiosas; há, portanto, todo um espaço para crer que as outras afecções do sistema nervoso também se encontram presentes aí nas mesmas proporções. Ora, muito ao contrário, a tendência ao suicídio é muito fraca entre os judeus. Nós mostraremos mais à frente que ela é a religião na qual ele possui a menor força.[29] *Consequentemente, nesse caso, o suicídio varia na razão inversa dos estados psicopáticos*, e está longe de ser o seu prolongamento. Sem dúvida, não se precisaria concluir desse fato que as taras nervosas e cerebrais poderiam servir como preservativos contra o suicídio; mas é preciso que elas tenham uma eficácia muito pequena para determiná-lo, já que ele pode baixar a esse nível no momento mesmo em que elas atingem o seu maior desenvolvimento.

---

[29] Ver mais abaixo, livro II, capítulo II.

QUADRO V[30]

Tendência à loucura nas diferentes confissões religiosas

		Número de loucos a cada 100 habitantes de cada culto		
		Protestantes	Católicos	Judeus
Silésia	(1858)	0,74	0,79	1,55
Mecklemburgo	(1862)	1,36	2,0	5,33
Ducado de Baden	(1863)	1,34	1,41	2,24
	(1873)	0,95	1,19	1,44
Baviera	(1871)	0,92	0,96	2,86
Prússia	(1871)	0,80	0,87	1,42
Württemberg	(1832)	0,65	0,68	1,77
	(1853)	1,06	1,06	1,49
	(1875)	2,18	1,86	3,96
Grão-Ducado de Hesse	(1864)	0,63	0,59	1,42
Oldemburgo	(1871)	2,12	1,76	3,37
Cantão de Berna	(1871)	2,64	1,82	

Se compararmos apenas os católicos com os protestantes, a inversão não é tão geral; ainda que ela seja muito frequente. A tendência dos católicos para a loucura é inferior àquela dos protestantes apenas 4 vezes em 12 e, mesmo assim, a diferença entre eles é muito fraca. Nós veremos, ao contrário, no quadro XVIII,[31] que, por toda parte, sem nenhuma exceção, os primeiros se matam muito menos do que os segundos.

3°) Será estabelecido mais adiante[32] que, em todo o país, a tendência ao suicídio cresce regularmente desde a infância até a velhice mais avançada. Se, às vezes, ela regride depois de 70 ou 80 anos, o recuo é muito leve; ele se mantém sempre nesse período da vida duas e três vezes mais forte do que na época da maturidade. Inversamente, é durante a maturidade que a loucura explode mais frequentemente. É por volta dos trinta anos que o perigo é maior; para além dos trinta, ele diminui e é durante a velhice que ele é, e isso em um grau muito elevado, o mais fraco.[33] Tal antagonismo seria inexplicável se as causas que fazem com que o suicídio varie e aquelas que determinam os problemas mentais não fossem de natureza diversa.

---

[30] Segundo Koch, *op. cit.*, p. 108-119.
[31] Ver mais abaixo, p. 146.
[32] Ver quadro IX, p. 185.
[33] Koch, *op. cit.*, p. 139-146.

Se compararmos a taxa dos suicídios em cada idade, não mais com a frequência relativa dos casos novos da loucura que se produzem no mesmo período, mas com o efetivo proporcional da população alienada, a ausência de todo paralelismo não é menos evidente. É por volta dos 35 anos que os loucos são mais numerosos relativamente ao conjunto da população. A proporção permanece mais ou menos a mesma até por volta dos 60 anos; depois dos 60, ela diminui rapidamente. Ela é, então, *mínima* quando a taxa de suicídios está em seu *máximo*, e, antes, é impossível perceber alguma relação regular entre as variações que se produzem de uma parte e de outra.[34]

4º) Se compararmos as diferentes sociedades segundo o ponto de vista duplo do suicídio e da loucura, não encontraremos por outro lado relação entre as variações desses dois fenômenos. É verdade que a estatística da alienação mental não é feita com muita precisão, de tal modo que essas comparações internacionais pudessem ser realizadas com uma exatidão bastante rigorosa. No entanto, é digno de nota que os dois quadros seguintes, que nós retiramos de dois autores diferentes, dão resultados sensivelmente concordantes.

Assim, os países nos quais há menos loucos são aqueles onde há mais suicídios; o caso da Saxônia é particularmente espantoso. Já em seu estudo muito bom sobre o suicídio em Sena e Marne, o Dr. Leroy tinha feito uma observação análoga. "Muito frequentemente", ele diz, "as localidades nas quais encontramos uma proporção notável de doenças mentais também têm uma proporção igualmente significativa de suicídios. Não obstante, as duas máximas podem ser completamente separadas. Eu estaria mesmo disposto a acreditar que, ao lado de países muito felizes... por não terem nem doenças mentais, nem suicídios..., há outros em que as doenças mentais aparecem sozinhas". Em outras localidades, foi o inverso que se produziu.[35]

---

[34] Koch, *op. cit.*, p. 81.
[35] *Op. cit.*, p. 238.

QUADRO VI

Relações entre o suicídio e a loucura nos diferentes países da Europa

A

	Número de loucos a cada 100.000 habitantes		Número de suicidas a cada um milhão de habitantes		Número de ordem do país para	
					Loucura	Suicídio
Noruega	180	(1855)	107	(1851-55)	1	4
Escócia	164	(1855)	34	(1856-60)	2	8
Dinamarca	125	(1847)	258	(1846-50)	3	1
Hanover	103	(1856)	13	(1856-60)	4	9
França	99	(1856)	100	(1851-55)	5	5
Bélgica	92	(1858)	50	(1855-60)	6	7
Württemberg	92	(1853)	108	(1846-56)	7	3
Saxônia	67	(1861)	245	(1856-60)	8	2
Baviera	57	(1858)	72	(1846-56)	9	6

B[36]

	Número de loucos a cada 100.000 habitantes		Número de suicidas a cada um milhão de habitantes		Média de suicídio
Württemberg	215	(1875)	180	(1875)	107
Escócia	202	(1871)	35		
Noruega	185	(1865)	85	(1866-70)	63
Irlanda	180	(1871)	14		
Suécia	177	(1870)	85	(1866-70)	
Inglaterra e País Gales	175	(1871)	70	(1870)	
França	146	(1872)	150	(1871-75)	164
Dinamarca	137	(1870)	277	(1866-70)	
Bélgica	134	(1868)	66	(1866-70)	
Baviera	98	(1871)	86	(1871)	153
Áustria Cisplatina	95	(1873)	122	(1873-77)	
Prússia	86	(1871)	133	(1871-75)	
Saxônia	84	(1875)	272	(1875)	

---

[36] A primeira parte do quarto é retirada do artigo sobre a alienação mental, no *Dictionnaire* de DECHAMBRE (tomo III, p. 34); a segunda, de OETTINGEN, *Moralstatistik*, quadro anexo 97.

Morselli, é verdade, chegou a resultados um pouco diferentes.[37] Mas isso aconteceu de início porque ele confundiu sob o título de alienados os loucos propriamente ditos e os idiotas.[38] Ora, essas duas afecções são muito diferentes, sobretudo segundo o ponto de vista da influência que podemos suspeitar que elas tenham sobre o suicídio. Longe de predispor ao suicídio, a idiotia parece ser antes um preservativo em relação a ele; pois os idiotas são, nos campos, muito mais numerosos do que nas cidades, enquanto os suicídios são aí muito mais raros. É importante, portanto, distinguir dois estados tão contrários quando se busca determinar a parte das diferentes perturbações neuropáticas na taxa de mortes voluntárias. No entanto, mesmo que os confundamos, não se chega a estabelecer um paralelismo regular entre os desenvolvimentos da alienação mental e os do suicídio. Se, com efeito, considerando incontestes as cifras de Morselli, classificarmos os cinco países da Europa em cinco grupos segundo a importância de sua população alienada (idiotas e loucos sendo reunidos sob a mesma rubrica), e se buscarmos em seguida qual é em cada um desses grupos a média de suicídios, obteremos o quadro seguinte:

	Alienados por 100.000 habitantes	Suicídios por um milhão de habitantes
1º grupo (3 países)	de 340 a 280	157
2º grupo (3 países)	de 261 a 245	195
3º grupo (3 países)	de 185 a 164	65
4º grupo (3 países)	de 150 a 116	61
5º grupo (3 países)	de 110 a 100	68

Pode-se muito bem dizer que em termos de grandeza, onde há muitos loucos e idiotas, também há muitos suicídios e vice-versa. Mas não há entre as duas escalas uma correspondência contínua que manifeste a existência de uma ligação causal determinada entre as duas ordens de fenômenos. O segundo grupo que deveria contar um número menor de suicídios do que o primeiro possui um número maior; o quinto grupo ,que, de acordo com o mesmo ponto de vista, deveria ser inferior a todos os outros, é, ao contrário, superior ao quarto e mesmo ao terceiro. Se, enfim, substituirmos a estatística da alienação mental apresentada por Morselli por aquela de Koch, que é

---

[37] *Op. cit.*, p. 404.
[38] MORSELLI não o declara expressamente, mas isso pode ser deduzido das cifras que ele oferece. Elas são elevadas demais para representar apenas os casos de loucura. Cf. o quadro dado no *Dictionnaire* de DECHAMBRE, no qual a distinção é feita. Vê-se aí claramente que Morselli totalizou seus loucos e seus idiotas.

muito mais completa e, ao que parece, mais rigorosa, a ausência do paralelismo é ainda muito mais evidente. Eis aí, com efeito, o que encontramos.[39]

Uma outra comparação feita por Morselli entre as diferentes províncias da Itália é, segundo a sua própria avaliação, pouco demonstrativa.[40]

	Loucos e idiotas para cada 100.000 habitantes	Média dos suicídios a cada um milhão de habitantes
1º grupo (3 países)	de 422 a 305	76
2º grupo (3 países)	de 305 a 291	123
3º grupo (3 países)	de 268 a 244	130
4º grupo (3 países)	de 223 a 218	227
5º grupo (3 países)	de 216 a 146	77

5º) Enfim, como a loucura parece crescer regularmente há um século,[41] e que o mesmo sucede com o suicídio, poderíamos ser tentados a ver nesse fato uma prova de sua solidariedade. Mas o que lhe suprime todo o valor demonstrativo é que, nas sociedades inferiores, onde a loucura é muito rara, o suicídio, ao contrário, é às vezes muito frequente, como mostraremos mais à frente.[42]

A taxa social dos suicídios não possui, portanto, nenhuma relação definida com a tendência à loucura, nem, por via de indução, com a tendência às diferentes formas de neurastenia.

Com efeito, tal como mostramos, se a neurastenia pode predispor para o suicídio, ela não tem necessariamente o suicídio como consequência. Sem dúvida alguma, o neurastênico está quase inevitavelmente destinado ao sofrimento, quando ele se envolve muito de perto com a vida ativa; todavia, não é impossível para ele se retirar para levar uma existência mais especialmente contemplativa. Ora, se os conflitos de interesse e de paixões são, por um lado, muito tumultuosos e muito violentos para um organismo tão delicado, por outro, esse organismo é feito para gozar em sua plenitude das alegrias mais doces do pensamento. Sua debilidade muscular, sua sensibilidade excessiva, que lhe torna impróprio para a ação, o designam, ao contrário, para as funções intelectuais que, elas também, reclamam órgãos apropriados. Ao mesmo tempo, se um meio social

---

[39] Dos países da Europa sobre os quais Koch nos fornece indicações, só deixamos de lado a Holanda, pois as informações sobre a intensidade com a qual a tendência ao suicídio se faz presente aí não são suficientes.
[40] *Op. cit.*, p. 403.
[41] A prova, é verdade, nunca foi dada de uma maneira completamente demonstrativa. Em todo caso, se há progresso, ignoramos o coeficiente de aceleração.
[42] Ver livro II, capítulo IV.

por demais imutável não consegue senão se chocar com os seus instintos naturais, na medida em que a própria sociedade é móvel e não pode se manter senão por meio do progresso, ele tem um papel útil a desempenhar; pois ele é, por excelência, o instrumento do progresso. Precisamente porque ele, o neurastênico, é refratário à tradição e ao jugo do hábito, ele é uma fonte eminentemente fecunda de novidades. E como as sociedades mais cultas também são aquelas nas quais as funções representativas são as mais necessárias e as mais desenvolvidas, e que, ao mesmo tempo, por causa de sua enorme complexidade, uma mudança quase incessante é uma das condições de sua existência, é justamente no momento em que os neurastênicos são mais numerosos que eles têm também a maior razão de ser. Eles não são, portanto, seres essencialmente antissociais, que eliminam a si mesmos porque não nasceram para viver no meio onde são colocados. Mas é necessário que outras causas venham se acrescentar ao estado orgânico que lhes é próprio para que lhes seja impresso esse aspecto e para que sejam desenvolvidos nesse sentido. Por ela mesma, a neurastenia é uma predisposição muito geral que não é própria necessariamente a nenhum ato determinado, mas que pode, segundo as circunstâncias, assumir as formas mais variadas. Trata-se de um terreno sobre o qual tendências muito diferentes podem nascer segundo a maneira pela qual esse terreno é fecundado pelas causas sociais. Em um povo envelhecido e desorientado, o desgosto da vida, uma melancolia inerte, com as consequências funestas que ela implica, germinarão facilmente: ao contrário, em uma sociedade jovem, é um idealismo ardente, um proselitismo generoso, uma devoção ativa que se desenvolverão preferencialmente. Se vemos os degenerados se multiplicarem nas épocas da decadência, são para eles também que os Estados são fundados; é entre eles que se recrutam todos os grandes renovadores. Uma potência tão ambígua[43] não teria, portanto, como ser suficiente para que venhamos a nos dar conta de um fato social tão definido quanto a taxa de suicídios.

---

[43] Temos um exemplo espantoso dessa ambiguidade nas semelhanças e nos contrastes que a literatura francesa apresenta com a literatura russa. A simpatia com a qual acolhemos a literatura russa demonstra que ela não é desprovida de afinidades com a nossa literatura. E, com efeito, sente-se nos escritores das duas nações uma delicadeza doentia do sistema nervoso, uma certa ausência de equilíbrio mental e moral. Mas como esse estado, biológico e psicológico ao mesmo tempo, produz consequências sociais diferentes! Enquanto a literatura russa é idealista ao excesso, enquanto a melancolia pela qual ela é acometida tem por origem uma compaixão ativa pela dor humana, ou seja, é uma de suas tristezas saudáveis que excitam a fé e provocam a ação, a nossa literatura se vangloria de não exprimir senão sentimentos de um morno desespero e refletir um inquietante estado de depressão. Eis aí como é que um mesmo estado orgânico pode servir a fins sociais quase opostos.

V

Mas há um estado psicopático particular, ao qual nos habituamos a imputar faz algum tempo quase todos os males de nossa civilização. Trata-se do alcoolismo. Nós já atribuímos a ele, com ou sem razão, o progresso da loucura, do pauperismo, da criminalidade. Será que ele não teria nenhuma influência sobre a marcha do suicídio? *A priori*, a hipótese parece pouco verossímil. Pois é nas classes mais cultas e mais abastadas que o suicídio faz mais vítimas e não é nesse meio que o alcoolismo tem seus clientes mais numerosos. Mas nada poderia prevalecer contra os fatos. Examinemo-los.

Se compararmos o mapa francês do suicídio com o mapa dos processos por abusos de bebidas,[44] não há como perceber entre eles quase nenhuma ligação. O que caracteriza o mapa dos suicídios é a existência de dois grandes focos centrais de contaminação, dos quais um está situado na Ilha de França e se estende em direção ao Leste, enquanto o outro ocupa a costa mediterrânea de Marselha a Nice. A distribuição das manchas claras e das manchas sombreadas no mapa do alcoolismo, por sua vez, é completamente diversa. Aqui, encontramos três centros principais: um na Normandia e mais particularmente na região inferior do Sena, outro no Finistère e nos departamentos bretões em geral, e o terceiro, por fim, no Rhône e na região vizinha. Ao contrário, do ponto de vista do suicídio, o Rhône não está acima da média, a maior parte dos departamentos normandos está abaixo e a Bretanha passa praticamente ilesa. A geografia dos dois fenômenos é, portanto, muito diferente para que se pudesse imputar a uma delas uma participação importante na produção da outra.

Chega-se ao mesmo resultado quando se compara o suicídio não mais com os delitos causados pela embriaguez, mas com as doenças mentais ou nervosas causadas pelo alcoolismo. Depois de ter agrupado os departamentos franceses em oito partes segundo a importância de seu contingente em termos de suicídios, procuramos qual seria, em cada um deles, o número médio de casos de loucura com uma causa alcoólica – e isso segundo as estatísticas fornecidas por Dr. Lunier;[45] nós obtivemos o resultado seguinte:

---

[44] Segundo o *Compte general de l'administration de la justice criminelle*, ano de 1887. – V. pr. I, p. 48.
[45] *De la production et de la consommation des boissons alcooliques en France*, p. 174-175.

	Suicídios para cada 100.000 habitantes (1872-76)	Loucuras de causas alcoólicas para cada 100 admissões (1867-69 e 1874-76)
1º grupo (5 departamentos)	Abaixo de 50	11,45
2º grupo (18 departamentos)	de 51 a 75	12,07
3º grupo (15 departamentos)	de 76 a 100	11,92
4º grupo (20 departamentos)	de 101 a 150	13,26
5º grupo (10 departamentos)	de 151 a 200	14,57
6º grupo (9 departamentos)	de 201 a 250	13,26
7º grupo (4 departamentos)	de 251 a 300	16,32
8º grupo (5 departamentos)	Acima	13,47

As duas colunas não possuem correspondência entre si. Enquanto os suicídios passam do simples ao sêxtuplo e vão além, a proporção das loucuras alcoólicas aumenta penosamente algumas unidades e o crescimento não é regular; a segunda classe é superior à terceira, a quinta à sexta, a sétima à oitava. No entanto, se o alcoolismo age sobre o suicida enquanto estado psicopático, isso não pode acontecer senão pelos problemas mentais que ele determina. A comparação entre os dois mapas confirma o mapa com as médias.[46]

Em uma primeira abordagem, parece existir uma ligação mais estreita entre a quantidade de álcool consumido e a tendência para o suicídio, ao menos no que concerne ao nosso país. Com efeito, é nos departamentos setentrionais que se bebe mais álcool e é também nessa mesma região que o suicídio grassa com mais violência. De início, porém, as duas taxas não possuem de modo algum a mesma configuração sobre os mapas. Uma acentua-se ao máximo na Normandia e no norte e se degrada, à medida que vai descendo em direção a Paris; trata-se aqui da taxa de consumo alcoólico. A outra, ao contrário, tem sua maior intensidade no Sena e nos departamentos vizinhos; ela já é menos sombreada na Normandia e não chega ao norte. A primeira se desenvolve em direção ao oeste e vai até o litoral oceânico; a segunda tem uma orientação inversa. Ela é arrastada muito rapidamente na direção do oeste por um limite que ela não ultrapassa; não vai além dos departamentos do Eure e do Eure-et-Loir, enquanto que vai muito intensamente em direção ao leste. Além disso, a massa sombreada formada no sul pelo Var e por Bocas do Ródano sobre o mapa dos suicídios não é encontrada de maneira alguma sobre o mapa do alcoolismo.[47]

---
[46] V. pr. I, p. 158.
[47] Ibid.

Enfim, mesmo na medida em que há coincidência, ela não possui nada de demonstrativo, pois é fortuita. Com efeito, se saímos da França e subimos sempre para o norte, o consumo de álcool vai crescendo quase regularmente sem que o suicídio se desenvolva. Enquanto na França, em 1873, não se consumia em média senão 2,84 litros de álcool por habitante, na Bélgica essa cifra se eleva a 8,56 em 1870, na Inglaterra a 9,07 litros (1870-71), na Holanda 4 litros (1870), na Suécia 10,34 litros (1870), na Rússia 10,69 litros (1866) e mesmo em São Petersburgo ela é elevada até os 20 litros (1855). E, no entanto, enquanto que, nas épocas correspondentes, a França contava 150 suicídios a cada milhão de habitantes, a Bélgica não possuía senão 68, a Grã-Bretanha 70, a Suécia 85, a Rússia muito poucos. Mesmo em São Petersburgo, de 1864 a 1868, a taxa média anual não foi senão de 68,8. A Dinamarca é o único país do norte onde há ao mesmo tempo muitos suicídios e um grande consumo de álcool (16,51 litros em 1845).[48] Se, então, nossos departamentos setentrionais se fazem notar ao mesmo tempo por sua propensão ao suicídio e por seu gosto pelas bebidas alcoólicas, isso não significa dizer que a primeira derivaria do segundo e encontraria nele a sua explicação. O cruzamento dos dois é acidental. No norte, em geral, bebe-se muito álcool porque o vinho é raro e caro[49] e porque talvez uma alimentação especial, capaz de naturalmente manter elevada a temperatura do corpo, é mais necessária do que em outros lugares; e, por outro lado, acontece que as causas geradoras do suicídio são especialmente acumuladas nessa mesma região de nosso país.

---

[48] De acordo com LUNIER, *op. cit.*, p. 180 e seg. Encontrar-se-á estatísticas análogas se referindo a outros anos em PRINZING, *op. cit.*, p. 58.
[49] No que diz respeito ao consumo de vinho, ele varia mais na razão inversa ao suicídio. É no sul que se bebe mais vinho e é aí também que os suicídios são menos numerosos. Isso não é uma razão para concluir, contudo, que o vinho seria uma garantia contra o suicídio.

PRANCHA I

Suicídio e alcoolismo

Prancha IA: Suicídios (1878-1887)

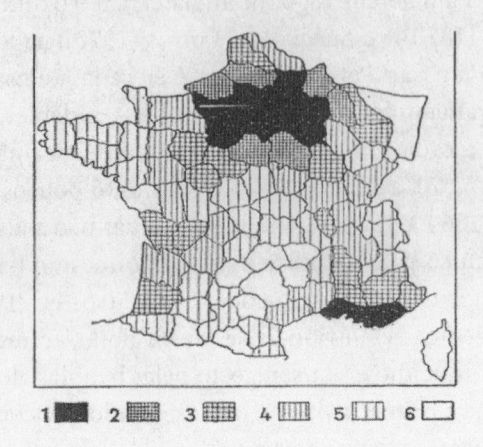

Legenda:

Proporção para cada 100.000 habitantes:

       1. De 31 a 48
       2. De 24 a 30
       3. De 18 a 23
       4. De 13 a 17
       5. De 8 a 12
       6. De 3 a 7

Prancha IB: Delitos causados por embriaguez (1878-1887)

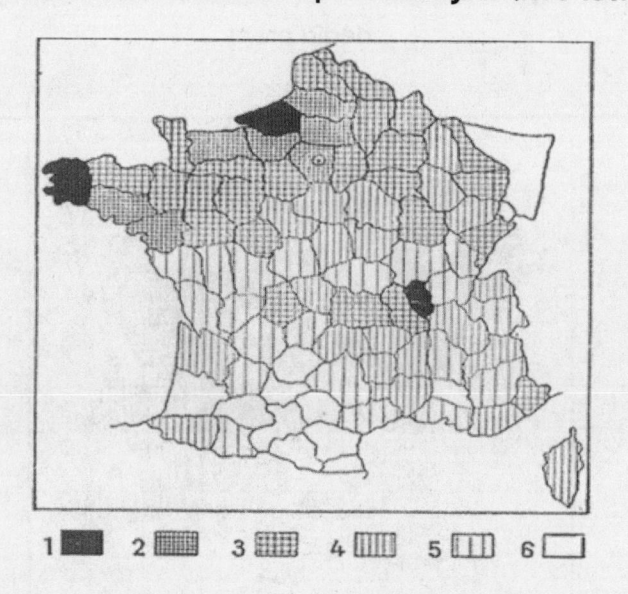

Legenda:

Proporção para cada 100.000 habitantes

    1. 376-639
    2. 210-266
    3. 111-196
    4. 70-104
    5. 41-69
    6. 19-38

Prancha IC: Loucuras alcoólicas (1867-1876)
Média anual

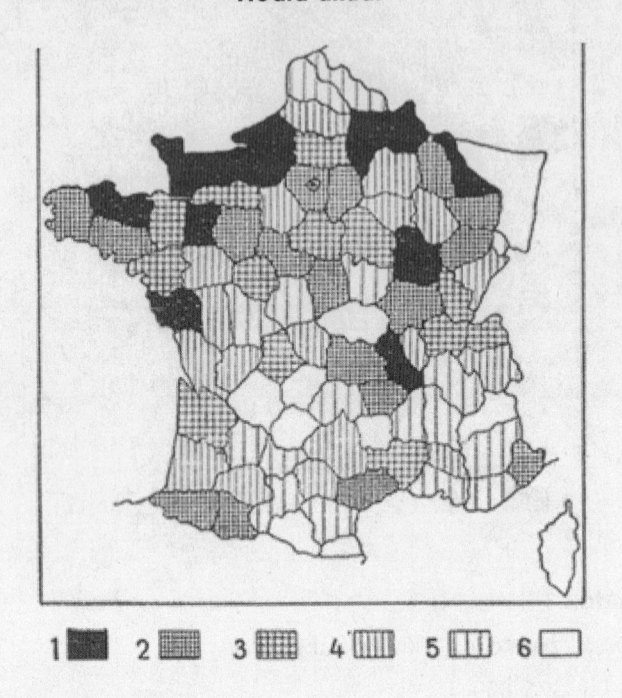

Legenda:

Proporção a cada 100 admitidos, de casos de loucura por causa alcoólica.

    1. De 18,9 a 29,3
    2. De 13,69 a 18,14
    3. De 12,75 a 13,44
    4. De 10,06 a 12,22
    5. De 8,27 a 9,76
    6. De 3,90 a 7,90

Prancha 1D: Consumo de álcool (1873)

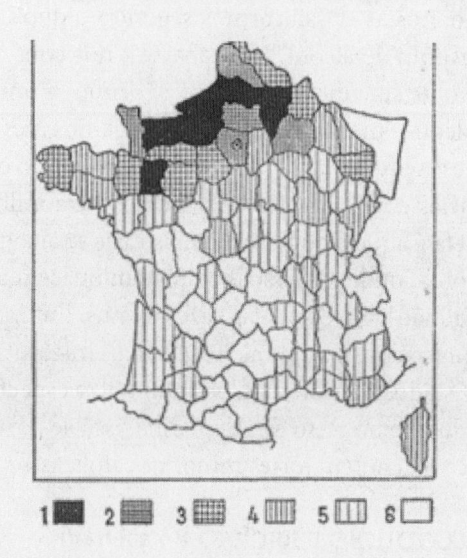

Legenda:

Número de litros de álcool a 100° consumidos por habitante

1. De 6,80 a 10
2. De 5,05 a 6,34
3. De 3,30 a 4,75
4. De 2,05 a 2,61
5. De 1,01 a 1,84
6. De 0,37 a 0,99

A comparação entre as diversas regiões da Alemanha confirma essa conclusão. Se, com efeito, nós as classificarmos segundo o duplo ponto de vista do suicídio e do consumo de álcool[50] (ver abaixo), nós constataremos que o grupo onde o número de suicídios é maior (o 3º grupo) é um dos grupos no qual o consumo de álcool é menor. No detalhe, chegamos mesmo a encontrar verdadeiros contrastes: a província de Posen é quase, de todo o império, a que tem menos experiências com o suicídio (96,4 casos para milhão de habitantes); por outro lado, ela é aquela onde as pessoas mais se alcoolizam (13 litros por cabeça). Na Saxônia, onde as pessoas se matam quase quatro vezes mais (348 para cada um milhão), bebe-se duas vezes menos. Enfim, notar-se-á que o quarto grupo, no qual o consumo de álcool é o mais fraco, é composto quase que unicamente de Estados meridionais. Sob um outro aspecto, se as pessoas se matam aí menos do que no resto da Alemanha, isso se deve ao fato de que a população é católica ou contém fortes minorias católicas.[51]

ALCOOLISMO E SUICÍDIO NA ALEMANHA

	Consumo de álcool (1884-86)	Média de suicídios no grupo	Regiões
1º Grupo	13 a 10,8 litros por cabeça	206,1 por milhão de habitantes	Posmânia, Silésia, Brandemburgo, Pomerânia
2º Grupo	9,2 a 7,2 litros por cabeça	208,4 por milhão de habitantes	Prússia oriental e ocidental, Hanover, Província da Saxônia, Türingen, Vestfália
3º Grupo	6,4 a 4,5 litros por cabeça	234,1 por milhão de habitantes	Mecklemburgo, Reino da Saxônia, Schleswig-Holstein, Alsácia, Província e Grão-ducado de Hesse.
4º Grupo	4 litros ou menos por cabeça	147,9 por milhão de habitantes	Províncias do Reno, Baden, Baviera e Württemberg

---

[50] Segundo PRINZING, op. cit., p. 75.
[51] Para demonstrar a influência do álcool, citou-se algumas vezes o exemplo da Noruega, onde o consumo de bebidas alcoólicas e o suicídio diminuíram conjuntamente desde 1830. Mas, na Suécia, o alcoolismo também diminuiu nas mesmas proporções, mas o suicídio não parou de aumentar (115 casos para um milhão de habitantes em 1886-88, em vez de 63 em 1821-1830). O mesmo vale para a Rússia.
A fim de que o leitor tenha em mãos todos os elementos da questão, deveríamos acrescentar que a proporção dos suicídios que a estatística francesa atribui seja a acessos de embriaguez, seja à embriaguez habitual, passou de 6,69% em 1849 para 13,41 em 1876. Mas, de início, é preciso dizer que nem todos esses casos se confundem com a simples embriaguez ou com o hábito de frequentar cabarés. Em seguida, essas cifras, qualquer que seja o seu significado exato, não provam que o abuso de bebidas alcoólicas teria uma participação muito grande na taxa de suicídios. Enfim, veremos mais adiante por que não podemos atribuir um grande valor aos ensinamentos que nos são fornecidos, assim, pela estatística sobre as causas presumidas do suicídio.

Assim, não há nenhum estado psicopático que mantenha com o suicídio uma relação regular e incontestável. Não é porque uma sociedade possui um número maior ou menor de neuropatas ou de alcoólatras que ela tem um número maior ou menor de suicidas. Por mais que a degenerescência constitua, em suas diferentes formas, um terreno psicológico eminentemente próprio para a ação das causas que podem determinar o homem a se matar, ela mesma não é uma de suas causas. Pode-se admitir que, em circunstâncias idênticas, o degenerado se mate mais facilmente do que o sujeito são; mas ele não se mata necessariamente em virtude de seu estado. A virtualidade que está nele não pode entrar em ato senão sob a ação de outros fatores que precisam ser por nós pesquisados.

CAPÍTULO II

O SUICÍDIO E OS ESTADOS PSICOLÓGICOS NORMAIS: A RAÇA E A HEREDITARIEDADE

Mas seria bem possível que a propensão para o suicídio estivesse fundada na constituição do indivíduo, sem depender especialmente dos estados anormais que nós acabamos de passar em revista. Ela poderia ser constituída por fenômenos puramente psíquicos, sem estar necessariamente ligada a alguma perversão do sistema nervoso. Por que não haveria entre os homens uma tendência para se desfazer da existência que não seria nem uma monomania, nem uma forma de alienação mental ou de neurastenia? A proposição poderia ser mesmo considerada estabelecida, se, como o admitiram muitos suicidógrafos,[52] cada raça tivesse uma taxa de suicídio que lhe fosse própria. Pois uma raça não se define e não se diferencia das outras senão por características orgânico-psíquicas. Se, então, o suicídio variasse realmente com as raças, seria preciso reconhecer que há alguma disposição orgânica com a qual ele se acha estreitamente solidário.

Mas existe essa relação?

I

Para começar: o que é uma raça? É tanto mais necessário dar uma definição de raça, uma vez que não apenas o vulgo, mas também os próprios antropólogos empregam a palavra em sentidos bem divergentes. Não obstante, nas diferentes fórmulas que foram propostas para a raça, encontramos normalmente duas noções fundamentais: a noção de semelhança e a noção de filiação. Mas, segundo as escolas, é sempre uma ou outra dessas ideias que detém o primeiro lugar.

Houve um tempo em que se compreendeu pelo termo raça um agregado de indivíduos que, sem dúvida, apresentam traços comuns, mas que, além disso, devem essa comunidade de características ao fato de que eles são todos derivados de uma mesma cepa. Quando, sob a influência de uma causa qualquer, se produz em um ou mais sujeitos de uma mesma geração sexual uma variação que os distingue do resto da espécie; e quando essa

---

[52] Notadamente WAGNER, *Gesetzmässigkeit* etc., p. 165 e seg.; MORSELLI, p. 158; OETTINGEN, *Moralstatistik*, p. 760.

variação, em vez de desaparecer na geração seguinte, se fixa progressivamente no organismo pelo efeito da hereditariedade, essa variação promove o nascimento de uma raça. É nesse espírito que o Sr. de Quatrefages pôde definir raça como "o conjunto dos indivíduos semelhantes que pertencem a uma mesma espécie e que transmitem pela via da geração sexual as características de uma variedade primitiva".[53] Entendido assim, a raça se distinguiria de espécie, na medida em que os casais iniciais de onde teriam saído as diferentes raças de uma mesma espécie seriam, por sua vez, todos oriundos de um casal único. O conceito de raça seria, portanto, nitidamente circunscrito e é pelo procedimento especial de filiação que lhe deu nascimento que ele se definiria.

Infelizmente, se nos ativermos a essa fórmula, a existência e o domínio de uma raça não poderão ser estabelecidos senão com o auxílio de pesquisas históricas e etnográficas, das quais os resultados são sempre duvidosos; pois, no que concerne a tais questões de origem, não se pode jamais chegar senão a verossimilhanças muito incertas. Além disso, não é certo que haja hoje raças humanas que respondam a essa definição; pois, em função dos cruzamentos que ocorreram em todos os sentidos, cada uma das variedades existentes de nossa espécie deriva de origens muito diversas. Se, então, não oferecemos a nós mesmos nenhum outro critério, será muito difícil saber quais são as relações que as diferentes raças possuem com o suicídio, pois não se saberia dizer, com precisão, onde elas começam e onde terminam. Portanto, a concepção do Sr. de Quatrefages comete o erro de prejulgar a solução de um problema que a ciência está longe de ter resolvido. Ela supõe, com efeito, que as qualidades características da raça se formaram durante o curso da evolução, que elas não se fixaram no organismo senão sob a influência da hereditariedade. Ora, é justamente isso que contesta toda uma escola de antropólogos que se denominam poligenistas. Segundo eles, a humanidade, em vez de descender de um único e mesmo casal, tal como o quer a tradição bíblica, teria aparecido, seja simultaneamente, seja sucessivamente, em pontos distintos do globo. Como essas fontes primitivas teriam se formado independentemente umas das outras e em meios diferentes, elas seriam diferenciadas desde o começo; consequentemente, cada uma delas teria sido uma raça. As raças principais não seriam, então, constituídas graças à fixação progressiva de variações adquiridas, mas desde o princípio e de imediato.

Uma vez que esse grande debate continua sempre aberto, não é condizente com o método deixar que a ideia de filiação ou de parentesco entre na noção de raça. Seria melhor defini-la por seus atributos imediatos, tal

---

[53] *L'espèce humaine*, p. 28, Paris, Félix Alcan.

como o observador pode diretamente percebê-los, e adiar, assim, todas as questões ligadas à origem. Não restam, então, senão duas características que a singularizam. Em primeiro lugar, a raça se mostra como um grupo de indivíduos que apresentam semelhanças; mas o mesmo pode ser dito dos membros de uma mesma confissão ou de uma mesma profissão. O que acaba por caracterizá-la, então, é que essas semelhanças são hereditárias. Trata-se de um tipo que, qualquer que tenha sido o modo como ele se formou na origem, é atualmente transmissível hereditariamente. É nesse sentido que Prichard dizia: "Pelo nome de raça, nós compreendemos toda uma coleção de indivíduos que apresentam mais ou menos características comuns transmissíveis por hereditariedade, sendo a origem dessas características colocada de lado e reservada". O Sr. Broca se exprime mais ou menos nos mesmos termos: "Quanto às variedades do gênero humano", ele diz, "elas receberam o nome de raças, que faz nascer a ideia de uma filiação mais ou menos direta entre os indivíduos da mesma variedade, mas não resolve nem afirmativa, nem negativamente a questão do parentesco entre indivíduos de variedades diferentes".[54]

Colocado nesses termos, o problema da constituição das raças se torna solúvel; só que a palavra é tomada agora em uma acepção entendida de tal modo que se torna indeterminada. Ela não designa mais apenas os ramos mais gerais da espécie, as divisões naturais e relativamente imutáveis da humanidade, mas toda sorte de tipos. De acordo com esse ponto de vista, com efeito, cada grupo de nações das quais os membros, em consequência das relações íntimas que os uniram durante séculos, apresentam semelhanças em parte hereditárias constituiria uma raça. É assim que falamos por vezes de uma raça latina, de uma raça anglo-saxã etc. Ao mesmo tempo, é somente sob essa forma que as raças podem ser consideradas como fatores concretos e vivos do desenvolvimento histórico. Na mistura dos povos, no cadinho da história, as grandes raças, primitivas e fundamentais, acabaram se confundindo a tal ponto umas com as outras, que quase perderam toda individualidade. Se elas não desapareceram completamente, ao menos não encontramos mais senão vagos delineamentos, traços esparsos que não se reúnem senão de maneira imperfeita uns aos outros e que não formam fisionomias caracterizadas. Um tipo humano que se constitui unicamente com o auxílio de algumas informações, com frequência inconclusas, sobre a altura e sobre a forma do crânio, não tem nem consistência nem determinação suficiente para que se possa lhe atribuir uma grande influência sobre a marcha dos fenômenos sociais. Os tipos mais especiais e os tipos de menor extensão que chamamos de raça no sentido amplo do termo possuem um relevo mais marcado, e possuem necessariamente um papel histórico, uma vez que são muito mais um produto

---

[54] Artigo "Antropologia" no *Dictionnaire* de DECHAMBRE, tomo V.

da história do que da natureza. Mas é necessário que sejam objetivamente definidos. Nós não sabemos senão muito mal segundo quais signos exatos, por exemplo, a raça latina se distingue da raça saxã. Cada um fala um pouco ao seu modo sem grande rigor científico.

Essas observações preliminares nos advertem de que toda circunspecção é bem-vinda para o sociólogo quando ele procura empreender uma pesquisa acerca da influência das raças sobre um fenômeno social, qualquer que seja esse fenômeno. Pois, para poder resolver tais problemas, também seria necessário saber quais são as diferentes raças e como elas se reconhecem mutuamente. Essa reserva é tanto mais necessária, uma vez que essa incerteza da antropologia poderia muito bem ser causada pelo fato de que a palavra raça não corresponde mais atualmente a nada definido. Por um lado, com efeito, as raças originais quase não possuem mais hoje senão um interesse paleontológico, e, por outro lado, esses agrupamentos mais restritos que classificamos hoje com esse nome parecem não ser senão povos ou sociedades de povos, irmãos mais pela civilização do que pelo sangue. A raça, assim concebida, acaba quase se confundindo com a nacionalidade.

II

Admitamos, no entanto, que existem na Europa alguns grandes tipos, nos quais se percebe, *grosso modo*, as características mais gerais e entre os quais se dividem os povos; e aceitemos por convenção lhes dar o nome de raças. Morselli distingue entre esses tipos quatro raças: o tipo germânico, que compreende, como variedades, o alemão, o escandinavo, o anglo-saxão e o flamengo; o tipo céltico-romano (belgas, franceses, italianos e espanhóis); o tipo eslavo e o uralo-altaico. Nós não mencionamos esse último tipo senão de memória, pois ele possui apenas um número muito pequeno de representantes na Europa para que se pudesse determinar quais são as relações que ele possui com o suicídio. Não há, com efeito, senão os húngaros, os finlandeses e algumas províncias russas que podem ser vinculadas a esse tipo. As outras três raças seriam classificadas da seguinte maneira, segundo a ordem decrescente de sua aptidão para o suicídio: de início, os povos germânicos; em seguida, os céltico-romanos; e, por fim, os eslavos.[55]

Mas essas diferenças podem ser efetivamente imputadas à ação da raça?

A hipótese seria plausível se cada grupo de pessoas reunidas assim sob um mesmo vocábulo tivesse para o suicídio uma tendência de intensidade aproximadamente igual. Mas existem entre nações de uma mesma raça as divergências mais extremas. Enquanto os eslavos, em geral, estão pouco

---

[55] Não estamos falando das classificações propostas por Wagner e por Oettingen; o próprio Morselli fez a crítica a essas classificações de uma maneira decisiva.

inclinados a se matar, a Boêmia e a Morávia se mostram como exceções. A primeira conta 158 suicídios por milhão de habitantes e a segunda 136, ao mesmo tempo que a Carníola não possui senão 46, a Croácia, 30, e a Dalmácia, 14. Do mesmo modo, entre todos os povos céltico-romanos, a França se distingue pela importância de sua contribuição, 150 suicídios por milhão de habitantes, enquanto a Itália, por outro lado, na mesma época, não apresentava senão 30 suicídios, e a Espanha, menos ainda. É bem difícil admitir, como o quer Morselli, que uma diferença tão considerável possa se explicar pelo fato de que os elementos germânicos são mais numerosos na França do que nos outros países latinos. Dado sobretudo que os países que se separam assim de seus congêneres são também os mais civilizados, tem-se o direito de se perguntar se aquilo que diferencia as sociedades e os grupos por assim dizer étnicos não é muito mais o desenvolvimento desigual de sua civilização.

Entre os povos germânicos, a diversidade é ainda maior. Dos quatro grupos que estão ligados a essa cepa, há três que estão muito menos inclinados para o suicídio do que os eslavos e os latinos. São os flamengos, que não contam senão com 50 suicídios (por milhão de habitantes) e os anglo-saxões, que não possuem senão 70;[56] quanto aos escandinavos, a Dinamarca, é verdade, apresenta a cifra elevada de 263 suicídios, mas a Noruega não possui senão 74,5 e a Suécia, 84. Portanto, é impossível atribuir a taxa de suicídios dinamarquesa à raça, uma vez que, nos dois países onde essa raça é mais pura, ela produz efeitos contrários. Em suma, de todos os povos germânicos, não há senão os alemães que são, de uma maneira geral, fortemente conduzidos ao suicídio. Se, então, tomássemos o termo em um sentido rigoroso, a raça não poderia mais estar em questão, mas sim a nacionalidade. Não obstante, como não está demonstrado que não há um tipo alemão que seja, em parte, hereditário, pode-se concordar em estender até esse limite extremo o sentido da palavra e dizer que, nos povos de raça alemã, o suicídio é mais desenvolvido do que na maior parte das sociedades céltico-romanas, eslavas ou mesmo anglo-saxãs e escandinavas. Mas isso é tudo o que podemos concluir das cifras precedentes. Em todos os casos, porém, esse é o único em que se poderia suspeitar, de maneira rigorosa, de certa influência dos caracteres étnicos. Nós ainda veremos que, em realidade, a raça não tem aí nenhuma influência sobre o que quer que seja.

Com efeito, para poder atribuir a essa causa a propensão dos alemães para o suicídio, não é suficiente constatar que ela é geral na Alemanha; pois essa generalidade poderia ser causada pela natureza própria da civilização

---

[56] Para explicar esses fatos, Morselli supõe, sem dar provas de apoio, que há um grande número de elementos célticos na Inglaterra, e, para os flamengos, ele evoca a influência do clima.

alemã. Mas seria necessário ter demonstrado que essa propensão está ligada a um estado hereditário do organismo alemão, que ela é um traço permanente do tipo, que subsiste mesmo que o meio social tenha se transformado. Essa é a única condição por meio da qual poderíamos ver aí um produto da raça. Procuremos investigar, portanto, se fora da Alemanha, quando se acha associado com a vida de outros povos e aclimatado a civilizações diferentes, o alemão guarda a sua triste primazia.

A Áustria nos oferece, para responder a essa questão, uma experiência pronta. Os alemães estão misturados aí, em proporções muito diferentes segundo as províncias, a uma população cujas origens étnicas são completamente diferentes. Vejamos, então, se sua presença tem por efeito um aumento da cifra de suicídios. O quadro VII (ver p. 73) indica para cada província, ao mesmo tempo que a taxa média de suicídios durante o período quinquenal 1872-1877, a importância numérica dos elementos alemães. É de acordo com a natureza dos idiomas utilizados que fazemos parte de raças diferentes; ainda que esse critério não seja de uma exatidão absoluta, ele é, contudo, o mais seguro do qual podemos nos servir.

É impossível para nós perceber nesse quadro, que tomamos emprestado do próprio Morselli, o menor traço da influência alemã. A Boêmia, a Morávia e a Bucovina, que só possuem de 37% a 9% de alemães, têm uma média de suicídios (140) superior à média da Estíria, da Caríntia e da Silésia (125), onde os alemães estão, porém, em grande maioria. Ao mesmo tempo, esses últimos países, onde se encontra, contudo, uma minoria importante de eslavos, ultrapassa, no que concerne ao suicídio, as três únicas províncias, nas quais a população é totalmente composta de alemães, a parte superior da Áustria, Salzburgo e o Tirol transalpino. É verdade que a parte inferior da Áustria contém muito mais suicídios do que as outras regiões; mas o avanço que ela possui sobre esse ponto não teria como ser atribuído à presença de elementos alemães, uma vez que os alemães são mais numerosos na parte superior da Áustria, em Salzburgo e no Tirol transalpino, onde as pessoas se matam de duas a três vezes menos. A verdadeira causa da cifra elevada é que a parte inferior da Áustria tem por centro administrativo a cidade de Viena, que, como todas as capitais, contabiliza todos os anos um número enorme de suicídios; em 1876, foram cometidos na cidade 320 suicídios para cada milhão de habitantes. É preciso, então, tomar cuidado para não atribuir à raça aquilo que se deve à grande cidade. Ao contrário, se o litoral, a Carníola e a Dalmácia possuem um número tão pequeno de suicídios, a causa disso não se deve à ausência de alemães; pois, no Tirol cisalpino, na Galícia, onde, contudo, não há mais alemães, há de duas a cinco vezes mais mortes voluntárias. Ainda que calculemos a taxa média de suicídios para o conjunto das oito províncias de minoria alemã, chega-se à cifra de 86, ou seja, o mesmo que no Tirol transalpino, onde não há senão alemães; e mais do que na Caríntia e na Estíria, onde eles estão em um grande número. Assim, quando o alemão e o eslavo vivem no mesmo meio social, sua tendência para o suicídio é sensivelmente a mesma. Por conseguinte, a diferença que se observa entre eles, quando as circunstâncias são outras, não se deve à raça.

QUADRO VII
Comparação das províncias austríacas segundo o ponto de vista do suicídio e da raça

		Para 100 habitantes, quantos alemães	Taxa de suicídios por milhão de habitantes	
Províncias puramente alemãs	Áustria inferior	95,90	254	
	Áustria superior	100	110	Média: 106
	Salzburgo	100	120	
	Tirol transalpino	100	88	
Com maioria de alemães	Caríntia	71,40	92	
	Estíria	62,45	94	Média: 125
	Silésia	53,37	190	
Com uma minoria alemã importante	Boêmia	37,64	158	
	Morávia	26,33	136	Média: 140
	Bucovina	9,06	128	
Com uma minoria alemã fraca	Galícia	2,72	82	
	Tirol alpino	1,90	88	Média dos dois grupos: 86
	Litoral	1,62	38	
	Carníola	6,20	46	
	Dalmácia		14	

O mesmo vale para a diferença que assinalamos entre o alemão e o latino. Na Suíça, nós encontramos a presença dessas duas raças. Quinze cantões são alemães, seja na totalidade, seja em parte. Nesses locais, a média dos suicídios é de 186 (ano de 1876). Cinco cantões têm maioria francesa (Valais, Friburgo, Neuchâtel, Genebra e Vaud). A média de suicídios aí é de 255. Aquele entre os cantões que é menos comentado, o Valais (10 por milhão de habitantes), é justamente aquele que possui mais alemães (319 a cada mil habitantes); ao contrário, Neuchâtel, Genebra e Vaud, onde a população é praticamente toda latina, têm respectivamente 486, 321 e 371 suicídios.

A fim de permitir que o fator étnico manifestasse melhor a sua influência, caso essa influência exista, nós procuramos eliminar o fator religioso que poderia mascará-lo. Para tanto, comparamos os cantões alemães com os cantões franceses de uma mesma confissão. Os resultados desse cálculo não fazem outra coisa senão confirmar os resultados precedentes:

Cantões suíços

Católicos	alemães	87 suicídios	Protestantes	alemães	203 suicídios
Católicos	franceses	83 suicídios	Protestantes	franceses	456 suicídios

Por um lado, não há diferença sensível entre as duas raças; por outro, os franceses possuem uma superioridade.

Os fatos concordam, portanto, em demonstrar que, se os alemães se matam mais do que outros povos, a causa não está no sangue que corre em suas veias, mas na civilização na qual eles foram educados. Não obstante, entre as provas oferecidas por Morselli para estabelecer a influência da raça, há uma que, em uma primeira abordagem, poderia passar por mais concludente. O povo francês resulta de uma mistura de duas raças principais, os celtas e os cimbros, que, desde a origem, se distinguem um do outro pelo tamanho. Desde a época de Júlio Cesar, os cimbros são conhecidos por sua alta estatura. Foi também pela estatura dos habitantes que Broca pôde determinar de que maneira essas duas raças estão atualmente distribuídas sobre a superfície de nosso território, e ele se deparou com o fato de que as populações de origem céltica são preponderantes no sul do Loire, enquanto as populações de origem címbrica são preponderantes no norte. Essa carta etnográfica oferece, então, certa semelhança com aquela dos suicídios: pois sabemos que os suicídios estão isolados na parte setentrional do país e, ao contrário, em seu mínimo no centro e no sul. Morselli, porém, foi mais longe. Ele acreditou que podia estabelecer que os suicídios franceses variavam regularmente segundo o modo de distribuição dos elementos étnicos. Para proceder a tal demonstração, ele constituiu seis grupos de departamentos, calculou para cada um deles a média dos suicídios e também a média dos recrutas dispensados do serviço militar por não atingirem a altura mínima; o que é uma maneira indireta de mensurar o tamanho médio da população correspondente, pois ela se eleva na medida em que o número dos dispensados diminui. Ora, acontece que essas duas séries de meios variam em razão inversa uma em relação à outra; há um número tanto maior de suicídios quanto menor for o número de recrutas dispensados por tamanho insuficiente, ou seja, quanto maior for a altura média.[57]

Uma correspondência tão exata, se chegasse a ser estabelecida, não poderia ser explicada senão pela ação da raça. Mas a maneira como Morselli chegou a esse resultado não nos permite considerá-lo como certo. Ele tomou, com efeito, como base de sua comparação, os seis grupos étnicos distinguidos por Broca[58] segundo o grau de pureza das duas raças céltica e címbrica. Ora, qualquer que seja a autoridade desse cientista, essas questões etnográficas são complexas demais e deixam espaço demais para a diversidade das interpretações e das hipóteses contraditórias para que se pudesse considerar como certa a classificação que ele propôs. Não é preciso senão ver quantas conjecturas históricas, mais ou menos inverificáveis, ele fez para apoiar essa divisão, e, ainda que emerja como evidência dessas pesquisas o fato de que há na França dois tipos antropológicos nitidamente distintos, a realidade dos tipos intermediários e diversamente nuançados que ele acreditou reconhecer é muito mais duvidosa.[59] Se, então, deixando de lado esse quadro sistemático, mas talvez engenhoso demais, nós nos contentarmos em classificar os departamentos segundo a altura média que é própria a cada um deles (ou seja, segundo o número médio de recrutas dispensados por não atingirem a altura mínima) e se, no que concerne a cada uma dessas médias, colocarmos de modo correspondente a média dos suicídios,

---

[57] MORSELLI, *op. cit.*, p. 189.
[58] *Mémoires d'anthropologie*, tomo I, p. 320.
[59] A existência de duas grandes massas regionais, uma formada por 15 departamentos setentrionais, nos quais predominam as alturas elevadas (apenas 39 dispensados entre mil recrutas), a outra composta de 24 departamentos no centro e no oeste, na qual os tamanhos pequenos são a regra geral (de 98 a 130 dispensados por mil recrutas), parece incontestável. Mas essa diferença é um produto da raça? Essa é uma questão que já é muito mais difícil de resolver. Se considerarmos o fato de que a altura média na França mudou sensivelmente em trinta anos e que o número de dispensados passou por causa disso de 92,80 em 1831 para 59,40 por mil recrutas em 1860, teremos o direito de nos perguntar se uma característica tão móvel é um critério seguro para reconhecer a existência desses tipos relativamente imutáveis que se chamam de raças. Em todo caso, porém, a maneira segundo a qual os grupos intermediários, intercalados por Broca nesses dois tipos extremos, são constituídos, denominados e ligados seja à cepa címbrica, seja à cepa céltica, nos parece abrir ainda mais espaço para dúvidas. As razões de ordem morfológica são aqui impossíveis. A antropologia pode muito bem estabelecer qual é o tamanho médio em uma região dada, não de que cruzamentos esse tamanho médio resulta. Ora, os tamanhos intermediários podem ser produzidos tanto pelo fato de os celtas terem se misturado com raças mais altas quanto pelo fato de os címbrios terem se aliado a homens menores do que eles. A distribuição geográfica, por outro lado, também não pode ser invocada, pois acontece de esses grupos mistos serem encontrados um pouco por toda parte, no noroeste (na Normandia e no baixo Loire), no sudoeste (na Aquitânia), no sul (na província romana), no leste (na Lorena) etc. Restam, então, os argumentos históricos, que não podem ser senão muito conjunturais. A história pouco sabe acerca de como, quando e em que condições e proporções as diferentes invasões e infiltrações dos povos ocorreram. Com mais forte razão, ela não tem como nos ajudar a determinar a influência que possuíram sobre a constituição orgânica dos povos.

encontraremos os seguintes resultados, que diferem sensivelmente daqueles encontrados por Morselli:

QUADRO VIII

Departamentos com estatura elevada		Departamentos com baixa estatura	
Número de dispensados	Taxa média dos suicídios	Número de dispensados	Taxa média de suicídios
1º grupo: 9 departamentos: acima de 40 dispensas por mil examinados	180	1º grupo: 22 departamentos: de 60 a 80 por mil examinados	115 (sem o Sena 101)
2º grupo: 8 departamentos: de 40 a 50	249	2º grupo: 12 departamentos: de 80 a 100	88
3º grupo: 17 departamentos: de 50 a 60	170	3º grupo: 14 departamentos: acima	90
Média geral: abaixo de 60 por mil examinados	191	Média geral: abaixo de 60 por mil examinados	103 (com o Sena) 93 (sem o Sena)

A taxa de suicídios não cresce de uma maneira regular proporcionalmente à importância dos elementos címbricos ou supostamente címbricos; pois o primeiro grupo, no qual as alturas são as maiores, contabiliza um número menor de suicídios do que o segundo, e não sensivelmente maior do que o terceiro grupo; ao mesmo tempo, os últimos três estão mais ou menos no mesmo nível,[60] por mais desiguais que sejam no que concerne ao tamanho. Tudo o que podemos deduzir dessas cifras é que, tanto sob o ponto de vista do suicídio quanto sob o da estatura, a França é dividida em duas metades, uma setentrional, onde os suicídios são numerosos e os tamanhos, elevados, e outra central, onde os tamanhos são menores e onde as pessoas se matam menos, sem que, no entanto, essas duas progressões sejam exatamente paralelas. Em outras palavras, as duas grandes massas regionais que nós percebemos sobre o mapa etnográfico podem ser reencontradas no mapa dos suicídios, mas a coincidência não é verdadeira senão no que concerne à grandeza e de maneira geral. Ela não tem como ser reencontrada no detalhe das variações que os dois fenômenos comparados apresentam.

---

[60] Sobretudo se retirarmos o Sena que, em função das condições excepcionais nas quais ele se encontra, não é exatamente comparável aos outros departamentos.

Uma vez que a trazemos para uma proporção verdadeira, a coincidência não constitui mais uma prova decisiva em favor dos elementos étnicos; pois ela não é mais do que um fato curioso, que não é suficiente para demonstrar uma lei. Ela pode muito bem não ser causada senão pelo simples encontro de fatores independentes. No mínimo, para que se pudesse atribuí-la à ação das raças, seria preciso que essa hipótese fosse confirmada por outros fatos. Ora, muito pelo contrário, ela é contradita pelos fatos que seguem:

1º) Ora, seria estranho que um tipo coletivo como o tipo dos alemães, cuja realidade é incontestável e que possui com o suicídio uma afinidade tão poderosa, deixasse de manifestar essa afinidade quando as circunstâncias sociais se modificassem, que um tipo parcialmente problemático como esse dos celtas ou dos antigos belgas, do qual não restam mais do que vestígios raros, teria ainda hoje sobre essa mesma tendência uma ação eficaz. Há uma diferença muito grande entre a generalidade extrema dos caracteres que perpetuam a lembrança e a especialidade complexa de tal tendência.

2°) Veremos um pouco depois que o suicídio era frequente entre os antigos celtas.[61] Se, então, hoje o suicídio é raro entre as populações que se supõem como tendo origens celtas, isso não pode se dar em virtude de uma propriedade congênita da raça, mas em virtude de circunstâncias exteriores que mudaram.

3°) Celtas e címbrios não constituem raças primitivas e puras; elas se acham antes afiliadas "pelo sangue, assim como pela língua e pelas crenças".[62] Tanto uns quanto os outros não são senão variantes dessa raça de homens loiros e de estatura alta que, seja por invasões em massa, seja por enxames sucessivos, se difundiram pouco a pouco por toda a Europa. Toda a diferença que há entre eles do ponto de vista etnográfico é que os celtas, ao se cruzarem com as raças morenas e baixas do sul, se diferenciaram mais do tipo comum. Por conseguinte, se a aptidão maior dos címbrios para o suicídio tivesse causas étnicas, ela viria do fato de que, neles, a raça primitiva se alterara menos. Nesse caso, porém, dever-se-ia ver, mesmo fora da França, o suicídio crescer ainda mais à medida que as características distintivas dessa raça fossem mais acentuadas. Ora, mas ele não cresceu de modo algum. É na Noruega que se encontram os homens mais altos da Europa (1,72m), e, além disso, é aparentemente do norte, em particular das margens do Báltico, que esse tipo é originário; é lá também que se considera que ele tenha melhor se mantido. Não obstante, na quase ilha escandinava, a taxa de suicídios não é elevada. A mesma raça, diz-se, conservou melhor a sua pureza na Holanda, na Bélgica e na Inglaterra do

---

[61] Ver abaixo, livro II, capítulo IV, p. 239 e 243.
[62] BROCA, *op. cit.*, tomo I, p. 394.

que na França,[63] e, no entanto, esse último país é muito mais fecundo em termos de suicídio do que os três outros.

De resto, essa distribuição geográfica dos suicídios franceses pode ser explicada sem que seja necessário fazer intervir as potências obscuras da raça. Sabe-se que o nosso país é dividido, tanto moral quanto etnologicamente, em duas partes que ainda não se interpenetraram completamente. As populações do centro e do sul guardaram o seu humor, um gênero de vida que lhes é próprio e que, por essa razão, resiste às ideias e aos costumes do Norte. Ora, é no norte que se encontra o berço da civilização francesa; ela se manteve, então, uma coisa essencialmente setentrional. Por outro lado, como ela contém, tal como veremos mais adiante, as causas principais que impelem os franceses a se matar, os limites geográficos de sua esfera de ação também são os limites da zona mais fértil em termos de suicídios. Se, então, as pessoas do norte se matam mais do que aquelas do sul, isso não acontece porque elas se encontram aí mais predispostas a isso em virtude de seu temperamento étnico; mas simplesmente porque as causas sociais do suicídio estão mais particularmente acumuladas no norte do Loire do que no sul.

Quanto a saber como é que essa dualidade moral de nosso país se produziu e como ela se manteve, essa é uma questão histórica que as considerações etnográficas não teriam como resolver de maneira suficiente. Não é, ou, em todo caso, não é apenas a diferença de raças que poderia estar em causa: pois raças muito diversas são suscetíveis de se misturar e de se perder umas nas outras. Não há entre o tipo setentrional e o tipo meridional um antagonismo tal que não teria como ser vencido por séculos de vida comum. O loreno não difere menos do normando do que o provençal do habitante da Île de France. Mas isso se dá porque, por razões históricas, o espírito provincial e o tradicionalismo local se mantiveram muito mais fortes no sul, enquanto que, no norte, a necessidade de enfrentar inimigos comuns, uma solidariedade de interesses mais forte e contatos mais frequentes aproximaram antes os povos e confundiram suas histórias. E é precisamente esse nivelamento moral que, tornando mais ativa a circulação dos homens, das ideias e das coisas, fez dessa última região o lugar de origem de uma civilização intensa.[64]

---

[63] Ver TOPINARD, *Anthropologie*, p. 464.

[64] A mesma observação se aplica à Itália. Aí também os suicídios são mais numerosos no norte do que no sul, e, por outro lado, a taxa média das populações setentrionais é ligeiramente superior àquela das regiões meridionais. Mas isso acontece porque a civilização italiana atual é de origem piemontesa e porque, por outro lado, os piemonteses são pessoas maiores que as pessoas do sul. A diferença é, além disso, fraca. O máximo que se observa na Toscana e em Veneza é 1,65m; o mínimo, na Calábria, é de 1,60m, ao menos no que diz respeito ao continente italiano. Na Sardenha, o tamanho diminui para 1,58m.

III

A teoria que faz da raça um fator importante da propensão para o suicídio admite, além disso, implicitamente, que ela é hereditária: pois ela não pode constituir um caráter étnico senão sob essa condição. Mas a hereditariedade do suicídio foi demonstrada? A questão merece ser tanto mais examinada porque, afora as relações que ela sustenta com a questão precedente, ela tem por si mesma o seu interesse próprio. Se, com efeito, estivesse definido que a tendência ao suicídio se transmite pela geração, seria preciso reconhecer que ela depende estreitamente de um estado orgânico determinado.

Mas é importante precisar, de início, o sentido das palavras. Quando se diz do suicídio que ele é hereditário, compreende-se simplesmente que os filhos dos suicidas, tendo herdado o humor de seus parentes, estariam inclinados a se comportar como eles nas mesmas circunstâncias? Nesses termos, a proposição é incontestável, mas sem força, pois não seria hereditário, então, o suicídio; o que se transmitiria seria simplesmente certo temperamento geral que pode, no caso aplicável, predispor os sujeitos ao suicídio, mas sem obrigá-los a isso, e que, por conseguinte, não tem nele uma explicação suficiente para a sua determinação. Nós vimos, com efeito, como a constituição individual que mais favorece a eclosão do suicídio, a saber, a neurastenia sob suas diferentes formas, não dá conta de modo algum das variações apresentadas pelas taxas de suicídios. Mas é em um sentido completamente diverso que os psicólogos falaram com bastante frequência em hereditariedade. Segundo eles, seria a tendência a se matar que passaria direta e integralmente dos parentes para os filhos e que, uma vez transmitida, faria com que surgisse o suicídio com um verdadeiro automatismo. Ela seria constituída, portanto, por uma espécie de mecanismo psicológico, dotado de certa autonomia, que não seria muito diferente de uma monomania e ao qual, segundo toda verossimilhança, corresponderia um mecanismo fisiológico não menos definido. Por conseguinte, ela dependeria essencialmente de causas individuais.

A observação demonstra tal existência de uma hereditariedade? É certo que às vezes vemos o suicídio se reproduzir em uma mesma família com uma regularidade deplorável. Um dos exemplos mais chocantes é aquele citado por Gall: "Um senhor G..., proprietário, deixa sete filhos com uma fortuna de dez milhões de francos, sendo que seis entre eles permanecem em Paris ou nos arredores de Paris e conservam a sua porção da fortuna paterna. Alguns chegam mesmo a aumentar a fortuna. Nenhum deles experimenta infelicidades; todos gozam de uma boa saúde... Todos os sete irmãos, no espaço de quarenta anos, porém, se suicidaram".[65] Esquirol conheceu um

---

[65] *Sur les fonctions de cerveau*. Paris 1825.

negociante, pai de seis filhos, dos quais quatro se mataram; um quinto filho tentou reiteradamente se matar.[66] Em outros lugares, vemos sucessivamente os pais, os filhos e as crianças sucumbirem ao mesmo impulso. Mas o exemplo dos fisiologistas deve nos ensinar a não estabelecer conclusões prematuras nessas questões de hereditariedade, que precisam ser tratadas com muita circunspecção. Assim, também são certamente numerosos os casos nos quais a tísica consome gerações sucessivas, e, no entanto, os cientistas hesitam ainda em admitir que ela seria hereditária. A solução contrária parece mesmo prevalecer. Essa repetição da doença no seio de uma mesma família pode ter como causa não a hereditariedade da própria tísica, mas a de um temperamento em geral, próprio a receber e a esconder, ocasionalmente, o bacilo gerador do mal. Nesse caso, o que se transmitiria não seria a afecção ela mesma, mas apenas um terreno cuja natureza favoreceria o seu desenvolvimento. Para ter o direito de rejeitar categoricamente essa última explicação, seria necessário ter ao menos estabelecido que o bacilo de Koch se encontra com frequência no feto; uma vez que essa demonstração não é dada, a dúvida se impõe. A mesma reserva é exigida em relação ao problema que nos ocupa. Portanto, para resolvê-lo, não é suficiente citar certos fatos favoráveis à tese da hereditariedade. Mas seria necessário também que esses fatos fossem em um número suficiente para não poderem ser atribuídos a encontros acidentais, que eles não comportassem outras explicações e que não fossem contraditos por nenhum outro fato. Será que eles satisfazem a essa tripla condição?

É verdade que eles não parecem ser raros. Todavia, para que pudéssemos concluir que está na natureza do suicídio ser hereditário, seria necessário poder determinar ainda qual é a sua proporção em relação ao conjunto das mortes voluntárias. Se, para uma porção relativamente elevada da cifra total dos suicídios, a existência de antecedentes hereditários fosse demonstrada, então ter-se-ia um fundamento para admitir que há entre esses dois fatos uma relação de causalidade e que o suicídio possui uma tendência a se transmitir hereditariamente. Mas, enquanto essa prova não for dada, é possível sempre se perguntar se os casos citados não se devem antes a combinações fortuitas de causas diferentes. Ora, as observações e as comparações que, unicamente, permitiriam resolver essa questão não foram jamais realizadas de uma maneira extensa. As pessoas contentam-se quase sempre em relatar certo número de anedotas interessantes. As poucas informações que temos sobre esse ponto em particular não possuem nada de demonstrativo em sentido algum; elas são mesmo um pouco contraditórias. Com relação a 39 alienados com uma propensão mais ou menos pronunciada para o suicídio

---

[66] *Maladies mentales*, tomo I, p. 582.

que o Dr. Luys teve a oportunidade de observar em seu estabelecimento e sobre os quais pôde reunir informações bastante completas, ele não encontrou sequer um único caso no qual a mesma tendência tivesse sido já encontrada na família do doente.[67] Entre 265 alienados, Brierre de Boismont encontrou somente 11, ou seja, 4%, cujos os pais tinham se suicidado.[68] A proporção dada por Cazauvieilh é muito mais elevada; em 13 indivíduos de um grupo de 60, ele teria constatado antecedentes hereditários; o que daria a cifra de 28%.[69] De acordo com a estatística bávara, a única que registra a influência da hereditariedade, tal fator teria se feito sentir durante os anos de 1857-66 por volta de 13 vezes a cada 100 casos.[70]

Por menos decisivos que sejam esses fatos, se não pudéssemos explicá-los senão admitindo a hereditariedade especial do suicídio, então essa hipótese receberia certa autoridade da própria impossibilidade de se encontrar outra explicação. Mas há ao menos duas outras causas que podem produzir o mesmo efeito, sobretudo em seu concurso.

Em primeiro lugar, quase todas essas observações foram feitas pelos alienistas e, consequentemente, sobre os alienados. Ora, a alienação mental talvez seja de todas as doenças aquela que se transmite mais frequentemente. Podemos, portanto, nos perguntar se a propensão ao suicídio que é hereditária ou se antes é a alienação que é hereditária, alienação essa da qual a propensão para o suicídio é um sintoma frequente, ainda que, contudo, acidental. A dúvida é tanto mais fundada uma vez que, tal como admitem, todos os observadores, é sobretudo, se não exclusivamente, entre os alienados suicidas que se encontram os casos favoráveis à hipótese da hereditariedade.[71] Sem dúvida alguma, mesmo nessas condições, a hereditariedade desempenha um papel importante; mas não se trata mais da hereditariedade do suicídio. O que é transmitido é a afecção mental em sua generalidade, é a tara nervosa, da qual a morte de si mesmo é uma consequência contingente, ainda que sempre passível de dúvida. Nesse caso, a hereditariedade não concerne mais à propensão para o suicídio do que concerne à hemoptise no caso da tísica hereditária. Se o infeliz, que se encontra ao mesmo tempo na família dos loucos e dos suicidas, se mata, então isso não acontece porque seus pais teriam se matado, mas porque eles eram loucos. Além disso, como as desordens mentais se transformam ao mesmo tempo que se transmitem, tal como, por exemplo, a melancolia dos ascendentes se torna o delírio crônico ou a loucura instintiva nos descendentes, pode ser que muitos

---
[67] *Suicide*, p. 197.
[68] Citado por LEGOYT, p. 242.
[69] *Suicide*, p. 17-19.
[70] Segundo MORSELLI, p. 410.
[71] BRIERRE DE BOISMONT, *op. cit.*, p. 59; CAZAUVIEILH, *op. cit.*, p. 19.

membros de uma mesma família provoquem a sua morte e que todos esses suicidas, emergindo de loucuras diferentes, pertençam, por conseguinte, a tipos diferentes.

Não obstante, essa primeira causa não é suficiente para explicar todos os fatos. Pois, por um lado, não se comprovou que o suicídio se repete somente nas famílias dos alienados; por outro lado, resta sempre essa particularidade notável de que, em algumas dessas famílias, o suicídio parece se encontrar em um estado endêmico, ainda que a alienação mental não implique necessariamente tal consequência. Nem todo louco é impelido a se matar. De onde provém, então, o fato de que há cepas de loucos que parecem predestinadas a se destruir? Esse concurso de casos semelhantes supõe evidentemente um fator diverso do precedente. Mas podemos nos dar conta disso, sem que precisemos atribuí-lo à hereditariedade. A potência contagiosa do exemplo é suficiente para produzi-lo.

Nós veremos, com efeito, em um próximo capítulo que o suicídio é eminentemente contagioso. Esse caráter contagioso se faz sentir antes de tudo entre os indivíduos cuja constituição os torna mais facilmente acessíveis a todas as sugestões em geral e às ideias de suicídio em particular; pois eles não apenas são levados a reproduzir tudo aquilo que lhes choca, mas se acham sobretudo inclinados a repetir um ato para o qual já possuem certa propensão. Ora, essa dupla condição é realizada nos sujeitos alienados ou simplesmente neurastênicos cujos pais se suicidaram. Pois sua fraqueza nervosa os torna hipnotizáveis, ao mesmo tempo que os predispõe a acolher facilmente a ideia de se matar. Não é, portanto, espantoso que a lembrança ou o espetáculo do fim trágico de seus parentes próximos se torne para eles a fonte de uma obsessão ou de um impulso irresistível.

Não apenas essa explicação é exatamente tão satisfatória quanto a que apela para a hereditariedade, mas há fatos que só ela torna possível compreender. Acontece com frequência de, nas famílias em que podemos observar fatos repetidos de suicídio, esses fatos se reproduzirem de maneira quase idêntica uns aos outros. Eles não apenas ocorrem na mesma idade, mas também são executados da mesma maneira. Aqui, privilegia-se o enforcamento; em outro lugar, a asfixia ou a queda de um lugar elevado. Em um caso frequentemente citado, a semelhança foi levada ainda mais longe; foi uma mesma arma que serviu a toda uma família, e isso com muitos anos de distância.[72] Procurou-se ver nessas semelhanças uma prova a mais em favor da hereditariedade. Não obstante, se há boas razões para não transformar o suicídio em uma entidade psicológica distinta, o quanto mais difícil não é admitir que exista uma tendência ao suicídio por enforcamento ou

---

[72] RIBOT, *L'hérédité*, p. 145, Paris, Félix Alcan.

por pistola! Em vez disso, não demonstram esses fatos o quão grande é a influência contagiosa exercida sobre o espírito dos sobreviventes pelos suicídios que ensanguentaram já a história de suas famílias? Pois é preciso que essas lembranças os obcequem e os persigam para que elas possam fazê-los a reproduzir, com uma fidelidade tão exata, o ato de seus ancestrais.

Aquilo que dá a essa explicação uma verossimilhança ainda maior é o fato de inúmeros casos, nos quais não há como se tratar de hereditariedade e nos quais o contágio é a única causa do mal, apresentarem o mesmo caráter. Nas epidemias das quais falaremos mais tarde, acontece quase sempre de os diferentes suicídios se assemelharem com a mais espantosa uniformidade. Dir-se-ia que eles são a cópia uns dos outros. Todo mundo conhece a história daqueles quinze inválidos que, em 1772, se enforcaram sucessivamente e com uma pequena diferença de tempo no mesmo gancho, sob uma passagem obscura de um hospital. Retirado o gancho, a epidemia terminou. O mesmo aconteceu no acampamento de Bolonha. Um soldado estourou seus miolos em uma guarita; poucos dias depois, surgiram os imitadores na mesma guarita; no entanto, desde que ela foi queimada, o contágio se interrompeu. Em todos esses casos, a influência preponderante da obsessão é evidente, uma vez que eles cessam imediatamente no momento em que desaparece o objeto material que tinha evocado a ideia. Quando, portanto, os suicídios manifestamente saídos uns dos outros parecem todos reproduzir um mesmo modelo, é legítimo lhes atribuir a mesma causa; e isso tanto mais, uma vez que ela deve ter o seu máximo de ação nessas famílias nas quais tudo concorre para que aumente a sua potência.

Muitos sujeitos têm, por outro lado, o sentimento de que, agindo como seus pais, eles cederiam à influência do exemplo. É o caso de uma família observada por Esquirol: "O (irmão) mais novo, que tem entre 26 e 27 anos, se torna melancólico e se joga do telhado de sua casa; um segundo irmão, que cuidava dele, se culpa por sua morte, faz muitas tentativas de suicídio e morre um ano depois das consequências de uma abstinência prolongada e repetida... Um quarto irmão, médico, que dois anos antes havia me dito com um desespero aterrador que ele não escaparia de sua sorte, se mata".[73] Moreau cita o caso seguinte. Um alienado, cujo irmão e o tio paterno tinham se matado, estava sendo afetado pela propensão para o suicídio. Um irmão que vinha visitá-lo em Charenton estava desesperado com as ideias horríveis que ele contava e não conseguia se defender diante da convicção de que também acabaria por sucumbir.[74] Um doente vem fazer a Brierre de Boismont a seguinte confissão: "Até os 53 anos, eu me portei bem; não tinha

---

[73] LISLE, *op. cit.*, p. 195.
[74] BRIERRE, *op. cit.*, p. 57.

nenhuma tristeza, meu caráter era bastante alegre, até que, há três anos, comecei a ter ideias sombrias... Depois de três meses, elas não me deixam repousar e, a cada instante, me sinto impelido a me matar. Eu não vos esconderei o fato de que um de meus irmãos se matou aos 60 anos; eu nunca tinha me preocupado com isso de uma maneira séria, mas, ao chegar aos 56 anos, essa lembrança passou a ocupar mais vivamente o meu espírito e, agora, ela está sempre presente". Mas um dos fatos que melhor comprova o que dissemos é relatado por Falret. Uma moça de 19 anos descobre "que um tio por parte de pai tinha se matado voluntariamente. Essa novidade a estava afligindo muito: ela tinha escutado falar que a loucura era hereditária. Assim, a ideia de que poderia cair um dia nesse triste estado logo usurpa a sua atenção... Ela estava nessa triste posição quando seu pai colocou voluntariamente um fim em sua existência. Desde então, (ela) se acredita completamente destinada a uma morte violenta. Ela não se ocupa mais senão com o seu fim próximo e repete mil vezes: 'eu devo morrer como meu pai e meu tio! Meu sangue está claramente corrompido'. E ela comete uma tentativa. Ora, o homem que ela acreditava ser seu pai não o era realmente. Para desembaraçá-la de seus medos, sua mãe lhe revela a verdade e arranja para ela uma entrevista com o seu pai verdadeiro. A semelhança física era tão grande que a doente viu todas as suas dúvidas se dissiparem imediatamente. Desde então, ela renunciou a toda e qualquer ideia de suicídio: sua alegria retornou progressivamente e sua saúde se restabeleceu".[75]

Assim, por um lado, os casos mais favoráveis à hereditariedade não são suficientes para demonstrar a sua existência, por outro lado, eles se prestam sem qualquer dificuldade a outra explicação. Mas há algo a mais. Certos fatos da estatística, cuja importância parece ter escapado aos psicólogos, são irreconciliáveis com a hipótese de uma transmissão hereditária propriamente dita. Esses são os fatos seguintes:

1°) Se existe um determinismo orgânico psíquico, de origem hereditária, que predestina os homens a se matarem, ele deve servir de maneira mais ou menos igual para os dois sexos. Pois, como o suicídio não tem por ele mesmo nada de sexual, não haveria razão alguma para que a geração sobrecarregue mais os homens do que as mulheres. Ora, de fato, sabemos que os suicídios femininos são em número muito pequeno e não representam senão uma fraca fração dos suicídios masculinos. As coisas não seriam assim, contudo, se a hereditariedade fosse tão poderosa quanto se supõe.

Dir-se-á que as mulheres herdam tanto quanto os homens a propensão para o suicídio, mas que essa propensão é nelas neutralizada pelas condições sociais que são próprias ao sexo feminino? Mas o que se deve pensar

---
[75] Luys, *op. cit.*, p. 201.

de uma hereditariedade que, na maior parte dos casos, permanece latente, senão que ela consiste em uma virtualidade bem vaga, da qual nada estabelece a existência?

2°) Falando da hereditariedade da tísica, o Sr. Grancher se exprime nos seguintes termos: "Tudo nos autoriza a admitir a hereditariedade em um caso desse gênero (trata-se de uma tísica declarada em uma criança de três meses)... As coisas, porém, já não são tão certas quanto ao fato de a tuberculose datar da vida intrauterina, quando ela irrompe quinze ou vinte meses depois do nascimento, uma vez que nada poderia fazer com que se suspeitasse da existência de uma tuberculose latente... E o que diríamos agora das tuberculoses que aparecem quinze, vinte ou trinta anos depois do nascimento? Supondo mesmo que uma lesão teria existido no começo da vida, essa lesão não teria perdido a sua virulência ao final de um tempo tão longo? É natural acusar de todo o mal esses micróbios fósseis mais do que os bacilos bem vivos... os quais o sujeito pode encontrar pelo caminho?"[76] Com efeito, para ter o direito de sustentar que uma afecção é hereditária, na falta da prova peremptória que consiste em fazer ver o germe no feto ou no recém-nascido, seria necessário ao menos estabelecer que ela se produz frequentemente nas crianças pequenas. Eis porque se fez da hereditariedade a causa fundamental dessa loucura especial que se manifesta desde a primeira infância e que se chama, por isso, loucura hereditária. Koch chegou mesmo a mostrar que, no caso em que a loucura, sem ter sido criada inteiramente pela hereditariedade, não deixa de sofrer sua influência, ela possui uma tendência muito mais marcada para o caráter precoce do que quando ela não tem antecedentes conhecidos.[77]

Cita-se, é verdade, características que são consideradas hereditárias e que, contudo, não se mostram senão em uma idade mais ou menos avançada; características tais como a barba, os chifres etc. Mas esse atraso é explicável no caso da hereditariedade somente se ele depender de um estado orgânico que não pode ser ele mesmo constituído senão no curso da evolução individual; por exemplo, para tudo aquilo que concerne às funções sexuais, a hereditariedade não pode evidentemente produzir efeitos ostensivos senão na puberdade. Mas se a propriedade transmissível é possível em todas as idades, ela deveria se manifestar de imediato. Consequentemente, quanto mais ela precisar de tempo para aparecer, tanto mais dever-se-á admitir também que ela não detém da hereditariedade senão uma fraca incitação de ser. Ora, não se vê por que a tendência ao suicídio seria solidária a tal fase do desenvolvimento orgânico mais do que a uma outra. Se ela constitui um

---

[76] *Dictionnaire encyclopédique des sciences méd.*, artigo "Tísica", tomo LXXVI, p. 542.
[77] *Op. cit.*, p. 170-172.

mecanismo definido, que pode se transmitir de maneira completamente organizada, esse mecanismo deveria entrar em jogo desde os primeiros anos de vida.

Mas, de fato, é o contrário que acontece. O suicídio é extremamente raro nas crianças. Na França, segundo Legoyt, a cada um milhão de crianças com menos de 16 anos, durante o período de 1861 a 1875, teria havido 4,3 suicídios de meninos e 1,8 suicídio de meninas. Na Itália, segundo Morselli, as cifras são ainda mais baixas: elas não se elevam acima de 1,25 para um sexo e de 0,33 para o outro (período de 1866 a 1875); e a proporção é sensivelmente a mesma em todos os países. Os suicídios mais jovens são cometidos aos 5 anos, e são completamente excepcionais. Ainda não está provado que esses fatos extraordinários devem ser atribuídos à hereditariedade. Não se pode esquecer, com efeito, que a criança também sofre a ação das causas sociais e que essas podem se mostrar como suficientes para determiná-la ao suicídio. O que demonstra a sua influência mesmo nesse caso é que os suicídios de crianças variam segundo o meio social. Eles não são em parte alguma tão numerosos quanto nas grandes cidades.[78] É que em parte alguma a vida social começa tão cedo para as crianças, tal como prova a precocidade que distingue o pequeno citadino. Iniciado mais cedo e mais completamente no movimento da civilização, ele sofre mais cedo e mais completamente os seus efeitos. É também isso que faz com que, nos países cultos, o número de suicídios infantis cresça com uma regularidade deplorável.[79]

Há mais ainda. Não apenas o suicídio é bastante raro nas crianças, mas é somente com a velhice que ele chega ao seu apogeu e, nesse intervalo, ele cresce regularmente de idade em idade.

Com algumas nuances, essas proporções são as mesmas em todos os países. A Suécia é a única sociedade na qual o máximo cai para uma idade entre 40 e 50 anos. Em todos os outros lugares, de resto, ele não se produz senão na última ou na penúltima parte da vida, e sempre de maneira regular, com exceções muito leves, que talvez se devam a erros de recenseamento.[80] O crescimento até esse limite extremo é contínuo. O decrescimento que se observa para além dos 80 anos não é absolutamente geral e, em todo caso, é muito baixo. O contingente dessa idade é um pouco menor do que aquele

---

[78] Ver MORSELLI, p. 329 e seg.
[79] Ver LEGOYT, p. 158 e seg., Paris, Félix Alcan.
[80] Para os homens, não conhecemos senão um caso: o caso da Itália, no qual se produz uma estagnação entre 30 e 40 anos. Para as mulheres, há na mesma idade um movimento de interrupção que é geral e, por conseguinte, deve ser real. Ele marca uma etapa na vida da mulher. Tal como é especial para os celibatários, esse movimento também corresponde sem dúvida alguma a esse período intermediário, no qual as decepções e os choques violentos causados pelo celibato começam a ser menos sensíveis, e no qual o isolamento moral que se produz em uma idade mais avançada, quando a mulher velha fica sozinha, ainda não desdobrou todos os seus efeitos.

que é fornecido pelos septuagenários, mas ele continua sendo superior aos outros ou, ao menos, à maior parte dos outros. Como, então, atribuir à hereditariedade uma tendência que não aparece senão na idade adulta *e que, a partir desse momento, se torna cada vez mais forte, à medida que o homem avança na existência*? Como qualificar de congênita uma afecção que, inexistente ou muito fraca na infância, vai se desenvolvendo cada vez mais e alcança o seu máximo de intensidade somente nos velhos?

QUADRO IX[81]

Suicídios nas diferentes idades
(por milhão de indivíduos de cada idade)

	França (1835-44)		Prússia (1873-75)		Saxônia (1847-58)		Itália (1872-76)		Dinamarca (1845-56)
	Homens	Mulheres	Homens	Mulheres	Homens	Mulheres	Homens	Mulheres	Homens e Mulheres
Abaixo de 16 anos	2,2	1,2	10,5	3,2	9,6	2,4	3,2	1,0	113
De 16 a 20 anos	56,5	31,7	122,0	50,3	210	85	32,3	12,2	272
De 20 a 30 anos	130,0	44,5	231,1	60,8	396	108	77,0	18,9	307
De 30 a 40 anos	155,6	44,0	235,1	55,6	551	126	72,3	19,6	426
De 40 a 50 anos	204,7	64,7	347,0	61,6			102,3	26,0	576
De 50 a 60 anos	217,9	74,8	529,0	113,9	906	207	140,0	32,0	702
De 60 a 70 anos	274,2	83,7					147,8	34,5	785
De 70 a 80 anos	317,3	91,8			917	297	124,3	29,1	
Acima de 80 anos	345,1	81,4					103,8	33,8	642

---

[81] Os elementos deste quadro foram retirados de MORSELLI.

A lei da hereditariedade homócrona não teria como ser evocada na espécie. Ela anuncia, com efeito, que, em certas circunstâncias, a característica herdada aparece nos descendentes mais ou menos na mesma idade que nos pais. Mas esse não é o caso do suicídio que, para além dos 10 ou 15 anos, está presente em todas as idades sem distinção. O que o suicídio tem de característico não é o fato de que ele se manifesta em um momento determinado da vida, mas de que progride sem interrupção de idade em idade. Essa progressão ininterrupta demonstra que a causa da qual ele depende se desenvolve, à medida que o homem envelhece. Ora, a hereditariedade não cumpre essa condição; pois ela é, por definição, tudo aquilo que deve e pode ser desde o momento em que a fecundação se consuma. Dir-se-á que a propensão para o suicídio existe em estado latente desde a infância, mas que ela não se torna aparente senão sob a ação de outras forças cuja aparição é tardia e o desenvolvimento é progressivo? Mas isso significa reconhecer que a influência hereditária se reduz no máximo a uma predisposição muito geral e indeterminada; porque, se o concurso de outro fator lhe é a tal ponto indispensável que ela só faz sentir a sua ação quando ele é dado e na medida em que é dado, então é ele, o fator não hereditário, que precisa ser considerado a causa verdadeira.

Enfim, o modo como o suicídio varia segundo as idades prova que, de toda maneira, um estado orgânico psíquico não poderia ser a causa determinante. Pois tudo o que está ligado ao indivíduo, estando submetido ao ritmo da vida, passa sucessivamente por uma fase de crescimento, em seguida de estagnação e, por fim, de regressão. Não há característica biológica ou psicológica que progrida sem cessar; mas tudo, depois de ter chegado a um momento de apogeu, entra em decadência. Ao contrário, o suicídio não chega a seu ponto culminante senão nos limites derradeiros da carreira humana. Mesmo o recuo constatado muito frequentemente por volta dos 80 anos não só é leve e não é absolutamente geral, como também não é relativo, uma vez que os nonagenários se matam ainda tanto ou mais do que os sexagenários, e mais, sobretudo, que os homens em plena maturidade. Não se reconhece nesse fato um sinal de que a causa que faz variar o suicídio não consiste em um impulso congênito e imutável, mas sim na ação progressiva da vida social? Ao mesmo tempo que ele aparece mais ou menos cedo, segundo a idade com a qual os homens debutam na sociedade, ele cresce à medida que se tornam mais completamente engajados.

Eis, então, que retornamos à conclusão do capítulo precedente. Sem dúvida alguma, o suicídio é possível apenas se a constituição dos indivíduos não o recusa. Mas o estado individual que lhe é mais favorável consiste não em uma tendência definida e automática (salvo no caso dos alienados), mas em uma aptidão geral e vaga, suscetível de assumir formas diversas segundo as circunstâncias, aptidão essa que permite o suicídio, mas que não o implica necessariamente, e que, por conseguinte, não nos fornece de modo algum uma explicação para ele.

CAPÍTULO III

O SUICÍDIO E OS FATORES CÓSMICOS[82]

Mas se as predisposições individuais por si mesmas não são causas determinantes do suicídio, elas talvez tenham mais ação quando se combinam com certos fatores cósmicos. Assim como o meio material faz vez por outra eclodir doenças que, sem ele, permaneceriam em estado germinal, possivelmente ele teria poder para fazer passar ao ato as aptidões gerais e puramente virtuais pelas quais certos indivíduos seriam naturalmente dotados para o suicídio. Nesse caso, não haveria como ver na taxa dos suicídios um fenômeno social; devido ao concurso de certas causas físicas e de um estado orgânico-psíquico, tal taxa surgiria completa ou principalmente da psicologia mórbida. Talvez, é verdade, seja difícil explicar como, nessas condições, ela pode ser tão estritamente pessoal para cada grupo social; pois, de um país ao outro, o meio cósmico não difere muito sensivelmente. No entanto, um fato importante não deixaria de ser bem-vindo: é que podemos fazer frente ao menos a algumas das variações que esse fenômeno apresenta, sem recorrer a causas sociais.

Entre os fatores dessa espécie, há apenas dois aos quais se atribuiu uma influência sobre os suicídios: trata-se do clima e da temperatura sazonal.

I

Eis como os suicídios se distribuem sobre o mapa da Europa, segundo os diferentes graus de latitude:

Do 36° ao 43° grau de latitude	21,1 suicídios por milhão de habitantes
Do 43° ao 50° grau de latitude.	93,3 suicídios por milhão de habitantes
Do 50° ao 55° grau de latitude	172,5 suicídios por milhão de habitantes
Para além daí	88,1 suicídios por milhão de habitantes

É, então, no sul e no norte da Europa que o suicídio se acha em seu mínimo; é no centro que ele é mais desenvolvido; com mais precisão, Morselli

---

[82] Bibliografia. LOMBROSO, *Pensiere e Meteore*; FERRI, *Variations thermométriques et criminalité*, em: Archives d'Anthropologie criminelle, 1887; CORRE, *Le délit et le suicide à Brest*, em: Archives d'Anthropologie criminelle, 1890, p. 109 e seg., 259 e seg.; do mesmo autor: *Crime et suicide*, p. 605, 639; MORSELLI, p. 103, 157.

pôde dizer que o espaço compreendido entre o 47º e o 57º grau de latitude, por um lado, e entre o 20º e o 40º grau de longitude, por outro, era o lugar predileto do suicídio. Essa zona coincide muito bem com a região mais temperada da Europa. É preciso ver nessa coincidência um efeito das influências climáticas?

Essa é a tese que sustenta Morselli, não completamente sem qualquer hesitação. Não se vê bem, com efeito, qual é a relação que pode haver entre o clima temperado e a tendência para o suicídio; seria necessário, portanto, que os fatos fossem singularmente concordantes para impor tal hipótese. Ora, muito longe de haver uma relação entre o suicídio e tal ou tal clima, é preciso afirmar que o suicídio floresceu em todos os climas. Hoje, a Itália se encontra relativamente isenta dele; mas ele foi muito frequente na época do Império, ou seja, quando Roma era a capital da Europa civilizada. Do mesmo modo, sob o céu ardente da Índia, ele foi, em certas épocas, muito desenvolvido.[83]

A própria configuração dessa zona mostra muito bem que o clima não é a causa dos numerosos suicídios que são aí cometidos. A mancha que ela forma sobre o mapa não é constituída por uma única faixa, mais ou menos igual e homogênea, que compreenderia todos os países submetidos ao mesmo clima, mas por duas manchas distintas: uma que tem por centro a Ilha de França e os departamentos circunvizinhos, a outra que tem por centro a Saxônia e a Prússia. Elas coincidem, então, não com uma região climática nitidamente definida, mas com os dois principais cadinhos da civilização europeia. É, consequentemente, na natureza dessa civilização, na maneira como ela se distribui entre os diferentes países, e não nas virtudes misteriosas do clima, que é preciso buscar a causa que produz a propensão desigual dos povos para o suicídio.

Pode-se explicar do mesmo modo um outro fato que já tinha sido assinalado por Guerry, que Morselli confirmou por meio de observações novas e que, se não é sem exceções, é, contudo, bastante geral. Nos países que não fazem parte da zona central, as regiões mais próximas do centro, seja ao norte seja ao sul, também são as mais afligidas pelo suicídio. É assim que, na Itália, o suicídio está desenvolvido sobretudo no norte, enquanto que na Inglaterra e na Bélgica ele se acha antes no sul. Mas não se possui nenhuma razão para imputar esses fatos à proximidade do clima temperado. Não é mais natural admitir que as ideias, os sentimentos, em uma palavra, as correntes sociais que impulsionam com tanta força os habitantes da França setentrional e da Alemanha do norte se encontram nos países vizinhos, que vivem um pouco a mesma vida, mas com uma intensidade menor? Eis aí,

---
[83] Ver mais adiante, livro II, capítulo IV.

além disso, o que mostra o quanto é grande a influência das causas sociais sobre essa distribuição do suicídio. Na Itália, até 1870, eram as províncias do norte que computavam o maior número de suicídios. O centro vinha em seguida e o sul assumia o terceiro lugar. Pouco a pouco, porém, a distância entre o norte e o centro diminuiu e os respectivos níveis acabaram por ser invertidos (ver quadro X). O clima das diferentes regiões permaneceu, contudo, o mesmo. O que mudou foi que, em consequência da conquista de Roma em 1870, a capital da Itália foi transportada para o centro do país. O movimento científico, artístico, econômico se deslocou no mesmo sentido. Os suicídios seguiram esse deslocamento.

QUADRO X

Distribuição regional do suicídio na Itália

	Suicidas por milhão de habitantes			A taxa de cada região expressa em função da taxa do norte representada por 100		
	1866-67	1864-76	1884-86	1866-67	1864-76	1884-86
Norte	33,8	43,6	63	100	100	100
Centro	25,6	40,8	88	75	93	139
Sul	8,3	16,5	21	24	37	33

Não há lugar, portanto, para insistir ainda em uma hipótese que não é comprovada por nada e que é invalidada por tantos fatos.

II

A influência da temperatura sazonal parece mais bem estabelecida. Os fatos podem ser diversamente interpretados, mas eles são constantes.

Se, em vez de observá-los, nós tentássemos prever pelo raciocínio qual deveria ser a estação mais favorável ao suicídio, afirmaríamos voluntariamente que é aquela na qual o céu é mais sombrio, na qual a temperatura é a mais baixa ou a mais úmida. O aspecto desolado que a natureza assume não tem por efeito nos predispor à fantasia, despertando as paixões tristes e provocando o surgimento da melancolia? Além disso, essa também é a época na qual a vida é mais rude, porque necessitamos de uma alimentação mais rica para podermos suprir a insuficiência do calor natural e porque é difícil encontrá-la. Tinha sido já por essa razão que Montesquieu considerara os países brumosos e frios como particularmente favoráveis ao desenvolvimento do suicídio; e, durante muito tempo, essa opinião se fez lei.

Aplicando-a às estações chega-se a acreditar que seria no outono que deveria se encontrar o apogeu do suicídio. Por mais que Esquirol tenha já expressado as suas dúvidas em relação à exatidão dessa teoria, Falret ainda aceitava esse princípio.[84] Hoje, porém, a estatística a refutou definitivamente. Não é nem no inverno, nem no outono que o suicídio atinge o seu máximo, mas durante a bela estação, no momento em que a natureza é mais radiante e a temperatura, mais doce. O homem prefere deixar a vida no momento em que ela é mais fácil. Se, com efeito, dividirmos o ano em dois semestres, um que compreende os seis meses mais quentes (de março a agosto inclusive), o outro os seis meses mais frios, é sempre o primeiro que tem o maior número de suicídios. Não há nenhum país que faça exceção a essa lei. A proporção, com uma diferença de umas poucas unidades, é a mesma por toda parte. Em 1.000 suicídios anuais, há 590 a 600 que são cometidos na bela estação e apenas 400 durante o resto do ano.

A relação entre o suicídio e as variações da temperatura pode ser mesmo determinada com mais precisão.

Se concordarmos em chamar de inverno o trimestre que vai de dezembro a fevereiro inclusive, primavera o que se estende de março a maio, verão o trimestre que começa em junho para terminar em agosto e outono os três meses seguintes; e se classificarmos essas quatro estações segundo a importância de sua mortalidade suicida, nós nos depararemos com o fato de que quase por toda parte o verão tem o primeiro lugar. Morselli comparou segundo esse ponto de vista 34 períodos diferentes em 18 Estados europeus e constatou que em 30 casos, ou seja, em 88% dos casos, o máximo dos suicídios acontecia durante o período estival, três vezes apenas na primavera, uma vez só no outono. Essa última irregularidade, por nós observada unicamente no Grão-Ducado de Baden e em um único momento de sua história, não possui qualquer valor, pois ela é o resultado de um cálculo que se refere a um período de tempo muito curto; além disso, ela não se reproduziu nos períodos ulteriores. As três outras exceções não são em nada mais significativas. Elas se referem à Holanda, à Irlanda e à Suécia. No que concerne aos dois primeiros países, as cifras efetivas que serviram de base para o estabelecimento dos meios sazonais são muito baixas para que se pudesse concluir alguma coisa com certeza: não há senão 387 casos para a Holanda e 755 para a Irlanda. De resto, a estatística desses dois povos não possui a autoridade desejável. Enfim, para a Suécia, é apenas durante o período de 1835 e 1851 que o fato foi constatado. Se, então, nos restringirmos aos países sobre os quais temos autenticamente informações, pode-se dizer que a lei é absoluta e universal.

---

[84] *De l'hypocondrie etc.*, p. 28.

A época na qual ocorre o mínimo não é menos regular: 30 vezes a cada 34 casos, ou seja, em 88% dos casos, o mínimo ocorre no inverno, enquanto os quatro outros casos acontecem no outono. Os quatro lugares que se destacam dessa regra são a Irlanda e a Holanda (como no caso precedente), o cantão de Berna e a Noruega. Nós sabemos qual é a força das duas primeiras anomalias; a terceira tem menos força ainda, pois ela não foi observada senão em um conjunto de 97 suicídios. Em resumo, em 26 a cada 34 casos, isto é, em 76% dos casos, as estações se dispõem na ordem seguinte: verão, primavera, outono e inverno. Essa relação é verdadeira sem nenhuma exceção na Dinamarca, na Bélgica, na França, na Prússia, na Saxônia, na Baviera, em Württemberg, na Áustria, na Suíça, na Itália e na Espanha.

Não apenas as estações se deixam classificar da mesma forma, mas a parte proporcional de cada uma difere muito pouco de um país para o outro. Para tornar essa invariabilidade mais sensível, nós exprimimos no quadro XI (ver p. 96) o contingente de cada estação nos principais Estados europeus em função do total anual sob a proporção de mil. Vê-se que as mesmas séries de números retornam de maneira quase idêntica em cada coluna.

Desses fatos incontestáveis, Ferri e Morselli concluíram que a temperatura tinha uma influência direta sobre a tendência ao suicídio; que o calor, pela ação mecânica que ele exerce sobre as funções cerebrais, impeliria o homem a se matar. Ferri chegou mesmo a tentar explicar de que maneira ele produzia esse efeito. Por um lado, ele diz, o calor aumenta a excitabilidade do sistema nervoso; por outro, uma vez que, com a estação quente, o organismo não tem necessidade de consumir tantos materiais para manter a sua própria temperatura no grau desejado, o que resulta daí é um acúmulo de forças disponíveis que tendem naturalmente a encontrar o seu emprego. Por essa dupla razão, há, durante o verão, um suplemento de atividade, uma pletora de vida que precisa se descarregar e que só pode se manifestar sob a forma de atos violentos. O suicídio é uma dessas manifestações, o homicídio, uma outra, e eis aí por que as mortes voluntárias se multiplicariam durante essa estação ao mesmo tempo que os crimes de sangue. Além disso, a alienação mental, em todas as suas formas, se desenvolve supostamente nessa época; é então natural, diz-se, que o suicídio, em consequência das relações que possui com a loucura, evolua da mesma maneira.

QUADRO XI

*Parte proporcional de cada estação no total anual
dos suicídios de cada país*

	Dinamarca (1858-65)	Bélgica (1841-49)	França (1835-43)	Saxônia (1847-58)	Baviera (1858-65)	Áustria (1858-59)	Prússia (1869-72)
Verão	312	301	306	307	308	315	290
Primavera	284	275	283	281	282	281	284
Outono	227	229	210	217	218	219	227
Inverno	177	195	201	195	192	185	199
	1.000	1.000	1.000	1.000	1.000	1.000	1.000

Essa teoria, sedutora por sua simplicidade, parece, à primeira vista, concordar com os fatos. Ela parece mesmo não ser senão a sua expressão imediata. Em realidade, porém, ela está longe de explicá-los.

III

Em primeiro lugar, ela implica uma concepção muito contestável do suicídio. Ela supõe, com efeito, que há sempre para cada antecedente psicológico um estado de superexcitação que consiste em um ato violento e que não é possível senão por uma grande aplicação de força. Ora, ao contrário, o suicídio resulta muito frequentemente de uma depressão extrema. Se ocorre o suicídio exaltado ou exasperado, o suicídio lúgubre não é menos frequente; nós teremos a oportunidade de ver isso. Mas é impossível que o calor aja da mesma maneira sobre um tipo e sobre o outro; se ele estimula o primeiro, deve tornar o segundo mais raro. A influência agravante que ele poderia ter sobre certos sujeitos seria completamente neutralizada e como que anulada pela ação moderadora que exerceria sobre os outros; por conseguinte, ele não poderia se manifestar, sobretudo de uma maneira tão sensível, pelos dados da estatística. As variações que eles apresentam segundo as estações devem, então, ter outra causa. Quanto a ver aí um simples contraponto das variações similares pelas quais passaria no mesmo momento a alienação mental, seria necessário, para poder aceitar essa explicação, admitir uma relação mais imediata e mais estreita do que a que realmente há entre o suicídio e a loucura. Além disso, não se acha nem mesmo provado que as estações agem da mesma maneira sobre os dois fenômenos,[85] e, ainda que esse paralelismo fosse incontestável, seria preciso saber também se são as mudanças na temperatura sazonal que fazem com que suba ou desça a curva da alienação mental. Não está certo que causas de uma natureza completamente diferente não poderiam produzir ou contribuir para a produção desse resultado.

Todavia, qualquer que seja o modo como se explica essa influência atribuída ao calor, vejamos se ela é real.

Parece um resultado consistente de algumas observações que os calores muito violentos excitam o homem e o levam a se matar. Durante a expedição para o Egito, o número de suicídios aumentou, ao que parece, no exército francês e se imputa esse crescimento à elevação de temperatura. Nos trópicos, não é raro ver homens se precipitarem bruscamente ao mar quando o sol projeta verticalmente os seus raios como dardos. O Dr. Dietrich conta que, em uma viagem ao redor do mundo realizada entre 1844 e 1847 pelo conde Charles de Gortz, este observou um impulso irresistível, que ele denominou *the horrors*, entre os marujos e que ele descreveu assim: "O mal", diz ele, "se manifesta em geral na estação do inverno, quando, depois de uma longa travessia, os marujos, pisando em terra, se colocam sem qualquer precaução em volta de uma fogueira ardente e se entregam, segundo o costume, a todo tipo de excesso. É quando voltam a bordo que se declaram os sintomas do terrível *the horror*. Aqueles que são afetados pelo mal são impelidos por uma potência irresistível a se jogar no mar, seja porque a vertigem os apanha em meio aos seus trabalhos no alto do mastro, seja porque o mal sobrevém a eles durante o sono, do qual os doentes saem violentamente, gritando urros medonhos". Também se observou que o siroco, que não sopra sem tornar ao mesmo tempo o calor sufocante, tem uma influência análoga sobre o suicídio.[86]

Mas ela não é especializada no calor; o frio violento age da mesma forma. Foi assim que, durante a retirada de Moscou, nosso exército, diz-se, foi acometido por numerosos suicídios. Não se saberia, portanto, evocar esses fatos para explicar como é que, regularmente, as mortes voluntárias são

---

[85] Não temos como julgar a maneira segundo a qual os casos de loucura se distribuem pelas estações senão pelo número das entradas nos asilos. Ora, tal critério é muito insuficiente; pois as famílias não internam os doentes no momento mesmo em que a doença irrompe, mas mais tarde. Além disso, tomando as informações do modo como as temos, elas estão longe de mostrar uma concordância perfeita entre as variações sazonais da loucura e as do suicídio. De acordo com uma estatística de Cazauvieilh, em 1.000 entradas anuais em Charenton, a parte de cada estação seria a seguinte: inverno, 222; primavera, 283; verão, 261; outono, 231. O mesmo cálculo feito para o conjunto dos alienados admitidos nos asilos do Sena produz resultados análogos: inverno, 234; primavera, 266; verão, 249; outono, 248. Vê-se: 1º que o máximo recai sobre a primavera e não sobre o verão; é necessário ainda levar em conta o fato de que, pelas razões indicadas, o máximo real deve ser anterior; 2º que as diferenças entre as diversas estações são muito pequenas. Elas são marcadas de uma maneira diversa no que concerne aos suicídios.

[86] Nós relatamos esses fatos de acordo com BRIERRE DE BOISMONT, *op. cit.*, p. 60, 62.

mais numerosas no verão do que no outono, assim como mais numerosas no outono do que no inverno; pois tudo o que podemos concluir é que as temperaturas extremas, quaisquer que elas sejam, favorecem o desenvolvimento do suicídio. Compreende-se, de resto, que os excessos de todo gênero, as mudanças bruscas e violentas que acontecem no ambiente físico, obscurecem o organismo, desconcertam o desempenho normal das funções e determinam, com isso, tipos de delírios durante os quais a ideia do suicídio pode surgir e se realizar, se nada a contiver. Mas não há nenhuma analogia entre essas perturbações excepcionais e anormais e as variações graduadas pelas quais passa a temperatura no curso de cada ano. A questão permanece, então, por inteiro. É da análise dos dados estatísticos que precisamos demandar a solução.

Se a temperatura fosse a causa fundamental das oscilações que constatamos, o suicídio deveria variar regularmente junto com ela. Ora, ele não varia de modo algum. As pessoas se matam muito mais na primavera do que no outono, apesar de fazer um pouco mais de frio:

	França		Itália	
	A cada 1.000 suicídios anuais quantos a cada estação	Temperatura média da estação	A cada 1.000 suicídios anuais quantos a cada estação	Temperatura média das estações
Primavera	284	10,2°	297	12,9°
Outono	227	11,1°	196	13,1°

Assim, enquanto o termômetro sobe 0,9° na França e 0,2° na Itália, a cifra de suicídios diminui 21% no primeiro desses países e 35% no outro. Do mesmo modo, a temperatura do inverno é, na Itália, muito mais baixa do que a temperatura do outono (2,3° no lugar de 13,1°), e, no entanto, a mortalidade suicida é quase a mesma nas duas estações (196 casos de um lado, 194 de outro). Por toda parte, a diferença entre a primavera e o verão é muito pequena para os suicídios, enquanto ela é muito alta no caso da temperatura. Na França, a diferença é de 78% para um e 8% para a outra; na Prússia, ela é respectivamente 121% e 4%.

Essa independência em relação à temperatura é ainda mais sensível se observarmos o movimento dos suicídios não mais por estações, mas pelos meses. Essas variações mensais estão, com efeito, submetidas à lei seguinte que se aplica a todos os países da Europa: *a partir do mês de janeiro, inclusive, o avanço do suicídio é regularmente ascendente mês a mês até por volta de junho e, uma vez mais, regularmente regressivo a partir desse momento até o fim do ano*. Mais geralmente, em 62% dos casos, o máximo cai em junho, 25 vezes em maio e 12 em julho. O mínimo ocorreu 60 vezes em 100 em dezembro, 22 vezes em janeiro, 15 vezes em novembro e 3 vezes em outubro. Ademais, as irregularidades mais marcadas são dadas, na maior parte dos casos, em séries muito pequenas para ter uma grande significação. Lá onde se pode seguir o desenvolvimento do suicídio em um longo espaço de tempo, como na França, nós o vemos crescer até junho, decrescer em seguida até janeiro e a distância entre os extremos não é inferior a 90 ou 100% em média. O suicídio, portanto, não alcança o seu apogeu nos meses mais quentes, que são agosto e julho; ao contrário, a partir de agosto, ele começa a diminuir de maneira muito perceptível. O mesmo se dá na maior parte dos casos: ele não desce ao seu ponto mais baixo em janeiro, que é o mês mais frio, mas em dezembro. O quadro XII (ver p. 100) mostra para cada mês que a correspondência entre os movimentos do termômetro e aqueles do suicídio não possui nada de regular nem de constante.

Em um mesmo país, os meses nos quais a temperatura é sensivelmente a mesma produzem suicídios muito diferentes (por exemplo, maio e setembro, abril e outubro na França, junho e setembro na Itália etc.). O inverso não é menos frequente; janeiro e outubro, fevereiro e agosto, na França, contabilizam o mesmo número de suicídios, apesar das diferenças enormes de temperatura, e o mesmo vale para abril e para julho na Itália e na Prússia. Além disso, as cifras proporcionais são quase rigorosamente as mesmas para cada mês nesses diferentes países, por mais que a temperatura mensal seja muito desigual de um país para o outro. Assim, maio, cuja temperatura é de 10,47° na Prússia, 14,2° na França e 18° na Itália, tem na França 104 suicídios, 105 na Prússia e 103 na Itália.[87] Podemos fazer a mesma observação para quase todos os outros meses. O caso de dezembro é particularmente significativo. Sua parcela no total anual dos suicídios é rigorosamente a mesma para as três sociedades comparadas (61 suicídios por 1.000); e, contudo, o termômetro nessa época do ano marca em média 7,9° em Roma, 9,5° em Nápoles, enquanto na Prússia ele chega a 0,67°. Não apenas as temperaturas mensais não são as mesmas, mas elas evoluem segundo leis diferentes nas diferentes regiões; assim, na França, o termômetro sobe mais de janeiro a abril do que de abril a junho, enquanto que o inverso acontece na Itália. As variações termométricas e aquelas do suicídio não possuem, portanto, nenhuma relação.

---

[87] Não há como acentuar mais intensamente essa constância das cifras proporcionais: retornaremos ao seu significado (livro III, capítulo I).

QUADRO XII[88]

	França (1866-70)		Itália (1883-88)				Prússia (1876-78-80-82-85-89)	
	Temperatura média	Quantos suicídios a cada mês por 1.000 suicídios anuais	Temperatura média		Quantos suicídios a cada mês por 1.000 suicídios anuais		Temperatura média (1848-77)	Quantos suicídios a cada mês por 1.000 suicídios anuais
			Roma	Nápoles				
Janeiro	2,4°	68	6,8°	8,4°	69		0,28°	61
Fevereiro	4,0°	80	8,2°	9,3°	80		0,73°	67
Março	6,4°	86	10,4°	10,7°	81		2,74°	78
Abril	10,1°	102	13,5°	14,0°	98		6,79°	99
Maio	14,2°	105	18,0°	17,9°	103		10,47°	104
Junho	17,2°	107	21,9°	21,5°	105		14,05°	105
Julho	18,9°	100	24,9°	24,3°	102		15,22°	99
Agosto	18,5°	82	24,3°	24,2°	93		14,60°	90
Setembro	15,7°	74	21,2°	21,5°	73		11,60°	83
Outubro	11,3°	70	16,3°	17,1°	65		7,79°	78
Novembro	6,5°	66	10,9°	12,2°	63		2,93°	70
Dezembro	3,7°	61	7,9°	9,5°	61		0,60°	61

Se, então, a temperatura tivesse a influência que se supõe, ela deveria se fazer sentir da mesma forma na distribuição geográfica dos suicídios. Os países mais quentes deveriam ser os países mais afetados pelo suicídio. A dedução se impõe com tal evidência que a própria escola italiana recorre a ela, quando procura demonstrar que a tendência homicida, ela também, cresceria com o calor. Lombroso e Ferri estão de acordo quanto a estabelecer que, como os assassinatos são mais frequentes no verão do que no inverno, eles também são mais numerosos no sul do que no norte. Infelizmente, quando o que está em questão é o suicídio, a prova se volta contra os criminologistas italianos; pois é nos países meridionais da Europa que ele é menos desenvolvido. A Itália contabiliza cinco vezes menos casos do que a França; Espanha e Portugal são quase isentos. Sobre o mapa francês dos suicídios, a única mancha branca que tem alguma extensão é formada por departamentos situados no sul do Loire. Sem dúvida alguma, não escutamos as pessoas dizerem que essa

---

[88] Todos os meses nesse quadro foram reduzidos a 30 dias. As cifras relativas às temperaturas são retiradas no caso da França do *Annuaire du bureau des longitudes*, e, no caso da Itália, dos *Annali dell'Ufficio centrale de Meteorologia*.

situação seria realmente um efeito da temperatura; mas, qualquer que seja a razão, ela constitui um fato irreconciliável com a teoria que faz do calor um estimulante do suicídio.[89]

O sentimento dessas dificuldades e de suas contradições levou Lombroso e Ferri a modificar ligeiramente a doutrina da escola, mas sem abandonar o seu princípio. Segundo Lombroso, cuja opinião Morselli reproduz, não seria tanto a intensidade do calor que provocaria o suicídio, mas a chegada das primeiras ondas de calor, o contraste entre o frio que se vai e a estação quente que começa. Essa estação surpreenderia, segundo ele, o organismo no momento em que ele ainda não se encontrava habituado a essa nova temperatura. Mas basta lançar um olhar de relance sobre o quadro XII para se assegurar de que essa explicação é desprovida de todo fundamento. Se ela fosse exata, nós deveríamos ver a curva que retrata os movimentos mensais do suicídio se tornar horizontal durante o outono e o inverno, e, em seguida, subir logo que chegam os meses de calor, fontes de todo o mal, para descer uma vez mais de maneira não menos brusca quando o organismo tivesse tido o tempo para se aclimatar. Ora, muito pelo contrário, a marcha desses movimentos é completamente regular: o aumento, enquanto ele dura, é mais ou menos o mesmo de um mês para o outro. A marcha se eleva de dezembro a janeiro, de janeiro a fevereiro, de fevereiro a março, ou seja, durante os meses nos quais as primeiras ondas de calor estão ainda distantes, e ela decresce uma vez mais progressivamente de setembro a dezembro, no momento em que as ondas de calor já terminaram há muito tempo, que não seria possível atribuir o decréscimo ao seu desaparecimento. Bem, mas quando começam essas ondas de calor? Concorda-se, em geral, que elas começam em abril. Com efeito, de março a abril, o termômetro sobe de 6,4° a 10,1°; o aumento é, portanto, de 57%, enquanto que ele não é senão de 40% de abril a maio e de 21% de maio a junho. Dever-se-ia, então, constatar em abril um aumento excepcional dos suicídios. Em realidade, porém, o crescimento que se produz não é superior àquele que se observa de janeiro a fevereiro (18%). Enfim, como esse crescimento não apenas se mantém, mas também prossegue, ainda que com uma lentidão maior, até junho e mesmo até julho, parece muito difícil imputar a ação da primavera, a não ser que prolonguemos essa estação até o fim do verão e não excluamos senão o mês de agosto.

---

[89] É verdade que, segundo esses autores, o suicídio não seria mais do que uma variedade do homicídio. A ausência de suicídios nos países meridionais não seria, então, senão aparente, pois ela seria compensada por um excedente de homicídios. Veremos mais tarde o que precisamos pensar dessa identificação. Mas, por agora, como não ver que esse argumento se volta contra os seus autores? Se o excesso de homicídios que observamos nos países quentes compensa a falta de suicídios, como é que essa compensação não se estabeleceria também durante a estação quente? De onde vem o fato de essa estação ser ao mesmo tempo fértil em homicídios de si mesmo e homicídios dos outros?

Além disso, se essas primeiras ondas de calor fossem a tal ponto funestas, as primeiras ondas de frio deveriam produzir o mesmo efeito. Elas também surpreendem o organismo que perdeu o hábito de enfrentá-las e confundem as funções vitais até que essa readaptação se transforme em um fato consumado. Não obstante, não se produz no outono nenhuma ascensão que se assemelhe mesmo que de longe àquela ascensão que se observa na primavera. Também não compreendemos como é que Morselli, depois de ter reconhecido que, segundo sua teoria, a passagem do calor para o frio deveria ter os mesmos efeitos que a transição inversa, pôde acrescentar: "Essa ação das primeiras ondas de frio pode ser verificada seja nos quadros estatísticos, seja, melhor ainda, na segunda elevação apresentada por todas as nossas curvas no outono, nos meses de outubro e de novembro, ou seja, quando a passagem da estação quente para a estação fria é sentida da maneira mais viva possível pelo organismo humano e, em especial, pelo sistema nervoso".[90] Basta nos reportar ao quadro XII para ver que essa asserção é absolutamente contrária aos fatos. Os próprios números fornecidos por Morselli trazem como resultado o fato de que, de outubro a novembro, a quantidade de suicídios não aumenta praticamente em país algum, mas, ao contrário, diminui. Não há exceções senão para a Dinamarca, a Irlanda e para um período da Áustria (1851-54); ao mesmo tempo, o aumento é mínimo nos três casos.[91] Na Dinamarca, eles passam de 68 por 1.000 para 71, na Irlanda de 62 para 66 e na Áustria de 65 para 68. Do mesmo modo, em outubro, não se produz nenhum crescimento senão em 8 casos entre 30 e em uma observação, a saber, durante um período na Noruega, um na Suécia, um na Saxônia, um na Baviera, na Áustria, no Ducado de Baden e em duas observações feitas em Württemberg. Todas as outras vezes há uma baixa ou um estado estacionário. Em resumo, em 21 casos entre 31, ou seja, em 67%, há uma diminuição regular de setembro a dezembro.

A continuidade perfeita da curva tanto na fase progressiva quanto na fase inversa prova, então, que as variações mensais do suicídio não podem resultar de uma crise passageira do organismo, produzindo-se uma vez no ano, em razão de uma ruptura brusca e temporária do equilíbrio. Mas elas não podem depender senão de causas que variam, elas também, com a mesma continuidade.

---

[90] *Op. cit.* p. 148.
[91] Deixamos de lado os números que concernem à Suíça. Eles são calculados sobre um ano apenas (1876), e, por conseguinte, não podemos concluir nada daí. Além disso, a elevação de outubro a novembro é muito pequena. Os suicídios passam de 83 por 1.000 para 90.

IV

Não é impossível perceber a partir de agora qual é a natureza dessas causas.

Se compararmos a parte proporcional de cada mês no total dos suicídios anuais com a duração média do dia na mesma época do ano, as duas séries de números que são assim obtidas variam exatamente da mesma maneira (ver quadro XIII).

O paralelismo é perfeito. O máximo é alcançado numa parte e na outra no mesmo momento, exatamente como o mínimo; no intervalo, as duas ordens de fatos caminham *pari passu*. Quando os dias se alongam rapidamente, os suicídios aumentam muito (janeiro a abril); quando o crescimento de uns se torna mais lento, o dos outros os acompanha (abril a junho). A mesma correspondência pode ser uma vez mais encontrada no período do decréscimo. Mesmo os meses diferentes, nos quais os dias possuem mais ou menos a mesma duração, possuem mais ou menos o mesmo número de suicídios (julho e maio, agosto e abril).

QUADRO XIII

Comparação das variações mensais dos suicídios com a duração média dos dias na França

	Duração do dia[92]	Crescimento e diminuição	Quantidade de suicídios por mês a cada 1.000 suicídios anuais	Crescimento e diminuição
		Crescimento		Crescimento
Janeiro	9h19		68	
Fevereiro	10h56	De janeiro a abril 55%	80	De janeiro a abril 50%
Março	12h47		86	
Abril	14h29		102	
Maio	15h48	De abril a junho 10%	105	De abril a junho 5%
Junho	16h31		107	
		Crescimento		Crescimento
Julho	15h04		100	
Agosto	13h25	De junho a agosto 17%	82	De junho a agosto 24%

[92] A duração indicada é aquela do último dia do mês.

Setembro	11h39		74	
Outubro	9h51	De agosto a outubro 27%	70	De agosto a outubro 27%
Novembro	8h31		66	
Dezembro	8h11	De outubro a dezembro 17%	61	De outubro a dezembro 13%

Uma correspondência tão regular e tão precisa não pode ser fortuita. Portanto, é preciso que haja uma relação entre o curso do dia e o curso do suicídio. Além de essa hipótese resultar imediatamente do quadro XIII, ela permite explicar um fato que assinalamos anteriormente. Nós vimos que, nas principais sociedades europeias, os suicídios se distribuem rigorosamente da mesma maneira entre as diferentes partes do ano, das estações ou dos meses.[93] As teorias de Ferri e de Lombroso não têm de modo algum como prestar contas em relação a essa curiosa uniformidade, pois a temperatura é muito diferente nas diferentes regiões da Europa e ela evolui nelas de maneira diversa. Ao contrário, a duração do dia é sensivelmente a mesma para todos os países europeus que comparamos.

Mas isso que acaba de ser demonstrado pela realidade dessa ligação é o fato de que, em todas as estações, a maior parte dos suicídios ocorre durante o dia. Brierre de Boismont pôde examinar atentamente os dossiês de 4.595 suicídios realizados em Paris entre 1834 e 1843. Em 3.518 casos, nos quais o momento do suicídio pôde ser determinado, 2.094 foram cometidos de dia, 766 de noite e 658 de madrugada. Os suicídios durante o dia e durante a noite representam, então, quatro quintos da soma total e os primeiros, sozinhos, representam já três quintos.

A estatística prussiana recolheu sobre esse ponto documentos mais numerosos. Eles se referem a 11.822 casos, que se produziram durante os anos de 1869 a 1872. Eles não fazem senão confirmar as conclusões de Brierre de Boismont. Como as relações são sensivelmente as mesmas todo ano, nós nos restringiremos a fornecer de maneira abreviada aquelas de 1871 e 1872.

---

[93] Essa uniformidade nos dispensa de complicar o quadro XIII. Não é necessário comparar as variações mensais dos dias e aquelas do suicídio em outros países que não a França, uma vez que umas e outras são sensivelmente as mesmas por toda parte, contanto que não comparemos países de latitudes muito diferentes.

QUADRO XIV

	Quantidade de suicídios a cada momento do dia em 1.000 suicídios diários			
	1871		1872	
Primeira manhã[94]	35,9		35,9	
Segunda manhã	158,3		159,7	
Meio-dia	73,1	375	71,5	391,9
Tarde	143,6		160,7	
Noite	53,5		61,0	
Madrugada	212,6		219,3	
Hora desconhecida	322		291,9	
	1.000		1.000	

A preponderância dos suicídios diurnos é evidente. Se o dia é mais fecundo em suicídios do que a noite, então é natural que os suicídios se tornem mais numerosos, à medida que o dia se torna mais longo.

Mas de onde vem essa influência do dia?

Com certeza, não se poderia invocar, para prestar contas em relação a essa questão, a ação do sol e da temperatura. Com efeito, os suicídios cometidos no meio do dia, ou seja, no momento do mais elevado calor, são muito menos numerosos do que aqueles cometidos à noite ou na segunda parte da manhã. Nós veremos logo abaixo que, no meio-dia pleno, ocorre uma sensível diminuição do número de suicídios. Afastada essa explicação, não resta senão uma possível: é que o dia favorece o suicídio porque é o momento no qual os negócios são mais ativos, no qual as relações humanas se cruzam e entrecruzam, no qual a vida social é mais intensa.

Algumas informações que possuímos sobre a maneira como o suicídio se divide entre as diferentes horas do dia ou entre os diferentes dias da semana confirmam essa interpretação. Eis aqui, de acordo com 1.993 casos observados por Brierre de Boismont em Paris e 548 casos relativos ao conjunto da França e reunidos por Guerry, quais seriam as principais oscilações do suicídio nas 24 horas:

---

[94] Esse termo se refere à parte do dia que se segue imediatamente ao nascer do sol.

Paris		França	
	Número de suicídios por hora		Número de suicídios por hora
Da meia-noite às 6h	55	Da meia-noite às 6h	30
Das 6h às 11h	108	Das 6h ao meio-dia	61
Das 11 ao meio-dia	81	Do meio-dia às 14h	32
Do meio-dia às 16h	105	Das 14h às 18h	47
Das 16h às 20h	81	Das 18h à meia-noite	38
Das 20h à meia-noite	61		

Vê-se claramente que há dois momentos nos quais o suicídio atinge sua plenitude; esses momentos são aqueles nos quais o movimento dos negócios é mais rápido, a manhã e a tarde. Entre esses dois períodos, há um momento de repouso no qual a atividade geral é temporariamente suspensa; o suicídio cessa por um instante. É por volta das onze horas em Paris e por volta do meio-dia no interior que se produz essa calmaria. Ela é mais pronunciada e mais prolongada nos departamentos do que na capital, pois essa apenas é a hora em que os provincianos fazem o seu principal repouso; a estabilização do suicídio também é mais acentuada aí e dura mais. Os dados da estatística prussiana, que nós expusemos acima, poderiam ensejar para observações análogas.[95]

Ademais, Guerry, tendo determinado para 6.587 casos o dia da semana em que eles foram cometidos, obteve a escala que reproduzimos no quadro XV (p.107). Obtém-se daí que o suicídio diminui no final de semana a partir de quinta-feira. Ora, sabemos que os preconceitos relativos à sexta-feira acabam fazendo com que a vida pública se torne mais lenta nesse dia. A circulação nas ferrovias é, nesse dia, muito menos ativa do que nos outros dias. Hesita-se em estabelecer relações com alguém e em realizar negócios nesse dia de mau agouro. No sábado à tarde, começa a se produzir um início de interrupção; em certos países, a folga é já bastante extensa; a perspectiva do dia seguinte talvez exerça também

---

[95] Tem-se uma outra prova do ritmo do repouso e da atividade pela qual passa a vida social nos diferentes momentos do dia na maneira como os acidentes variam segundo as horas. Eis aqui como é que, segundo o gabinete de estatística prussiano, eles se distribuem:

Das 6h ao meio-dia	1.011 acidentes em média por hora
Do meio-dia às 14h	686
Das 14h às 18h	1.191
Das 18h às 19h	979

de antemão uma influência calmante sobre os espíritos. Enfim, no domingo, a atividade econômica cessa completamente. Se as manifestações de outro gênero não substituíssem essas que desaparecem, ou seja, se os lugares de prazer não se preenchessem no momento mesmo em que os ateliês, os escritórios e as lojas se esvaziam, poder-se-ia pensar que a diminuição do suicídio no domingo seria ainda mais acentuada. Notar-se-á que esse dia mesmo é aquele no qual a parte do suicídio relativa à mulher é mais elevada; ora, é também nesse dia que ela sai mais de dentro de casa, lá onde ela permanece como que recolhida o resto da semana, e que ela se mistura um pouco com a vida comunitária.[96]

QUADRO XV

	Parte de cada dia a cada 1.000 suicídios semanais	Parte proporcional de cada sexo (%)	
		Homem	Mulher
Segunda-feira	15,20	69	31
Terça-feira	15,71	68	32
Quarta-feira	14,90	68	32
Quinta-feira	15,68	67	33
Sexta-feira	13,74	67	33
Sábado	11,19	69	31
Domingo	13,57	64	36

Tudo contribui, então, para provar que, se o dia é o momento que favorece mais o suicídio, também será o momento no qual a vida social experimenta toda a sua efervescência. Mas, então, temos uma razão que nos explica como é que o número de suicídios se eleva, à medida que o sol permanece mais tempo abaixo do horizonte. É que o simples prolongamento do dia abre, de qualquer forma, um campo de desdobramento mais amplo para a vida coletiva. O tempo do repouso começa agora mais tarde e termina

---

[96] É digno de nota que este contraste entre a primeira e a segunda metade da semana se repete no mês. Eis aqui, com efeito, segundo BRIERRE DE BOISMONT, *op. cit.*, p. 424, como é que 4.595 suicídios parisienses se encontram distribuídos:

Durante os dez primeiros dias	1.727
Nos próximos dez dias	1.488
Nos últimos dez dias	1.380

A inferioridade numérica da última década é ainda maior do que aquela que podemos deduzir com base nesses dados; porque em virtude do 31º dia, ela abarca com frequência 11 dias em vez de 10. Dir-se-á que o ritmo da vida social reproduz as divisões do calendário; que há por assim dizer uma renovação da atividade todas as vezes em que se entra em um período novo e uma espécie de surgimento de uma atmosfera de languidez à medida que ela tende em direção ao fim.

mais cedo. A vida coletiva possui aqui mais espaço para se desenvolver. É, então, necessário que os efeitos que ela implica se desenvolvam no mesmo momento e, como o suicídio é um desses efeitos, é forçoso que ele cresça.

Mas essa primeira causa não é a única. Se a atividade pública é mais intensa no verão do que na primavera e na primavera mais intensa do que no outono e do que no inverno, não é apenas porque o quadro exterior, no qual ela se desenrola, se amplia, à medida que avançamos no ano; é que ela é diretamente estimulada por outras razões.

O inverno é para o campo uma época de repouso que chega às raias da estagnação. Toda a vida é como que interrompida; as relações são raras por causa do estado atmosférico e porque a diminuição do ritmo dos negócios subtrai delas a sua razão de ser. Os habitantes são como que embebidos em um verdadeiro sono. No entanto, a partir da primavera, tudo começa a despertar: surgem os verdadeiros movimentos da população para satisfazer as necessidades do trabalho agrícola. Ora, essas condições particulares da vida rural não podem deixar de ter uma grande influência sobre a cifra total de mortes voluntárias; na França, de 1873 a 1878, elas tinham em sua conta 18.470 casos em um total de 36.365. É, então, natural que eles se tornem mais numerosos à medida que se afastam da sombria estação. Eles alcançam o seu máximo em junho ou julho, ou seja, na época em que o campo se acha em plena atividade. Em agosto, tudo começa a se apaziguar e os suicídios diminuem. A diminuição não é rápida senão a partir de outubro, e, sobretudo, a partir de novembro. Isso talvez aconteça porque muitas colheitas não acontecem senão no outono.

As mesmas causas influenciam, então, ainda que em um grau menor, o conjunto do território. A vida urbana é, ela também, mais ativa durante o fim da primavera. Como as comunicações são mais fáceis, as pessoas se deslocam mais à vontade e as relações intersociais se tornam com isso mais numerosas. Eis aí, com efeito, como se distribuem por estação as receitas de nossas grandes linhas férreas, levando em consideração apenas as linhas de alta velocidade (ano de 1887):[97]

Inverno	71,9 milhões de francos
Primavera	86,7 milhões de francos
Verão	105,1 milhões de francos
Outono	98,1 milhões de francos

---

[97] De acordo com o *Bolletin du ministère des Travaux publics*.

O movimento interno de cada cidade passa pelas mesmas fases. Durante esse mesmo ano de 1887, o número de viajantes transportados de um ponto de Paris para o outro cresceu regularmente de janeiro (655.791 viajantes) a junho (848.831) para decrescer a partir dessa época até dezembro (659.960) com a mesma continuidade.[98]

Uma última experiência vai confirmar essa interpretação dos fatos. Se, pelas razões que acabamos de indicar, a vida urbana deve ser mais intensa no verão e na primavera do que no resto do ano, a diferença entre as diversas estações deve ser aí, contudo, menos acentuada do que no campo. Pois os negócios comerciais e industriais, os trabalhos artísticos e científicos, as relações mundanas não são suspensas no inverno no mesmo grau que a exploração agrícola. As ocupações dos citadinos podem prosseguir mais ou menos da mesma forma o ano todo. A duração mais ou menos longa do dia não deve ter senão pouca influência nos grandes centros, porque neles a iluminação artificial reduz o período de escuridão mais do que em outros lugares. Se, então, as variações mensais ou sazonais do suicídio dependem da intensidade desigual da vida coletiva, elas devem ser menos pronunciadas nas grandes cidades do que no conjunto do país. Ora, os fatos estão rigorosamente de acordo com a nossa dedução. O quadro XVI (ver p. 110) mostra, com efeito, que se na França, na Prússia, na Áustria, na Dinamarca, há entre o mínimo e o máximo um crescimento de 52, 45 e mesmo 68%, em Paris, em Berlim, em Hamburgo etc., essa diferença é em média de 20 a 25% e desce mesmo até 12% (Frankfurt).

---

[98] *Ibid.* Podemos acrescentar a todos esses fatos que tendem a demonstrar o crescimento da atividade social durante o verão o seguinte: os acidentes são mais frequentes no fim da primavera do que durante as outras estações. Eis como elas se distribuem na Itália:

	1886	1887	1888
Primavera	1.370	2.582	2.457
Verão	1.823	3.290	3.085
Outono	1.474	2.560	2.780
Inverno	1.190	2.748	3.032

Se, segundo esse ponto de vista, o inverno vem às vezes depois do verão, isso se dá unicamente porque as quedas são aí mais numerosas ,porque o gelo e o frio, por si mesmos, produzem acidentes particulares. Se nos abstrairmos dos acidentes que têm tal origem, as estações se dispõem na mesma ordem que no caso do suicídio.

QUADRO XVI

Variações sazonais do suicídio em algumas grandes cidades comparadas com as variações sazonais do país inteiro.

	Cifras proporcionais para 1.000 suicídios anuais								
	Paris (1888-92)	Berlim (1882-85-87-89-90)	Hamburgo (1887-91)	Viena (1871-72)	Frankfurt (1867-75)	Genebra (1838-47) (1852-54)	França (1835-43)	Prússia (1869-72)	Áustria (1858-59)
Inverno	218	231	239	234	239	232	201	199	185
Primavera	262	287	289	302	245	288	283	284	281
Verão	277	248	232	211	278	253	306	290	315
Outono	241	232	258	253	238	227	210	227	219
Cifras proporcionais de cada estação expressas em função das cifras do inverno reduzidas a 100									
	Paris (1888-92)	Berlim (1882-85-87-89-90)	Hamburgo (1887-90)	Viena (1871-72)	Frankfurt (1867-75)	Genebra (1838-47) (1852-54)	França (1835-43)	Prússia (1869-72)	Áustria (1858-59)
Inverno	100	100	100	100	100	100	100	100	100
Primavera	120	124	120	129	102	124	140	142	151
Verão	127	107	107	90	112	109	152	145	168
Outono	100	100,3	103	108	99	97	104	114	118

Vê-se, além disso, que, nas grandes cidades, contrariamente ao que acontece na sociedade, é geralmente na primavera que acontece o ponto máximo. Assim, mesmo que a primavera seja ultrapassada pelo verão (Paris e Frankfurt), o avanço dessa última estação é leve. É que, nos centros importantes, se produz durante o fim da primavera um verdadeiro êxodo dos principais agentes da vida pública que, por conseguinte, manifesta uma leve tendência para a diminuição do ritmo.[99]

Em resumo, começamos estabelecendo que a ação direta dos fatores cósmicos não podia explicar as variações mensais ou sazonais do suicídio. Vimos agora de que natureza são as causas verdadeiras dessa impossibilidade e em que direções elas devem ser buscadas. Além disto, esse resultado positivo confirma as conclusões de nosso exame crítico. Se as mortes voluntárias se tornam mais frequentes de janeiro a julho, isso não acontece porque o calor exerce uma influência perturbadora sobre os organismos, mas porque a vida social é mais intensa no verão. Sem dúvida alguma, se ela adquire essa intensidade, é que a posição do sol na eclíptica, o estado atmosférico etc. lhe permitem um desenvolvimento mais fácil do que no inverno. Mas não é o meio físico que a estimula diretamente; sobretudo, não é ele que afeta o curso dos suicídios. Esse curso depende de condições sociais.

É verdade que ignoramos ainda como a vida coletiva pode ter essa ação. Mas compreendemos a partir de agora que, se ela encerra as causas que produzem a variação da taxa dos suicídios, essa taxa deve crescer ou decrescer segundo o fato de ela ser mais ou menos ativa. Quanto a determinar mais precisamente quais são essas causas, esse será o objeto do próximo livro.

---

[99] Observar-se-á, além disso, que os números proporcionais das diferentes estações são sensivelmente os mesmos nas grandes cidades comparadas, divergindo completamente dos números que se referem aos países aos quais essas cidades pertencem. Assim, reencontraremos por toda parte essa constante da taxa dos suicídios nos meios sociais idênticos. A corrente suicidógena varia da mesma maneira nos diferentes momentos do ano em Berlim, Viena, Genebra, Paris etc. Pressente-se, portanto, tudo o que ela possui de realidade.

CAPÍTULO IV

A IMITAÇÃO[100]

Mas, antes de buscar as causas sociais do suicídio, há um último fator psicológico cuja influência precisamos determinar por causa da extrema importância que lhe foi atribuída na gênese dos fatos sociais em geral e do suicídio em particular. Trata-se da imitação.

Que a imitação seja um fenômeno puramente psicológico é algo evidenciado pelo fato de que ela pode ocorrer entre indivíduos que não são unidos por nenhum laço social. Um homem pode imitar o outro sem que eles sejam solidários um ao outro e sem que pertençam a um mesmo grupo, do qual dependeriam igualmente, e a propagação imitativa não tem por ela mesma o poder de solidarizá-los. Um espirro, um movimento convulsivo, um impulso homicida podem se transferir de um sujeito para o outro sem que haja entre eles outra coisa para além de uma aproximação fortuita e passageira. Não é necessário nem que haja entre eles alguma comunhão intelectual ou moral, nem que troquem serviços entre si, nem mesmo que eles falem a mesma língua. E eles não se encontram mais ligados antes da transferência do que depois. Em suma, o procedimento pelo qual imitamos os nossos semelhantes também é aquele utilizado para reproduzirmos os barulhos da natureza, as formas das coisas, os movimentos dos seres. Como não há nada de social no segundo caso, o mesmo vale para o primeiro. Ele tem sua origem em certas propriedades de nossa vida representativa, que não se mostra como o resultado de nenhuma influência coletiva. Se, então, estivesse estabelecido que esse procedimento contribui para determinar a taxa de suicídios, resultaria daí que essa taxa dependeria diretamente de causas individuais.

I

Mas, antes de examinar os fatos, convém fixar o sentido da palavra. Os sociólogos estão a tal ponto habituados a utilizar termos sem defini-los, ou seja, a não determinar nem circunscrever metodologicamente a ordem das

---

[100] Bibliografia – LUCAS, *De l'imitation contagieuse*, Paris, 1833; – DESPINE, *De la contagion morale*, 1870; *De l'imitation*, 1871; - MOREAU DE TOURS (Paul). *De la contagion du suicide*, Paris, 1875; – AUBRY, *Contagion du meurtre*, Paris, 1888; – TARDE, *Les lois de l'imitation (passim)*; *Philosophie pénale*, p. 319 e seg., Paris, F. Alcan; - CORRE, *Crime et suicide*, p. 207 e seg.

coisas das quais eles se propõem a falar, que acaba acontecendo incessantemente de deixarem uma mesma expressão se estender, à sua revelia, do conceito a que essa expressão visava primitivamente ou ao qual ela parecia visar a outras noções mais ou menos vizinhas. Nessas condições, a ideia acaba por abarcar uma ambiguidade que dificulta a discussão. Ela pode se transformar quase à vontade segundo as necessidades da causa e sem que seja possível para a crítica prever de antemão todos os aspectos diversos que ela é suscetível de assumir. Esse é notadamente o caso daquilo que se chama de instinto de imitação.

Essa palavra é correntemente empregada para designar ao mesmo tempo os três grupos de fatos que se seguem:

1º) Acontece que, no seio de um mesmo grupo social cujos elementos são submetidos à ação de uma mesma causa ou de um conjunto de causas semelhantes, produz-se entre diversas consciências uma espécie de nivelamento em virtude do qual todo mundo pensa ou sente em uníssono. Ora, deu-se muito frequentemente o nome de imitação para o conjunto das operações das quais resulta esse acordo. A palavra designa, portanto, a propriedade que os estados da consciência possuem, experimentados simultaneamente por um certo número de sujeitos diferentes, de agir uns sobre os outros e de se combinar entre eles de modo a promover o nascimento de um estado novo. Empregando a palavra nesse sentido, escuta-se dizer que essa combinação se deve a uma imitação recíproca de cada um por todos e de todos por cada um.[101] É, diz-se, "nos conjuntos tumultuosos de nossas cidades, nas grandes cenas de nossas revoluções"[102] que a imitação assim concebida manifestaria melhor a sua natureza. É aí que veríamos melhor como é que os homens reunidos podem, pela ação que exercem uns sobre os outros, se transformar mutuamente.

2º) Deu-se o mesmo nome para o desejo que nos impele a nos colocarmos em harmonia com a sociedade da qual fazemos parte e, com essa finalidade, a adotarmos as maneiras de pensar ou de fazer que são gerais à nossa volta. É assim que seguimos os modos de ser, os usos e, assim como as práticas jurídicas e morais não são senão usos precisos e particularmente inveterados, é assim que agimos o mais frequentemente quando agimos moralmente. Todas as vezes que não vemos as razões da máxima moral à qual obedecemos, nós nos conformamos com isso unicamente porque ela possui autoridade social. Nesse sentido, distinguiu-se a imitação dos modos de ser da imitação dos costumes, uma vez que tomamos como modelos nossos ancestrais ou nossos contemporâneos.

---

[101] BORDIER, *Vie des sociétés*, Paris 1887, p. 77. TARDE, *Philosophie pénale*, p. 321.
[102] TARDE, *ibid.*, p. 319-20.

3°) Enfim, pode ser que venhamos a reproduzir um ato que ocorreu diante de nós ou do qual tomamos conhecimento unicamente porque ele ocorreu diante de nós ou porque ouvimos falar dele. Em si mesmo, ele não possui nenhum caráter intrínseco que pudesse funcionar para nós como uma razão para o reeditarmos. Não o copiamos porque o julgamos útil, nem para nos colocarmos de acordo com o nosso modelo, mas simplesmente para copiá-lo. A representação que fazemos dele determina automaticamente os movimentos que o realizam de novo. É assim que dançamos, rimos, choramos, porque vemos alguém dançar, rir, chorar. É assim ainda que a ideia de homicídio passa de uma consciência para a outra. Trata-se de uma macaquice por ela mesma.

Ora, esses três tipos de fatos são muito diferentes uns dos outros.

E, de início, *o primeiro não teria como ser confundido com os seguintes porque ele não envolve nenhum fato de reprodução propriamente dito*, mas sínteses *sui generis* de estados diferentes ou, ao menos, origens diferentes. A palavra imitação não poderia, portanto, servir para designá-los a não ser que ela perdesse toda acepção distinta.

Analisemos, com efeito, o fenômeno. Certo número de homens reunidos é afetado da mesma maneira por uma mesma circunstância e esses homens percebem com uma unanimidade ao menos parcial a identidade dos signos por meio dos quais se manifesta cada sentimento particular. O que acontece, então? Cada um representa para si confusamente o estado no qual nos encontramos ao redor dele. As imagens, que exprimem as diferentes manifestações emanadas dos diversos pontos da multidão com suas nuances diversas, se formam no espírito. Até aqui, ainda não se produziu nada que pudesse ser chamado pelo nome de imitação: há simplesmente impressões sensíveis, em seguida, sensações, idênticas em todos os pontos àquelas que determinam em nós os corpos exteriores.[103] O que ocorre em seguida? Uma vez despertas em minha consciência, essas representações variadas vêm se combinar umas com as outras e com aquele estado que constitui meu sentimento próprio. Assim se forma um estado novo que já não é meu no mesmo grau que o estado precedente, que é menos marcado por particularismo e no qual uma série de elaborações repetidas, mas análogas à precedente, vai se desembaraçar cada vez mais daquilo que ele ainda podia ter de muito particular. Tais combinações não poderiam ser, em contrapartida,

---

[103] Atribuindo essas imagens a um processo de imitação, estar-se-ia querendo dizer que elas são simples cópias dos estados que exprimem? De saída, porém, seria uma metáfora particularmente grosseira, imputada à velha e inadmissível teoria das espécies sensíveis. Além disso, se tomarmos a palavra imitação nesse sentido, então é preciso estendê-la a todas as nossas sensações e a todas as nossas ideias indiferentemente; pois não há entre elas nenhuma da qual não poderíamos dizer, em virtude da mesma metáfora, que elas não reproduzem o objeto ao qual se referem. Assim, toda a vida intelectual se transforma em um produto da imitação.

qualificadas como fatos de imitação, a menos que se estabelecesse convencionalmente que se poderia chamar toda operação intelectual na qual dois ou mais estados de consciência similares se atraem uns aos outros em consequência de suas semelhanças, depois se fundem e se confundem em uma resultante que os absorve e da qual eles diferem. Sem dúvida alguma, todas as definições de palavras são permitidas. Todavia, é preciso reconhecer que essa definição seria particularmente arbitrária e, por conseguinte, não poderia ser mais do que uma fonte de confusão, pois ela não reserva para a palavra nada além de sua acepção usual. No lugar da imitação, é muito mais a criação que precisaria ser dita, uma vez que resulta dessas composições de forças algo novo. Esse procedimento é mesmo o único pelo qual o espírito teria o poder de criar.

Dir-se-ia talvez que essa criação se reduz a aumentar a intensidade do estado inicial. De início, porém, uma mudança quantitativa não deixa de ser uma novidade. Além disso, a quantidade das coisas não pode mudar sem que a sua qualidade seja alterada; um sentimento, tornando-se duas ou três vezes mais violento, muda completamente de natureza. De fato, sabe-se que a maneira como os homens reunidos afetam uns aos outros mutuamente pode transformar uma reunião de burgueses inofensivos em um monstro assustador. Singular imitação essa que produz tais metamorfoses! Se foi possível se valer de um termo tão impróprio para designar esse fenômeno, isso se deu porque, sem dúvida, se imaginou vagamente cada sentimento individual como se modelado sobre os sentimentos de um outro. Em realidade, porém, não há nem modelos nem cópias. Há penetração, fusão de certo número de estados no seio de outro estado que deles se distingue: trata-se do estado coletivo.

Não haveria, é verdade, nenhuma impropriedade em chamar de imitação a causa a partir da qual resulta esse estado, admitindo sempre que ele tenha sido inspirado na multidão por um mentor. Mas, ainda que essa asserção nunca tenha recebido nem mesmo um começo de prova e se encontre contradita por uma multiplicidade de fatos, nos quais o chefe é manifestamente o produto da multidão em vez de ser a sua causa formadora, em todo caso, na medida em que essa ação diretriz é real, ela não tem nenhuma relação com o que denominamos imitação recíproca, uma vez que ela é unilateral; por conseguinte, não temos como falar de algo assim por agora. Ao mesmo tempo, se disséssemos que há sempre indivíduos em uma assembleia que aderem à opinião comum não por um movimento espontâneo, mas porque ela se lhes impõe, enunciaríamos uma verdade incontestável. Acreditamos mesmo que não há jamais, em um caso semelhante, consciência individual que não sofreria mais ou menos a influência coercitiva. Todavia, uma vez que essa influência tem por origem a força *sui generis* da qual são investidas as práticas ou as crenças comuns quando elas são constituídas, ela faz parte da segunda categoria de fatos que foram distinguidos por nós.

Ela difere da precedente ao menos na medida em que implica uma reprodução. Quando se segue uma moda ou quando se observa um costume, faz-se o que os outros fizeram e fazem todos os dias. A única questão é que se segue da própria definição que essa repetição não se deve ao que chamamos de instinto, mas, por um lado, à simpatia que nos impele a não esfriar o sentimento de nossos companheiros para podermos gozar melhor de sua companhia, e, por outro lado, ao respeito que inspiram em nós os modos de agir ou de pensar coletivos e à pressão direta ou indireta que a coletividade exerce sobre nós para prevenir as dissidências e fazer surgir em nós o sentimento de respeito. O ato não é reproduzido porque ele ocorreu na nossa presença ou com o nosso conhecimento e porque amamos a reprodução nela mesma e por ela mesma, mas porque ele aparece para nós como obrigatório e, em certa medida, como útil. Nós o realizamos não porque ele foi pura e simplesmente realizado, mas porque ele porta a chancela social e porque possuímos em relação a tal chancela uma deferência com a qual, de mais a mais, não podemos faltar sem sérios inconvenientes. Em uma palavra, agir por respeito ou por temor *da* opinião não significa agir por imitação. Tais atos não se distinguem essencialmente daqueles que organizamos todas as vezes em que inovamos. Eles ocorrem, com efeito, em virtude de uma característica que lhes é inerente e que faz com que os consideremos como aqueles que devem ser feitos. Mas quando nos insurgimos contra os usos em vez de segui-los, nós não somos determinados de uma outra maneira; se adaptamos uma ideia nova ou uma prática original, isso se dá porque ela possui qualidades intrínsecas que fazem com que ela se mostre para nós como aquela que deve ser adotada. Seguramente, os motivos que nos determinam não são da mesma natureza nos dois casos; mas o mecanismo psicológico é identicamente o mesmo. De uma parte e de outra, entre as representações do ato e a execução se intercala uma operação intelectual que consiste em uma apreensão, clara ou confusa, rápida ou lenta, do caráter determinante, qualquer que ele seja. A maneira segundo a qual nós nos conformamos à moral ou à moda de nosso país, portanto, não possui nada em comum com a macaquice maquinal que nos faz reproduzir os movimentos dos quais somos testemunhas. Há entre esses dois modos de agir toda a distância que separa a conduta racional e deliberada do reflexo automático. O primeiro modo de ação tem as suas razões, portanto, mesmo que elas não venham a ser expressas sob a forma de julgamentos explícitos. O segundo não possui razão alguma: ele surge imediatamente da visão solitária do ato, sem nenhum outro intermediário mental.

Compreendemos, por conseguinte, a que erros nos expomos quando reunimos sob um e mesmo nome duas ordens de fatos tão diferentes. É preciso, com efeito, ter atenção quanto a isso; quando se fala de imitação, subentende-se fenômeno de contágio e se passa, não sem razões, aliás, da primeira dessas ideias para a segunda com a mais extrema facilidade. Mas o que há de contagioso em realizar um preceito moral, de apresentar deferência pela autoridade da tradição ou da opinião pública? O que ocorre, então, é que, no momento em que se acredita ter reduzido duas realidades uma à outra, não se faz outra coisa senão confundir noções muito distintas. Diz-se, em patologia biológica, que uma doença é contagiosa quando ela é causada inteiramente ou quase inteiramente pelo desenvolvimento de um germe que, de fora, se introduziu no organismo. Inversamente, porém, na medida em que esse germe não pôde se desenvolver senão graças ao concurso ativo do terreno sobre o qual ele se fixou, a palavra contágio se torna imprópria. Ao mesmo tempo, para que um ato possa ser atribuído a um contágio moral, não é suficiente que a ideia tenha sido inspirada por um ato similar. É preciso, além disso, que, tendo entrado uma vez no espírito, ela seja por ela mesma transformada imediatamente em movimento. Portanto, há realmente contágio quando o ato exterior, penetrando em nós sob a forma de representação, se reproduz por ele mesmo. Há igualmente imitação quando o ato novo é tudo aquilo que ele é em virtude do modelo do qual ele é a cópia. Todavia, se a impressão que o modelo suscita em nós não pode produzir esses efeitos senão graças ao nosso consentimento e com a nossa participação, então não pode mais se tratar de contágio senão no que concerne à figura e a figura é inexata. Pois essas são as razões que nos fizeram consentir que são as causas que determinaram nossa ação e não o modelo que tínhamos diante dos olhos. Somos nós que somos os autores, mesmo que não as tenhamos inventado.[104] Por conseguinte, todas essas expressões, tantas vezes repetidas, expressões tais como propagação imitativa e expansão contagiosa, não são apropriadas e devem ser rejeitadas. Elas desfiguram os fatos em vez de explicá-los; elas obscurecem a questão em vez de elucidá-la.

Em resumo, se quisermos nos fazer entender, não podemos designar por um mesmo nome o *processo* em virtude do qual, no seio de uma reunião de homens, se elabora um sentimento coletivo, o processo do qual resulta a nossa adesão às regras comuns ou tradicionais de conduta e, por fim, o processo que determina os carneiros de Panurgo a se jogarem na água

---

[104] É verdade que chamamos vez por outra de imitação aquilo que não é uma invenção original. Levando isso em conta, fica claro que quase todos os atos humanos são fatos de imitação: pois as invenções propriamente ditas são muito raras. Mas, precisamente porque, então, a palavra imitação designa quase tudo, ela não designa mais nada de determinado. Uma tal terminologia não pode ser senão uma fonte de confusões.

porque um deles já se jogou. Uma coisa é *sentir em comum*, outra coisa *se inclinar diante da autoridade da opinião*, outra coisa, enfim, *repetir automaticamente aquilo que outros fizeram*. Toda reprodução se acha ausente da primeira ordem de fatos; da segunda, ela não é senão a consequência de operações lógicas,[105] de julgamentos e de raciocínios, implícitos ou formais, que são o elemento essencial do fenômeno; ela não pode, portanto, servir para defini-lo. Ela não se torna total senão no terceiro caso. Nesse terceiro caso, ela ocupa todo o espaço: o ato novo não é senão o eco do ato inicial. Ele não apenas o reedita, mas essa reedição não tem razão de ser para além dela mesma, nem uma outra causa para além do conjunto das propriedades que nos transforma, em certas circunstâncias, em seres imitativos. É exclusivamente aos fatos dessa categoria que é preciso reservar o nome de imitação, caso se queira que esse nome tenha uma significação definida, e nós diremos: *há imitação quando um ato tem por antecedente imediato a representação de um ato semelhante, anteriormente realizado por outro, sem que, entre essas representações e a execução, se intercale nenhuma operação intelectual, explícita ou implícita, relativa às características intrínsecas do ato reproduzido.*

Quando, portanto, nós nos perguntamos qual é a influência da imitação sobre as taxas dos suicídios, é nessa acepção que é preciso empregar a palavra.[106] Se não se determinar, assim, o seu sentido, corremos o risco de tomar uma expressão puramente verbal como uma explicação. Com efeito, quando se diz de uma maneira de agir ou de pensar que ela é um fato de imitação, tende-se a achar que a imitação dá conta dessa maneira de agir ou de pensar. É por isso que se acredita ter dito tudo quando se diz essa palavra prestigiosa. Ora, ela não tem essa propriedade senão nos casos de reprodução automática. Nesses casos, ela pode constituir por ela mesma uma explicação satisfatória,[107] pois tudo o que acontece com ela é um produto

---

[105] É verdade que se falou de uma imitação lógica (ver TARDE, *Lois de l'imitatio*, 1ª edição, p. 158); essa imitação consiste em reproduzir um ato porque ele serve a um fim determinado. Mas tal imitação não possui manifestamente nada em comum com a propensão imitativa; os fatos que derivam de uma devem, portanto, ser cuidadosamente distintos daqueles que se devem à outra. Eles não se explicam absolutamente da mesma maneira. Por outro lado, como acabamos de ver, a imitação da moda, a imitação do costume são tão lógicas quanto as outras, por mais que elas tenham em certos aspectos a sua lógica especial.

[106] Os fatos imitados por causa do prestígio moral ou intelectual do sujeito, individual ou coletivo, que serve de modelo entram antes na segunda categoria. Pois essa imitação não possui nada de automático. Ela implica um raciocínio: age-se como a pessoa para a qual demos a nossa confiança, porque a superioridade que reconhecemos nela garante a conveniência dos seus atos. Tem-se para segui-la as razões que se tem para respeitá-la. Também não se fez nada para explicar tais atos quando se disse simplesmente que eles tinham sido imitados. O que importa é saber as causas da confiança ou do respeito que determinaram essa submissão.

[107] E ainda, como veremos mais adiante, a imitação, por ela mesma, é apenas muito raramente uma explicação suficiente.

do contágio imitativo. Quando seguimos um costume, porém, quando nos conformamos a uma prática moral, é na natureza dessa prática, nas características próprias a esse costume, nos sentimentos que nos inspiram, que se encontra a razão de nossa docilidade. Quando, portanto, a propósito desse tipo de ato, fala-se de imitação, não se faz senão com que não compreendamos nada: não chegamos a saber senão que o fato produzido por nós não é novo, ou seja, que é reproduzido, mas sem que nos seja explicado de modo algum por que ele foi produzido, nem por que nós o reproduzimos. Essa palavra está em uma condição ainda menor de substituir a análise de um processo tão complexo, do qual resultam os sentimentos coletivos e do qual não tivemos a possibilidade de oferecer anteriormente senão uma descrição conjuntural e aproximativa.[108] Eis aí como é que o emprego impróprio desse termo pode levar a acreditar que se teria resolvido ou avançado nas questões, por mais que não se tenha senão conseguido ter sucesso em dissimulá-las perante si mesmo.

É também sob a condição de definir assim a imitação que se terá eventualmente o direito de considerá-la um fator psicológico do suicídio. Com efeito, o que se chamou de imitação recíproca é um fenômeno eminentemente social: pois é a elaboração em comum de um sentimento comum. Ao mesmo tempo, a reprodução dos usos, das tradições, é um efeito das causas sociais, pois ela se deve ao caráter obrigatório, ao prestígio especial do qual são investidas as crenças e as práticas coletivas pelo simples fato de elas serem coletivas. Consequentemente, na medida em que se poderia admitir que o suicídio se difunde por uma ou por outra dessas vias, ele dependeria de causas sociais e não de condições individuais.

Estando assim definidos os termos do problema, examinemos os fatos.

II

Não há dúvida de que a ideia do suicídio se comunica contagiosamente. Já falamos desse corredor no qual quinze inválidos sucessivamente se enforcaram e daquela famosa guarita do acampamento de Bolonha que, em pouco tempo, foi o palco de muitos suicídios. Observaram-se muito

---

[108] Pois é preciso dizer que nós não sabemos senão vagamente no que ele consiste. Como, de maneira precisa, se produzem as combinações das quais resulta o estado coletivo, quais são os elementos que entram em jogo aí, como se destaca o estado dominante, todas essas questões são complexas demais para poderem ser resolvidas por meio unicamente da introspecção. Todo tipo de experiência e de observação que não são feitas seriam necessárias. Não sabemos ainda hoje senão muito mal como e segundo que leis mesmo os estados mentais do indivíduo isolado se combinam entre si; com uma razão ainda mais forte, estamos longe de conhecer o mecanismo das combinações muito mais complicadas que resultam da vida em grupo. Nossas explicações não são com muita frequência mais do que metáforas. Nem mesmo sonhamos, então, em considerar o que dissemos mais acima como uma expressão exata do fenômeno; nós nos propusemos apenas a fazer ver que havia aí algo completamente diferente da imitação.

frequentemente fatos desse gênero no exército: no 4° regimento de caçadores em Provins, em 1862, no 15° regimento de linha em 1864, no 41° de assalto, de início, em Montpellier e, em seguida, em Nîmes, em 1868 etc. Em 1813, na pequena cidade de Saint-Pierre-Monjau, uma mulher se enforcou numa árvore; logo depois, muitas outras mulheres se enforcaram no mesmo lugar. Pinel conta que um padre se enforcou nas redondezas de Étampes; alguns dias depois, dois outros padres se mataram e muitos laicos os imitaram.[109] Quando lorde Castelreagh se jogou no Vesúvio, muitos de seus acompanhantes seguiram o seu exemplo. A árvore de Timão, o Misantropo, permaneceu histórica. A frequência desses casos de contágio nos estabelecimentos de detenção é igualmente afirmada por numerosos observadores.[110]

Não obstante, costuma-se relacionar com esse assunto e atribuir à imitação um certo número de fatos que nos parecem ter uma outra origem. É o caso notadamente do que foi chamado vez por outra de suicídios obsessivos. Em sua *Histoire de la guerre des Juifs contre les Romains* [História da guerra dos judeus contra os romanos],[111] José conta que, durante o ataque a Jerusalém, certo número de sitiados se mataram com as suas próprias mãos. Em particular, quarenta judeus, refugiados em um local subterrâneo, decidiram acabar com suas vidas e se mataram mutuamente. Os xantianos, tal como relata Montaigne, sitiados por Brutus, "precipitaram-se desordenadamente, homens, mulheres e crianças, com um apetite tão furioso de morrer, que não há nada que se possa fazer para escapar à morte que eles não tenham feito para fugir da vida: de tal modo que só com muita dificuldade é que Brutus consegue salvar um número bem pequeno".[112] Não parece que *esses suicídios em massa* tenham por origem um ou dois casos individuais dos quais não seriam senão a repetição. Eles parecem resultar de uma resolução coletiva, de um verdadeiro *consenso* social, mais do que de uma simples propagação contagiosa. A ideia não nasce em um sujeito em particular, para se repercutir em seguida nos outros; mas ela é elaborada pelo conjunto do grupo que, colocado por inteiro em uma situação desesperada, se entrega coletivamente à morte. As coisas não se dão de outro modo todas as vezes em que um corpo social, qualquer que ele seja, reage de maneira conjunta sob o efeito de uma mesma circunstância. O entendimento não muda de natureza porque ela se estabelece em um elã de paixão: ela não seria essencialmente diversa, se fosse mais metódica e mais refletida. Há, portanto, impropriedade ao se falar de imitação.

---

[109] Ver o detalhe dos fatos em LEGOYT, *op. cit.*, p. 227 e seg.
[110] Ver fatos semelhantes em EBRARD, *op. cit.*, p. 376.
[111] III, 26.
[112] *Ensaios*, II, 3.

Poderíamos nomear muitos outros fatos do mesmo gênero. Tal como aquele que conta Esquirol: "Os historiadores", diz ele, "asseguram que os peruanos e os mexicanos, desesperados com a destruição de seu culto... se mataram num número tão grande que morreram mais por suas próprias mãos do que pela ação do ferro e do fogo de seus bárbaros conquistadores". De forma mais geral, para poder incriminar a imitação, não é suficiente constatar senão que suicídios muito numerosos se produzem no mesmo momento em um mesmo lugar. Pois eles podem ter por causa um estado geral do meio social, do qual resulta uma disposição coletiva do grupo que se traduz sob a forma de suicídios múltiplos. Em definitivo, talvez houvesse interesse, para precisar a terminologia, em distinguir as epidemias morais dos contágios morais; essas duas palavras que são empregadas indiferentemente uma pela outra designam, em realidade, dois tipos de coisas muito diferentes. A epidemia é um fato social, produto das causas sociais; o contágio não consiste jamais senão em ricochetes, mais ou menos frequentes, de fatos individuais.[113]

Essa distinção, uma vez admitida, teria certamente por efeito diminuir a lista dos suicídios imputáveis à imitação; todavia, é incontestável que eles são muito numerosos. Talvez não haja nenhum fenômeno que seja mais facilmente contagioso. O impulso homicida ele mesmo não tem tanta aptidão a se disseminar. Os casos nos quais ele se propaga automaticamente são menos frequentes e, sobretudo, o papel da imitação é, nesse caso, em geral menos preponderante; dir-se-ia que, contrariamente à opinião comum, o instinto de conservação é menos fortemente enraizado nas consciências do que os sentimentos fundamentais da moralidade, uma vez que ele resiste menos à ação das mesmas causas. Mas, reconhecidos esses fatos, a questão que formulamos no início deste capítulo permanece intacta. Do fato de que o suicídio pode se comunicar de indivíduo para indivíduo não se deduz *a priori* que esse contágio citado produza efeitos sociais, ou seja, afete a taxa social dos suicídios, único fenômeno ao qual dedicamos nosso estudo. Por mais incontestável que seja, pode muito bem ser que esse contágio não tenha senão consequências individuais e esporádicas. As observações que precedem não resolvem o problema; mas mostram melhor o seu impacto. Se, com efeito, a imitação é, como se disse, uma fonte original e particularmente fecunda de fenômenos sociais, é sobretudo a propósito do suicídio que ela deve testemunhar seu poder, uma vez que não há nenhum fato sobre

---

[113] Veremos mais adiante que, em toda sociedade, há incessante e normalmente uma disposição coletiva que se traduz sob a forma de suicídios. Essa disposição difere daquilo que nos propusemos a chamar de epidemia, uma vez que ela é crônica, que ela constitui um elemento normal do temperamento moral da sociedade. A epidemia é, ela também, uma disposição, mas que emerge excepcionalmente, que resulta de causas anormais e, com muita frequência, passageiras.

o qual ela tenha mais domínio. Assim, o suicídio nos oferecerá uma forma de verificar por meio de uma experiência decisiva a realidade dessa virtude maravilhosa que se atribui à imitação.

III

Se essa influência existe, é antes de tudo na distribuição geográfica dos suicídios que ela deve ser percebível. Devemos ver em certos casos a taxa característica de um país ou de uma localidade se comunicar por assim dizer com as localidades vizinhas. É preciso, portanto, consultar o mapa. Mas é preciso interrogá-lo com método.

Certos autores acreditaram que seria possível haver interferência da imitação todas as vezes em que dois ou mais departamentos limítrofes manifestam uma propensão para o suicídio com uma mesma intensidade. Não obstante, essa difusão no interior de uma mesma região pode ser muito bem provocada pelo fato de certas causas, favoráveis ao desenvolvimento do suicídio, também estarem do mesmo modo difundidas aí, uma vez que o meio social é aí por toda parte o mesmo. Para poder ter certeza de que uma tendência ou uma ideia se propagam por imitação, é necessário que a vejamos sair dos meios em que ela nasceu para invadir outros meios que, por eles mesmos, não tinham naturalmente como suscitá-la. Pois, tal como mostramos, não há propagação imitativa senão na medida em que o fato imitado e apenas ele, sem o concurso de outros fatores, determina automaticamente os fatos que o reproduzem. É necessário, então, para determinar a parte da imitação no fenômeno com o qual estamos nos ocupando, um critério não tão simples quanto aquele com o qual tão frequentemente as pessoas se contentaram até aqui.

Antes de tudo, não teria como haver imitação, se não existisse um modelo a imitar; não há contágio sem um centro vital do qual ele emana e no qual ele tem, por conseguinte, o seu máximo de intensidade. Ao mesmo tempo, não haveria qualquer fundamento em admitir que a propensão ao suicídio se comunica de uma parte a outra da sociedade a não ser que a observação revelasse a existência de certos centros de irradiação. Mas quais são os sinais que nos permitiriam reconhecer esses centros?

De início, eles devem se distinguir de todos os pontos ao seu redor por uma maior aptidão ao suicídio; devemos vê-los se destacar do mapa por um matiz mais pronunciado do que as regiões vizinhas. Com efeito, como a imitação também atua naturalmente aí, ao mesmo tempo que as causas verdadeiramente produtoras do suicídio, os casos não podem deixar de ser mais numerosos. Em segundo lugar, para que esses centros possam desempenhar o papel que lhe imputamos e, por conseguinte, para que tenhamos o direito de relacionar com a sua influência os fatos que se produzem em torno deles, é necessário que cada um deles seja de algum modo o ponto de mira dos países vizinhos. É claro que ele não pode ser imitado se não estiver sendo visado. Se os olhares se encontram em outro lugar, por mais que os suicídios sejam numerosos, tudo se dará como se não o fossem porque eles serão ignorados; por conseguinte, não se reproduzirão. Ora, as populações não podem ter os olhos fixados assim senão sobre um ponto que ocupa um lugar importante na vida regional. Dito de outro modo, é em torno das capitais e das grandes cidades que os fenômenos de contágio devem ser mais acentuados. Pode-se mesmo esperar melhor observá-los nesses lugares porque, nesse caso, a ação propagadora da imitação é ajudada e reforçada por outros fatores, a saber, pela autoridade moral dos grandes centros que comunica por vezes as suas maneiras de agir com uma enorme potência de expansão. É aí, então, que a imitação deve ter efeitos sociais; se é que ela produz tais efeitos em algum lugar. Enfim, tal como, de acordo com a opinião de todo mundo, a influência do exemplo, mantendo-se todas as coisas iguais, enfraquece-se com a distância, as regiões limítrofes deverão ser tanto mais poupadas quanto mais elas estiverem distantes do foco principal, e vice-versa. Essas são as três condições mínimas às quais deve satisfazer o mapa dos suicídios para que se possa atribuir, ainda que parcialmente, à imitação a forma com a qual ela afeta esse mapa. Ainda será, em todo caso, oportuno pesquisar se essa disposição geográfica não se deve à disposição paralela das condições de existência das quais depende o suicídio.

Postas essas regras, apliquemo-las.

Os mapas usuais em que, no que concerne à França, a taxa de suicídio não é expressa senão por departamentos, não teriam como ser suficientes para a presente pesquisa. Com efeito, eles não permitem observar os efeitos possíveis da imitação lá onde esses efeitos devem ser os mais sensíveis, a saber, entre as diferentes partes de um mesmo departamento. Além disso, a presença de um distrito muito ou muito pouco produtivo de suicídios pode elevar ou rebaixar artificialmente a média departamental, criando, assim, uma descontinuidade aparente entre outros distritos e as médias dos departamentos vizinhos, ou, então, ao contrário, mascarar uma descontinuidade real. Enfim, a ação das grandes cidades se acha, portanto, por demais imersa em uma série de elementos para poder ser facilmente percebida. Construímos, por isso, especialmente para o estudo dessa questão, um mapa por regiões; ele se refere ao período quinquenal entre 1887-1891. A leitura desse mapa nos forneceu os resultados mais imprevisíveis.[114]

---
[114] Cf. prancha II.

PRANCHA II

Suicídios na França por distrito (1887-1891)

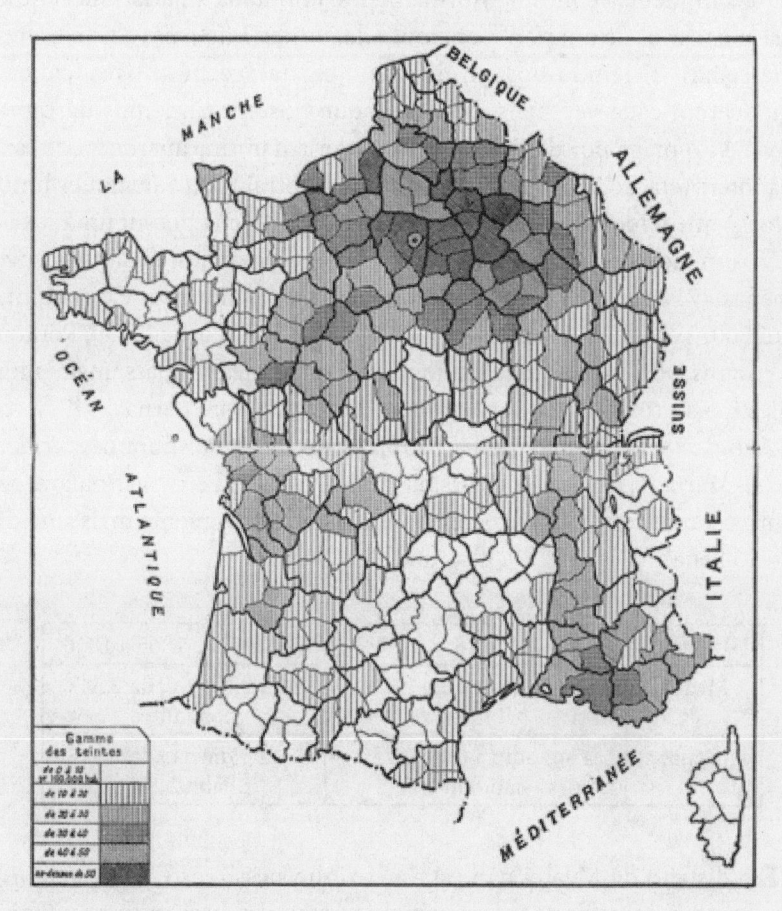

Gradação dos tons:

De 0 a 10 a cada 100.000 habitantes ☐

De 34 a 40 ‖‖‖

De 10 a 20 ▨

De 40 a 50 ▩

Acima de 50 ■

Nesse mapa, o que chama imediatamente a atenção é, na direção norte, a existência de uma grande mancha cuja parte principal ocupa a localização da antiga Ilha de França, mas que atinge bem profundamente a Champanhe e se estende até a Lorena. Se essa mancha fosse causada pela imitação, o seu foco deveria estar em Paris, que é o único centro visível de toda essa região. De fato, a influência é mesmo normalmente imputada a Paris; Guerry dizia que, se partirmos de um ponto qualquer da periferia do país (com a exceção de Marselha), dirigindo-nos em direção à capital, veem-se os suicídios se multiplicarem cada vez mais, à medida que nos aproximamos da capital. Todavia, se o mapa por departamentos poderia dar uma aparência de razão a essa interpretação, o mapa por distrito lhe subtrai todo e qualquer fundamento. O que temos, com efeito, é o fato de que o Sena possui uma taxa de suicídios menor do que todos os distritos circunvizinhos. Essa taxa envolve apenas 471 casos por um milhão de habitantes, enquanto Coulommiers possui 500; Versalhes, 514; Melun, 518; Meaux, 525; Corbeil, 559; Pontoise, 561; Provins, 562. Mesmo os distritos da Champanhe ultrapassam em muito aqueles mais próximos ao Sena: Reims, 501 suicídios; Épernay, 537; Arcis-sur-Aube, 548; Château-Thierry, 623; Já em seu estudo sobre *Le suicide en Seine-et-Marne* [O suicídio em Sena e Marne], Dr. Leroy assinalava com espanto o fato de que o distrito de Meaux tinha relativamente mais suicídios do que o Sena.[115] Eis aqui as cifras que ele nos dá:

Distrito de	Período de 1851 a 1863	Período de 1865 a 1866
Meaux	1 suicídio a cada 2.418 habitantes	1 suicídio a cada 2.547 habitantes
Sena	1 suicídio a cada 2.750 habitantes	1 suicídio a cada 2.822 habitantes

E o distrito de Meaux não estava sozinho nesse caso. *O mesmo autor nos informa o nome de 166 comunas do mesmo departamento nas quais as pessoas se matavam nessa época mais do que em Paris.* Foco singular que seria nesse ponto inferior aos focos secundários que o foco singular supostamente alimentaria. No entanto, se colocarmos de lado o Sena, é impossível perceber um outro centro de difusão. Pois é ainda mais difícil estabelecer que Paris gravita em torno de Corbeil ou de Pontoise.

Um pouco mais ao norte, percebe-se outra mancha, menos homogênea, mas com uma nuance ainda mais escura; ela corresponde à Normandia. Se, então, essa mancha se devesse a um movimento de expansão contagiosa, seria de Ruão, capital da província e cidade particularmente importante, que ela deveria partir. Ora, os dois pontos dessa região nos quais o suicídio

---

[115] *Op. cit.*, p. 213. Segundo o mesmo autor, até mesmo os departamentos completos do Marne de Sena e Marne teriam, em 1865-66, ultrapassado o Sena. O Marne teria, então, contabilizado 1 suicídios a cada 2.791 habitantes; o Sena e Marne, 1 a cada 2.768; o Sena, 1 a cada 2.822.

está mais difundido são o distrito de Neufchâtel (509 suicídios) e aquele de Pont-Audemer (537 por um milhão de habitantes); e eles não são mesmo contíguos. (Assim, não é certamente por sua influência que se deve a constituição moral da província.)

Totalmente a sudeste, ao longo da costa do Mediterrâneo, encontramos uma faixa de território que vai dos limites extremos de Bocas do Ródano até a fronteira italiana e onde os suicídios são igualmente muito numerosos. Encontra-se aí uma verdadeira metrópole, Marselha, e, na outra extremidade, um grande centro de vida mundana, Nice. Ora, os distritos mais expostos ao suicídio são os de Toulon e de Forcalquier. Ninguém dirá, porém, que Marselha estaria a reboque deles. Ao mesmo tempo, na costa oeste, Rochefort é a única a se destacar por uma cor bastante sombreada da massa contínua formada pelas duas Charentes e onde se acha, entretanto, uma cidade muito mais considerável, Angoulême. Mais genericamente, há um número muito grande de departamentos nos quais não é o distrito principal que encabeça. No Vosges, é Remiremont e não Épinal; no Alto Sona é Gray, cidade morta ou em vias de morrer, e não Vesoul; nas Doubs, é Dôle e Poligny, não Besançon; na Gironda, não é Bordéus, mas Réole e Bazas; no Maine-et-Loire, é Saumur em vez de Angers; na Sarthe, Saint-Calais em vez de Le Mans; no norte, Avesnes no lugar de Lille etc. Não obstante, em nenhum desses casos o distrito que ultrapassa assim a capital abarca a cidade mais importante do departamento.

Gostaríamos de poder levar adiante essa comparação, não apenas entre os distritos em particular, mas de comuna a comuna. Infelizmente, porém, um mapa comunal dos suicídios não tem como ser construído para toda a extensão do país. Em sua interessante monografia, contudo, o Dr. Leroy fez esse trabalho para o departamento de Sena e Marne. Ora, depois de ter classificado todas as comunas desse departamento segundo a sua taxa de suicídios, começando por aquelas onde ele é mais elevado, ele encontrou os seguintes resultados: "La Ferté-sous-Jouarre (4.482 habitantes), a primeira cidade importante da lista, está no número 124; Meaux (10.762 hab.) está no número 130; Provins (7.547 hab.), no número 135; Coulommiers (4.628 hab.), no número 138. A aproximação entre os números de ordem dessas cidades é mesmo curiosa, na medida em que nos faz supor uma mesma influência reinando sobre todas elas."[116] Lagny (3.468 hab.), uma cidade tão próxima de Paris, não ocupa senão o número 219; Montereau-Faut-Yonne

---

[116] Vejamos bem, não haveria como estar em questão aqui uma influência contagiosa. Trata-se de três capitais distritais dotadas de uma importância mais ou menos igual e separadas por uma multidão de comunas, nas quais as taxas são muito diferentes. Tudo o que prova, ao contrário, essa aproximação é que os grupos sociais de uma mesma dimensão e colocados em condições de existência suficientemente análogas têm uma mesma taxa de suicídios, sem que seja por isso necessário que uns atuem sobre os outros.

(6.217 hab.), o número 245; Fontainebleau (11.939 hab.), o número 247... Enfim, Melun (11.170 hab.), capital do departamento, não vem senão na 279ª posição. Em contrapartida, se examinarmos as 25 comunas que ocupam o topo da lista, veremos que, com a exceção de duas, elas são comunas que possuem uma população menos considerável".[117]

Se sairmos da França, poderemos fazer constatações idênticas. A parte da Europa onde as pessoas mais se matam é aquela que compreende a Dinamarca e a Alemanha central. Ora, nessa vasta zona, o país que ultrapassa em muito todos os outros é a Saxônia Real; ela tem 311 suicídios para um milhão de habitantes. O ducado da Saxônia-Altemburgo vem imediatamente depois (303 suicídios), enquanto que Brandemburgo não possui senão 204. Segue-se daí, no entanto, que a Alemanha não tem os olhos fixos sobre esses dois pequenos Estados. Não é nem Dresden nem Altemburgo que dão o tom a Hamburgo e a Berlim. Ao mesmo tempo, de todas as províncias italianas, é Bolonha e Livorno que possuem proporcionalmente o maior número de suicídios (88 e 84); Milão, Gênova, Turim e Roma, segundo os meios estabelecidos por Morselli para os anos de 1864 a 1876, não vêm senão muito mais longe.

Em definitivo, o que nos mostram todos esses mapas é que o suicídio, longe de se dispor de maneira mais ou menos concêntrica em torno de certos focos a partir dos quais ele iria se degradando progressivamente, apresenta-se, ao contrário, por grandes massas quase homogêneas (mas apenas quase) e desprovidas de todo núcleo central. Tal configuração, portanto, não possui nada que torne possível deduzir a influência da imitação. Ela indica apenas que o suicídio não depende de circunstâncias locais, variáveis de uma cidade para a outra, mas que as condições que o determinam são sempre de uma certa generalidade.

---

[117] *Op. cit.*, pp. 193-194. A comuna muito pequena que se encontra na posição de liderança (Lesche) conta com um suicídio a cada 630 habitantes e 1.587 suicídios para um milhão de habitantes, quatro a cinco vezes mais do que Paris. E não se trata aí de casos particulares em Sena e Marne. Devemos à amabilidade do Dr. Legoupils, de Trouville, informações sobre três comunas minúsculas do distrito de Pont-l'Evêque, Villerville (978 hab.), Cricqueboeuf (150 hab.) e Pennedepie (333 hab.). A taxa de suicídios calculada para os períodos que variam entre 14 e 25 anos é neles, respectivamente, de 429, 800 e 1.081 suicídios para um milhão de habitantes.

Sem dúvida, continua sendo verdade, em geral, que as grandes cidades contabilizam mais suicídios do que as pequenas cidades ou do que o interior. Mas a proporção não é verdadeira senão *grosso modo* e comporta muitas exceções. Há, além disso, uma maneira de conciliar com os fatos que precedem e que parecem contradizer isso. Basta admitir que as grandes cidades se formam e se desenvolvem sob a influência das mesmas causas que determinam o desenvolvimento do suicídio, mais do que elas contribuem para determiná-los por elas mesmas. Nessas condições, é natural que elas sejam numerosas nas regiões fecundas em suicídios, mas sem que tenham o monopólio das mortes voluntárias; raras, ao contrário, lá onde as pessoas se matam pouco, sem que o número pequeno de suicídios se deva à sua ausência. Assim, sua taxa média seria em geral superior àquela dos campos, podendo, contudo, ser inferior a ela em certos casos.

Não há aqui nem imitadores nem imitados, mas identidade relativa nos efeitos que se devem a uma identidade relativa nas causas. E é fácil explicar por que as coisas são assim, uma vez que, como tudo aquilo que precede o fato já previsto, o suicídio também depende essencialmente de certos estados do meio social. Pois esse meio mantém geralmente a mesma constituição em extensões territoriais muito amplas. É, portanto, natural que, por toda parte onde ele é o mesmo, ele tenha as mesmas consequências sem que o contágio exerça qualquer influência. É porque ele ocorre mais frequentemente que, numa mesma região, a taxa de suicídios se mantém mais ou menos no mesmo nível. De outra parte, porém, como as causas que o produzem nunca podem ser distribuídas aí com uma homogeneidade perfeita, é inevitável que, de um ponto a outro, de um distrito ao distrito vizinho, ele apresente às vezes variações mais ou menos importantes, tais como aquelas que constatamos.

O que prova que essa explicação é bem fundada é o fato de que o vemos se modificar brusca e completamente a cada vez que o meio social muda bruscamente. Esse meio nunca estende sua ação para além dos seus limites naturais. Um país predisposto por condições particulares especialmente para o suicídio não impõe, por meio do simples prestígio do exemplo, a sua propensão aos países vizinhos, caso essas mesmas condições ou outras semelhantes não se encontrem aí no mesmo grau. Assim, o suicídio está em um estado endêmico na Alemanha e já tivemos a oportunidade de ver com que violência ele cresce aí; mostraremos mais à frente que o protestantismo é a causa principal dessa aptidão excepcional. Não obstante, três regiões se mostram como exceções à regra geral; trata-se das províncias renanas com a Vestfália, a Baviera e, sobretudo, a Suábia bávara, enfim, a Província de Posen. Essas são as únicas regiões de toda a Alemanha que contam com menos de 100 suicídios para um milhão de habitantes. Sobre o mapa,[118] elas aparecem como três ilhotas perdidas e as manchas claras que as representam contrastam com os matizes escuros que as circundam. É que elas são as três católicas. Assim, a corrente suicidógena tão intensa que circula em volta delas não chega a penetrá-las; ela se detém em suas fronteiras pelo simples fato de que não encontra para além daí as condições favoráveis ao seu desenvolvimento. Ao mesmo tempo, na Suíça, o sul é inteiramente católico; todos os elementos protestantes estão no norte. Ora, tendo em vista o modo como esses dois países se opõem um ao outro no mapa dos suicídios,[119] poder-se-ia acreditar que eles teriam saído de sociedades diferentes. Por mais que se toquem de todos os lados, que tenham relações constantes, cada um conserva

---
[118] Ver prancha III, a seguir.
[119] Ver a mesma prancha III e, para o detalhe das cifras por cantão, livro II, capítulo V, quadro XXVI.

do ponto de vista do suicídio a sua individualidade. A média é tão baixa de um lado quanto elevada de outro. Ao mesmo tempo, no interior da Suíça setentrional, Lucerna, Uri, Unterwald, Schwyz e Zug, cantões católicos, contam no máximo com 100 suicídios por milhão de habitantes, por mais que haja à sua volta cantões protestantes que possuem um número muito maior.

Uma outra experiência poderia confirmar, é o que pensamos, as provas precedentes. Um fenômeno de contágio moral não pode de modo algum se produzir senão de duas maneiras: ou o fato que serve de modelo é retomado de boca em boca por intermédio daquilo que se chama a voz pública, ou são os jornais que o propagam. Geralmente, as pessoas se ligam antes aos jornais. Não há dúvida, efetivamente, que eles se constituem como um instrumento potente de difusão. Se, então, a imitação produz algum efeito no desenvolvimento dos suicídios, devemos vê-los variar, portanto, de acordo com o lugar que os jornais ocupam na atenção pública.

Infelizmente, esse lugar é muito difícil de determinar. Não é o número de periódicos, mas o número dos seus leitores que pode unicamente permitir mensurar a extensão de sua ação. Ora, em um país pouco centralizado como a Suíça, os jornais podem ser numerosos porque cada localidade tem o seu e, no entanto, como cada um deles é pouco lido, sua potência de propagação é medíocre. Ao contrário, um só jornal como o *Times*, o *New York Herald*, o *Petit Journal* etc. age sobre um público imenso. Ao mesmo tempo, parece que a imprensa não tem de modo algum como exercer a influência que ela é acusada de ter sem certa centralização. Pois lá onde cada região tem sua vida própria, as pessoas se interessam menos pelo que se passa para além do pequeno horizonte que limita sua visão; os fatos distantes passam mais despercebidos e, por essa razão, são recebidos com menos cuidado. Há, assim, menos exemplos que solicitam a imitação. As coisas se mostram de uma maneira completamente diversa lá onde o nivelamento dos meios locais abre um campo de ação mais extenso para a simpatia e para a curiosidade, e onde, respondendo a essas necessidades, grandes órgãos concentram a cada dia todos os eventos importantes do país ou dos países vizinhos para reenviá-los em seguida de novo em todas as direções. Portanto, os exemplos, acumulando-se, reforçam-se mutuamente. Mas se compreende que é praticamente impossível comparar a clientela dos diferentes jornais da Europa e, sobretudo, avaliar o caráter mais ou menos local de suas informações. Não obstante, sem que possamos oferecer uma prova regular de nossa afirmação, parece-nos difícil que, no que concerne a esses dois pontos, a França e a Inglaterra sejam inferiores à Dinamarca, à Saxônia e mesmo aos diferentes países da Alemanha. No entanto, as pessoas se matam muito menos nos primeiros. Ao mesmo tempo, sem sair da França, nada nos autoriza a supor que se leria sensivelmente menos jornal ao sul do Loire do que ao norte; ora, sabe-se que contraste há entre essas duas regiões no que diz respeito ao suicídio. Sem querer dar mais importância do que convém a um argumento que não podemos estabelecer sobre fatos bem definidos, acreditamos, contudo, que ele se baseia em verossimilhanças muito fortes para merecer alguma atenção.

PRANCHA III

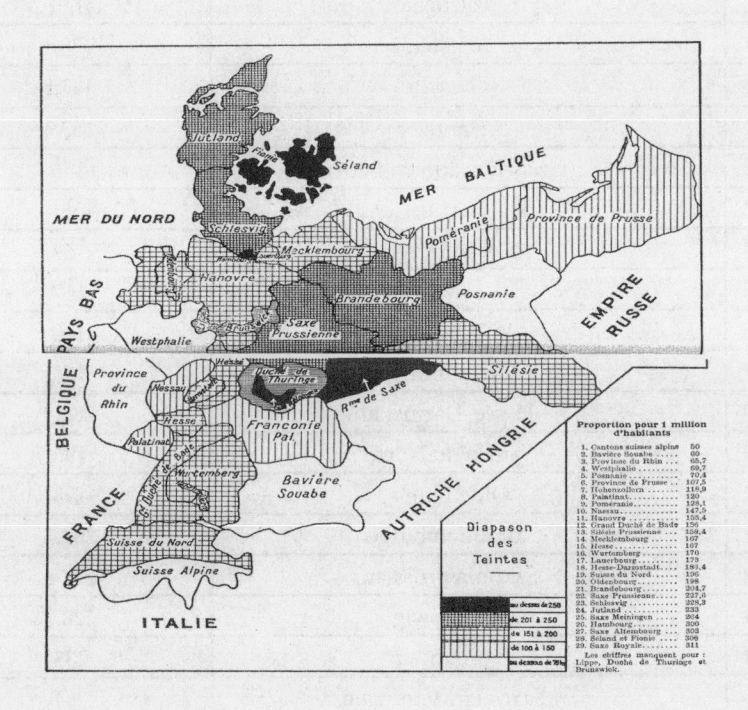

Legenda:

Gradação dos matizes:	
Acima de 250	
De 201 a 250	
De 151 a 200	
De 100 a 150	
Abaixo de 75	

1	Cantões suíços alpinos	50
2	Baviera Suábia	60
3	Província do Reno	65,7
4	Vestfália	69,7
5	Província de Posen	70,4
6	Província da Prússia	107,5
7	Hohenzollern	118,9
8	Palatinato	120
9	Pomerânia	128,1
10	Nassau	147,5
11	Hanover	153,4
12	Grão-Ducado de Baden	156
13	Silésia prussiana	158,4
14	Mecklemburgo	167
15	Hesse	167
16	Württemberg	170
17	Lauerburgo	173
18	Hesse-Darmstadt	186,4
19	Suíça do Norte	196
20	Oldemburgo	198
21	Brandemburgo	204,7
22	Saxônia prussiana	227,6
23	Schleswig	228,3
24	Jutlândia	233
25	Saxônia-Meiningen	264
26	Hamburgo	300
27	Saxônia Altemburgo	303
28	Zelândia e Fiônia	308
29	Saxônia Real	311

Faltam as cifras para Lippe, para o Ducado da Turíngia e para Brunsvique.

IV

Em suma, se é certo que o suicídio é contagioso de indivíduo para indivíduo, nunca vemos a imitação propagá-lo de maneira a afetar a taxa social dos suicídios. Ela pode propiciar o surgimento de casos individuais mais ou menos numerosos, mas não contribui para determinar a propensão desigual que leva ao suicídio as diferentes sociedades, e, no interior de cada sociedade, os grupos sociais mais particulares. A influência que resulta daí é sempre muito limitada; ela é, além disso, intermitente. Quando ela atinge um determinado grau de intensidade, isso não acontece senão por um tempo muito curto.

Mas há uma razão mais geral que explica como os efeitos da imitação não são avaliáveis por meio das cifras da estatística. É que, reduzida apenas a essas forças, a imitação não tem poder algum sobre o suicídio. No caso do adulto, salvo em casos muito raros de monomania mais ou menos absoluta, a ideia de um ato não é suficiente para engendrar um ato similar, a não ser que ela se abata sobre um sujeito que, por ele mesmo, esteja particularmente inclinado para tanto. "Sempre observei", escreve Morel, "que a imitação, por mais potente que seja a sua influência, tanto quanto a impressão causada pela narrativa ou pela leitura de um crime excepcional, não é suficiente para provocar atos similares em indivíduos perfeitamente sadios".[120] Ao mesmo tempo, o Dr. Paul Moreau de Tours acreditava que era possível estabelecer, segundo suas observações pessoais, que o suicídio contagioso não se encontra jamais senão em indivíduos fortemente predispostos.[121]

É verdade que, como essa predisposição lhe parecia depender essencialmente de causas orgânicas, era muito difícil explicar certos casos que não têm como ser relacionados com essa origem, a menos que admitíssemos combinações de causas completamente improváveis e verdadeiramente miraculosas. Como acreditar que os *15* inválidos dos quais falamos tenham sido todos acometidos por degenerescência nervosa? E podemos dizer o mesmo de um número igualmente grande de fatos de contágio tão frequentemente observados no exército ou nas prisões. Ora, esses fatos são facilmente explicáveis, uma vez que reconhecemos que a propensão ao suicídio poderia ser criada pelo meio social. Porque, assim, temos o direito de atribuí-los não a um acaso ininteligível que, dos pontos mais diversos do horizonte, teriam reunido em uma mesma caserna ou em um mesmo estabelecimento penitenciário um número relativamente considerável de indivíduos marcados todos por uma mesma tara mental, mas à ação do meio comum no interior do qual eles vivem. Veremos, com efeito,

---

[120] *Traité des maladies mentales*, p. 243.
[121] *De la contagion du suicide*, p. 42.

que, nas prisões e nos regimentos, existe um estado coletivo que inclina os soldados e detentos para o suicídio tão diretamente que pode lhes causar a mais violenta das neuroses. O exemplo é a causa ocasional que faz explodir o impulso; mas não é ele que o cria e, se o exemplo não existisse, ele seria inofensivo.

Pode-se dizer então que, salvo em exceções muito raras, a imitação não é um fator original do suicídio. Ela não faz outra coisa senão tornar aparente um estado que é a verdadeira causa geradora do ato e que, provavelmente, sempre encontrou um meio de produzir seu efeito natural, ou seja, mesmo que ela não tivesse intervindo; pois é preciso que a predisposição seja particularmente forte para que sejam suficientes tão poucas coisas para fazê-la passar ao ato. Não é de se espantar, então, que os fatos não portem a marca da imitação, uma vez que ela não tem ação própria e que a ação mesma que ela realiza é tão restrita.

Uma observação de um interesse prático pode servir de corolário para essa conclusão.

Certos autores, atribuindo à imitação um poder que ela não tem, solicitaram que a reprodução dos suicídios e dos crimes fosse proibida nos jornais.[122] É possível que essa proibição conseguisse atenuar em algumas unidades o montante anual dos diferentes atos. Mas é muito duvidoso que ela pudesse modificar a taxa social. A intensidade da propensão coletiva permaneceria a mesma, pois o estado moral dos grupos não seria modificado por ela. Se, então, considerarmos as problemáticas e as vantagens muito fracas que essa medida poderia ter, os graves inconvenientes que estariam envolvidos na supressão de toda publicidade judiciária, compreenderemos facilmente que o legislador tenha alguma hesitação em seguir o conselho dos especialistas. Em realidade, aquilo que pode contribuir para o desenvolvimento do suicídio ou do assassinato não é o fato de se falar sobre eles, mas sim a maneira como falamos deles. Lá onde essas práticas são abominadas, os sentimentos que elas causam se traduzem por meio das narrativas que são feitas sobre elas e, por conseguinte, essas narrativas neutralizam mais do que excitam as predisposições individuais. Inversamente, porém, quando a sociedade é moralmente desamparada, o estado de incerteza no qual ela se encontra inspira uma espécie de indulgência em relação aos atos imorais, indulgência essa que se exprime involuntariamente todas as vezes em que se fala deles e em que se faz deles menos sensíveis à imoralidade. Dessa forma, o exemplo se torna verdadeiramente formidável; não porque ele é um exemplo, mas porque a tolerância ou a indiferença social diminuem o distanciamento que ele deveria inspirar.

---

[122] Ver notadamente AUBRY, *Contagion du meurtre*, 1ª edição, p. 87.

Mas o que mostra, sobretudo, o presente capítulo é o quanto se acha pouco fundada a teoria que faz da imitação a fonte eminente de toda vida coletiva. De fato, não há fato tão facilmente transmissível pela via do contágio quanto o suicídio, e, contudo, acabamos de ver que esse caráter contagioso não produz efeitos sociais. Se, nesse caso, a imitação é a tal ponto desprovida de influência social, ela não teria como alcançar tal influência em outros casos; portanto, as virtudes que atribuímos a ela são imaginárias. Em um círculo restrito, ela pode muito bem determinar algumas reedições de uma mesma ideia ou de uma mesma ação, mas ela nunca possui repercussões tão extensas e tão profundas a ponto de alcançar e de modificar a alma da sociedade. Os estados coletivos, graças à adesão quase unânime e geralmente secular da qual eles são objeto, são muito resistentes para que uma inovação privada pudesse nelas vir à tona. Como é que um indivíduo, que não é nada mais do que um indivíduo,[123] poderia ter o poder suficiente para formar a sociedade à sua imagem? Se nós ainda não continuássemos representando o mundo social de maneira quase tão grosseira quanto o primitivo o faz com o mundo físico, se, contrariamente a todas as induções das ciências, não continuássemos admitindo, ao menos tacitamente e sem nos darmos conta, que os fenômenos sociais não são proporcionais às suas causas, nós não permaneceríamos presos a uma concepção que, por mais que ela seja de uma simplicidade bíblica, se acha em uma contradição flagrante com os princípios fundamentais do pensamento. Não se acredita mais hoje em dia que as espécies zoológicas seriam somente variações individuais propagadas pela hereditariedade:[124] não é mais admissível que o fato social seja somente um fato individual generalizado. Mas o que é antes de tudo insustentável é que essa generalização possa ser devida a um contágio cego qualquer. É mesmo de se espantar que ainda seja necessário discutir uma hipótese que, sem levar em conta as graves objeções que ela desperta, jamais chegou nem mesmo a alcançar um começo de demonstração experimental. Pois jamais se mostrou a propósito de uma ordem definida dos fatos sociais que a imitação poderia dar conta dessa ordem, e, menos ainda, que ela poderia dar conta sozinha. As pessoas se contentam em enunciar a proposição sob a forma de aforismo, apoiando-a sobre considerações vagamente metafísicas. No entanto, a sociologia não poderá pretender ser considerada como uma ciência senão

---

[123] Nós entendemos por tal expressão o indivíduo, abstraindo-nos de tudo aquilo que a confiança ou a admiração coletiva podem acrescentar a ele em termos de poder. É claro, com efeito, que um funcionário ou um homem popular, para além das forças individuais que os separam do nascimento, encarnam as forças sociais que eles devem aos sentimentos coletivos dos quais são objeto e que lhes permitem ter uma influência sobre o curso da sociedade. Mas eles possuem tal efeito apenas na medida em que são mais do que indivíduos.
[124] V. DELAGE, *La structure du protoplasme et les théories de l'hérédité*, Paris, 1895, p. 813 e seg.

no momento em que não for mais permitido àqueles que a cultivam assumir posições a tal ponto dogmáticas, subtraindo-se manifestamente às obrigações regulares da prova.

LIVRO II

CAUSAS SOCIAIS E TIPOS SOCIAIS

CAPÍTULO I

MÉTODO PARA DETERMINAR AS CAUSAS E OS TIPOS SOCIAIS

Os resultados do livro anterior não foram puramente negativos. Com efeito, nós nos deparamos nesse livro com o fato de que existe para cada grupo social uma tendência específica para o suicídio que não é explicada nem pela constituição orgânico-psíquica do indivíduo, nem pela natureza do meio físico. Resulta daí, por eliminação, que essa tendência deve necessariamente depender das causas sociais e constituir por ela mesma um fenômeno coletivo; mesmo certos fatos que examinamos, notadamente as variações geográficas e sazonais do suicídio, nos levaram a essa conclusão. É essa tendência que precisamos estudar agora mais detidamente.

I

Para realizar esse estudo, o melhor seria, ao que parece, pesquisar de início se essa tendência é simples e indecomponível, ou se ela não consistiria inversamente em uma pluralidade de tendências diferentes que a análise pode isolar e que seria conveniente estudar separadamente. Nesse caso, eis como devemos proceder. Como, sendo única ou não, essa tendência só é observável por intermédio dos suicídios individuais que a manifestam, é desses suicídios que seria necessário partir. Observaremos, portanto, o maior número possível de tais suicídios, sem levar em consideração, naturalmente, aqueles que se devem à alienação mental, e os descreveremos. Se todos tiverem as mesmas características essenciais, nós os reuniremos em uma só e mesma classe; na hipótese contrária, que é de longe a mais verossímil – pois eles são muito diversos para não comportarem muitas variedades –, constituiremos certo número de espécies de acordo com as suas semelhanças e diferenças. Logo que tivermos reconhecido os tipos distintos, também teremos admitido as correntes suicidógenas, das quais procuraremos em seguida determinar as causas e a respectiva importância. Trata-se mais ou menos do método que seguimos em nosso exame sumário do suicídio vesânico.

Infelizmente, uma classificação dos suicídios racionais de acordo com as suas formas ou características morfológicas é impraticável porque os documentos necessários para essa classificação praticamente não existem. Com efeito, para tentar realizar tal classificação, seria necessário ter boas descrições de um grande número de casos particulares. Seria necessário saber em que estado psíquico se encontraria o suicida no momento em que resolve se matar, como ele preparou a execução do ato, como finalmente o realizou, se estava agitado ou deprimido, calmo ou entusiasmado, ansioso ou irritado etc. Ora, não temos de modo algum informações desse gênero senão para alguns casos de suicídio vesânico, e é justamente graças às observações e às descrições assim recolhidas pelos alienistas que se tornou possível constituir os principais tipos de suicídio dos quais a loucura é a causa determinante. Para os outros, estamos mais ou menos privados de toda informação. Brierre de Boismont foi o único a tentar fazer esse trabalho descritivo em relação a 1.328 casos, nos quais o suicida tinha deixado cartas ou escritos que o autor resumiu em seu livro. De início, porém, esse resumo é breve demais. Em seguida, as confidências que o próprio sujeito nos faz sobre o seu estado são na maioria das vezes insuficientes, quando elas não se mostram mesmo como suspeitas. Ele está mais do que inclinado a se iludir quanto a si mesmo e quanto à natureza de suas disposições; por exemplo, ele se imagina agindo a sangue-frio, por mais que esteja à beira da superexcitação. Enfim, para além do fato de que essas confidências não são suficientemente objetivas, suas observações dizem respeito a um número muito pequeno de fatos, para que se pudesse tirar delas conclusões precisas. Entrevemos bem algumas linhas muito vagas de demarcação e poderíamos mesmo nos valer das indicações que se destacam nelas; mas são muito pouco definidas para servirem de base a uma classificação regular. De resto, dada a maneira segundo a qual se realiza a maior parte dos suicídios, observações tais como as que seriam necessárias são praticamente impossíveis.

Mas podemos alcançar o nosso objetivo por uma outra via. Para tanto, basta inverter a ordem de nossas pesquisas. Com efeito, pode haver tipos diferentes de suicídio apenas se as causas das quais eles dependem forem elas mesmas diferentes. Para que cada um deles tenha uma natureza que lhe seja própria, é necessário que tenham também condições de existência que lhes sejam especiais. Um mesmo antecedente ou um mesmo grupo de antecedentes não podem produzir tanto uma consequência quanto outra, porque, se isso acontecesse, a diferença que distingue a segunda da primeira seria ela mesma desprovida de causa; o que implicaria a negação do princípio de causalidade. Toda distinção específica constatada entre as causas envolve, então, uma distinção semelhante entre os efeitos. Por isso, podemos constituir, então, os tipos sociais do suicídio, não os classificando diretamente segundo suas características previamente descritas, mas classificando as causas que os produzem. Sem nos preocuparmos em saber por que eles se diferenciam uns dos outros, procuraremos investigar de imediato quais são as condições sociais das quais eles dependem; pois agruparemos essas condições de acordo com suas semelhanças e suas diferenças em certo número de classes separadas, e podemos estar certos de que a cada uma dessas classes corresponderia um tipo determinado de suicídio. Em uma palavra, nossa classificação, em vez de ser morfológica, será, desde o princípio, etiológica. Não se trata, portanto, de uma inferioridade, pois se penetra muito mais a natureza de um fenômeno quando se sabe a causa do que quando só se conhecem as características, mesmo que essas sejam características essenciais.

Esse método, é verdade, possui o defeito de postular a diversidade dos tipos sem alcançá-los diretamente. Ele pode estabelecer a existência desses tipos, o seu número, mas não as suas características distintivas. Mas é possível contornar esse inconveniente, ao menos em uma certa medida. Uma vez que a natureza das causas é conhecida, podemos tentar deduzir delas a natureza dos efeitos, que se encontram, assim, ao mesmo tempo caracterizados e classificados unicamente pelo fato de que estarão ligados a suas respectivas raízes. É verdade que, se essa definição não fosse guiada de modo algum pelos fatos, ela correria o risco de se perder em combinações oriundas da pura fantasia. Mas podemos explicá-la com o auxílio de algumas informações de que dispomos sobre a morfologia dos suicídios. Essas informações, por elas mesmas, são por demais incompletas e incertas para que pudessem nos dar um princípio de classificação; mas elas poderiam ser utilizadas, uma vez que os quadros dessa classificação fossem estabelecidos. Eles nos mostram em que sentido a dedução deveria ser dirigida e, pelos exemplos que elas nos fornecem, teríamos a certeza de que as espécies assim constituídas dedutivamente não são imaginárias. Assim, das causas deduziremos os efeitos e nossa classificação etiológica se completará por meio de uma classificação morfológica que poderá servir para verificar a primeira classificação, e vice-versa.

Em todos os aspectos, esse método invertido é o único que convém ao problema especial que nos colocamos. Não podemos perder de vista, com efeito, que o que estamos estudando é a taxa social dos suicídios. Os únicos tipos que devem nos interessar são, por isso, aqueles que contribuem para formá-la e aqueles em função dos quais ela varia. Ora, não está provado que todas as modalidades individuais da morte voluntária têm essa propriedade. Há aquelas que, possuindo certo grau de generalidade, não estão ligadas, ou pelo menos não o suficiente, ao temperamento moral da sociedade para entrarem, na qualidade de elementos característicos, na fisionomia especial que cada povo apresenta com relação ao suicídio. Assim, vimos que o alcoolismo não é um fato do qual depende a aptidão pessoal de cada sociedade; e, contudo, há evidentemente suicídios alcoólicos e em um número muito grande. Não é, portanto, uma descrição, mesmo que bem feita, dos casos particulares que poderá um dia nos ensinar quais são aqueles suicídios que possuem um caráter sociológico. Se quisermos saber de que confluências diversas surge o suicídio considerado como fenômeno coletivo, o que precisamos fazer é considerar o suicídio desde o início em sua forma coletiva, ou seja, por meio dos dados estatísticos. É a taxa social que precisamos tomar diretamente como objeto de análise; é preciso ir do todo para as partes. Mas é claro que o suicídio não pode ser analisado senão em relação às diferentes causas das quais ele depende; pois, nelas mesmas, as unidades que o formam ao se adicionarem a ele são homogêneas e não se distinguem qualitativamente. Precisamos, então, sem mais delonga, nos ater à determinação das causas, para que possamos, em seguida, investigar de modo pleno como elas repercutem nos indivíduos.

II

Mas como alcançar essas causas?

Nas constatações judiciárias que ocorrem todas as vezes em que um suicídio é cometido, nota-se a motivação (aflição familiar, dor física ou algum outro tipo de sofrimento, remorso ou embriaguez) que parece ter sido a causa determinante e, nos relatórios estatísticos de quase todos os países, encontramos um quadro especial no qual os resultados dessas pesquisas se acham consignados sob o título: *motivos presumidos dos suicídios*. Parece, então, natural nos aproveitarmos de todo esse trabalho feito e começar nossa pesquisa pela comparação desses documentos. Eles nos indicam, com efeito, ao que parece, os antecedentes imediatos dos diferentes suicídios; ora, não é próprio de um bom método de compreensão do fenômeno que estudamos remontar, de início, às suas causas mais próximas, a não ser que busquemos nos elevar em seguida a um ponto mais alto na série dos fenômenos, caso venhamos a sentir necessidade de fazer isso.

Mas, como Wagner já dizia há muito tempo, o que denominamos estatísticas dos motivos do suicídio é, em realidade, uma estatística das opiniões que os agentes têm acerca desses motivos, agentes com frequência subalternos, encarregados desse serviço de informações. Sabe-se, infelizmente, que as constatações oficiais são frequentemente defeituosas, ainda que elas se baseiem em fatos materiais e ostensivos que todo observador conscencioso pode apreender e que não deixam nenhum lugar para a apreciação. Mas como elas devem ser colocadas em suspeita, uma vez que têm por objeto não registrar simplesmente um evento realizado, mas interpretá-lo e explicá-lo! É sempre um problema difícil precisar a causa de um fenômeno. É necessário com frequência fazer todo tipo de observação e ter todo tipo de experiência para resolver uma só dessas questões. Ora, de todos os fenômenos, as volições humanas são as mais complexas. Sabe-se, desde sempre, o que podem valer esses julgamentos improvisados que, segundo alguns estudos ativamente recolhidos, pretendem assinalar uma origem definida para cada caso particular. Logo que pensamos ter descoberto entre os antecedentes da vítima alguns desses fatos que parecem comumente levar ao desespero, julga-se inútil buscar algo para além daí, e, na medida em que pesa sobre o sujeito a reputação de ter sofrido recentemente perdas de dinheiro ou experimentado agruras na família ou de ter um gosto pela bebida, incrimina-se ora sua embriaguez, ora suas dores domésticas, ora suas decepções econômicas. Não há como colocar à base de uma explicação dos suicídios informações tão suspeitas quanto essas.

Há, além disso, ainda que elas fossem fidedignas, o fato de que não poderiam prestar-nos um grande serviço, pois os motivos que são assim, de maneira equivocada ou com razão, atribuídos ao suicídio, não são as suas causas verdadeiras. É o que nos provam os números proporcionais de casos, imputados pelas estatísticas, a cada uma das causas presumidas, que permanecem quase identicamente os mesmos, por mais que os números absolutos apresentem, ao contrário, as variações mais consideráveis. Na França, de 1856 a 1878, o suicídio aumenta cerca de 40%, e mais de 100% na Saxônia no período de 1854-1880 (1.171 casos em vez de 547). Ora, nos dois países, cada categoria de motivo conserva de uma época à outra a mesma importância respectiva. É o que mostra o quadro XVII (p. 142).

Se considerarmos que as cifras relacionadas à situação acima não são e não podem ser senão aproximações grosseiras, e se, por conseguinte, não dermos muita importância a pequenas diferenças, reconheceremos que elas permanecem sensivelmente constantes. Mas, para que a parte contributiva de cada razão presumida permaneça proporcionalmente a mesma, ainda que o suicídio tenha se desenvolvido duas vezes mais, é necessário admitir que cada uma delas adquiriu uma dupla eficácia. Ora, não pode ser em função de um encontro fortuito que elas se tornam todas ao mesmo tempo duas vezes mais mortais. Desse modo, é preciso concluir que elas são todas colocadas sob a dependência de um estado mais geral, do qual são reflexos mais ou menos fiéis. É esse estado que faz com que elas sejam mais ou menos produtivas de suicídios e é ele que, por conseguinte, é a verdadeira causa determinante dos suicídios. É esse estado, portanto, que precisamos investigar, sem nos demorarmos junto às repercussões distantes que ele pode ter nas consciências particulares.

QUADRO XVII

Parte de cada categoria de motivo a cada 100 suicídios anuais de cada sexo

	Homens		Mulheres	
	1856-60	1874-78	1856-60	1874-78
França [125]				
Miséria e reveses da sorte	13,30	11,79	5,38	5,77
Tristezas ligadas à família	11,68	12,53	12,79	16,00
Amor, ciúme, abuso dos prazeres, má conduta	15,48	16,98	13,16	12,20
Tristezas diversas	23,70	23,43	17,16	20,22
Doenças mentais	25,67	27,09	45,75	41,81
Remorso, medo de uma condenação em função de um crime	0,84	-	0,19	-
Outras causas e causas desconhecidas	9,33	8,18	5,51	4
TOTAL	100,00	100,00	100,00	100,00

	Homens		Mulheres	
	1854-78	1880	1854-78	1880
Saxônia [126]				
Dores físicas	5,64	5,86	7,43	7,98
Tristezas domésticas	2,39	3,30	3,18	1,72
Reveses da sorte e miséria	9,52	11,28	2,80	4,42
Abuso dos prazeres, jogo	11,15	10,74	1,59	0,44
Remorso, temor de perseguições etc.	10,41	8,51	10,44	6,21
Amor infeliz	1,79	1,50	3,74	6,20
Problemas mentais, loucura religiosa	27,94	30,27	50,64	54,43
Cólera	2,00	3,29	3,04	3,09
Desgosto com a vida	9,58	6,67	5,37	5,76
Causas desconhecidas	19,58	18,58	11,77	9,75
TOTAL	100,00	100,00	100,00	100,00

---

[125] Segundo LEGOYT, p. 342.
[126] De acordo com OETTINGEN, *Moralstatistik* [Estatística moral], quadros anexos, p. 110.

Um outro fato, que tomamos de empréstimo a Legoyt, mostra melhor ainda *a* que se reduz a ação causal desses diferentes motivos. Não há profissões mais diversas uma da outra do que a agricultura e as profissões liberais. A vida de um artista, de um sábio, de um advogado, de um oficial, de um magistrado não se assemelha em nada àquela de um agricultor. Pode-se, portanto, considerar como certo o fato de que as causas sociais do suicídio não são as mesmas para uns e para outros. Ora, não apenas são às mesmas razões que são atribuídos suicídios dessas duas categorias de sujeitos, mas a importância respectiva dessas diferentes razões seria, além disso, quase rigorosamente a mesma em uma e na outra. Eis então, com efeito, quais foram na França, durante os anos de 1874 a 1878, as relações centesimais dos principais motivos do suicídio nessas duas profissões:

	Agricultura	Profissões liberais
Perda de emprego, revés da sorte, miséria	8,15	8,87
Tristezas de família	14,45	13,14
Amor contrariado e ciúme	1,48	2,01
Embriaguez e alcoolismo	13,23	6,41
Suicídios de autores de crimes ou delitos	4,09	4,73
Sofrimentos físicos	15,91	19,89
Doenças mentais	35,80	34,04
Desgosto com a vida, contrariedades diversas	2,93	4,94
Causas desconhecidas	3,96	5,97
TOTAL	100,00	100,00

Salvo para a embriaguez e o alcoolismo, as cifras, sobretudo aquelas que possuem a maior importância numérica, diferem muito pouco de uma coluna à outra. Assim, atendo-nos à mera consideração dos motivos, poder-se-ia acreditar que as causas suicidógenas são, sem dúvida, não da mesma intensidade, mas da mesma natureza nos dois casos. E, no entanto, em realidade, trata-se de forças muito diferentes, que levam ao suicídio o lavrador e o homem refinado da cidade. O que acontece é que as razões que atribuímos ao suicídio ou que o suicida dá para si mesmo para explicar seu ato não são senão em geral as causas aparentes. Não apenas elas são somente repercussões individuais de um estado geral, mas também experimentam esse estado geral de maneira muito infiel, uma vez que são as mesmas razões ainda que tudo se mostre de maneira completamente diversa. Elas marcam, podemos dizer, os pontos fracos do indivíduo, aqueles por meio dos quais os elementos atuais, que vêm de fora incitá-lo a se destruir, se insinuam da maneira mais fácil possível nele. Mas elas mesmas não fazem parte desses elementos atuais e não podem, consequentemente, nos auxiliar a compreendê-los.

Vemos, então, sem remorso, certos países como a Inglaterra e a Áustria renunciarem a recolher essas pretensas causas do suicídio. Os esforços estatísticos devem se concentrar, segundo eles, em um aspecto completamente diverso. Em vez de buscar resolver esses problemas insolúveis de casuística moral, a estatística precisa se esforçar por assinalar com mais cuidado os elementos sociais concomitantes do suicídio. Em todo caso, para nós, estabelecemos uma regra de não deixar que intervenham em nossas pesquisas informações tão duvidosas quanto pouco instrutivas; de fato, os suicidógrafos nunca conseguiram retirar daí nenhuma lei interessante. Não recorremos a elas senão acidentalmente, quando elas nos pareciam ter uma significação especial e apresentar garantias particulares. Sem nos preocupar em saber de que formas podem se traduzir nos sujeitos particulares as causas produtoras do suicídio, vamos tentar determinar diretamente essas causas. Por isso, deixando de lado, por assim dizer, o indivíduo enquanto indivíduo, nós nos perguntaremos imediatamente quais são os estados dos diferentes meios sociais (confissões religiosas, família, sociedade política, grupos profissionais etc.) em função dos quais varia o suicídio. É apenas em seguida que, retornando aos indivíduos, buscaremos como essas causas gerais se individualizam para produzir os efeitos homicidas que elas implicam.

CAPÍTULO II

O SUICÍDIO EGOÍSTA

Observemos de início a maneira segundo a qual as diferentes confissões religiosas agem sobre o suicídio.

I

Se lançarmos uma olhadela sobre o mapa dos suicídios europeu, reconheceremos à primeira vista que, nos países puramente católicos como Espanha, Portugal e Itália, o suicídio é muito pouco desenvolvido, enquanto atinge o seu máximo nos países protestantes, na Prússia, na Saxônia e na Dinamarca. Os seguintes meios, calculados por Morselli, confirmam esse primeiro resultado:

	Média de suicídios por 1 milhão de habitantes
Estados protestantes	190
Estados mistos (protestantes e católicos)	96
Estados católicos	58
Estados católicos gregos	40

Não obstante, a inferioridade dos católicos gregos não pode ser atribuída com segurança à religião; pois, como sua civilização é muito diferente daquela das outras nações europeias, essa desigualdade da cultura pode ser a causa dessa menor aptidão. Mas o mesmo não vale para a maioria das sociedades católicas e protestantes. Sem dúvida alguma, elas não estão todas no mesmo nível intelectual e moral; no entanto, as semelhanças são muito essenciais para que se tenha algum direito de atribuir à diferença dos cultos um contraste tão marcante quanto elas apresentam segundo o ponto de vista do suicídio.

Todavia, essa primeira comparação é ainda por demais sumária. Apesar das semelhanças incontestes, os meios sociais nos quais vivem os habitantes desses diferentes países não são identicamente os mesmos. A civilização da Espanha e a de Portugal estão bem abaixo daquela da Alemanha; pode ser, portanto, que essa inferioridade seja a razão daquela que nós acabamos de constatar no desenvolvimento do suicídio. Se quisermos escapar dessa causa do erro e determinar com mais precisão a influência do catolicismo e do protestantismo sobre a tendência ao suicídio, é preciso comparar as duas religiões no seio de uma mesma sociedade.

De todos os grandes Estados que compõem a Alemanha, é a Baviera que tem, de longe, o menor número de suicídios. Ela não tem anualmente senão 90 suicídios por cada milhão de habitantes desde 1874, enquanto que a Prússia tem 133 (1871-1875), o ducado de Baden tem 156, Württemberg tem 162 e a Saxônia, 300. Ora, é lá também que os católicos são mais numerosos; há 713,2 católicos para cada 1.000 habitantes. Se, por outro lado, compararmos as diferentes províncias desse reino, é possível constatar que os suicídios são diretamente proporcionais ao número de protestantes e inversamente proporcionais ao número de católicos (ver quadro). Não são apenas as relações entre os meios que confirmam a lei; mas todos os números da primeira coluna são superiores àqueles da segunda e os da segunda também são maiores em relação àqueles da terceira, sem que haja nenhuma irregularidade.

Províncias bávaras (1867-75)[127]

Províncias de minoria católica (menos de 50%)	Suicídios por milhão de habitantes	Províncias de maioria católica (50 a 90%)	Suicídios por milhão de habitantes	Províncias nas quais há mais de 90% de católicos	Suicídios por milhão de habitantes
Palatinado do Reno	167	Baixa Frankônia	157	Alto Palatinado	64
Frankônia central	207	Suábia	118	Alta Baviera	114
Alta Frankônia	204			Baixa Baviera	49
Média	192	Média	135	Média	75

---

[127] A população com menos de 15 anos foi descontada.

O mesmo vale para a Prússia:

Províncias da Prússia

Províncias nas quais há mais de 90% de protestantes	Suicídios por milhão de habitantes	Províncias nas quais há de 89 a 68% de protestantes	Suicídios por milhão de habitantes	Províncias nas quais há de 40 a 50% de protestantes	Suicídios por milhão de habitantes	Províncias nas quais há de 32 a 28% de protestantes	Suicídios por milhão de habitantes
Saxônia	309,4	Hanover	212,3	Prússia ocidental	123,9	Posen	96,4
Schleswig	312,9	Hesse	200,3	Silésia	260,2	País do Reno	100,3
Pomerânia	171,5	Brandemburgo e Berlin	296,3	Vestfália	107,5	Hohenzollern	90,1
		Prússia oriental	171,3				
Média	264,6	Média	220,0	Média	163,6	Média	95,6

No detalhe, em face das 14 províncias assim comparadas, não há senão leves irregularidades: a Silésia, que, pelo número relativamente importante de suicídios, deveria pertencer à segunda categoria, se encontra somente na terceira, enquanto, ao contrário, seria melhor colocar a Pomerânia na segunda coluna do que na primeira.

É interessante estudar a Suíça segundo esse mesmo ponto de vista. Pois, como nós encontramos aí populações francesas e alemãs, é possível observar separadamente a influência do culto sobre cada uma dessas duas raças. Ora, essa influência é a mesma nas duas. Os cantões católicos apresentam quatro a cinco vezes menos suicídios que os cantões protestantes, qualquer que seja a nacionalidade.

	Suicídios por milhão de habitantes		
	Cantões franceses	Cantões alemães	Conjunto de cantões de todas as nacionalidades
Católicos	83	87	86,7
Mistos			212,0
Protestantes	453	293	326,3

A ação do culto é, então, tão potente que ela domina todas as outras ações.

Além disso, foi possível determinar de maneira direta em um número suficientemente grande de casos o número de suicídios por milhão de habitantes de cada população confessional. Eis aqui as cifras encontradas pelos diferentes observadores:

QUADRO XVIII

Suicídios nos diferentes países por um milhão de sujeitos de cada confissão

		Protestantes	Católicos	Judeus	Nomes dos observadores
Áustria	(1852-59)	79,5	51,3	20,7	Wagner.
Prússia	(1849-55)	159,9	49,6	46,4	Id.
	(1869-72)	187	69	96	Morselli
	(1890)	240	100	180	Prinzing
Baden	(1852-62)	139	117	87	Legoyt
	(1870-74)	171	136,7	124	Morselli
	(1878-88)	242	170	210	Prinzing
Baviera	(1844-56)	135,4	49,1	105,9	Morselli
	(1884-91)	224	94	193	Prinzing
Württemberg	(1846-60)	113,5	77,9	65,6	Wagner
	(1873-76)	190	120	60	Nós mesmos
	(1881-90)	170	119	142	Id.

Assim, por toda parte, sem nenhuma exceção,[128] os protestantes apresentam muito mais suicídios do que os fiéis de outros cultos. A diferença oscila entre um *mínimo* de 20 a 30% e um *máximo* de 300%. Contra tal unanimidade de fatos concordantes, não faz sentido algum evocar, como o faz Mayr,[129] o caso único da Noruega e da Suécia que, apesar de protestantes, não possuem senão uma cifra pequena de suicídios. De início, tal como observamos na abertura do capítulo, essas comparações internacionais não são nada demonstrativas, a não ser que digam respeito a um número suficientemente grande de países, e, mesmo nesse caso, elas não são

---

[128] Não temos informações sobre a influência dos cultos na França. Eis aqui, no entanto, o que diz Leroy em seu estudo sobre Sena e Marne: nas comunas de Quincy, Nanteuil-les-Meaux, Mareuil, os protestantes apresentam um suicídio para cada 310 habitantes, enquanto os católicos apresentam 1 para cada 678 (*op. cit.*, p. 203).

[129] *Handwoerterbuch der Staatswissenschaften* [Manual das ciências políticas], Suplemento, tomo I, p. 702.

concludentes. Há diferenças muito grandes entre as populações da quase ilha escandinava e aquelas da Europa central, para que se pudesse compreender que o protestantismo não produz exatamente os mesmo efeitos sobre uns e outros. Mas também, se, tomada em si mesma, a taxa de suicídio não é muito considerável nesses dois países, então ela parece relativamente elevada se levarmos em conta o nível modesto que eles ocupam entre os povos civilizados da Europa. Não há razão para crer que eles atingiram um nível intelectual superior àquele da Itália, longe disso, e, no entanto, as pessoas se matam aí duas a três vezes mais (90 a 100 suicídios por milhão de habitantes em vez de 40). Afinal, o protestantismo não seria a causa desse agravamento relativo? Assim, não somente o fato não invalida a lei que acaba de ser estabelecida sobre um número tão grande de observações, mas ele tende antes a confirmá-la.[130]

No que concerne aos judeus, a sua atitude em relação ao suicídio é sempre menor do que a dos protestantes; dito de maneira muito geral, ela também é inferior, ainda que em uma proporção menor, do que a dos católicos. Não obstante, acontece de esse último aspecto ser invertido; foi antes de tudo nos últimos tempos que esses casos de inversão se encontram. Até a metade do século, os judeus se matavam menos do que os católicos em todos os países, com a exceção da Baviera;[131] é somente por volta de 1870 que eles começam a perder o seu antigo privilégio. Ainda é muito raro que eles ultrapassem muito a taxa dos católicos. Além disso, não se pode perder de vista que os judeus, mais exclusivamente do que os outros grupos confessionais, vivem nas cidades e trabalham em profissões intelectuais. Por essa razão, eles se acham mais fortemente inclinados para o suicídio do que os membros de outros cultos, e isso por razões alheias à religião que eles praticam. Se, então, apesar dessa influência agravante, a taxa do judaísmo é tão fraca, pode-se acreditar que, em uma mesma situação, ela é entre todas as religiões aquela em que as pessoas se matam menos.

Os fatos assim estabelecidos, como explicá-los?

II

Se levarmos em conta que, por toda parte, os judeus estão em um número ínfimo e que, na maior parte das sociedades em que foram feitas as observações precedentes, os católicos estão em minoria, estaríamos tentados a ver nesse fato a causa que explica a raridade relativa das mortes voluntárias

---

[130] Resta o caso da Alemanha, país não católico no qual as pessoas não se matam muito. Ele será explicado mais adiante.
[131] A Baviera é ainda a única exceção: os judeus se matam aí duas vezes mais do que os católicos. A situação do judaísmo nesse país possui algo de excepcional? Não saberíamos dizer.

nesses dois cultos.[132] Compreende-se, com efeito, que as confissões as menos numerosas, tendo de lutar contra a hostilidade das populações que estão à sua volta, seriam obrigadas, para se manter, a exercer sobre si mesmas um controle severo e a se impor uma disciplina particularmente rigorosa. Para justificar a tolerância, sempre precária, que lhes é concedida, elas se atêm a um acréscimo de moralidade. Para além dessas considerações, certos fatos parecem realmente implicar que esse fator especial não seja desprovido de alguma influência. Na Prússia, o estado de minoria no qual se encontram os católicos é muito acentuado; pois eles não representam senão um terço da população total. Eles também se matam três vezes menos do que os protestantes. A diferença diminui na Baviera, onde os dois terços dos habitantes são católicos; as mortes voluntárias dos católicos são menos numerosas do que aquelas dos protestantes na proporção de 100 para 275 ou mesmo de 100 para 238, de acordo com os períodos. Enfim, no império austríaco, que é quase inteiramente católico, não há senão 155 suicídios protestantes para cada 100 católicos. Seria de se supor, portanto, que, quando o protestantismo se torna minoritário, sua tendência ao suicídio diminuiria.

De início, porém, o suicídio é o objeto de uma indulgência muito grande para que o temor da repreensão, tão leve que o abate, possa agir com tal potência, mesmo sobre as minorias cuja situação obriga que se preocupem particularmente com o sentimento público. Como se trata de um ato que não lesa pessoa alguma, não se realiza nenhum grande agravo em relação aos grupos que têm uma maior inclinação do que outros para o suicídio e não há um risco de que cresça muito o distanciamento que esses grupos inspiram, como aconteceria certamente com uma frequência maior de crimes e de delitos. Além disso, a intolerância religiosa, quando é muito forte, produz muitas vezes um efeito oposto. Em vez de excitar os dissidentes a respeitar mais a opinião, ela os habitua a se desinteressar disso. Quando nos sentimos expostos a uma hostilidade irremediável, renunciamos a desarmá-la e nos obstinamos ainda mais persistentemente nos costumes morais os mais reprovados.

Em todo caso, porém, essa explicação não seria suficiente para fazer frente à respectiva situação dos protestantes e dos católicos. Pois, se na Áustria e na Baviera, onde o catolicismo é majoritário, a influência conservadora que ele exerce é menor, ainda assim ela se mostra aí bastante considerável. Não é somente em seu estado de minoria que ele possui essa influência. Mais genericamente, qualquer que seja a parte proporcional desses dois cultos, constatou-se que os protestantes se matam muito mais do que os católicos. Há mesmo países como o Alto Palatinado e a Alta Baviera, nos quais

---

[132] LEGOYT, *op. cit.*, p. 205; OETTINGEN, *Moralstatistik*, p. 654.

a população é quase inteiramente católica (92 a 96%) e nos quais, contudo, há de 300 a 423 casos de suicídios de protestantes para cada 100 católicos. A própria relação se eleva até 528% na Baixa Baviera, onde a religião reformada não conta sequer um fiel para cada 100 habitantes. Nesse sentido, ainda que a prudência obrigatória das minorias tenha um papel na diferença tão considerável que essas duas religiões apresentam, a maior parte dessa diferença se deve certamente a outras causas.

É na natureza desses dois sistemas religiosos que as encontraremos. Não obstante, os dois proíbem o suicídio com a mesma nitidez; não apenas o ameaçam com penas morais de uma severidade extrema, mas tanto um quanto o outro ensinam do mesmo modo que, para além do túmulo, começa uma vida nova na qual os homens serão punidos por suas más ações, e o protestantismo coloca o suicídio entre o número dessas ações, exatamente como o catolicismo. Enfim, em um e no outro culto, essas proibições possuem um caráter divino; elas não estão presentes como a conclusão lógica de um raciocínio bem feito, mas sua autoridade é aquela do próprio Deus. Se, então, o protestantismo favorece o desenvolvimento do suicídio, não é porque ele o trata de maneira diversa do catolicismo. Mais ainda, se, nesse ponto particular, as duas religiões têm os mesmos preceitos, sua ação desigual sobre o suicídio deve ter por causa alguma das características mais gerais pelas quais elas se diferenciam.

Ora, a única diferença essencial que há entre o catolicismo e o protestantismo é que o segundo admite o livre exame em uma proporção muito maior do que o primeiro. Sem dúvida, o catolicismo, apenas por ser uma religião idealista, já abre um espaço muito maior para o pensamento e para a reflexão do que o politeísmo greco-latino ou do que o monoteísmo judeu. Ele não se contenta mais com as manobras maquinais, mas aspira a reinar sobre as consciências. É a elas, por isso, que ele se dirige e, mesmo quando exige da razão uma submissão cega, ele o faz falando a linguagem da razão. Não é menos verdade que o católico recebe sua fé inteiramente, sem exame. Ele não pode nem mesmo submetê-la a um controle histórico, uma vez que os textos originais, sobre os quais se apoia, lhe são interditos. Todo um sistema hierárquico de autoridades é organizado, e com uma arte maravilhosa, para tornar a tradição invariável. Tudo aquilo que implica variação é tratado com horror pelo pensamento católico. O protestante, por outro lado, é o autor de sua crença. A Bíblia é colocada entre as suas mãos e nenhuma interpretação lhe é imposta. A própria estrutura do culto reformado torna sensível esse estado de individualismo religioso. Em parte alguma, salvo na Inglaterra, há uma hierarquia própria ao clero protestante; o padre não se remete senão a si mesmo e à sua consciência, assim como o fiel. Ele é um guia mais instruído do que o que é comum entre os crentes, mas sem autoridade especial para fixar o dogma. Todavia, o que atesta melhor o fato de que essa liberdade de exame, proclamada pelos fundadores da reforma, não permaneceu em estado de afirmação platônica é essa multiplicidade crescente de seitas de todo tipo, algo que contrasta tão energicamente com a unidade indivisível da Igreja católica.

Chegamos, então, a esse primeiro resultado de que a inclinação do protestantismo para o suicídio deve possuir uma ligação com o espírito do livre exame pelo qual é animada essa religião. Procuremos nos ater à tarefa de compreender bem essa relação. O livre exame não é ele mesmo outra coisa senão o efeito de outra causa. Quando ele faz a sua aparição, quando os homens, depois de terem recebido durante muito tempo a sua fé completamente determinada pela tradição, reclamam para si o direito de construí-la por eles mesmos, isso não acontece por causa dos encantos intrínsecos à livre pesquisa, pois ela traz consigo tantas dores quanto alegrias. Mas é que eles possuem, contudo, a necessidade dessa liberdade. Ora, essa necessidade mesma não pode ter senão uma única causa: trata-se do abalo das crenças tradicionais. Se elas se impusessem sempre com a mesma energia, não se pensaria nem mesmo em criticá-las. Se elas tivessem sempre a mesma autoridade, não se exigiria que se verificasse a fonte dessa autoridade. A reflexão não se desenvolve senão quando precisa se desenvolver, ou seja, quando certo número de ideias e de sentimentos irrefletidos que, até aí, tinham se mostrado suficientes para dirigir a conduta, claramente perdem a sua eficácia. Nesse momento, ela intervém para preencher o vazio que se faz presente, mas que não foi produzido por ela. Por mais que ela desapareça à medida que o pensamento e a ação assumem a forma de hábitos automáticos, ela não desperta senão à medida que os hábitos completamente definidos se desorganizam. Ela não reivindica os seus direitos contra a opinião comum senão quando essa opinião não tem mais a mesma força, ou seja, quando ela não é mais comum no mesmo grau. Se, então, essas reivindicações não se produzem somente durante um tempo e sob a forma de uma crise passageira, se elas se tornam crônicas, se as consciências individuais afirmam de uma maneira constante a sua autonomia, é porque continuam a ser esgarçadas em sentidos divergentes, é porque uma nova opinião não se constituiu para substituir aquela que não existe mais. Se um novo sistema de crenças tivesse se reconstituído, um sistema que parecesse a todo mundo tão indiscutível quanto o antigo, não se sonharia em discuti-lo. Não seria nem mesmo permitido colocá-lo em discussão; pois as ideias compartilhadas por toda uma sociedade retiram desse assentimento uma autoridade que as torna sacrossantas e as coloca acima de toda contestação. Para que elas sejam mais tolerantes, é necessário que já tenham se tornado o objeto de uma adesão menos geral e menos completa, que tenham sido enfraquecidas por controvérsias prévias.

Assim, se é verdade dizer que o livre exame, uma vez proclamado, multiplica as cisões, é preciso acrescentar que ele as supõe e que deriva dessas cisões, pois ele não é requisitado e instituído como um princípio senão para permitir que as cisões latentes ou parcialmente declaradas possam se desenvolver mais livremente. Por conseguinte, se o protestantismo abre um espaço maior do que o catolicismo para o pensamento individual, é porque ele conta menos com as crenças e com as práticas comuns. Ora, uma sociedade religiosa não existe sem um *credo* coletivo e ela é tanto mais una e tanto mais forte quanto mais esse credo for estendido. Pois ela não une os homens pela troca e pela reciprocidade dos serviços, laço temporal que comporta e mesmo supõe diferenças, mas porque ela é impotente para ligar. Ela não os socializa senão ligando-os a um mesmo corpo de doutrinas e os socializa tanto mais quanto esse corpo de doutrinas é mais vasto e mais solidamente constituído. Além disso, há maneiras de agir e de pensar marcadas por um caráter religioso e subtraídas, por conseguinte, do livre exame, e também a ideia de Deus está presente em todos os detalhes da existência e faz convergir para um só e mesmo fim as vontades individuais. Inversamente, quanto mais um grupo confessional se abandona ao julgamento dos particulares, tanto mais ele se mostra ausente da vida deles, tanto menos ele possui a coesão e a vitalidade. Chegamos, então, a essa conclusão de que a superioridade do protestantismo segundo o ponto de vista do suicídio vem do fato de que ele apresenta uma Igreja mais fortemente integrada do que a Igreja católica.

Ao mesmo tempo, a situação do judaísmo se encontra explicada. Com efeito, a reprovação que fez com que o cristianismo o perseguisse durante tanto tempo criou entre os judeus sentimentos de solidariedade dotados de uma energia particular. A necessidade de lutar contra uma animosidade geral e a impossibilidade de se comunicar livremente com o resto da população os obrigaram a se manter estreitamente ligados uns aos outros. Por conseguinte, cada comunidade se transforma em uma pequena sociedade, compacta e coerente, que teria um sentimento muito vivo de si mesma e de sua unidade. Todo mundo pensava aí e vivia aí da mesma maneira; as divergências individuais tinham se tornado quase impossíveis por causa da comunidade entre a existência e a estreita e incessante vigilância exercida por todos sobre cada um. A Igreja judaica se viu, assim, mais fortemente concentrada do que qualquer outra, abandonada a si mesma pela intolerância da qual era objeto. Consequentemente, por analogia com aquilo que acabamos de observar a propósito do protestantismo, é também a essa razão mesma que se deve atribuir a fraca inclinação dos judeus para o suicídio, a despeito das circunstâncias de todo tipo que deveriam, ao contrário, incliná-los para ele. Sem dúvida, em certo sentido, é à hostilidade que os envolve que eles devem esse privilégio. Mas, se ela possui essa influência, não é porque ela lhes impõe uma moralidade mais elevada; é porque os obriga a viver estreitamente unidos. É porque a sociedade religiosa à qual pertencem está solidamente construída que eles se mostram a tal ponto preservados. Além disso, o ostracismo que se abate sobre eles não é senão uma das causas que produzem esse resultado; a natureza mesma das crenças judias deve em grande parte contribuir para isso. O judaísmo, com efeito, como todas as religiões inferiores, consiste essencialmente em um corpo de práticas que regulam minuciosamente todos os detalhes da existência e não deixam lugar para o julgamento individual.

III

Vários fatos vêm confirmar essa explicação.

Em primeiro lugar, de todos os grandes países protestantes, a Inglaterra é aquele no qual o suicídio é mais fracamente desenvolvido. São computados nela, com efeito, apenas cerca de 80 suicídios para cada milhão de habitantes, enquanto as sociedades reformadas da Alemanha apresentam de 140 a 400 suicídios; e, contudo, o movimento geral das ideias e dos negócios não parece ser nessas sociedades menos intenso do que em qualquer outra parte.[133] Ora, o que acontece é que, ao mesmo tempo, a Igreja anglicana é muito mais fortemente integrada do que as outras igrejas protestantes. As pessoas se acostumaram, é verdade, a ver na Inglaterra a terra clássica da liberdade individual; em realidade, porém, muitos fatos mostram que o número de crenças ou de práticas comuns e obrigatórias, subtraídas, por conseguinte, do livre exame dos indivíduos, é mais considerável aí do que na Alemanha. De início, a lei ainda sanciona na Inglaterra uma série de prescrições religiosas: tais como a lei da observação do domingo, como a lei que proíbe que se coloque em cena qualquer personagem das Sagradas Escrituras, como a que, ainda recentemente, exigia de todo deputado uma espécie de ato de fé religiosa etc. Em seguida, todos sabem o quanto o respeito às tradições é generalizado e intenso na Inglaterra: é impossível que ele não seja estendido às coisas da religião tanto quanto às outras coisas. Ora, o tradicionalismo muito desenvolvido exclui sempre mais ou menos os movimentos próprios do indivíduo. Enfim, de todos os clérigos protestantes, o clérigo anglicano é o único hierarquizado. Essa organização exterior traduz evidentemente uma unidade interna que não é compatível com um individualismo religioso muito pronunciado.

---

[133] É verdade que a estatística dos suicídios ingleses não possui grande exatidão. Por causa das penas ligadas ao suicídio, muitos casos são classificados como mortes acidentais. Não obstante, essas inexatidões não são suficientes para explicar a diferença tão considerável entre esse país e a Alemanha.

Além disso, a Inglaterra também é o país protestante no qual os quadros do clero são os mais ricos. Computava-se aí em 1876 em média 908 fiéis para cada ministro de culto, enquanto havia 932 na Hungria, 1.100 na Holanda, 1.300 na Dinamarca, 1.440 na Suíça e 1.600 na Alemanha.[134] Ora, o número de padres não é um detalhe insignificante e uma característica superficial, sem nenhuma relação com a natureza intrínseca das religiões. A prova é que, por toda parte, o clero católico é muito mais considerável do que o clero reformado. Na Itália, há um padre para 267 católicos; na Espanha, 419; em Portugal, 536; na Suíça, 540; na França, 823; e na Bélgica, 1.050. É que o padre é o órgão natural da fé e da tradição e, aqui, tanto quanto em outros lugares, o órgão se desenvolve necessariamente na mesma medida que a função. Quanto mais intensa é a vida religiosa, mais se precisa de homens para dirigi-la. Quanto mais há dogmas e preceitos, cuja interpretação não é abandonada às consciências particulares, tanto mais são necessárias autoridades competentes para comunicar o seu sentido; por outro lado, quanto mais numerosas são essas autoridades, tanto mais elas enquadram intensamente o indivíduo e mais elas o contêm. Assim, o caso da Inglaterra, longe de invalidar a nossa teoria, a confirma. Se o protestantismo não produz os mesmos efeitos senão no continente, é porque a sociedade religiosa é muito mais intensamente constituída e, por meio disso, se aproxima da Igreja católica.

Mais eis aqui uma prova confirmadora de uma generalidade maior.

O gosto pelo livre exame não pode despertar sem ser acompanhado por um gosto pela instrução. A ciência, com efeito, é o único meio do qual dispõe a livre reflexão para chegar aos seus fins. Quando as crenças ou as práticas irracionais perderam a sua autoridade, foi necessário, para encontrar outras, apelar para a consciência esclarecida da qual a ciência não é a forma mais elevada. No fundo, essas duas tendências não formam senão uma tendência e elas resultam da mesma causa. Em geral, os homens não aspiram a se instruir senão na medida em que se emancipam do jugo da tradição; pois na mesma medida em que a tradição ama as inteligências, ela é suficiente para tudo e não tolera facilmente uma potência rival. Inversamente, porém, nós só investigamos a luz a partir do momento em que o costume obscuro não responde mais às novas necessidades. Eis porque a filosofia, essa forma primeira e sintética da ciência, vem à tona quando a religião perde o seu império, mas somente nesse momento; e nós a vemos em seguida promover progressivamente o nascimento da pluralidade de ciências particulares, à medida que o desejo que a suscitou começa ele mesmo a se desenvolver. Se, então, não desprezamos a nós mesmos, se o enfraquecimento progressivo

---

[134] OETTINGEN, *Moralstatistik* [Estatística moral], p. 626.

dos preconceitos coletivos e habituais inclina para o suicídio e se é daí que provém a predisposição especial do protestantismo para o suicídio, então deve ser possível constatar os dois fatos seguintes: 1º o gosto pela instrução deve ser mais vivo nos protestantes do que nos católicos; 2º porquanto denota um abalo das crenças comuns, ele deve, de uma maneira geral, variar como o suicídio. Os fatos confirmam essa dupla hipótese?

Se aproximarmos a França católica da Alemanha protestante apenas pelos picos, ou seja, se compararmos unicamente as classes mais elevadas das duas nações, parece que estaremos em condições de sustentar a comparação. Nos grandes centros do nosso país, a ciência não é nem menos honrada nem menos difundida do que em nossos vizinhos; é mesmo certo que, segundo esse ponto de vista, estamos mais avançados do que muitos países protestantes. Mas se, nas partes eminentes das duas sociedades, o desejo de se instruir é igualmente sentido, o mesmo não se dá nas camadas profundas; e se nos dois países ele atinge quase a mesma intensidade máxima, a intensidade média é menor em nós. Pode-se dizer o mesmo do conjunto das nações católicas comparadas com as nações protestantes. Supondo que, para a cultura mais elevada, os primeiros não ficam atrás dos segundos, as coisas são completamente diversas no que concerne à instrução popular. Enquanto nos povos protestantes (Saxônia, Noruega, Suécia, Baden, Dinamarca e Prússia), para cada 1.000 crianças em idade escolar, ou seja, crianças de 6 a 12 anos, havia, em média, 957 que frequentavam a escola durante os anos de 1877-1878, os povos católicos (França, Áustria-Hungria, Espanha e Itália) contavam apenas 667, ou seja, 31% a menos. As proporções são as mesmas para os períodos de 1874-75 e 1860-61.[135] O país protestante no qual essa cifra é menos elevada, a Prússia, ainda está muito acima da França, que encabeça os países católicos; a primeira tem 897 alunos para cada 1.000 crianças, enquanto a segunda apresenta apenas 766.[136] De toda a Alemanha, é a Baviera que compreende mais católicos; é ela também que abarca os mais iletrados. De todas as províncias da Baviera, o Alto Palatinado é uma das províncias mais profundamente católicas, assim como é aquela onde encontramos o maior número de crianças que não sabem nem ler nem escrever (15% em 1871). A mesma coincidência pode ser vista na Prússia no caso do ducado de Posen e da província da Prússia.[137] Enfim, no conjunto do reino, em 1871, se contavam 66 iletrados para cada 1.000 protestantes e 152 para cada 1.000 católicos. A relação é a mesma para as mulheres dos dois cultos.[138]

---

[135] OETTINGEN, *Moralstatistik* [Estatística moral], p. 586.
[136] Em um desses períodos (1877-78), a Baviera ultrapassa ligeiramente a Prússia; mas o fato não se produz senão essa única vez.
[137] OETTINGEN, *ib.*, p. 582.
[138] MORSELLI, *op. cit.*, p. 223.

Objetar-se-á, talvez, que a instrução primária não pode servir para mensurar o estado da instrução geral. Como se diz frequentemente, não é porque um povo possui um número maior ou menor de iletrados que ele é mais ou menos instruído. Aceitemos essa ressalva, ainda que, para dizer a verdade, os diversos graus da instrução sejam talvez mais solidários do que parece e que seja difícil para um deles se desenvolver sem que os outros se desenvolvam ao mesmo tempo.[139] Em todo caso, se o nível da cultura primária não reflete senão de maneira imperfeita o nível da cultura científica, ele indica com certa exatidão em que medida um povo, tomado em seu conjunto, experimenta o desejo de saber. É preciso que ele sinta a necessidade desse desejo em seu ponto mais elevado para que se esforce para difundir os elementos até as classes mais baixas. Para colocar ao alcance de todo mundo os meios de se instruir, para ir mesmo até o limite de tornar legalmente proscrita a ignorância, é necessário que ache indispensável para sua própria existência estender e esclarecer as consciências. De fato, se as nações protestantes deram tanta importância à instrução elementar, isso se deve ao fato de que julgaram necessário que cada indivíduo fosse capaz de interpretar a Bíblia. Ora, o que queremos alcançar nesse momento é a intensidade média desse desejo, é o valor que cada povo atribui à ciência, não o valor dos cientistas e de suas descobertas. Segundo esse ponto de vista especial, o estado do ensino superior e a produção propriamente científica seriam um mau critério; pois eles nos revelariam apenas o que acontece em uma parcela restrita da sociedade. O ensino popular e geral é um indício mais seguro.

Nossa primeira proposição se acha assim demonstrada resta provar a segunda. É verdade que o desejo de se instruir, na medida em que corresponde a um enfraquecimento da fé comum, se desenvolve como o suicídio? Já o fato de os protestantes serem mais instruídos do que os católicos e de se matarem mais é uma primeira suposição. Mas a lei não se verifica somente quando comparamos um desses cultos com o outro. Ela é igualmente observada no interior de cada confissão religiosa.

A Itália é inteiramente católica. Ora, a instrução popular e o suicídio são distribuídos aí exatamente da mesma maneira (ver quadro XIX).

---

[139] Além disso, veremos mais à frente, p. 161, que os ensinos secundário e superior também são mais desenvolvidos entre os protestantes do que entre os católicos.

QUADRO XIX[140]

Províncias italianas comparadas a partir do critério do suicídio e da instrução

1º grupo de províncias	Número de contratos (em %) onde os 2 esposos são letrados	Suicídio por milhão de habitantes	2º grupo de províncias	Esposos letrados	Suicídios	3º grupo de províncias	Esposos letrados	Suicídios
Piemonte	53,09	35,6	Veneza	19,56	32,0	Sicília	8,98	18,5
Lombardia	44,29	40,4	Emília	19,31	62,9	Abruzos	6,35	15,7
Ligúria	41,15	47,3	Úmbria	15,46	30,7	Apúlia	6,81	16,3
Roma	32,61	41,7	Marcas	14,46	34,6	Calábria	4,67	8,1
Toscana	24,33	40,6	Campânia	12,45	21,6	Basilicata	4,35	15,0
			Sardenha	10,14	13,3			
Médias	39,09	41,1	Médias	15,23	32,5	Médias	6,23	14,7

Não apenas as médias correspondem exatamente, mas a concordância pode ser encontrada no detalhe. Não há senão uma exceção; trata-se de Emília, onde, sob a influência de causas locais, os suicídios não possuem nenhuma ligação com o grau de instrução. Pode-se fazer as mesmas observações na França. Os departamentos nos quais há mais esposos iletrados (acima de 20%) são Corrèze, Córsega, Côtes-d'Armor, Dordonha, Finistère, Landes, Morbihan, Alto Vienne; todos são relativamente livres de suicídios. Mais genericamente, entre os departamentos nos quais há mais de 10% de esposas e esposos que não sabem nem ler nem escrever, não há senão um que pertença a essa região do noroeste, a terra clássica dos suicidas franceses.[141]

Se compararmos os países protestantes, encontraremos o mesmo paralelismo. As pessoas se matam mais na Saxônia do que na Prússia; a Prússia possui mais iletrados do que a Saxônia (5,52% no lugar de 1,3%, em 1865). A Saxônia apresenta essa particularidade de que a população das escolas é aí superior à cifra legalmente obrigatória. Para 1.000 crianças em

---

[140] As cifras relativas aos esposos letrados foram estabelecidas por Oettingen, *Moralstatistik*, anexos, quadro 85; elas se referem aos anos de 1872-78, enquanto os suicídios se referem ao período de 1864-76.
[141] Ver *Anuário estatístico da França*, 1892-94, p. 50-51.

idade escolar, havia, em 1877-78, 1.031 que frequentavam as aulas: quer dizer que muitas continuavam seus estudos depois do tempo prescrito. O fato não se repete em nenhum outro país.[142] Enfim, de todos os países protestantes, a Inglaterra é, nós o sabemos, aquele onde as pessoas se matam menos; ela também é aquele que, quanto à instrução, se aproxima mais dos países católicos. Em 1865, ainda havia 23% de soldados da marinha que não sabiam ler e 27% que não sabiam escrever.

Outros fatos podem ser ainda adicionados aos precedentes e servir para confirmá-los.

As profissões liberais e, mais genericamente, as classes favorecidas são certamente aquelas nas quais o gosto pela ciência é mais vivamente sentido e nas quais se vive mais uma vida intelectual. Ora, por mais que a estatística do suicídio por profissões e por classes não possa ser sempre estabelecida com uma precisão suficiente, é incontestável que ele é excepcionalmente frequente nas classes mais elevadas da sociedade. Na França, de 1826 a 1880, são as profissões liberais que lideram as estatísticas; elas apresentam 550 suicídios para cada milhão de sujeitos do mesmo grupo profissional, enquanto as profissões domésticas, que vêm imediatamente em seguida, não possuem senão 290.[143] Na Itália, Morselli conseguiu isolar as carreiras que estão voltadas exclusivamente para o estudo e descobriu que elas ultrapassam em muito todas as outras pela importância de sua contribuição. Ele estima que, com efeito, para o período entre 1868 a 1876, 482,6 suicídios foram cometidos para cada milhão de habitantes com a mesma profissão; o exército vem em seguida e a média geral do país não é senão de 32. Na Prússia (anos de 1883 a 1990), o corpo dos funcionários públicos que foi recrutado com grande cuidado e que constitui uma elite intelectual, ultrapassa todas as outras profissões com 832 suicídios; os serviços sanitários e o ensino, vindo todos eles muito abaixo, ainda apresentam cifras muito elevadas (430 e 301). O mesmo acontece na Baviera. Se deixarmos de lado o exército, cuja situação a partir do ponto de vista do suicídio é excepcional por razões que serão expostas mais tarde, os funcionários públicos estão em segundo lugar, com 454 suicídios, e quase tocam o primeiro lugar; pois eles não são ultrapassados senão por uma pequena quantia pelo comércio, cuja taxa é de 465; as artes, a literatura e a imprensa seguem de perto com 416 casos.[144] É verdade que na Bélgica e em Württemberg as classes instruídas parecem especialmente menos atingidas; mas a nomenclatura

---

[142] OETTINGEN, *Moralstatistik* [Estatística moral], p. 586.
[143] Cômputo geral da justiça criminal de 1882, p. CXV.
[144] Ver PRINZING, *op. cit.*, p. 28-31. É curioso que, na Prússia, a imprensa e as artes apresentem cifras muito comuns (279 suicídios).

profissional é bem pouco precisa para que se pudesse atribuir muita importância a essas duas irregularidades.

Em segundo lugar, vimos que, em todos os países do mundo, a mulher se suicida muito menos do que o homem. Ora, ela também é muito menos instruída. Essencialmente tradicionalista, ela ordena sua conduta segundo as crenças estabelecidas e não tem grandes necessidades intelectuais. Na Itália, durante os anos de 1878-1879, entre 10.000 esposos, havia 4.808 que não conseguiam assinar o contrato de casamento; entre 10.000 esposas, por sua vez, havia 7.029.[145] Na França, a relação era, em 1879, de 199 esposos e de 310 esposas para cada 1.000 casamentos. Na Prússia, encontramos a mesma distância entre os dois sexos, tanto entre os protestantes quanto entre os católicos.[146] Na Inglaterra, a diferença é muito menor do que nos outros países da Europa. Em 1879, eram computados 138 esposos iletrados para cada mil habitantes contra 185 esposas; e, a partir de 1851, a proporção é sensivelmente a mesma.[147] Mas a Inglaterra também é o país no qual a mulher se aproxima mais do homem no que concerne ao suicídio. Para cada 1.000 suicídios femininos, computavam-se 2.546 suicídios masculinos entre 1858 e 1860, 2.745 entre 1863 e 1867, 2.861 entre 1872 e 1876, por mais que, em todos os outros lugares,[148] a mulher se mate quatro, cinco ou seis vezes menos do que o homem. Enfim, nos Estados Unidos da América, as condições da experiência são quase invertidas; o que a torna particularmente instrutiva. As mulheres negras possuem, é o que parece, uma instrução igual e mesmo superior àquela de seus maridos. Ora, vários observadores relatam[149] que elas também possuem uma predisposição muito forte para o suicídio, que chegaria mesmo às vezes a ultrapassar a predisposição das mulheres brancas. A proporção seria, em certos lugares, de 350%.

Há, no entanto, um caso em que poderia parecer que nossa lei não se verifica.

De todas as confissões religiosas, o judaísmo é aquela na qual as pessoas se matam menos; e, contudo, é nela que a instrução se acha mais difundida. Já no que concerne aos conhecimentos elementares, os judeus estão ao menos no mesmo nível que os protestantes. Com efeito, na Prússia (1871), para cada 1.000 judeus de cada sexo, havia 66 homens iletrados e 125 mulheres iletradas; do lado dos protestantes, os números eram quase

---

[145] OETTINGEN, *Moralstatistik* (Estatística moral), anexos, quadro 83.
[146] MORSELLI, p. 223.
[147] OETTINGEN, *ibid.*, p. 577.
[148] Com a exceção da Espanha. No entanto, por mais que sejamos céticos quanto à exatidão da estatística espanhola, a Espanha não é comparável às grandes nações da Europa central e setentrional.
[149] BALY et BOUDIN. Citamos de acordo com MORSELLI, p. 225.

identicamente os mesmos, 66 por um lado e 114 do outro. Todavia, é sobretudo nos ensinos secundário e superior que os judeus participam proporcionalmente mais do que os membros de outros cultos; é o que provam as cifras seguintes, retiradas da estatística prussiana (anos de 1875-76).[150]

	Católicos	Protestantes	Judeus
Parcela de cada culto para cada 100 habitantes em geral	33,8	64,9	1,3
Parcela de cada culto para cada 100 alunos do ensino secundário	17,3	73,1	9,6
Parcela de cada culto para cada 100 habitantes em geral	33,8	64,9	1,3

Levando em conta as diferenças de população, os judeus frequentam os ginásios, as escolas técnicas etc., cerca de 14 vezes mais do que os católicos e 7 vezes mais do que os protestantes. O mesmo se repete no ensino superior. Para cada 1.000 jovens católicos que frequentam os estabelecimentos escolares de todos os graus, não há senão apenas 1,3 na universidade; para cada 1.000 protestantes, há 2,5; para os judeus a proporção se eleva para 16.[151]

Mas se o judeu encontra o meio de ser ao mesmo tempo muito instruído e de permanecer muito tibiamente inclinado para o suicídio, é porque a curiosidade que ele nos mostra tem uma origem completamente especial. Trata-se de uma lei geral o fato de que as minorias religiosas, para poderem se manter de modo mais seguro contra os ódios dos quais são objeto ou simplesmente por conta de uma espécie de emulação, se esforçam para ser superiores em relação ao saber do que as populações que as cercam. É assim que os próprios protestantes mostram um gosto tanto maior pela ciência porquanto eles são uma parte pequena da população geral.[152] O judeu procura, portanto, se instruir não para substituir seus preconceitos coletivos por noções refletidas, mas simplesmente para estar mais bem armado na luta. Esse, para ele, é um meio de

---

[150] Segundo Alwin PETERSILIE, *Zur Statistik der höheren Lehranstalten in Preussen* [Para a estatística das instituições de ensino superior na Prússia], em: *Zeitschr. d. preus. stat. Bureau*, 1877, p. 109 e seg.
[151] *Zeitschr. d. pr. stat. Bureau*, 1889, p. XX.
[152] Eis aqui, com efeito, de que maneira muito desigual os protestantes frequentam os estabelecimentos de ensino secundário nas diferentes províncias da Prússia:

compensar a situação desvantajosa que lhe é imposta pela opinião geral e, às vezes, pela lei. E como, por si mesma, a ciência não pode fazer nada contra a tradição que mantém todo o seu vigor, ele sobrepõe essa vida intelectual à sua atividade costumeira, sem que a primeira fira a segunda. Eis aí de onde vem a complexidade de sua fisionomia. Primitivo em certos aspectos, ele se mostra, de acordo com outros aspectos, um ser cerebral e refinado. Assim, ele reúne as vantagens da forte disciplina que caracteriza os pequenos agrupamentos de outrora com os pontos positivos da cultura intensa da qual nossas grandes sociedades atuais têm o privilégio. Ele possui toda a inteligência dos modernos sem compartilhar do seu desespero.

Se, então, nesse caso, o desenvolvimento intelectual não é proporcional ao número de mortes voluntárias, isso se deve ao fato de que ele não possui nem a mesma origem nem a mesma significação que de costume. Assim, a exceção não é senão aparente; ela não faz mesmo outra coisa senão confirmar a regra. Ela prova, com efeito, que se, nos meios instruídos, a tendência para o suicídio é agravada, esse agravamento se deve claramente, como dissemos, ao enfraquecimento das crenças tradicionais e ao estado de individualismo moral que resulta daí; pois ela desaparece quando a instrução tem outra causa e responde a outras necessidades.

	Relação da população protestante com a população total		Relação média dos alunos protestantes com o total de alunos	Diferença entre a segunda relação e a primeira
1º grupo	De 98,7 a 87,2 %	Média 94,6	90,8	– 3,8
2º grupo	De 80 a 50 %	Média 70,3	75,3	+ 5
3º grupo	De 50 a 40 %	Média 46,4	56,0	+ 10,4
4º grupo	Acima	Média 29,2	61,0	+ 31,8

Assim, ali onde o protestantismo está em grande maioria, sua população escolar não é proporcional à população geral. Quando a minoria católica cresce, a diferença entre as duas populações, de negativa, se torna positiva e essa diferença positiva se torna maior à medida que os protestantes se tornam menos numerosos. O culto católico, ele também, apresenta mais curiosidade intelectual ali onde ele está em minoria (Ver OETTINGEN, *Moralstatistik*, p. 650).

IV

Deste capítulo destacam-se duas conclusões importantes.

Em primeiro lugar, vemos por que, em geral, o suicídio progride junto com a ciência. Não é a ciência que determina esse progresso. Ela é inocente e nada é mais injusto do que acusá-la; o exemplo do judeu é seguro no que concerne a esse ponto demonstrativo. Mas esses dois fatos são produtos simultâneos de um mesmo estado geral que eles traduzem de formas diferentes. O homem busca se instruir e se mata porque a sociedade religiosa da qual faz parte perdeu sua coesão; mas ele não se mata porque se instrui. Não é nem mesmo a instrução que ele adquire que desorganiza a religião; mas é porque a religião se desorganiza que desperta o desejo de instrução. Esse desejo não é buscado como um meio para destruir as opiniões recebidas, mas antes porque a destruição dessas opiniões se iniciou. Sem dúvida, na medida em que a ciência existe, ela pode combater em seu nome e por sua conta e se colocar em uma posição de antagonismo em relação aos sentimentos tradicionais. Mas seus ataques teriam permanecido sem efeito se esses sentimentos estivessem ainda vivos; ou, mais ainda, eles não poderiam nem mesmo se produzir. Não é com demonstrações dialéticas que se desenraiza a fé; é preciso que a fé já esteja profundamente abalada por outras causas para que ela não possa resistir ao choque dos argumentos.

A ciência não apenas não se mostra como a fonte do mal, mas é também o remédio para o mal e mesmo o único remédio do qual dispomos. Na medida em que as crenças estabelecidas são tragadas pelo curso das coisas, não há como restabelecê-las artificialmente; mas não é apenas a reflexão que pode nos ajudar a nos conduzir na vida. Quando o instinto social é enfraquecido, a inteligência é o único guia que nos resta e é por meio dela que é preciso reconquistar a consciência. Por mais perigoso que seja o empreendimento, a hesitação não é permitida, pois não temos escolha. Que aqueles que não assistem sem inquietação e sem tristeza à ruína das velhas crenças, que sentem todas as dificuldades desses períodos críticos não ataquem a ciência por conta de um mal do qual ela não é a causa, mas que ela procura, ao contrário, curar! Que eles não a tratem como uma inimiga! Ela não tem a influência dissolvente que normalmente se atribui a ela, mas possui a única arma que nos permite lutar contra a dissolução da qual ela mesma provém. Proscrevê-la não é uma solução. Não é lhe impondo o silêncio que se conseguirá um dia conferir a sua autoridade às tradições que desapareceram; com isso, não conseguiremos outra coisa senão nos tornar impotentes para substituí-las. É verdade que é preciso cuidar da mesma forma para que não se veja na instrução um fim por si só suficiente, uma vez que ele não passa de um meio. Se não é acorrentando artificialmente os espíritos que se poderá fazer com que eles desaprendam o gosto pela independência, não é suficiente libertá-los para lhes restituir o equilíbrio. É necessário, além disso, que eles empreguem essa liberdade como convém.

Em segundo lugar, vemos por que, de uma maneira geral, a religião tem uma ação profilática sobre o suicídio. Não é, como se diz vez por outra, porque ela o condena com uma hesitação menor do que a moral laica, nem porque a ideia de Deus comunica aos seus preceitos uma autoridade excepcional e dobra as vontades, nem tampouco porque a perspectiva de uma vida futura marcada por sofrimentos terríveis que se abatem sobre os culpados dá às suas proibições uma sanção mais eficaz do que aquelas das quais dispõem as legislações humanas. O protestante não acredita menos em Deus e na imortalidade da alma do que o católico. Além disso, a religião que tem a menor inclinação para o suicídio, a saber, o judaísmo, é precisamente a única que não o proscreve formalmente; e é também nela que a ideia de imortalidade desempenha o menor papel. A Bíblia, com efeito, não contém nenhuma disposição que interdite no homem a ação de se matar[153] e, por outro lado, as crenças relativas a uma outra vida são aí bastante indeterminadas. Sem dúvida alguma, sobre um e sobre o outro ponto, o ensinamento rabínico preencheu pouco a pouco as lacunas do livro sagrado; mas ele não possui a autoridade desse livro. Portanto, não é à natureza especial das concepções religiosas que se deve a influência salutar da religião. Se ela protege o homem contra o desejo de se destruir, isso não acontece porque ela prega, com argumentos *sui generis*, o respeito por sua pessoa; mas porque ela é uma sociedade. O que constitui essa sociedade é a existência de certo número de crenças e de práticas comuns a todos os fiéis, crenças e práticas essas tradicionais e, por conseguinte, obrigatórias. Quanto mais numerosos e fortes são esses estados coletivos, tanto mais a comunidade religiosa se acha fortemente integrada; tanto mais também ela possui a virtude de promover a preservação. O detalhe dos dogmas e dos ritos é secundário. O essencial é que eles são de uma natureza capaz de alimentar uma vida coletiva com uma intensidade suficiente. E é porque a Igreja protestante não possui o mesmo grau de consistência que as outras igrejas que ela não possui a mesma ação moderadora sobre o suicídio.

---

[153] A única prescrição penal que conhecemos é aquela da qual nos fala Flávio JOSEFO, em sua *Histoire de la guerre des Juifs contre les Romains* (III, 25), e ele nos diz aí simplesmente que "os corpos daqueles que se matam voluntariamente permanecem sem ser sepultados até o momento em que o sol se põe, ainda que seja permitido que sejam enterrados antes dos corpos daqueles que foram mortos na guerra". É possível mesmo se perguntar se essa é uma medida penal.

CAPÍTULO III

O SUICÍDIO EGOÍSTA (CONTINUAÇÃO)

Mas, se a religião preserva do suicídio somente porque ela é, e na medida em que ela é, uma sociedade, é provável que outras sociedades produzam o mesmo efeito. Observemos, então, de acordo com esse ponto de vista, a família e a sociedade política.

I

Se não consultarmos senão as cifras absolutas, os solteiros parecem se matar menos do que as pessoas casadas. Assim, na França, durante o período de 1873 a 1878, houve 16.264 casos de pessoas casadas que se suicidaram, enquanto os solteiros não apresentaram senão 11.709 casos de suicídio. O primeiro desses números está para o segundo tal como 100 está para 132. Como a mesma proporção pode ser observada em outros períodos e em outros países, certos autores nos ensinaram outrora que o casamento e a vida em família multiplicam as chances do suicídio. É certo que, seguindo a concepção corrente, se virmos antes de tudo no suicídio um ato de desespero determinado pelas dificuldades da existência, essa opinião terá para essa concepção todas as verossimilhanças. O solteiro, com efeito, tem uma vida mais fácil do que o homem casado. O casamento não traz consigo todo tipo de sobrecargas e de responsabilidades? Não é necessário, para assegurar o presente e o futuro de uma família, se impor mais privações e sofrimentos do que para atender aos desejos de um homem sozinho?[154] Não obstante, por mais evidente que pareça, esse raciocínio *a priori* é inteiramente falso e os fatos lhe dão uma aparência de razão apenas por terem sido mal analisados. Foi isso que Bertillon pai foi o primeiro a estabelecer por meio de um cálculo engenhoso que nós iremos reproduzir aqui.[155]

Com efeito, para poder apreciar as cifras que citamos acima, é preciso levar em conta que um número muito grande de solteiros tem menos de 16 anos, enquanto todas as pessoas casadas são mais velhas. Ora, até 16 anos, a tendência para o suicídio é muito fraca, causada simplesmente pela idade.

---

[154] Ver WAGNER, *Die Gesetzmässigkeit* [A conformidade às leis], etc., p. 177.
[155] Ver o artigo "Casamento", no *Dictionnaire encyclopédique des sciences médicales*, 2a Série, ver p. 50 e seg.; J. BERTILLON filho, "Os solteiros, os viúvos e os divorciados de acordo com o ponto de vista do casamento", em: *Revue scientifique*, fevereiro de 1879. – Do mesmo autor um artigo no *Bulletin de la Société d'Anthropologie*, 1880, p. 280 e seg. – DURKHEIM, "Suicide et natalité", in: *Revue philosophique*, novembro de 1888.

Na França, não são computados senão um ou dois suicídios nesse período da vida para cada milhão de habitantes; já no período que segue há vinte vezes mais suicídios. A presença de um número muito grande de crianças com menos de 16 anos entre os solteiros abaixa, então, impropriamente a sua aptidão média para o suicídio, pois essa atenuação se deve à idade e não ao celibato. Se eles fornecem, ao que parece, um contingente menor ao suicídio, isso não acontece porque não são casados, mas porque muitos entre eles não saíram ainda da infância. Se, então, quisermos comparar essas duas populações de modo a destacar qual é a influência do estado civil, e apenas desse fator, será preciso nos desembaraçarmos desse elemento perturbador e não aproximar das pessoas casadas senão os solteiros com mais de 16 anos, eliminando os outros. Feita essa subtração, descobrimos que, durante os anos de 1863 a 1868, houve, em média, para um milhão de solteiros com mais de 16 anos, 173 suicídios, e para um milhão de casados 154,5. O primeiro desses números está para o segundo como 112 para 100.

Há, então, uma gravitação que tende para o celibato. Mas ela é muito mais considerável do que indicam as cifras precedentes. Com efeito, argumentamos como se todos os solteiros com mais de 16 anos e todos os esposos tivessem a mesma idade. Ora, as coisas não se mostram assim. Na França, a maioria dos rapazes, exatamente 58/100, está compreendida entre 15 e 20 anos, enquanto a maioria das moças, exatamente 57/100, tem menos de 25 anos. A idade média dos primeiros é de 26,8 e a das segundas 28,4. Ao contrário, a idade média dos esposos se encontra entre 40 e 45 anos. Por outro lado, vejamos como o suicídio progride de acordo com a idade para os dois sexos reunidos:

De 16 a 21 anos	45,9 suicídios por milhão de habitantes
De 21 a 30 anos	97,9 suicídios por milhão de habitantes
De 31 a 40 anos	114,5 suicídios por milhão de habitantes
De 41 a 50 anos	164,4 suicídios por milhão de habitantes

Essas cifras se referem aos anos de 1848 a 1857. Se, então, a idade atuasse sozinha, a aptidão dos solteiros para o suicídio não poderia ser superior a 97,9 e dos casados estaria compreendida entre 114,5 e 164,4, ou seja, mais ou menos 140. Os suicídios dos casados estariam para os dos solteiros em uma proporção de 100 para 69. Estes representariam apenas dois terços daqueles; ora, sabemos que, de fato, os suicídios cometidos por pessoas solteiras se dão em um número superior. A vida em família tem, assim, como resultado a inversão da relação. Enquanto, se não fosse a influência familiar, as pessoas casadas deveriam se matar uma vez e meia mais que os solteiro em virtude de sua idade, elas se matam sensivelmente menos. Pode-se dizer, por conseguinte, que o estado de casado diminui mais ou menos pela metade o risco do suicídio; ou, para falar com mais precisão, resulta do celibato um agravamento que é expresso pela relação 112/69 = 1,6. Se, então, estipularmos a unidade como o elemento de representação da tendência dos casados para o suicídio, essa tendência terá por correlato nos solteiros da mesma idade a cifra de 1,6.

As proporções são sensivelmente as mesmas na Itália. Em consequência de sua idade, os casados (entre os anos de 1873 e 1877) deveriam apresentar 102 suicídios para um milhão e os solteiros com mais de 16 anos, somente 77; o primeiro desses números está para o segundo na mesma proporção que 100 está para 75.[156] Com efeito, porém, são as pessoas casadas que se matam menos; os casados não produzem senão 71 casos para 86 fornecidos pelos solteiros, ou seja, 100 para 121. A inclinação para o suicídio dos solteiros em relação aos casados está, então, na proporção de 121 para 75, ou seja, 1,6, exatamente como na França. Poder-se-ia fazer constatações análogas em países diferentes. Por toda parte, a taxa de pessoas casadas é mais ou menos inferior àquela dos solteiros,[157] por mais que, em virtude da idade, ela devesse ser mais elevada. Em Württemberg, de 1846 a 1860, esses dois números estavam na proporção de 100 para 143, enquanto na Prússia, de 1873 a 1875, ela estava na proporção de 100 para 111.

Mas se, no estado atual das informações, esse método de cálculo é, em quase todos os casos, o único aplicável, e se, por conseguinte, é necessário empregá-lo para estabelecer a generalidade do fato, os resultados dados por eles não podem ser mais do que grosseiramente aproximativos. Ele é suficiente, sem dúvida alguma, para mostrar que o celibato agrava a tendência ao suicídio; mas não nos fornece senão uma visão imperfeita e inexata da importância dessa intensificação. Com efeito, para isolar a influência da idade e a do estado civil, tomamos como ponto de referência a relação entre a taxa de suicídios de pessoas de 30 anos e as das pessoas de 45 anos. Infelizmente, a influência do estado civil já estabeleceu sobre essa relação mesma a sua marca; pois o contingente próprio a cada uma dessas duas idades foi calculado para os solteiros e para os casados considerados em conjunto. Sem dúvida, se a proporção dos casados e dos solteiros fosse a mesma nos dois períodos, assim como a das casadas e das solteiras, haveria uma compensação e a ação da idade se destacaria sozinha. Mas as coisas se dão de maneira completamente diversa. Enquanto aos 30 anos os solteiros são um

---

[156] Sabemos que a idade média dos grupos é a mesma que na França. O erro que pode resultar dessa suposição é muito pequeno.
[157] A condição de considerarmos os dois sexos reunidos. Veremos mais tarde a importância dessa observação (livro II, cap. V, § 3).

pouco mais numerosos do que os casados (746.111 de um lado e 714.278 do outro, de acordo com a contagem de 1891), aos 45 anos, ao contrário, eles não são mais do que uma pequena minoria (333.033 contra 1.846.401 casados); o mesmo acontece com o outro sexo. Em consequência dessa desigual distribuição, sua grande inclinação para o suicídio não produz os mesmos efeitos nos dois casos. Ela eleva muito mais a primeira taxa do que a segunda. Essa taxa, por conseguinte, é relativamente muito fraca e a quantidade com a qual ela deveria ultrapassar a outra, se a idade agisse sozinha, é artificialmente diminuída. Dito de outro modo, a diferença que há sob o aspecto do suicídio, *e causada simplesmente pela idade*, entre a população de 25 a 30 anos e aquele de 40 a 45 anos é certamente maior do que aquela que é mostrada por esse modo de calcular. Ora, é essa diferença cuja economia constitui quase toda a imunidade da qual se beneficiam as pessoas casadas. Essa imunidade, portanto, aparece como menor do que ela é na realidade.

Esse método deu lugar até a erros mais graves. Assim, para determinar a influência sobre o suicídio, as pessoas se viram vez por outra tentadas a comparar a taxa própria aos viúvos com aquela dos membros de todos os estados civis que possuem a mesma idade, a saber, mais ou menos 65 anos. Ora, um milhão de viúvos, entre 1863 e 1868, apresentaram 628 suicídios; um milhão de homens de 65 anos (todos os estados civis reunidos) mais ou menos 461. Poder-se-ia, então, concluir dessas cifras que, mesmo em uma idade igual, os viúvos se matam sensivelmente mais do que qualquer outra classe da população. Foi assim que se legitimou o preconceito segundo o qual a viuvez seria a mais desgraçada de todas as condições do ponto de vista do suicídio.[158] Em realidade, se a população de 65 anos não apresenta mais suicídios, é porque ela é quase completamente composta de pessoas casadas (997.198 contra 134.238 solteiros). Se, com isso, essa aproximação é suficiente para provar que os viúvos se matam mais do que os casados da mesma idade, não podemos inferir nada daí no que concerne à sua tendência para o suicídio na comparação com a tendência dos solteiros.

Enfim, quando não se comparam senão as médias, não se percebem *grosso modo* senão os fatos e as suas relações. Assim, pode muito bem acontecer de que, em geral, os casados se matem menos do que os solteiros e de que, no entanto, em certas idades, essa proporção seja excepcionalmente invertida; nós veremos que isso, de fato, ocorre. Ora, essas exceções, que podem ser instrutivas para a explicação do fenômeno, não se manifestariam pelo método precedente. Pode haver também, de uma idade para a outra, mudanças que, sem chegar até a inversão completa, têm, apesar disso, a sua importância e que, consequentemente, é útil destacarmos.

---

[158] Ver BERTILLON, artigo "Casamento", em *Dict. encycl.*, 26 série, p. 52. – MORSELLI, p. 348. – CORRE, *Crime et suicide*, p. 472.

O único meio de escapar desses inconvenientes é determinar a taxa de cada grupo, tomado à parte, para cada idade da vida. Nessas condições, poderemos comparar, por exemplo, os solteiros de 25 a 30 anos com os casados e os viúvos da mesma idade, e o mesmo para os outros períodos; a influência do estado civil será, assim, destacada de todas as outras influências e as variações de todos os tipos pelas quais ela pode passar se tornarão manifestas. Esse foi, além disso, o método que Bertillon aplicou pela primeira vez à mortalidade e ao casamento. Infelizmente, as publicações oficiais não nos fornecem os elementos necessários para essa comparação.[159] Elas nos informam, com efeito, a idade dos suicidas independentemente de seu estado civil. A única publicação que, até onde sabemos, seguiu uma prática diversa foi aquela do Grão-Ducado de Oldemburgo (compreendidos aí os principados de Lübeck e de Birkenfeld).[160] Para os anos entre 1871 e 1885, ela nos

---

[159] E, no entanto, o trabalho a ser realizado para reunir essas informações, considerável quando realizado por um particular, poderia ser efetuado sem grande esforço pelos escritórios oficiais de estatística. As pessoas nos fornecem todo tipo de informação sem interesse e nos privam da única coisa que nos permitiria apreciar, como veremos mais à frente, o estado no qual se encontra a família nas diferentes sociedades da Europa.

[160] Também há uma estatística sueca, reproduzida no *Bulletin de démographie internationale*, ano de 1878, p. 195, que nos fornece as mesmas informações. Mas ela é inutilizável. Nela, de início, os viúvos são confundidos com os solteiros, o que torna a comparação pouco significativa, uma vez que condições tão diferentes necessitam ser diferenciadas. Além disso, porém, nós a cremos equivocada. Eis aqui, com efeito, que cifras encontramos nela:

	16 a 25 anos	26 a 35 anos	36 a 45 anos	46 a 55 anos	56 a 65 anos	66 a 75 anos	Acima disso
Suicídios por 100.000 habitantes de cada sexo, do mesmo estado civil e da mesma idade							
Homens:							
Casados	10,51	10,58	18,77	24,08	26,29	20,76	9,48
Não casados (viúvos e solteiros)	5,69	25,73	66,95	90,72	150,08	229,27	333,35
Mulheres:							
Casadas	2,63	2,76	4,15	5,55	7,09	4,67	7,64
Não casadas	2,99	6,14	13,23	17,05	25,98	51,93	34,69
Quanto os não casados de maneira regular se matam mais do que os casados do mesmo sexo e da mesma idade?							
Homens	0,5	2,4	3,5	3,7	5,7	11	37
Mulheres	1,13	2,22	3,18	3,04	3,66	11,12	4,5

Esses resultados se mostraram, desde o primeiro momento, suspeitos no que diz respeito ao enorme grau de preservação do qual gozariam os casados de idade avançada, tanto eles se destacam de todos os fatos que conhecemos. Para proceder a uma verificação que julgamos indispensável, pesquisamos os números absolutos de suicídios cometidos por cada grupo de idade no mesmo país e durante o mesmo período. Esses números são os seguintes para o sexo masculino:

dá a distribuição dos suicídios por idade, para cada categoria de estado civil considerada isoladamente. Mas esse pequenino Estado computou durante quinze anos apenas 1.369 suicídios. Como de um número tão pequeno de casos não temos como concluir nada com certeza, procuramos fazer nós mesmos esse trabalho para o nosso país com o auxílio de documentos inéditos de posse do Ministério da Justiça. Nossa pesquisa se voltou para os anos de 1889, 1890 e 1891. Classificamos, assim, mais ou menos 25.000 suicídios. Além do fato de que, por ela mesma, essa cifra é muito importante para servir de base à indução, nós nos asseguramos de que não era necessário estender nossas observações para um período mais longo. Com efeito, de um ano para o outro, o contingente de cada idade permanece, em cada grupo, muito sensivelmente o mesmo. Não há, portanto, motivo para estabelecer as médias de acordo com um número maior de anos.

Os quadros XX e XXI (ver p. 172-174) contêm esses diferentes resultados. Para tornarmos o significado desses resultados mais perceptível, colocamos para cada idade, ao lado da cifra que exprime a taxa dos viúvos e a dos casados, aquilo que chamamos de *coeficiente de preservação* – seja dos segundos em relação aos primeiros, seja de cada um deles em relação aos solteiros. Designamos com essa palavra o número que indica quantas vezes

	16 a 25 anos	26 a 35 anos	36 a 45 anos	46 a 55 anos	56 a 65 anos	66 a 75 anos	Acima disso
Casados	16	220	567	640	383	140	15
Não casados	283	519	410	269	217	156	56

Ao comparar essas cifras aos números proporcionais dados acima, podemos nos convencer de que um erro foi cometido. Com efeito, de 66 a 75 anos, os casados e os não casados apresentam quase o mesmo número absoluto de suicídios, enquanto que, para 100.000 habitantes, os primeiros se matariam 11 vezes menos do que os segundos.

Ao comparar essas cifras aos números proporcionais dados acima, podemos nos convencer de que um erro foi cometido. Com efeito, de 66 a 75 anos, os casados e os não casados apresentam quase o mesmo número absoluto de suicídios, por mais que, para 100.000 habitantes, os primeiros se matem 11 vezes menos do que os outros. Por isso, seria necessário que, nessa idade, houvesse mais ou menos 10 vezes (exatamente 9,2 vezes) mais casados do que não casados, ou seja, do que viúvos e solteiros reunidos. Pela mesma razão, acima de 75 anos a população casada deveria ser exatamente 10 vezes mais considerável do que a outra. Ora, isso é impossível. Nessas idades avançadas, os viúvos são muito numerosos e, junto com os solteiros, eles estão em um número igual ou mesmo superior que o dos casados. Por meio disso, pressentimos que erro pode ter sido cometido. Adicionou-se conjuntamente o suicídio dos solteiros e dos viúvos e não se considerou o total assim adquirido senão por meio da cifra que representa a população solteira, enquanto os suicídios dos casados foram considerados por meio de uma cifra que representava, juntas, a população viúva e a casada. O que tende a nos fazer crer que devíamos proceder assim é que o grau de preservação do qual disporiam os casados se torna extraordinário apenas por volta de idades avançadas, ou seja, quando o número dos viúvos se torna tão importante para falsificar gravemente os resultados do cálculo. E a falta de verossimilhança alcança o seu ponto máximo depois de 75 anos, quando os viúvos são muito numerosos.

menos suicídios há em um grupo em relação a outro da mesma idade. Se dissermos, portanto, que o coeficiente de preservação dos casados de 25 anos em relação aos solteiros é 3, então será preciso entender por essa afirmação que, se representarmos por 1 a tendência ao suicídio dos casados nesse momento da vida, será preciso representar com o número 3 a tendência dos solteiros no mesmo período. Naturalmente, quando o coeficiente de preservação fica abaixo da unidade, ele se transforma, em realidade, em um coeficiente de agravamento.

QUADRO XX
GRÃO-DUCADO DE OLDEMBURGO

Suicídios cometidos em cada sexo por 10.000 habitantes de cada grupo de idade e de estado civil durante o conjunto do período de 1871 a 1885[161]

Idades	Solteiros	Casados	Viúvos	Coeficientes de preservação dos		
				Casados		Viúvos
				Com relação aos solteiros	Com relação aos viúvos	Com relação aos solteiros
Homens						
De 0 a 20	7,2	769,2		0,09		
De 20 a 30	70,6	49,0	285,7	1,40	5,8	0,24
De 30 a 40	130,4	73,6	76,9	1,77	1,04	1,69
De 40 a 50	188,8	95,0	285,7	1,97	3,01	0,66
De 50 a 60	263,6	137,8	271,4	1,90	1,90	0,97
De 60 a 70	242,8	148,3	304,7	1,63	2,05	0,79
Acima de 70	266,6	114,2	259,0	2,30	2,26	1,02
Mulheres						
De 0 a 20	3,9	95,2		0,04		
De 20 a 30	39,0	17,4		2,24		
De 30 a 40	32,3	16,8	30,0	1,92	1,78	1,07
De 40 a 50	52,9	18,6	68,1	2,85	3,66	0,77
De 50 a 60	66,6	31,1	50,0	2,14	1,60	1,33
De 60 a 70	62,5	37,2	55,8	1,68	1,50	1,12
Acima de 70		120	91,4		1,31	

As leis que se deixam estabelecer com base nesses quadros podem ser formuladas assim:

1º) *Os casamentos muito precoces têm uma influência agravante sobre o suicídio, sobretudo naquilo que concerne aos homens.* É verdade que esse resultado, tendo sido calculado segundo um número muito pequeno de casos, precisaria ser confirmado; na França, de 15 a 20 anos, quase não se comete, na média anual, senão um suicídio entre os casados, exatamente 1,33. Não obstante, como é possível observar do mesmo modo no Grão-Ducado de Oldemburgo, e mesmo para as mulheres, é pouco verossímil que ele seja fortuito. Mesmo a estatística sueca, que

---

[161] As cifras se referem, portanto, não ao ano médio, mas ao total dos suicídios cometidos durante esses quinze anos.

reportamos acima,[162] torna manifesto o mesmo agravamento ao menos para o sexo masculino.

Ora, se pelas razões que expusemos acima, admitirmos essa estatística inexata para as idades avançadas, não há nenhum motivo para colocá-las em dúvida para os primeiros períodos da existência, uma vez que ainda não há aí viúvos. Sabe-se, além disso, que a mortalidade dos esposos e das esposas muito jovens ultrapassa de maneira bastante sensível aquela dos rapazes e das moças solteiros da mesma idade. Mil homens solteiros entre 15 e 20 anos apresentam a cada ano 8,9 falecimentos, enquanto mil homens casados da mesma idade apresentam 51, ou seja, 473% a mais. A diferença é menor no caso do outro sexo, 9,9 para as esposas, 8,3 para as solteiras; o primeiro desses números está para o segundo como 119 está para 100.[163] Essa mortalidade maior dos casais jovens se deve evidentemente a razões sociais; pois, se ela tivesse por causa principalmente a maturidade insuficiente do organismo, seria no sexo feminino que ela seria mais acentuada, por conta dos perigos próprios do parto. Tudo tende, portanto, a provar que os casamentos prematuros determinam um estado moral cuja ação é nociva, sobretudo sobre os homens.

QUADRO XXI
(FRANÇA 1889-1891)

Suicídios cometidos para cada 100.000 habitantes de cada grupo de idade e de estado civil: média anual

Idades	Solteiros	Casados	Viúvos	Coeficientes de preservação dos		
				Casados		Viúvos
				Em relação aos solteiros	Em relação aos viúvos	Em relação aos solteiros
Homens						
15-20	113	500		0,22		
20-25	237	97	142	2,40	1,45	1,66
25-30	394	122	412	3,20	3,37	0,95
30-40	627	226	560	2,77	2,47	1,12
40-50	975	340	721	2,86	2,12	1,35
50-60	1.434	520	979	2,75	1,88	1,46
60-70	1.768	635	1.166	2,78	1,83	1,51
70-80	1.983	704	1.288	2,81	1,82	1,54

---

[162] Ver mais acima página 167. – Poder-se-ia pensar, é verdade, que essa situação desfavorável dos casados de 15 a 20 anos provém do fato de que a sua idade média é superior àquela dos solteiros do mesmo período. No entanto, o que prova realmente o agravamento é que a taxa dos casados da idade seguinte (20 a 25 anos) é cinco vezes menor.
[163] Ver BERTILLON, artigo "Casamento", p. 43 e seg.

Idade						
Acima de 80	1.571	770	1.154	2,04	1,49	1,36
Mulheres						
15-20	79,4	33	333	2,39	10	0,23
20-35	106	53	66	2,00	1,05	1,60
25-30	151	68	178	2,22	2,61	0,84
30-40	126	82	205	1,53	2,50	0,61
40-50	171	106	168	1,61	1,58	1,01
50-60	204	151	199	1,35	1,31	1,02
60-70	189	158	257	1,19	1,62	0,77
70-80	206	209	248	0,98	1,18	0,83
Acima de 80	176	110	240	1,60	2,18	0,79

2º) *A partir de 20 anos, os casados dos dois sexos se beneficiam de um coeficiente de preservação em relação aos solteiros*. Ele é superior àquele que tinha sido calculado por Bertillon. A cifra de 1,6 indicada por esse observador é antes um mínimo do que uma média.[164]

Esse coeficiente evolui segundo a idade. Ele chega rapidamente a um máximo que ocorre entre 25 e 30 anos na França, entre 30 e 40 em Oldemburgo; a partir desse momento, ele decresce até o último período da vida, no qual se produz às vezes um leve aumento.

3º) *O coeficiente de preservação dos casados em relação aos solteiros varia conforme os sexos*. Na França, são os homens os mais favorecidos e a diferença entre os dois sexos é considerável; para os esposos, a média é de 2,73, enquanto que, para as esposas, ela é somente de 1,56, ou seja, 43% a menos. Em Oldemburgo, porém, o inverso ocorreu; a média é para as mulheres, 2,16 e para os homens, somente 1,83. É preciso observar que, ao mesmo tempo, a desproporção é menor; o segundo número é apenas 16% inferior ao primeiro. Nós diríamos, então, que *o sexo mais favorecido no estado de casado varia de acordo com as sociedades e que a grandeza da diferença entre as taxas dos dois sexos varia ela mesma segundo a natureza do sexo mais favorecido*. Reencontraremos pelo caminho os fatos que confirmam essa lei.

4º) *A viuvez diminui o coeficiente dos casados dos dois sexos, mas, na maior parte das vezes, ela não o suprime completamente*. Os viúvos se matam mais do que as pessoas casadas, mas, em geral, menos do que os solteiros. Seu coeficiente se eleva em certos casos até mesmo a 1,60 e 1,66. Como o

---

[164] Não há senão uma exceção: são as mulheres de 70 a 80 anos, cujo coeficiente experimenta um decréscimo suave para uma posição abaixo da unidade. O que determina esse decréscimo é a ação do departamento do Sena. Nos outros departamentos (ver quadro XXII, p. 189, o coeficiente de mulheres dessa idade é superior à unidade; não obstante, é preciso ressaltar que, mesmo no interior, ele é inferior àquele das outras idades.

coeficiente dos casados, ele muda com a idade, mas segundo uma evolução irregular e cuja lei é impossível apreender.

Exatamente como para os casados, *o coeficiente de preservação dos viúvos em relação aos solteiros varia com os sexos*. Na França, são os homens que são favorecidos; seu coeficiente médio é de 1,32, enquanto para os viúvos esse coeficiente desce a uma posição abaixo da unidade, 0,84, ou seja, 37% a menos. Porém, em Oldemburgo, são as mulheres que têm vantagens, como para o casamento; elas têm um coeficiente médio de 1,07, enquanto que o das viúvas está, abaixo da unidade, em 0,89, ou seja 17% a menos. Tal como no estado do casamento, quando é a mulher que se acha mais preservada, a diferença entre os sexos é menor do que lá onde o homem tem a vantagem. Podemos, então, dizer nos mesmos termos *que o sexo mais favorecido no estado de viuvez varia segundo as sociedades e que a grandeza da diferença entre a taxa dos dois sexos varia ela mesma segundo a natureza do sexo mais favorecido*.

Os fatos tendo sido assim estabelecidos, é preciso procurar explicá-los.

II

A imunidade da qual gozam as pessoas casadas não pode ser atribuída senão às duas seguintes causas:

Ela pode ser devida à influência do meio doméstico. Seria nesse caso a família que, por sua ação, neutralizaria a inclinação para o suicídio ou o impediria de eclodir.

Ou ela se deve àquilo que podemos denominar a seleção matrimonial. O casamento, com efeito, produz mecanicamente no conjunto da população uma espécie de triagem. Nem todo mundo que quer se casar se casa; há poucas chances de se ter sucesso na fundação de uma família se não se reúnem certas qualidades de saúde, de fortuna e de moralidade. Aqueles que não possuem essas qualidades, a não ser que se dê um concurso excepcional de circunstâncias favoráveis, são, portanto, de bom ou malgrado, rejeitados e lançados na classe dos solteiros, uma classe que compreende, assim, todo o resíduo humano do país. É aí que se encontram os enfermos, os incuráveis, as pessoas pobres demais ou notoriamente taradas. Por isso, se essa parte da população é a tal ponto inferior à outra, é natural que ela testemunhe sua inferioridade por meio de uma mortalidade mais elevada, por meio de uma criminalidade mais considerável, enfim, por meio de uma inclinação maior para o suicídio. Nessa hipótese, então, não seria a família que preservaria em relação ao suicídio, ao crime ou à doença; o privilégio dos casados viria para eles simplesmente pelo fato de que são admitidos na vida da família, o que já oferece sérias garantias de saúde física e moral.

Bertillon parece ter hesitado entre essas duas explicações e, ao mesmo tempo, parece que as admitiu concorrentemente. Em seguida, o Sr. Letourneau, em seu *Évolution du mariage et de la famille*,[165] optou categoricamente pela segunda. Ele se recusa a ver na superioridade incontestável da população casada uma consequência e uma prova da superioridade do estado de casado. Ele teria precipitado menos o seu julgamento, porém, se ele não tivesse observado os fatos de maneira tão sumária.

Sem dúvida alguma, é muito provável que as pessoas casadas tenham, em geral, uma constituição física e moral melhor do que os solteiros. É preciso, contudo, que a seleção matrimonial não deixe chegar ao casamento senão a elite da população. É sobretudo duvidoso, porém, que as pessoas sem fortuna e sem posição se casem sensivelmente menos do que as demais. Tal como observamos,[166] tais pessoas normalmente têm mais filhos do que as pessoas nas classes privilegiadas. Se, então, o espírito de previdência não estabelece nenhum obstáculo para que eles aumentem a sua família para além de toda prudência, por que ele os impediria de fundar uma? Aliás, fatos repetidos provarão em seguida que a miséria não é um dos fatores dos quais depende a taxa social dos suicídios. No que concerne aos enfermos, por mais que um grande número de razões nos façam pensar em suas enfermidades, não se acha de modo algum comprovado que seria entre as suas fileiras que se recrutariam preferencialmente os suicidas. O temperamento orgânico-psíquico que predispõe mais o homem a se matar é a neurastenia em todas as suas formas. Ora, hoje em dia a neurastenia é considerada mais uma marca distintiva do que uma tara. Em nossas sociedades refinadas, repletas das coisas da inteligência, os doentes nervosos constituem quase uma nobreza. Somente aos loucos diagnosticados é que se recusa o acesso ao casamento. Essa eliminação restrita não é suficiente para explicar a importante imunidade das pessoas casadas.[167]

Para além dessas considerações um pouco *a priori*, numerosos fatos demonstram que a respectiva situação dos casados e dos solteiros se deve a causas completamente diversas.

Se ela fosse um efeito da seleção matrimonial, dever-se-ia vê-la se anunciar no momento em que essa seleção começa a operar, ou seja, a partir da idade na qual os solteiros e as solteiras começam a se casar. Nesse momento, dever-se-ia constatar uma primeira diferença, que cresceria em

---

[165] Paris, 1888, p. 436.
[166] J. BERTILLON filho, artigo citado na *Revue scientifique*.
[167] Para rejeitar a hipótese segundo a qual a situação privilegiada dos casados dever-se-ia à seleção matrimonial, as pessoas mencionam vez por outra o pretenso agravamento que resultaria da viuvez. Todavia, acabamos de ver que esse agravamento não existe em relação aos solteiros. Os viúvos se matam menos do que os indivíduos não casados. O argumento, portanto, não se sustenta.

seguida pouco a pouco, na medida em que a triagem se efetua, ou seja, na medida em que as pessoas que podem casar se casam, cessando, assim, de ser confundidas com essa turba que se acha predestinada por sua natureza a formar a classe dos solteiros irredutíveis. Enfim, o máximo deveria ser atingido na idade em que o bom grão está completamente separado do joio, a idade em que toda a população admissível ao casamento é aí realmente admitida, em que não há mais entre os solteiros senão aqueles que estão irremediavelmente destinados a essa condição por sua inferioridade física ou moral. É entre 30 e 40 anos que esse momento deve ocorrer; para além dele, as pessoas praticamente não se casam mais.

Ora, de fato, o coeficiente de preservação evolui segundo uma outra lei. No ponto de partida, ele é muito frequentemente substituído por um coeficiente de agravamento. Os esposos muito jovens estão mais inclinados para o suicídio do que os solteiros; as coisas não se mostrariam assim se eles portassem neles mesmos e desde o nascimento a sua imunidade. Em segundo lugar, o máximo é realizado quase imediatamente. Desde a primeira idade em que a condição privilegiada das pessoas casadas começa a se afirmar (entre 20 e 25 anos), o coeficiente atinge uma cifra que ele não ultrapassa mais em seguida. Ora, nesse período, não há senão[168] 148.000 casados para 1.430.000 solteiros; e 626.000 esposas para 1.049.000 mulheres solteiras (números arredondados). Os solteiros compreendem, então, portanto, em seu meio, a maior parte dessa elite em relação à qual dizemos que, por suas qualidades, ela é convocada a formar mais tarde a aristocracia dos casados; a diferença entre as duas classes segundo o ponto de vista do suicídio deveria ser, portanto, muito pequena, uma vez que ela é já considerável. Ao mesmo tempo, na idade seguinte (entre 25 e 30 anos), em comparação com os 2 milhões de esposos que devem aparecer entre 30 e 40, há mais de um milhão que ainda não se casaram; e, no entanto, bem longe de o celibato se beneficiar da presença deles nesses níveis, é aí que ele apresenta a pior figura. No que concerne ao suicídio, essas duas partes da população nunca se mostram tão distantes uma da outra. Ao contrário, é entre 30 e 40 anos, ou seja, no momento em que a separação se consuma, no momento em que a classe dos casados tem seus quadros praticamente completos, que o coeficiente de preservação, em vez de atingir seu apogeu e exprimir assim o fato de a seleção conjugal ter ela mesma chegado ao seu termo, sofre uma queda brusca e importante. Ela passa no caso dos homens de 3,20 para 2,77; para as mulheres, a regressão é ainda mais acentuada, 1,53 em vez de 2,22, isto é, uma diminuição de 32%.

Por outro lado, essa triagem, qualquer que seja o modo como ela se efetua, deve ser feita igualmente para as solteiras e para os solteiros; pois as

---

[168] Essas cifras referem-se à França e à contagem de 1891.

esposas não são recrutadas de uma forma diversa da dos esposos. Se, então, a superioridade moral das pessoas casadas é simplesmente um produto da seleção, ela deve ser igual para os dois sexos e, consequentemente, o mesmo deve valer para a imunidade contra o suicídio. Ora, na realidade, os esposos estão na França sensivelmente mais protegidos do que as esposas. Para os primeiros, o coeficiente de preservação se eleva até 3,20, não descendo senão uma única vez abaixo de 2,04 e oscilando geralmente em torno de 2,80; enquanto para as esposas o máximo não ultrapassa 2,22 (ou, no máximo, 2,39)[169] e o mínimo é inferior à unidade (0,98). Também é no estado de casamento que, entre nós, a mulher se aproxima mais do homem em relação ao suicídio. Eis aqui, com efeito, qual era, durante os anos de 1887 e 1891, a parte de cada sexo nos suicídios de cada categoria de estado civil:

	Participação de cada sexo			
	Em relação a 100 suicídios de solteiros de cada idade		Em relação a 100 suicídios de casados de cada idade	
De 20 a 25 anos	70 homens	30 mulheres	65 homens	35 mulheres
De 25 a 30 anos	73 —	27 —	65 —	35 —
De 30 a 40 anos	84 —	16 —	74 —	26 —
De 40 a 50 anos	86 —	14 —	77 —	23 —
De 50 a 60 anos	88 —	12 —	78 —	22 —
De 60 a 70 anos	91 —	9 —	81 —	19 —
De 70 a 80 anos	91 —	9 —	78 —	22 —
Acima de 80 anos	90 —	10 —	88 —	12 —

---

[169] Fazemos essa ressalva porque o coeficiente de 2,39 se refere ao período de 15 a 20 anos e, como os suicídios das esposas são muito raros nessa idade, o pequeno número de casos que serviu de base para o cálculo torna a exatidão um pouco duvidosa.

Assim, em cada idade,[170] a participação dos esposos nos suicídios dos casados é muito superior à participação das moças nos suicídios dos solteiros. Não é porque, com certeza, a esposa estaria mais exposta do que a moça solteira; os quadros XX e XXI provam o contrário. A questão é que: se ela não perde ao se casar, ela ganha, com isso, menos do que o esposo. Desse modo, porém, se a imunidade é a tal ponto desigual, isso acontece porque a vida familiar afeta de maneira diversa a constituição moral dos dois sexos. O que prova até mesmo peremptoriamente que essa desigualdade não tem outra origem é o fato de que nós a vemos nascer e crescer sob a ação do meio doméstico. O quadro XXI mostra, com efeito, que no ponto de partida o coeficiente de preservação difere pouco entre os dois sexos (2,93 ou 2 de um lado e 2,40 do outro). Em seguida, pouco a pouco, a diferença se acentua; de início, porque o coeficiente das esposas cresce menos do que o dos esposos até a idade do máximo, e, depois, porque o decréscimo é aí mais rápido e mais importante.[171] Se, então, ele evolui assim, à medida que a influência da família se prolonga, é que ele depende dela.

O que é mais demonstrativo ainda é o fato de que a situação relativa dos sexos quanto ao grau de preservação do qual gozam as pessoas casadas não é o mesmo em todos os países. No Grão-Ducado de Oldemburgo, são as mulheres que são favorecidas e nós encontraremos mais adiante outro caso da mesma inversão. Não obstante, *grosso modo*, a seleção conjugal se faz por toda parte da mesma maneira. É, portanto, impossível que ela seja o fator essencial da imunidade matrimonial; pois se fosse assim, como é que ela produziria resultados opostos em países diferentes? Ao contrário, é bem possível que a família seja, em duas sociedades diferentes, constituída de tal modo a agir de maneira diferente sobre os sexos. É, então, na constituição

---

[170] Com grande frequência, quando se compara assim a respectiva situação dos sexos nas duas condições de estados civis diferentes, não se costuma ter cuidado em eliminar a influência da idade; com isso, porém, obtêm-se resultados inexatos. Assim, segundo o método ordinário, chegar-se-ia a encontrar o fato de que, entre 1887 e 1891, teria havido 21 suicídios de mulheres casadas para 79 de esposos e 19 suicídios de moças solteiras para 100 suicídios de solteiros de todas as idades. Essas cifras dariam uma ideia falsa da situação. O quadro acima mostra que a diferença entre a participação da esposa e a da moça solteira em todas as idades, é muito maior. A razão disso é que a diferença entre os sexos varia conforme a idade nas duas condições. Entre os 70 e 80 anos, ela é mais ou menos o dobro do que ela era aos 20 anos. Ora, a população solteira é quase toda inteiramente composta de sujeitos com menos de 30 anos. Se, então, não levarmos em conta a idade, a diferença que obteremos é, em realidade, aquela que separa rapazes e moças solteiros por volta dos 30 anos. Nesse caso, porém, comparando-a com aquela que separa os casados sem distinção de idade, uma vez que esses últimos têm uma idade média de 50 anos, é em relação aos casados dessa idade que se faz a comparação. Assim, essa comparação acaba se revelando falsa, e o erro é ainda agravado pelo fato de que a diferença entre os sexos não varia da mesma maneira nos dois grupos sob a ação da idade. Ela cresce mais nos solteiros do que nos casados.

[171] Ao mesmo tempo, podemos ver no quadro precedente que a participação proporcional das esposas nos suicídios das pessoas casadas ultrapassa cada vez mais a participação das solteiras nos suicídios dos celibatários, à medida que se avança na idade.

do grupo familiar que deve ser encontrada a causa principal do fenômeno que estudamos. Mas, por mais interessante que seja esse resultado, ele precisa ser tratado com maior precisão; pois o meio doméstico é formado por elementos diferentes. Para cada esposo, a família compreende: 1º o outro esposo; 2º as crianças. Deve-se aos primeiros ou aos segundos a ação salutar que ela exerce sobre a tendência ao suicídio? Em outros termos, ela é composta por duas associações diferentes: há o grupo conjugal de um lado, e, do outro lado, o grupo familiar propriamente dito. Essas duas sociedades não possuem as mesmas origens, nem a mesma natureza, nem, por conseguinte, segundo tudo que é confiável, os mesmos efeitos. Uma deriva de um contrato e de afinidades eletivas, a outra, de um fenômeno natural, a consanguinidade; a primeira liga entre si dois membros de uma mesma geração, a segunda, uma geração à seguinte; essa segunda sociedade é tão velha quanto a humanidade, a primeira não se organizou senão em uma época relativamente tardia. Na medida em que elas diferem nesse ponto, não é certo *a priori* que concorram todas as duas para produzir o fato que buscamos compreender. Em todo caso, se uma e outra contribuem para tanto, isso não poderia se dar nem da mesma maneira nem, provavelmente, na mesma medida. É importante, portanto, investigar se uma e a outra tomam parte desse processo e, em caso afirmativo, qual é a parte de cada uma.

Tem-se já uma prova da medíocre eficácia do casamento no fato de que a nupcialidade mudou muito pouco desde o começo do século, enquanto o suicídio triplicou. De 1821 a 1830, havia 7,8 casamentos anuais para cada 1.000 habitantes, 8 de 1831 a 1850, 7,9 de 1851-1860, 7,8 de 1861 a 1870 e 8 de 1871 a 1880. Durante esse tempo, a taxa dos suicídios por milhão de habitantes passou de 54 para 180. De 1880 a 1888, a nupcialidade teve uma leve queda (7,4 no lugar de 8), mas esse decréscimo não tem nenhuma relação com o enorme crescimento dos suicídios que, de 1880 a 1887, aumentaram mais do que 16%.[172] Além disso, durante o período de 1865 a 1888, a nupcialidade média da França (7,7) é quase igual à da Dinamarca (7,8) e

---

[172] LEGOYT (*op. cit.*, p. 175) e CORRE (*Crime et suicide*, p. 475) pensavam, contudo, que era possível estabelecer uma relação entre o movimento dos suicídios e o da nupcialidade. Mas seu erro provém, de início, do fato de que eles não consideraram senão um período muito curto e, por conseguinte, do fato de que compararam os anos mais recentes com um ano anormal, 1872, no qual a nupcialidade francesa atingiu uma cifra excepcional, desconhecida desde 1813, porque se mostrou necessário preencher os vazios causados pela guerra de 1870 nos quadros da população casada; não é em relação a tal ponto de referência que se pode mensurar os movimentos da nupcialidade. A mesma observação se aplica à Alemanha e mesmo a quase todos os países da Europa. Parece que nessa época a nupcialidade subiu vigorosamente. Notamos um aumento importante e brusco, que se manteve em parte até 1873 na Itália, na Suíça, na Bélgica, na Inglaterra e na Holanda. Dir-se-ia que toda a Europa contribuiu para reparar as perdas dos dois países marcados pela guerra. Resulta daí naturalmente ao final de um tempo uma baixa enorme que não tem a significação que damos a ela (ver OETTINGEN, *Moralstatistik*, anexos, quadros 1, 2 e 3).

da Itália (7,6); no entanto, esses países são tão diferentes quanto possível no que concerne ao suicídio.[173]

Mas temos um meio muito mais decisivo de mensurar exatamente a influência própria da associação conjugal sobre o suicídio; é observá-la lá onde ela é reduzida unicamente às suas próprias forças, ou seja, nos casamentos sem filhos.

Durante os anos de 1887 a 1891, um milhão de maridos sem filhos tiveram anualmente 644 suicídios.[174] Para saber em que medida o estado matrimonial, por ele mesmo e abstraindo-se da família, preserva do suicídio, não é preciso senão comparar essa cifra com aquela dada pelos solteiros com a mesma média de idade. É essa comparação que o nosso quadro XXI nos permite fazer, e esse não é um dos menores serviços que ele nos presta. A idade média dos homens casados era, então, tal como hoje, de 46 anos, 8 meses e 10 dias. Um milhão de solteiros dessa idade produzem em média 975 suicídios. Ora, 644 está para 975 como 100 está para 150, ou seja, os casados estéreis têm um coeficiente de preservação de apenas 1,5; eles se matam somente um terço a menos do que os solteiros da mesma idade. As coisas se mostram de maneira completamente diferente quando há filhos. Um milhão de casais com filhos produziram durante esse mesmo período apenas 336 suicídios. Esse número está para 975 como 100 está para 290; isso significa que, quando o casamento é fecundo, o coeficiente de preservação é quase o dobro (2,90 em vez de 1,5).

Assim, a sociedade conjugal não desempenha senão uma pequena participação na imunidade dos homens casados. Além disso, no cálculo precedente, transformamos essa participação em uma um pouco maior do que ela é em realidade. Supomos, com efeito, que os casais sem filhos têm a mesma idade média que os casais em geral, por mais que sejam certamente mais jovens. Pois eles abarcam em suas fileiras todos os casais mais jovens, que não têm filhos, não porque são irremediavelmente estéreis, mas porque, casados muito recentemente, ainda não tiveram tempo de tê-los. Em média, é somente aos 34 anos que o homem tem o seu primeiro filho,[175] e, no entanto, é por volta de 28 ou 29 anos que ele se casa. A parte da população casada que possui de 28 a 34 anos se encontra, então, quase inteiramente compreendida na categoria dos casais sem filhos, o que abaixa a idade média desses casais; por conseguinte, estimando essa idade média como 46 anos, nós certamente exageramos. Nesse caso, porém, os solteiros com os quais teria sido necessário compará-los não são os de 46 anos, mas os mais jovens, que, consequentemente, se matam menos do que os precedentes. O coeficiente de 1,5 deve, portanto, ser um pouco elevado demais; se conhecêssemos exatamente a

---

[173] Segundo LEVASSEUR, *Population française*, tomo II, p. 208.
[174] Segundo o recenseamento de 1886, p. 123 da *Contagem*.
[175] Ver *Annuaire statistique de la France*, 15° vol., p. 43.

idade média dos maridos sem filhos, veríamos que sua aptidão para o suicídio se aproxima daquela dos solteiros ainda mais do que é indicado pelas cifras precedentes.

O que mostra bem, aliás, a influência restrita do casamento é que os viúvos com filhos estão em uma situação melhor do que os casais sem filhos. Os primeiros, com efeito, apresentam 937 suicídios por milhão. Ora, eles possuem uma idade média de 61 anos, 8 meses e 10 dias. A taxa dos solteiros da mesma idade (ver quadro XXI) é compreendida entre 1.434 e 1.768, ou seja, mais ou menos 1.504. Esse número está para 937 como 160 está para 100. Os viúvos, quando têm filhos, possuem então um coeficiente de preservação ao menos 1,6 superior em relação ao dos casais sem filhos. E, ainda, calculando esse coeficiente assim, nós o teremos antes atenuado do que exagerado. Pois os viúvos com família têm certamente uma idade mais elevada do que os viúvos em geral. Com efeito, entre os viúvos em geral estão compreendidos todos aqueles cujo casamento não se manteve estéril senão por ter sido rompido prematuramente, ou seja, os mais jovens. Nesse sentido, é com os solteiros com mais de 62 anos (que, em virtude de sua idade, têm uma tendência mais forte para o suicídio) que os viúvos com filhos deveriam ser comparados. É claro que, dessa comparação, sua imunidade não poderia sair senão reforçada.[176]

É verdade que esse coeficiente de 1,6 é sensivelmente inferior ao dos casais com filhos, que é de 2,9; a diferença para menos é de 45%. Poder-se-ia, então, acreditar que, por si mesma, a sociedade matrimonial teria uma ação maior do que aquela que teríamos reconhecido, uma vez que, quando ela chega ao fim, a imunidade do esposo que sobrevive é a tal ponto diminuída. Mas essa perda não é imputável senão em uma pequena parte à dissolução do casamento. A prova disso é que, lá onde não há filhos, a viuvez produz efeitos muito menores. Um milhão de viúvos sem filhos apresentam 1.258 suicídios, número que está para 1.504, o contingente de solteiros de 62 anos, como 100 está para 119. O coeficiente de preservação é, então, ainda de aproximadamente 1,2, um pouco acima em relação ao dos casais igualmente sem filhos, que é de 1,5. O primeiro desses números é inferior ao segundo apenas em 20%. Assim, quando a morte de um dos esposos não tem nenhum outro resultado senão romper o laço conjugal, ela não exerce sobre a tendência ao suicídio dos viúvos repercussões muito fortes. É preciso, portanto, que o casamento, quando ele existe, contribua apenas de maneira pouco intensa para conter essa tendência, uma vez que ela não cresce ainda mais quando ele não se faz mais presente.

---

[176] Pela mesma razão, a idade dos esposos com filhos é superior àquela dos esposos em geral e, por conseguinte, o coeficiente de preservação de 2,9 deve ser antes considerado como abaixo da realidade.

Quanto à causa que torna a viuvez relativamente mais nociva quando o casal foi fecundo, é na presença dos filhos que devemos buscá-la. Sem dúvida alguma, em certo sentido, as crianças prendem o viúvo à vida, mas, ao mesmo tempo, elas tornam mais aguda a crise que ele atravessa. Pois as relações conjugais não são mais as únicas atingidas; mas, precisamente porque dessa vez existe uma sociedade doméstica, o seu funcionamento é obstruído. Uma engrenagem essencial falha e todo o mecanismo degringola. Para restabelecer o equilíbrio, seria preciso que o homem realizasse uma dupla tarefa e se afastasse das funções para as quais ele não é talhado. Eis aí porque ele perde as vantagens das quais gozava durante o casamento. Não é porque ele não está mais casado, mas porque a família da qual é chefe se acha desorganizada. Não é o desaparecimento da esposa, mas o desaparecimento da mãe que causa essa desordem.

Mas é sobretudo a propósito da mulher que se manifesta com clareza a fraca eficácia do casamento, quando ele não encontra nos filhos o seu complemento natural. Um milhão de esposas sem filhos apresentam 221 suicídios; um milhão de mulheres solteiras da mesma idade (entre 42 e 43 anos), apenas 150. O primeiro desses números está para o segundo como 100 está para 67; o coeficiente de preservação cai, então, abaixo da unidade, ele é igual a 0,67, ou seja, há, em verdade, um agravamento. *Assim, na França, as mulheres casadas sem filhos se matam cinquenta por cento mais do que as mulheres solteiras do mesmo sexo e da mesma idade.* Nós já constatamos aqui que, de uma maneira geral, a esposa aproveita menos a vida em família do que o esposo. Vemos agora qual é a causa disso; é que, por ela mesma, a sociedade conjugal prejudica a mulher e agrava a sua tendência para o suicídio.

Se, contudo, as esposas nos parecem, em geral, gozar de um coeficiente de preservação, é que os casamentos estéreis são a exceção e, por conseguinte, na maioria dos casos, a presença das crianças corrige e atenua a má influência do casamento. No entanto, essa tendência não é senão atenuada. Um milhão de mulheres com filhos apresentam 79 suicídios; se nós aproximarmos essa cifra da que é expressa pela taxa das moças solteiras de 42 anos, isto é, 150, nós nos deparamos com o fato de que a esposa, mesmo que ela seja mãe, se beneficia de um coeficiente de preservação de apenas 1,89, que é 35% inferior em relação ao coeficiente dos esposos que se encontram na mesma condição[177]. Não teríamos, portanto, no que concerne ao suicídio, como subscrever tal proposição de Bertillon: "Quando a mulher entra

---

[177] Uma diferença análoga pode ser encontrada entre o coeficiente dos esposos sem filhos e o das esposas sem filhos; ele é em todo caso muito mais considerável. O segundo (0,67) é inferior ao primeiro (1,5) em 66%. A presença dos filhos faz, portanto, com que a mulher reconquiste metade do terreno que ela perde ao se casar. Quer dizer que, se ela se beneficia menos do que o homem com o casamento, ela desfruta, ao contrário, mais do que ele da família, ou seja, das crianças. Ela é mais sensível do que ele à sua feliz influência.

na razão conjugal, ela ganha mais do que o homem com essa associação; mas decai necessariamente mais do que o homem quando ela sai".[178]

III

Assim, a imunidade que, em geral, as pessoas casadas apresentam se deve, inteiramente para um dos sexos e em sua maior parte para o outro, à ação não da sociedade conjugal, mas da sociedade familiar. Não obstante, nós vimos que, mesmo se o casamento não tiver filhos, os homens são protegidos ao menos na relação de 1 para 1,5. Uma economia de 50 suicídios para cada 150 ou de 33%, ainda que esteja muito abaixo daquela que se produz quando a família é completa, ela não é, porém, uma quantidade negligenciável e é importante compreender qual é a causa disso. Será que ela se deve aos benefícios especiais que o casamento realizaria para o sexo masculino ou será que ela é muito mais um efeito da seleção matrimonial? Pois, se tivemos a oportunidade de demonstrar que essa seleção não desempenha o papel capital que se atribuiu a ela, não está provado que ela não teria nenhuma influência.

Um fato parece mesmo, à primeira vista, dever impor essa hipótese. Nós sabemos que o coeficiente da preservação dos esposos sem filhos em parte sobrevive ao casamento; ele cai apenas de 1,5 para 1,2. Ora, essa imunidade dos viúvos sem filhos não poderia ser atribuída evidentemente à viuvez, que, por ela mesma, não possui uma natureza capaz de diminuir a inclinação para o suicídio, mas pode apenas, ao contrário, aumentá-la. Ela resulta, portanto, de uma causa anterior que, contudo, não parece poder ser o casamento, uma vez que ela continua a atuar mesmo que o casamento seja dissolvido pela morte da mulher. Nesse caso, então, ela não seria constituída por uma qualidade nativa qualquer dos esposos, qualidade essa que a seleção conjugal faria aparecer, mas não criaria? Como ela existiria antes do casamento e seria dele independente, seria completamente natural que ela durasse mais do que ele. Se a população dos casados é uma elite, o mesmo se dá necessariamente com os viúvos. É verdade que essa superioridade congênita possui menos efeitos entre os viúvos, uma vez que eles são menos protegidos contra o suicídio. Mas é fácil perceber que o choque produzido pela viuvez pode neutralizar em parte essa influência preventiva e impedi-la de produzir todos os seus resultados.

Mas, para que essa explicação possa ser aceita, seria necessário que ela fosse aplicável aos dois sexos. Dever-se-ia, então, encontrar também entre as mulheres casadas ao menos alguns traços dessa predisposição natural que, *ceteris paribus*, as preservaria do suicídio mais do que as solteiras. Ora, já o

---

[178] Artigo "Casamento", *Dict. encycl.*, 2ª. série, tomo V, p. 36.

fato de que, na ausência dos filhos, elas se matam mais do que as solteiras da mesma idade, é muito pouco conciliável com a hipótese que as supõe dotadas desde o nascimento de um coeficiente pessoal de preservação. Não obstante, poder-se-ia ainda admitir que esse coeficiente exista para a mulher tanto quanto para o homem, mas que ele é completamente anulado durante a duração do casamento pela ação funesta que ele exerce sobre a constituição moral da esposa. Ora, mas se os efeitos não estavam senão contidos e mascarados pela espécie de decadência moral sofrida pela mulher ao entrar na sociedade conjugal, eles deveriam reaparecer quando essa sociedade se dissolve, ou seja, com a viuvez. Dever-se-ia ver a mulher, portanto, ao se encontrar desembaraçada do jugo matrimonial que a deprimia, retomar todas as suas vantagens e afirmar, enfim, a sua superioridade nativa sobre aquelas de suas congêneres que não conseguiram a admissão no casamento. Em outros termos, a viúva sem filhos deveria ter, em relação aos solteiros, um coeficiente de preservação que se aproxima ao menos daquele de que goza o viúvo sem filhos. No entanto, ela não o tem de modo algum. Um milhão de viúvas sem filhos apresentam anualmente 322 suicídios; um milhão de mulheres solteiras de 60 anos (idade média das viúvas) produz um número compreendido entre 189 e 204, ou seja, um número por volta de 196. O primeiro desses números está para o segundo como 100 está para 60. As viúvas sem filhos têm, portanto, um coeficiente abaixo da unidade, ou seja, um coeficiente de agravamento; ele é igual a 0,60, até ligeiramente inferior ao das esposas sem filhos (0,67). Consequentemente, não é o casamento que impede as esposas sem filhos de manifestar quanto ao suicídio o afastamento natural que se atribui a elas.

Talvez se responda dizendo que aquilo que impede o completo restabelecimento dessas felizes qualidades das quais o casamento teria suspendido as manifestações é o fato de que a viuvez é para a mulher algo ainda pior. É, com efeito, uma ideia muito difundida a de que a viúva se acha em uma situação mais crítica do que o viúvo. Insiste-se nas dificuldades econômicas e morais contra as quais é preciso lutar quando ela é obrigada a prover por si mesma a sua existência e, sobretudo, as necessidades de toda a família.

As pessoas chegaram mesmo a acreditar que essa opinião seria demonstrada pelos fatos. Segundo Morselli,[179] a estatística estabeleceria que a mulher na viuvez estaria menos distante do homem no que concerne à aptidão para o suicídio do que durante o casamento; e como, casada, ela já está nesse aspecto mais próxima do sexo masculino do que quando é solteira, resultaria daí que não há para ela uma condição mais detestável. Apoiando-se nessa tese, Morselli cita as cifras seguintes que não se referem senão à

---

[179] *Op. cit.*, p. 342.

França, mas que, com pequenas variantes, podem ser observadas em todos os povos da Europa:

	Participação de cada sexo para cada 100 suicídios de casados (em %)		Participação de cada sexo para cada 100 suicídios de viúvos (em %)	
	Homens	Mulheres	Homens	Mulheres
1871	79	21	71	29
1872	78	22	68	32
1873	79	21	69	31
1874	74	26	57	43
1875	81	19	77	23
1876	82	18	78	22

A participação da mulher nos suicídios cometidos pelos dois sexos no estado de viuvez parece ser, com efeito, muito mais considerável do que nos suicídios de casados. Isso não é uma prova de que a viuvez lhe é muito mais penosa do que lhe era o casamento? Se é assim, não há nada de espantoso no fato de que, mesmo ao ficar viúva, os bons efeitos de sua natureza sejam, mais ainda do que antes, impedidos de se manifestar.

Infelizmente, essa pretensa lei repousa sobre um erro de fato. Morselli esqueceu que havia por toda parte duas vezes mais viúvas do que viúvos. Na França, em números redondos, há dois milhões de viúvas para somente um milhão de viúvos. Na Prússia, segundo a recensão de 1890, temos 450.000 viúvos e 1.319.000 viúvas; na Itália, 571.000 viúvos para 1.322.000 viúvas. Nessas condições, é completamente natural que a contribuição das viúvas seja mais elevada do que aquela das esposas que, por elas mesmas, se encontram em um número igual ao dos esposos. Se quisermos que a comparação traga consigo algum ensinamento, é preciso igualar as duas populações. Mas, se tomarmos essa precaução, obteremos resultados contrários àqueles que foram encontrados por Morselli. Na idade média dos viúvos, ou seja, aos 60 anos, um milhão de esposas apresenta 154 suicídios e um milhão de esposos, 577. A parcela das mulheres é, portanto, de 21%. Ela diminui sensivelmente na viuvez. Com efeito, um milhão de viúvas apresenta 210 casos, enquanto um milhão de viúvos apresenta 1.017; disso se segue que, para cada 100 suicídios dos viúvos dos dois sexos, as mulheres não apresentam senão 17 casos. Ao contrário, a parcela dos homens se eleva de 79 a 83%. Assim, passando do casamento à viuvez, o homem perde mais do que a mulher, uma vez que não conserva certas vantagens que ele devia ao estado conjugal. Não há, então, nenhuma razão para supor que essa mudança de situação seria menos laboriosa e menos perturbadora para ele do que para ela; o inverso que é a verdade. Sabe-se, além disso, que a mortalidade dos viúvos ultrapassa em muito a mortalidade das viúvas; o mesmo vale para a sua nupcialidade. A nupcialidade dos viúvos é, em cada idade, três ou quatro vezes mais forte do que aquela dos solteiros, enquanto a dos solteiros não é senão ligeiramente superior à das solteiras. A mulher, portanto, se mostra tão fria diante da ideia de celebrar as suas segundas núpcias quanto o homem se mostra caloroso em relação a elas.[180] As coisas seriam diversas se sua condição de viúvo lhe fosse nesse momento tranquila e se a mulher, ao contrário, tivesse tantas dificuldades quanto se afirma para suportar essa condição.[181]

Mas se não há nada na viuvez que paralise especialmente os dons naturais que a mulher teria apenas porque é uma eleita para o casamento, e se esses dons não testemunham sua presença por meio de nenhum signo apreciável, faltam todos os motivos para supormos que eles existam. A hipótese da seleção matrimonial não se aplica, então, de modo algum para o sexo feminino. Nada nos autoriza a pensar que a mulher que se casa possui uma constituição privilegiada que a precavesse, em certa medida, contra o suicídio. Esse coeficiente de 1,5 do qual gozam os esposos sem filhos, portanto, não se deve de modo algum ao fato de que eles são recrutados entre as parcelas mais saudáveis da população; ele não pode ser, por isso, senão um efeito do casamento. É preciso admitir que a sociedade conjugal, tão desastrosa para a mulher, é, ao contrário, mesmo na ausência dos filhos, benfazeja para o homem. Os que entram nessa sociedade não constituem uma aristocracia por nascimento; eles não trazem para o casamento um temperamento que os desvia do suicídio, mas adquirem esse temperamento vivendo a vida conjugal. Pelo menos, caso eles possuam algumas prerrogativas naturais, elas não podem ser senão muito vagas e indeterminadas; pois permanecem sem efeito, até que outras condições sejam dadas. Portanto, é verdade que o suicídio depende principalmente não das qualidades congênitas dos indivíduos, mas de causas que lhes são exteriores e que os dominam!

Não obstante, uma derradeira dificuldade precisa ser ainda resolvida. Se esse coeficiente de 1,5, independentemente da família, se deve ao casamento, de onde provém, então, o fato de que ele sobrevive ao casamento

---

[180] Ver BERTILLON, "Les célibataires, les veufs, etc.", *Rev. scient.*, 1879.
[181] Morselli evoca igualmente como apoio de sua tese o fato de que, após as guerras, os suicídios das viúvas sofrem um aumento muito mais considerável do que o suicídio das mulheres solteiras e casadas. Mas isso se deve simplesmente ao fato de que nesse momento a população de viúvas cresce em proporções excepcionais; é, então, natural que ela produza mais suicídios e que essa elevação persista até o momento em que o equilíbrio seja restabelecido e que as diferentes categorias de estado civil tenham retornado ao seu nível normal.

e pode ser reencontrado ao menos sob uma forma atenuada (1,2) entre os viúvos sem filhos? Se rejeitarmos a teoria da seleção matrimonial que dava conta dessa sobrevivência, como substituí-la? Basta supor que os hábitos, os gostos, as tendências contraídas durante o casamento não desaparecem no momento em que o casamento se dissolve e que nada é mais natural do que essa hipótese. Se, então, o homem casado, mesmo que não tenha filhos, experimenta em relação ao suicídio um distanciamento relativo, é inevitável que ele guarde qualquer coisa desse sentimento ao ficar viúvo. A questão é que, como a viuvez não ocorre sem um certo abalo moral e, tal como mostraremos posteriormente, como toda ruptura impele ao suicídio, essas disposições se mantêm apenas enfraquecidas. Inversamente, mas pela mesma razão, sendo que a mulher casada estéril se mata mais do que a solteira, uma vez viúva, ela conserva essa inclinação mais forte, até um pouco fortalecida por causa da desordem e da desadaptação que a viuvez sempre traz consigo. No entanto, como os efeitos nocivos que o casamento tinha para ela tornam essa mudança de estado mais fácil, esse agravamento é mais fraco. O coeficiente só é reduzido em uns poucos centésimos (0,60 no lugar de 0,67).[182]

Essa explicação é confirmada pelo fato de que ela não é senão um caso particular de uma proposição mais geral que pode ser formulada assim: *em uma mesma sociedade, a tendência ao suicídio, na idade da viuvez, é, para cada sexo, função da tendência ao suicídio que o mesmo sexo possui no estado do casamento*. Se o esposo é fortemente preservado, o viúvo também o é, ainda que, claro, em uma medida menor; se o primeiro não é senão desviado do suicídio de maneira bem tênue, o segundo não é de modo algum desviado ou é apenas muito pouco desviado. Para se assegurar da exatidão desse teorema, basta se reportar aos quadros XX e XXI e às conclusões que foram retiradas deles. Nós vimos aí que um sexo é sempre mais favorecido do que o outro no casamento tanto quanto na viuvez. Ora, aquele dos dois que é privilegiado em relação ao outro na primeira de suas condições conserva seu privilégio na segunda. Na França, os esposos possuem um

---

[182] Quando há crianças, a baixa experimentada pelos dois sexos por conta da viuvez é quase a mesma. O coeficiente dos maridos com crianças é de 2,9; ele se torna em seguida 1,6. O coeficiente das mulheres, nas mesmas condições, passa de 1,89 para 1,06. A diminuição é de 45% para os primeiros e de 44% para as segundas. É que, como já dissemos, a viuvez produz dois tipos de efeito; ela perturba: 1º a sociedade conjugal; 2º a sociedade familiar. A primeira perturbação é muito menos sentida pela mulher do que pelo homem, precisamente porque ela desfruta menos do casamento. Mas, em contrapartida, a segunda perturbação possui um primado; pois com frequência é mais difícil para ela substituir o marido na direção da família do que é para ele assumir o seu lugar nas funções domésticas. Quando, então, há filhos, se produz uma espécie de compensação, que faz com que a tendência para o suicídio dos dois sexos varie, pelo efeito da viuvez, nas mesmas proporções. Assim, é sobretudo quando não há filhos que a mulher viúva reconquista uma parte do terreno que ela tinha perdido com o estado de casada.

coeficiente de preservação mais forte do que as esposas; o coeficiente dos viúvos também é do mesmo modo mais elevado do que o das viúvas. Em Oldemburgo, é o inverso que ocorre entre as pessoas casadas: a mulher goza de uma imunidade mais importante do que o homem. A mesma inversão se reproduz entre viúvos e viúvas.

No entanto, como esses dois casos sozinhos poderiam justamente ser tomados como uma prova insuficiente e como, por outro lado, as publicações estatísticas não nos fornecem os elementos necessários para verificar nossa proposição em outros países, nós recorremos ao seguinte procedimento a fim de estender o campo de nossas comparações: calculamos separadamente a taxa dos suicídios para cada grupo de idade e de estado civil; e isso no departamento do Sena por um lado e no resto dos departamentos reunidos por outro. Os dois grupos sociais, assim isolados um do outro, são suficientemente diferentes para que possamos perceber que a comparação é instrutiva. E, com efeito, a vida em família age aí muito diferentemente sobre o suicídio (ver quadro XXII).

QUADRO XXII

Comparação das taxas dos suicídios para cada milhão de habitantes de cada grupo de idade e de estado civil no Sena e no interior (1889-1891)

Idades	Homens			Coeficientes de preservação em relação aos solteiros		Mulheres			Coeficientes de preservação em relação aos solteiros	
	Solteiros	Esposos	Viúvos	Dos esposos	Dos viúvos	Solteiras	Esposas	Viúvas	Das esposas	Das viúvas
Interior										
15-20	100	400		0,25		67	36	375	1,86	0,17
20-25	214	95	153	2,25	1,39	95	52	76	1,82	1,25
25-30	365	103	373	3,54	0,97	122	64	156	1,90	0,78
30-40	590	202	511	2,92	1,15	101	74	174	1,36	0,58
40-50	976	295	633	3,30	1,54	147	95	149	1,54	0,98
50-60	1.445	470	852	3,07	1,69	178	136	174	1,30	1,02
60-70	1.790	582	1.047	3,07	1,70	163	142	221	1,14	0,73
70-80	2.000	664	1.252	3,01	1,59	200	191	233	1,04	0,85
Acima de 80	1.458	762	1.129	1,91	1,29	160	108	221	1,48	0,72

Médias dos coeficientes de preservação			2,88	1,45				1,49	0,78
Sena									
15-20	280	2.000		0,14		224			
20-25	487	128		3,80		196	64	3,06	
25-30	599	298	714	2,01	0,83	328	103	296	3,18	1,10
30-40	869	436	912	1,99	0,95	281	156	373	1,80	0,75
40-50	985	808	1.459	1,21	0,67	357	217	289	1,64	1,23
50-60	1.367	1.152	2.321	1,18	0,58	456	353	410	1,29	1,11
60-70	1.500	1.559	2.902	0,96	0,51	515	471	637	1,09	0,80
70-80	1.783	1.741	2.082	1,02	0,85	326	677	464	0,48	0,70
Acima de 80	1.923	1.111	2.089	1,73	0,92	508	277	591	1,83	0,85
Médias dos coeficientes de preservação			1,56	0,75				1,79	0,93

Nos departamentos, o esposo é muito mais preservado do que a esposa. O coeficiente do primeiro não desce senão quatro vezes abaixo de 3,[183] enquanto que o coeficiente das mulheres nunca chega a 2; a média é, em um caso, 2,88, no outro, 1,49. No Sena, acontece o inverso; o coeficiente é em média para os esposos 1,56, enquanto ele é para as esposas 1,79.[184] Ora, encontramos exatamente a mesma inversão entre viúvos e viúvas. No interior, o coeficiente médio dos viúvos é elevado (1,45), enquanto o das viúvas é muito inferior (0,78). No Sena, ao contrário, é o segundo que importa: ele se eleva a 0,93, bem próximo da unidade, enquanto que o outro cai para 0,75. *Assim, não importa o sexo favorecido, a viuvez segue regularmente o casamento.*

Há mais: caso nós pesquisemos segundo que relação o coeficiente dos esposos varia de um grupo social para o outro e caso façamos em seguida a mesma pesquisa para os viúvos, nós encontramos os resultados surpreendentes que se seguem:

---

[183] É possível ver no quadro XXII que em Paris, tanto quanto no interior, o coeficiente dos esposos com menos de 20 anos está abaixo da unidade; ou seja, há para eles uma intensificação. Trata-se de uma confirmação da lei que enunciamos anteriormente.

[184] Vemos que, quando o sexo feminino é mais favorecido pelo casamento, a desproporção entre os sexos é bem menos do que quando é o esposo que possui a vantagem; nova confirmação de uma observação feita mais acima.

$$\frac{\text{Coeficiente dos esposos do interior}}{\text{Coeficiente dos esposos do Sena}} = \frac{2,88}{1,56} = 1,84$$

$$\frac{\text{Coeficiente dos viúvos do interior}}{\text{Coeficiente dos viúvos do Sena}} = \frac{1,45}{0,75} = 1,93$$

E para as mulheres:

$$\frac{\text{Coeficiente dos esposos do interior}}{\text{Coeficiente dos esposos do Sena}} = \frac{1,79}{1,49} = 1,20$$

$$\frac{\text{Coeficiente dos viúvos do interior}}{\text{Coeficiente dos viúvos do Sena}} = \frac{0,93}{0,78} = 1,19$$

As relações numéricas são, para cada sexo, iguais com uma diferença de alguns centésimos de unidade; para as mulheres, a igualdade é mesmo quase absoluta. Assim, não apenas quando o coeficiente dos esposos se eleva ou se abaixa, o mesmo acontece com o coeficiente dos viúvos, mas, inclusive, ele cresce ou decresce exatamente na mesma medida. Essas relações podem até ser expressas sob uma forma mais demonstrativa ainda da lei que enunciamos. Elas implicam, com efeito, o fato de que, por toda parte, independentemente do sexo, a viuvez diminui a imunidade dos esposos de acordo com a seguinte proporção:

$$\frac{\text{Esposos do interior}}{\text{Viúvos do interior}} = \frac{2,88}{1,45} = 1,98 \quad \frac{\text{Esposas do Sena}}{\text{Viúvos do Sena}} = \frac{1,56}{0,75} = 2,0$$

$$\frac{\text{Esposas do interior}}{\text{Viúvas do interior}} = \frac{1,49}{0,78} = 1,91 \quad \frac{\text{Esposas do Sena}}{\text{Viúvas do Sena}} = \frac{1,79}{0,93} = 1,92$$

O coeficiente dos viúvos é mais ou menos a metade do coeficiente dos esposos. Não há, então, nenhum exagero em dizer que a aptidão dos viúvos para o suicídio é função da aptidão correspondente das pessoas casadas; em outros termos, a primeira aptidão é, em parte, uma consequência da segunda. Mas, então, uma vez que o casamento, mesmo na ausência de filhos, preserva o marido, não é surpreendente que o viúvo guarde qualquer coisa dessa feliz disposição.

Ao mesmo tempo que resolve a questão que tínhamos formulado, esse resultado também lança uma luz sobre a natureza da viuvez. Ele nos ensina, com efeito, que a viuvez não é, por ela mesma, uma condição irremediavelmente má. Acontece muitas vezes de ela ser melhor do que o celibato. A verdade é que a constituição moral dos viúvos e das viúvas não possui nada de específico, mas depende da constituição das pessoas casadas do mesmo sexo e no mesmo país. Ela não é senão o seu prolongamento. Caso me digam como é que, em uma dada sociedade, o casamento e a vida em família afetam homens e mulheres, eu diria o que é a viuvez para uns e para outros. Por uma feliz compensação acontece o seguinte: se, lá onde o casamento e a sociedade doméstica se encontram em um bom estado, a crise aberta pela viuvez é mais dolorosa, as pessoas se encontram aí mais bem armadas para enfrentar essa crise; inversamente, ela é menos grave quando a constituição matrimonial e familiar deixa a desejar, mas, em contrapartida, as pessoas se acham aí menos preparadas para resistir a ela. Assim, nas sociedades em que o homem desfruta da família mais do que a mulher, ele sofre mais do que ela quando fica sozinho, mas, ao mesmo tempo, ele se acha em um estado melhor para suportar esse sofrimento, porque as influências salutares que ele experimentou o tornaram mais refratário às soluções desesperadas.

IV

O quadro seguinte resume os fatos que acabaram de ser estabelecidos:[185]

---

[185] SR. BERTILLON (artigo citado na *Revue scientifique*) já tinha fornecido a taxa dos suicídios para as diferentes categorias de estado civil de acordo com o fato de haver ou não filhos. Eis aqui os resultados que ele encontrou (para cada milhão de pessoas):

Esposos com filhos	205 suicídios	Viúvos com filhos	526 suicídios
Esposos sem filhos	478 suicídios	Viúvos sem filhos	1.004 suicídios
Esposas com filhos	45 suicídios	Viúvas com filhos	104 suicídios
Esposas sem filhos	158 suicídios	Viúvas sem filhos	238 suicídios

Essas cifras se referem aos anos de 1861 a 1868. Tendo em vista o crescimento geral dos suicídios, elas confirmam as conclusões a que tínhamos chegado. Todavia, como a ausência de um quadro análogo ao nosso quadro XXI não permitiria comparar esposos e viúvos com os solteiros da mesma idade, não se pode tirar nenhuma conclusão relativamente aos coeficientes de preservação. Nós nos perguntaríamos, por outro lado, se elas se referem ao país como um todo. Afirma-se, com efeito, no Bureau de la Statistique de France [Escritório de Estatística da França], que a distinção entre esposos sem filhos e esposos com filhos nunca foi feita antes de 1886 nas enumerações, a não ser em 1855 para os departamentos em geral, menos para o Sena.

Influência da família sobre o suicídio em cada sexo

	Homens			Mulheres		
	Taxa dos suicídios	Coeficiente de preservação em relação aos solteiros		Taxa dos suicídios	Coeficiente de preservação em relação aos solteiros
Solteiros de 45 anos	975		Mulheres de 42 anos	150	
Esposos com filhos	336	2,9	Esposas com filhos	79	1,89
Esposos sem filhos	664	1,5	Esposas sem filhos	221	0,67
Solteiros de 60 anos	1.504		Solteiras de 60 anos	196	
Viúvos com filhos	937	1,6	Viúvas com filhos	186	1,06
Viúvos sem filhos	1.258	1,2	Viúvos sem filhos	322	0,60

Podemos concluir com base nesse quadro e nas observações que o precedem é o fato de que, com certeza, o casamento tem sobre o suicídio uma ação preservativa que lhe é própria. Mas ela é restrita e, além disso, não é exercida senão para o proveito de um único sexo. Qualquer que seja a utilidade de estabelecer a existência dessa ação – e compreenderemos melhor essa utilidade em um próximo capítulo[186] – continua presente o fato de que o fator essencial da imunidade das pessoas casadas é a família, ou seja, o grupo completo formado pelos pais e pelos filhos. Sem dúvida alguma, assim como os esposos são membros da família, eles também contribuem, de sua parte, para produzir esse resultado. No entanto, isso não se dá como marido ou como mulher, mas como pai e como mãe, como funcionários da associação familiar. Se o desaparecimento de um dos dois amplia as chances que o outro tem de se matar, isso não acontece porque resulta daí um revolvimento da família do qual o sobrevivente sofre o contragolpe. Deixando para estudar mais tarde a ação especial do casamento, diríamos que a sociedade doméstica, exatamente como a sociedade religiosa, é um importante fator de preservação contra o suicídio. Essa preservação, por sua vez, é tanto mais completa quanto mais densa é a família, isto é, quanto mais membros ela abarca.

---

[186] Ver livro II, cap. V, § 3.

Essa proposição já foi enunciada e demonstrada por nós em um artigo da *Revue philosophique* lançada em novembro de 1888. Porém, a insuficiência dos dados estatísticos que estavam outrora à nossa disposição não nos permite chegar a comprovações com todo o rigor que teríamos desejado. Com efeito, ignoramos qual era a média efetiva dos laços familiares, tanto na França em geral quanto em cada departamento. Deveríamos ter suposto, portanto, que a densidade familiar dependia unicamente do número de filhos, e, além disso, uma vez que esse número mesmo não tinha sido indicado pelo recenseamento, seria necessário estimá-lo de uma maneira indireta, nos servindo daquilo que se chama em demografia de crescimento fisiológico, ou seja, o excedente anual dos nascimentos para cada mil falecimentos. Sem dúvida alguma, essa substituição não era irracional, pois, quando o crescimento é elevado, as famílias, em geral, não podem deixar de modo algum de ser densas. Não obstante, a consequência não é necessária e, com frequência, ela não se produz. Lá onde os filhos têm o hábito de deixar os seus pais bem cedo, seja para emigrar, seja para fundar estabelecimentos à parte, seja por qualquer outra causa, a densidade da família não se encontra em ligação com o seu número. De fato, a casa pode estar deserta, por mais fecundo que tenha sido o casamento. É isso que acontece nos meios mais cultivados, nos quais os filhos são enviados para fora muito jovens para realizar ou para terminar a sua educação, e nas regiões miseráveis, onde uma dispersão prematura se torna necessária por conta das dificuldades de existência. Inversamente, apesar de uma natalidade medíocre, a família pode compreender um número suficiente ou mesmo elevado de elementos, quando os solteiros adultos ou mesmo os jovens casados continuam a viver com seus parentes e a formar uma só e mesma sociedade doméstica. Por todas essas razões, não se pode medir com exatidão a densidade relativa dos grupos familiares a não ser que se saiba qual é a sua composição efetiva.

A contagem de 1886, cujos resultados só foram publicados no final de 1888, faz com que a conheçamos. Se, então, segundo as indicações que encontramos aí, procurarmos qual é a ligação que há, nos diferentes departamentos franceses, entre o suicídio e o efetivo médio das famílias, encontraremos os seguintes resultados:

	Suicídios por milhão de habitantes (1878-1887)	Efetivo médio dos agregados familiares para cada 100 casamentos (1886)
1º grupo (11 departamentos)	De 430 a 380	347
2º grupo (6 departamentos)	De 300 a 240	360
3º grupo (15 departamentos)	De 230 a 180	376
4º grupo (18 departamentos)	De 170 a 130	393
5º grupo (26 departamentos)	De 120 a 80	418
6º grupo (10 departamentos)	De 70 a 30	434

À medida que os suicídios diminuem, a densidade familiar cresce regularmente.

Se, em vez de comparar as médias, analisarmos o conteúdo de cada grupo, não encontraremos nada que confirme essa conclusão. Com efeito, para a França inteira, o efetivo médio é de 39 pessoas para cada 10 famílias. Se, por conseguinte, procurarmos quantos departamentos há acima ou abaixo da média em cada uma das seis classes, descobriremos que elas são compostas da seguinte forma:

	Em cada grupo quantos são os departamentos:	
	Abaixo do efetivo médio (em %)	Acima do efetivo médio (em %)
1º grupo	100	0
2º grupo	84	16
3º grupo	60	30
4º grupo	33	63
5º grupo	19	81
6º grupo	0	100

O grupo que abarca o maior número de suicídios compreende apenas departamentos nos quais o efetivo da família é abaixo da média. Pouco a pouco, da maneira mais regular, a relação se inverte até que a inversão se torna completa. Na última classe, onde os suicídios são raros, todos os departamentos têm uma densidade familiar superior à média.

Os dois mapas (ver p. 197 e 198) têm, além disso, a mesma configuração geral. A região em que as famílias possuem a menor densidade tem sensivelmente os mesmos limites que a zona suicidógena. Ela ocupa também o norte e o leste e se estende até a Bretanha de um lado e até o Loire do outro.

Ao contrário, no oeste e no sul, onde os suicídios são menos numerosos, a família tem geralmente um efetivo elevado. Essa relação se encontra mesmo em certos detalhes. Na região setentrional, observam-se dois departamentos que se singularizam pela medíocre aptidão para o suicídio, trata-se do Norte e do Pas-de-Calais; e o fato é tanto mais surpreendente, uma vez que o Norte é muito industrializado e que a grande indústria favorece o suicídio. Ora, a mesma particularidade pode ser encontrada no outro mapa. Nesses dois departamentos, a densidade familiar é elevada, enquanto é, por outro lado, muito baixa em todos os departamentos vizinhos. No sul, reencontramos sobre os dois mapas a mesma faixa sombria formada por Bocas do Ródano, o Var e os Alpes Marítimos, e, no oeste, a mesma faixa clara formada pela Bretanha. As irregularidades são a exceção e elas jamais são muito perceptíveis; tendo sido dada a pluralidade de fatores que podem afetar um fenômeno dessa complexidade, uma coincidência tão geral é significativa.

A mesma relação inversa é encontrada na maneira pela qual esses dois fenômenos evoluíram com o tempo. Desde 1826, o suicídio não cessa de crescer e a natalidade de diminuir. De 1821 a 1830, ela era ainda de 308 nascimentos para cada 10.000 habitantes; não apresentava mais do que 240 nascimentos no período entre 1881 e 1888 e, nesse intervalo, o decréscimo foi ininterrupto. Ao mesmo tempo, constata-se uma tendência da família para se fragmentar e se esfacelar cada vez mais. De 1856 a 1886, o número de casamentos cresceu 2 milhões em cifras redondas; ele passou, por uma progressão regular e contínua, de 8.796.276 para 10.662.423. E, no entanto, durante o mesmo intervalo de tempo, a população aumentou para apenas dois milhões de indivíduos. Portanto, cada família conta com um número menor de membros.[187]

---
[187] Ver *Recenseamento de 1886*, p. 106.

PRANCHA IV:
Suicídio e densidade familiar
Quadro IV A: Suicídios (1878-1887)

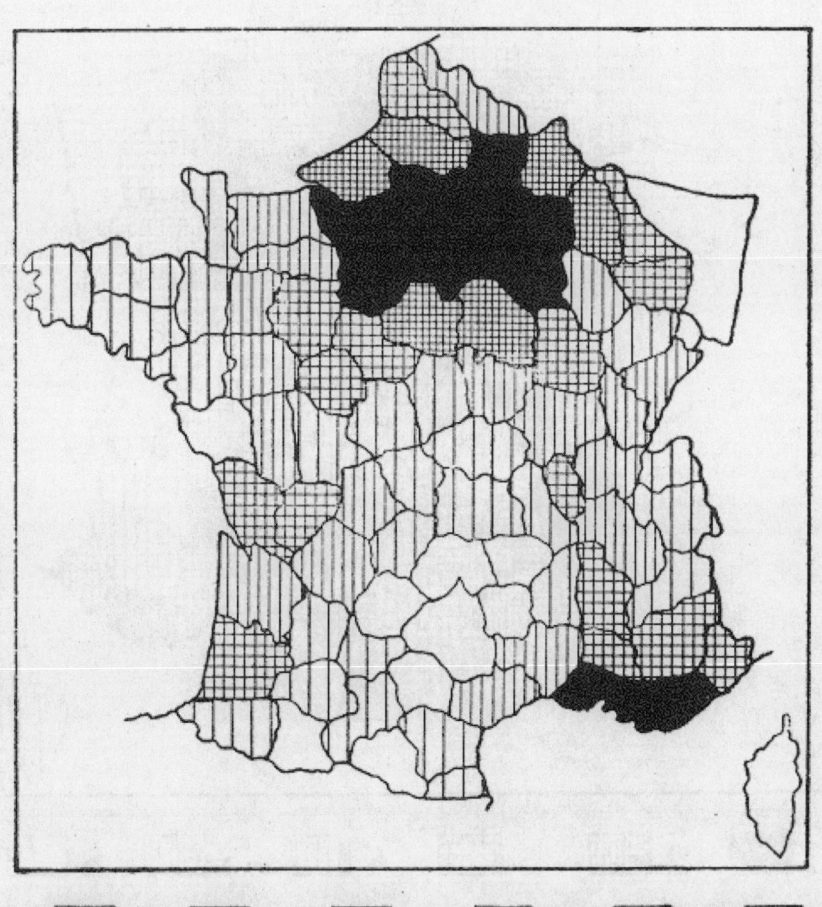

Legenda:
Proporção para cada 100.000 habitantes

1. De 31 a 48
2. De 24 a 30
3. De 18 a 23
4. De 13 a 17
5. De 8 a 12
6. De 3 a 7

Quadro IV B: Densidade média das famílias

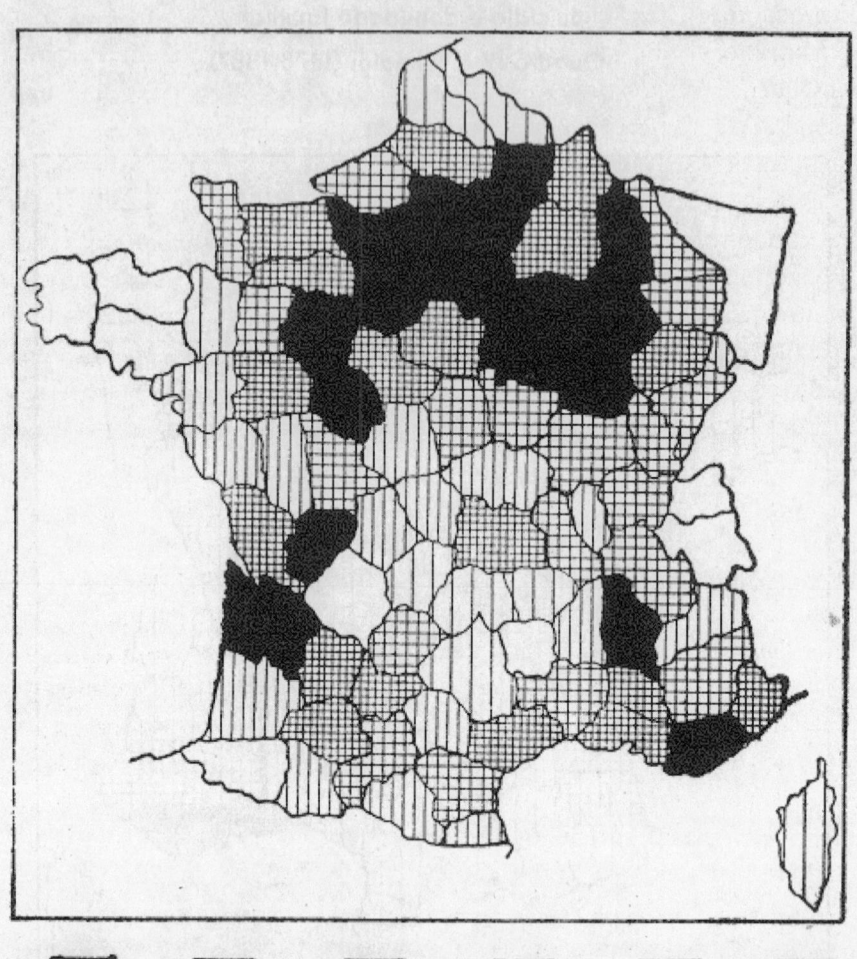

Legenda:

Número de pessoas para cada 10 casamentos

1. De 33 a 35
2. De 36 a 38
3. De 39 a 40
4. De 41 a 43
5. De 44 a 45
6. De 46 a 49
   Média: 39

Assim, os fatos estão longe de confirmar a concepção corrente, segundo a qual o suicídio se deveria sobretudo aos ônus da vida, uma vez que, ao contrário, ele diminui à medida que esses pesos aumentam. Eis aí uma consequência do malthusianismo que não foi prevista por seu inventor. Quando ele recomendou que se restringisse a extensão das famílias, o que ele estava pensando era que, ao menos em certos casos, essa restrição seria necessária para o bem comum. Ora, em realidade, ela tanto é uma fonte de mal-estar que diminui no homem o desejo de viver. Longe de se poder dizer que as famílias densas seriam uma espécie de luxo do qual podemos prescindir e que só o rico deveria se permitir esse luxo, elas são, ao contrário, o pão cotidiano sem o qual não podemos subsistir. Por mais pobre que se seja, e mesmo a partir apenas do ponto de vista do interesse pessoal, o pior de todos os investimentos consiste em transformar em capitais uma parte de sua descendência.

Esse resultado concorda com aquele ao qual tínhamos chegado anteriormente. Com efeito, de onde provém o fato de a densidade da família ter essa influência sobre o suicídio? Não seria possível deixar que o fator orgânico interviesse para responder à questão; pois se a esterilidade absoluta é antes de tudo um produto de causas fisiológicas, o mesmo não vale para a fecundidade insuficiente que é com muita frequência voluntária e que se deve a certo estado de opinião. Além disso, a densidade familiar, tal como nós a avaliamos, não depende exclusivamente da natalidade; vimos que, lá onde as crianças são menos numerosas, outros elementos podem intervir e, inversamente, seu número pode permanecer sem efeito se eles não participam efetivamente e com consequências da vida do grupo. Por outro lado, também não são aos sentimentos *sui generis* dos pais que se deve atribuir essa virtude preservadora. De resto, esses sentimentos, eles mesmos, para serem eficazes, supõem certo estado da sociedade doméstica. Eles não podem ser potentes se a família está desintegrada. É, então, porque a maneira como ela funciona varia de acordo conforme sua densidade que o número de elementos com os quais ela é composta afeta a inclinação para o suicídio.

É que, com efeito, a densidade de um grupo não pode baixar sem que sua vitalidade diminua. Se os sentimentos coletivos possuem uma energia particular, isso se dá porque a força com a qual cada consciência individual os experimenta ressoa em todas as outras e reciprocamente. A intensidade que eles atingem depende, então, do número das consciências que os sentem conjuntamente. Eis a razão pela qual, quanto maior for a multidão, mais as paixões aí desencadeadas são suscetíveis de serem violentas. Por conseguinte, no cerne de uma família menos numerosa, os sentimentos e as lembranças comuns não podem ser muito intensos;

pois não há consciências suficientes para representá-las e para reforçá-las compartilhando-as. Nessa família, não há como formar tradições fortes que possam servir como laços entre os membros de um mesmo grupo, laços que sobreviveriam a eles e que ligariam as gerações sucessivas umas às outras. Além disso, famílias pequenas são necessariamente efêmeras; e, sem duração, não há sociedade que possa ser consistente. Não apenas os estados coletivos são nesse caso fracos, mas eles não têm como ser numerosos; pois seu número depende da atividade com a qual as visões e as impressões são trocadas, circulam de um sujeito a outro; por outro lado, essa troca mesma é tanto mais rápida quando mais pessoas há para participar dela. Em uma sociedade suficientemente densa, essa circulação é ininterrupta; pois há sempre unidades sociais em contato, enquanto que, se elas são raras, suas relações não podem ser senão intermitentes e há momentos em que a vida comum é suspensa. Ao mesmo tempo, quando a família é pouco extensa, há sempre parentes juntos; a vida doméstica é, então, lânguida e há momentos em que o lar fica deserto.

No entanto, dizer de um grupo que ele possui uma vida comum menor do que outro é também dizer que ele é menos fortemente integrado; pois o estado de integração de um agregado social não faz outra coisa senão refletir a intensidade da vida coletiva que circula por ele. Ele é tanto mais uno e tanto mais resistente quanto mais ativo e contínuo é o comércio entre os seus membros. A conclusão a que chegamos pode ser, portanto, complementada da seguinte forma: mesmo que a família tenha um grande poder preservador em relação ao suicídio, ela preserva tanto mais quanto mais fortemente ela é constituída.[188]

V

Se as estatísticas não fossem tão recentes, seria fácil demonstrar com o auxílio do mesmo método que essa lei se aplica às sociedades políticas. A história nos ensina, com efeito, que o suicídio, que é geralmente raro nas sociedades jovens,[189] em vias de evolução e de concentração, se multiplica, ao contrário, à medida que elas se desintegram. Na Grécia e em Roma,

---

[188] Acabamos de empregar a palavra densidade em um sentido um pouco diferente daquele que normalmente atribuímos a ele na sociologia. Geralmente, definimos a densidade de um grupo em função não do número absoluto de indivíduos associados (isso é mais aquilo que chamamos de volume), mas do número de indivíduos que, com o mesmo volume, estão efetivamente em relação (ver *Regras do método sociológico.*, p. 139). Mas, no caso da família, a distinção entre o volume e a densidade não tem nenhuma importância, uma vez que, por causa das pequenas dimensões do grupo, todos os indivíduos associados se encontram em relações efetivas.

[189] Não se pode confundir as sociedades jovens, predestinadas a um desenvolvimento, com as sociedades inferiores; nessas, ao contrário, os suicídios são muito frequentes, como veremos no próximo capítulo.

o suicídio aparece no momento em que a velha organização da cidade é abalada, e os progressos dele marcam as etapas sucessivas da decadência. Assinala-se o mesmo fato no Império Otomano. Na França, às vésperas da Revolução, a confusão que marcava a sociedade em consequência da decomposição do antigo sistema social se traduziu por um brusco aumento de suicídios do qual nos falam os autores da época.[190]

Mas, para além dessas informações históricas, a estatística do suicídio, por mais que quase não remonte para além dos últimos sessenta anos, nos fornece algumas provas dessa proposição, provas essas que têm sobre as precedentes uma maior precisão.

Escreveu-se por vezes que as grandes comoções políticas multiplicam os suicídios. Morselli, porém, bem mostrou que os fatos contradizem essa opinião. Todas as revoluções que ocorreram na França no curso desse século diminuíram o número de suicídios no momento em que elas foram produzidas. Em 1830, o total de casos cai de 1.904, em 1829, para 1.756, ou seja, uma diminuição brusca de quase 10%. Em 1848, a regressão não é menos importante; o montante anual passa de 3.647 para 3.301. Em seguida, durante os anos de 1848-49, a crise que abala a França atravessa a Europa; por toda parte, os suicídios abaixam e a baixa é tanto mais sensível quanto mais grave e longa é a crise. É o que mostra o seguinte quadro:

	Dinamarca	Prússia	Baviera	Saxônia Real	Áustria
1847	345	1.852	217		611 (em 1846)
1848	305	1.649	215	398	
1849	337	1.527	189	328	452

Na Alemanha, a emoção foi muito mais viva do que na Dinamarca e a luta mais longa até mesmo do que na França, onde, imediatamente, um governo novo se constituiu; nos Estados alemães, a diminuição também se prolongou até 1849. Ela foi, no que concerne a esse último ano, de 13% na Baviera, de 18% na Prússia; na Saxônia, em um único ano, de 1848 a 1849, ela é igualmente de 18%.

Em 1851, o mesmo fenômeno não se produziu na França, não mais do que em 1852. Os suicídios permaneceram estacionários. Em Paris, porém, o golpe de Estado produz o seu resultado habitual; apesar de ele ter sido levado a termo em dezembro, a cifra dos suicídios caiu de 483, em 1851, para

---

[190] Eis o que escreveu Helvécio em 1781: "A desordem das finanças e a mudança da constituição do Estado propagaram uma consternação geral. Muitos suicídios na capital são uma triste prova disso". Citamos essa passagem segundo LEGOYT, p. 30. MERCIER, em seu *Tableau de Paris* (1782), diz que em 25 anos o número de suicídios triplicou em Paris.

446, em 1852 (-8%), e, em 1853, eles permanecem em 463.[191] Esse fato tenderia a provar que essa revolução governamental comoveu muito mais Paris do que o interior, o qual parece mesmo ter ficado praticamente indiferente.

Além disso, de uma maneira geral, a influência dessas crises é sempre mais sensível na capital do que nos departamentos. Em 1830, em Paris, o decréscimo foi de 13% (269 casos no lugar de 307 no ano anterior e de 359 no ano seguinte); em 1848, de 32% (481 casos no lugar de 698).[192]

Simples crises eleitorais, por menor que seja a sua intensidade, têm por vezes o mesmo resultado. É assim que, na França, o calendário dos suicídios traz consigo o traço visível do golpe de Estado parlamentar do dia 16 de maio de 1877 e da efervescência que resultou daí, assim como das eleições que, em 1889, colocaram um fim na agitação boulangista. Para ter uma prova disso, é suficiente comparar a distribuição mensal dos suicídios durante esses dois anos com aquele dos anos mais próximos.

	1876	1877	1878	1888	1889	1890
Maio	604	649	717	924	919	819
Junho	662	692	682	851	829	822
Julho	625	540	693	825	818	888
Agosto	482	496	547	786	694	734
Setembro	394	378	512	673	597	720
Outubro	464	423	468	603	648	675
Novembro	400	413	415	589	618	571
Dezembro	389	386	335	574	482	475

Durante os primeiros meses de 1877, os suicídios são superiores àqueles de 1876 (1.945 casos de janeiro a abril, no lugar de 1.784) e o aumento persiste em maio e em junho. É somente no fim desse último mês que as Câmaras são dissolvidas e o período eleitoral é aberto de fato, ainda que não de direito; é mesmo provável que esse tenha sido o momento no qual as paixões políticas se mostravam mais superexcitadas, pois elas acabaram por se acalmar um pouco depois pelo efeito do tempo e da fadiga. Também em julho, os suicídios, em vez de continuarem ultrapassando os do ano anterior, se mostraram inferiores em 14%. Tirando uma ligeira interrupção em agosto, a baixa continua, ainda que em um grau menor, até outubro. Essa foi a época na qual a crise chegou ao fim. Logo que ela termina, o movimento ascensional, suspenso por um instante, recomeça. Em 1889, o fenômeno

---

[191] Segundo LEGOYT, p. 252.
[192] Segundo MASARYCK, *Der Selbstmord* [O suicídio], p. 137.

é ainda mais acentuado. É no começo de agosto que a Câmara se separa; a agitação eleitoral logo começa e dura até o fim de setembro; é nesse momento, então, que ocorreram as eleições. Ora, em agosto ocorre, em relação ao mês correspondente de 1888, uma brusca diminuição de 12%, que se mantém em setembro, mas cessa não menos abruptamente em outubro, ou seja, quando a luta termina.

As grandes guerras nacionais possuem a mesma influência que as confusões políticas. Em 1886, desencadeia-se a guerra entre a Áustria e a Itália, os suicídios diminuem 14% tanto em um quanto no outro país.

	1865	1866	1867
Itália	678	588	657
Áustria	1.464	1.265	1.407

Em 1864, havia sido a vez da Dinamarca e da Saxônia. Nesse último Estado, os suicídios, que tinham ficado na casa dos 643 em 1863, caíram para 545 em 1864 (-16%) para chegar a 619 em 1865. No que concerne à Dinamarca, como não temos o número de suicídios de 1863, não podemos compará-lo com aquele de 1864; mas nós sabemos que o montante desse último ano (411) é o mais baixo que foi atingido desde 1852. E, como em 1865 ele se eleva a 451, é bem provável que essa cifra de 411 testemunhe uma séria baixa.

A guerra de 1870-1871 teve as mesmas consequências na França e na Alemanha:

	1869	1870	1871	1872
Prússia	3.186	2.963	2.723	2.950
Saxônia	710	657	653	687
França	5.114	4.157	4.490	5.275

Poder-se-ia mesmo acreditar que essa diminuição se deve ao fato de que, em tempos de guerra, uma parte da população civil é arregimentada e de que, em um exército em campanha, é bem difícil levar em conta os suicídios. Mas as mulheres contribuem tanto quanto os homens para essa diminuição. Na Itália, os suicídios femininos passam de 130 em 1864 para 117 em 1866; na Saxônia, de 133 em 1863, os suicídios caem para 120 em 1864 e para 114 em 1865 (-15%). No mesmo país, em 1870, a queda não foi menos sensível; de 130 em 1869, eles descem para 114 em 1870 e permanecem nesse mesmo nível em 1871; a diminuição é de 13%, superior àquela experimentada pelos suicídios masculinos no mesmo momento. Na Prússia, enquanto 616 mulheres tinham se matado em 1869, não houve mais do que 540 suicídios de mulheres em 1871 (-13%). Sabe-se, além disso, que os jovens em condições de usar armas não apresentam senão um baixo contingente de suicídios. Apenas seis meses de 1870 foram tomados pela guerra; nessa época e em tempos de paz, um milhão de franceses de 25 a 30 anos tinham apresentado no máximo cem suicídios,[193] enquanto entre 1870 e 1869 a diferença para menos foi de 1.057 casos.

    As pessoas também se perguntaram se esse recuo momentâneo em tempos de crise não viria do fato de que a ação da autoridade administrativa, por estar paralisada, talvez tivesse constatado os suicídios com uma menor exatidão. Numerosos fatos demonstram, porém, que essa causa acidental não é suficiente para dar conta do fenômeno. Em primeiro lugar, há a sua generalidade muito grande. Ele se produz tanto entre os vencedores quanto entre os vencidos, tanto entre os invasores quanto entre os invadidos. Além disso, quando o choque é muito forte, os efeitos são sentidos mesmo muito tempo depois de esse choque ter passado. Os suicídios não se revelam senão lentamente; alguns anos transcorrem antes de eles retornarem ao seu ponto de partida. Isso acontece mesmo dentro dos países nos quais, em tempos normais, eles crescem regularmente a cada ano. Apesar de as omissões parciais serem ao mesmo tempo possíveis e mesmo prováveis nesses momentos de perturbação, a diminuição acusada pelas estatísticas possui uma constância muito grande para que se possa atribuir sua principal causa a uma distração passageira da administração. Mas a melhor prova com a qual nos vimos confrontados não diz respeito a um erro de compatibilidade, mas a um fenômeno de psicologia social: é que todas as crises políticas ou nacionais não possuem essa influência. Essas crises só agem sobre aqueles que são excitados pelas paixões. Já observamos que nossas revoluções sempre afetaram mais os suicídios de Paris do que de outros departamentos; e, no entanto, a perturbação administrativa era a mesma na província e na capital. A questão, porém, é que esses tipos de acontecimentos sempre despertaram muito menos interesse nos provincianos do que nos parisienses, nos quais eles atuavam e aos quais assistiam mais de perto. Ao mesmo tempo, enquanto as grandes guerras nacionais, tais como as de 1870 e 1871, tiveram, tanto na França quanto na Alemanha, uma ação poderosa sobre o andamento dos suicídios, as guerras puramente dinásticas como aquelas da Crimeia ou da Itália, que não mobilizaram fortemente as massas, permaneceram sem um efeito

---

[193] Com efeito, entre 1889-1991, a taxa anual, nessa idade, era somente de 396; a taxa semestral de mais ou menos 200. Ora, de 1870 a 1890, o número de suicídios em cada idade duplicou.

apreciável. Do mesmo modo, em 1854, produz-se uma elevação importante (3.700 casos no lugar de 3.415 em 1853). Observa-se o mesmo fato na Prússia durante as guerras de 1864 e 1866. As cifras permanecem estacionadas em 1864 e sobem um pouco em 1866. É que as guerras se deviam inteiramente à iniciativa dos políticos e não tinham incitado as paixões populares como aquela guerra de 1870.

Desse mesmo ponto de vista, é interessante observar que, na Baviera, o ano de 1870 não produziu os mesmos efeitos que nos outros países que compunham a Alemanha, sobretudo a Alemanha do Norte. Contabilizam-se aí mais suicídios em 1870 do que em 1869 (452 no lugar de 425). É somente em 1871 que se produz uma ligeira diminuição; ela se acentua um pouco em 1872, quando não há mais do que 412 casos, o que representa, aliás, uma baixa de apenas 9% em relação a 1869 e de 4% em relação a 1870. Não obstante, a Baviera também participou materialmente dos eventos militares com a mesma intensidade que a Prússia; ela também mobilizou do mesmo modo todo o seu exército e não há razão para que nela a desordem administrativa tenha sido menor. Todavia, ela não participa da mesma forma desses eventos em termos morais. Sabe-se, com efeito, que a Baviera católica é, de toda a Alemanha, o país que sempre viveu mais a sua vida própria e que se mostrou mais desejoso de sua autonomia. Participou da guerra pela vontade de seu rei, mas sem alegria. Portanto, resistiu muito mais do que os outros povos aliados ao grande movimento social que, na época, agitava a Alemanha; é por isso que o contragolpe foi sentido aí somente mais tarde e mais tibiamente. O entusiasmo não veio senão depois e foi moderado. Foi necessário o vento de glória que soprou sobre a Alemanha no dia seguinte ao sucesso de 1870 para esquentar um pouco a Baviera, até então fria e recalcitrante.[194]

A esse fato podemos aproximar o seguinte quadro, que possui a mesma significação. Na França, durante os anos de 1870-1871, é somente nas cidades que o suicídio diminuiu:

---

[194] E, ainda, não é certo que essa diminuição de 1872 tenha sido causada pelos eventos de 1870. Com efeito, fora da Prússia, a queda dos suicídios quase não é sentida para além propriamente do período da guerra. Na Saxônia, a baixa de 1870, que é, além disso, apenas de 8%, não se acentua em 1871 e cessa quase completamente em 1872. No Ducado de Baden, a diminuição é limitada a 1870; 1871, com 244 casos, ultrapassa 1869 em 10%. Parece, então, que a Prússia foi a única a atingir uma espécie de euforia coletiva no dia seguinte à vitória. Os outros Estados foram menos sensíveis à conquista da glória e da potência que resulta da guerra e, uma vez tendo passado a grande angústia nacional, as paixões sociais entram novamente em repouso.

	Suicídios para cada milhão de habitantes da	
	População urbana	População rural
1866-69	202	104
1870-72	161	110

As constatações devem, contudo, ser ainda mais difíceis de se estabelecer no interior do que nas cidades. A verdadeira razão dessa diferença se encontra, então, alhures. É que a guerra não produz toda a sua ação moral senão sobre a população urbana, mais sensível, mas impressionável e, também, mais a par dos eventos do que a população rural.

Esses fatos não comportam, então, senão uma explicação. É que as grandes comoções sociais, bem como as grandes guerras populares, avivam os sentimentos coletivos, estimulam o espírito de festa tal qual o patriotismo, a fé política e também a fé nacional e, concentrando as atividades na direção de uma mesma meta, determinam, ao menos por um tempo, uma integração mais forte da sociedade. A salutar influência cuja existência acabamos de estabelecer não se deve à crise, mas às lutas das quais essa crise é a causa. Como elas obrigam os homens a se aproximarem para enfrentar o perigo comum, o indivíduo pensa menos em si e mais na coisa comum. Compreende-se, além disso, que essa integração possa não ser puramente momentânea, mas que ela sobreviva por vezes às causas que a suscitaram imediatamente, sobretudo quando ela é intensa.

VI

Estabelecemos, portanto, sucessivamente as três proposições seguintes:

O suicídio varia na razão inversa do grau de integração da sociedade doméstica.

O suicídio varia na razão inversa do grau de integração política.

Essa abordagem demonstra que, se as diferentes sociedades possuem uma influência moderadora sobre o suicídio, isso não acontece por conta de características particulares a cada uma delas, mas em virtude de uma causa que é comum a todas. Não é à natureza especial dos sentimentos religiosos que a religião deve sua eficácia, uma vez que as sociedades domésticas e as sociedades políticas, quando elas se mostram fortemente integradas, produzem os mesmos efeitos; trata-se, além disso, daquilo que já provamos ao estudar diretamente a maneira como as diferentes religiões atuam sobre o suicídio.[195] Inversamente, não é aquilo que o laço doméstico ou o laço político possuem de específico que pode explicar a imunidade que eles conferem;

---

[195] Ver mais acima, livro II, capítulo II..

pois a sociedade religiosa tem o mesmo privilégio. A causa não pode ser encontrada senão em uma mesma propriedade que todos esses grupos sociais possuem, ainda que, talvez, eles a possuam em graus diferentes. Ora, a única propriedade que satisfaz essa condição é o fato de que eles são todos grupos sociais, fortemente integrados. Chegamos, então, a esta conclusão geral: o suicídio varia em razão inversa do grau de integração dos grupos sociais dos quais faz parte o indivíduo.

Mas a sociedade não pode se desintegrar sem que, na mesma medida, o indivíduo seja retirado da vida social, sem que seus fins próprios se tornem preponderantes sobre os fins comuns, sem que sua personalidade, em uma palavra, tenda a se colocar acima da personalidade coletiva. Quanto mais os grupos aos quais ele pertence se enfraquecem, tanto menos ele depende deles, tanto mais, por conseguinte, carece apenas de si mesmo, uma vez que não reconhece outras regras de conduta senão aquelas que estão fundadas nos seus interesses privados. Se então concordarmos em chamar de egoísmo esse estado no qual o eu individual se afirma em excesso diante do eu social e à custa desse eu, poderemos denominar egoísta o tipo particular de suicídio que resulta de uma individuação desmedida.

Mas como o suicídio pode ter tal origem?

De início, poderíamos observar que, porquanto a força coletiva seja um dos obstáculos que podem melhor contê-lo, ela não tem como se enfraquecer sem que essa força se desenvolva. Quando a sociedade está fortemente integrada, ela mantém os indivíduos sob a sua dependência, considera que eles estão a seu serviço e, por conseguinte, não lhes permite dispor deles mesmos de acordo com a sua imaginação. Ela se opõe, consequentemente, àqueles que se subtraem por meio da morte aos deveres que possuem em relação a ela. Mas, quando eles se recusam a aceitar como legítima essa subordinação, como é que ela poderia impor a sua supremacia? Ela não tem mais, portanto, a autoridade necessária para mantê-los em seus postos, caso eles queiram desertar, e, consciente de sua fraqueza, ela chega ao ponto de reconhecer em relação a eles o direito de fazê-lo livremente, o que ela não tem mais o direito de impedir. Na medida em que se admite que eles são senhores de seus destinos, eles detêm a possibilidade de acabar com esses destinos. De sua parte, falta-lhes uma razão para suportar pacientemente as misérias da existência. Pois quando se mostram solidários em relação a um grupo que amam e se empenham por não ferir os interesses para os quais estão habituados a inclinar os seus, eles se esforçam mais obstinadamente para viver. O laço que os liga à sua causa comum os religa à vida e, além disso, a meta à qual eles fixam os olhos os impede de sentir de maneira tão viva as contrariedades privadas. Enfim, em uma sociedade coerente e animada, há de todos para cada um e de cada um para todos uma troca contínua de ideias e de sentimentos, bem como uma mútua assistência moral, que faz com que o indivíduo, em vez de ser reduzido às suas próprias forças, participe da energia coletiva e acabe reconfortando a sua energia nessa primeira quando ela chega ao fim.

Mas essas razões são apenas secundárias. O individualismo excessivo não tem por resultado somente o favorecimento da ação das causas suicidógenas, ele é, por ele mesmo, uma causa desse gênero. Não apenas ele desembaraça de um obstáculo utilmente incômodo a inclinação que impele os homens a se matar, mas cria essa inclinação desde o princípio e faz com que nasça, assim, um suicídio especial no qual ele imprime a sua marca. É isso que importa compreender, pois é isso que constitui a natureza própria do tipo de suicídio que veio a ser distinguido e é por meio disso que se justifica o nome que lhe demos. O que há, então, no individualismo que possa explicar esse resultado?

Diz-se por vezes que, em virtude de sua constituição psicológica, o homem não pode viver se não se liga a um objeto que o ultrapassa e que sobrevive a ele, e tomamos como a razão de ser de tal necessidade um desejo que teríamos de não perecer inteiramente. A vida, diz-se, não é tolerável a não ser que percebamos alguma razão de ser, a não ser que ela tenha uma meta e uma que valha a pena. Ora, o indivíduo, por si mesmo, não é um fim suficiente para a sua atividade. Ele é muito pequeno. Ele não é apenas limitado espacialmente, é estreitamente limitado no tempo.

Portanto, se não temos outro objetivo para além de nós mesmos, não podemos escapar dessa ideia de que nossos esforços estão destinados a finalmente se perder no nada, uma vez que devemos acabar no nada. Mas a aniquilação nos horroriza. Nessas condições, não teríamos coragem de viver, ou seja, de agir e de lutar, uma vez que, por maior que sejam os nossos esforços, não resta nada por fim. Em uma palavra, o estado do egoísmo estaria em contradição com a natureza humana e, por conseguinte, seria precário demais para ter chances de durar.

No entanto, sob essa forma absoluta, a proposição é bastante contestável. Se, verdadeiramente, a ideia de que nosso ser deve chegar ao fim nos fosse a tal ponto odiosa, não poderíamos consentir em viver senão sob a condição de cegar-nos a nós mesmos e tornamo-nos parciais quanto ao valor da vida. Pois, se é possível mascararmos para nós, em certa medida, a visão do nada, não podemos impedi-la de existir; não importa o que façamos, ele é inevitável. Podemos muito bem fazer com que o limite retroceda algumas gerações, com que nosso nome dure alguns anos ou alguns séculos a mais do que o nosso corpo; mas um momento sempre surge – cedo demais para a maior parte dos homens – no qual não resta mais nada dele. Pois os grupos aos quais nos ligamos assim, a fim de podermos, por sua intermediação, prolongar nossa existência, são eles mesmos mortais; também estão destinados por si mesmos a se dissolverem, levando com eles tudo aquilo que colocamos neles de nós mesmos. São infinitamente raros aqueles grupos cuja lembrança está tão estreitamente ligada à história mesma da humanidade para eles estarem certos de durarem tanto quanto ela. Se, então, tivéssemos realmente tal sede de imortalidade, não seriam perspectivas tão curtas que poderiam algum dia servir para aplacá-la. Além disso, o que é que assim subsiste de nós? Uma palavra, um som, um traço imperceptível e, de maneira absolutamente frequente, anônimo,[196] nada, por conseguinte, que esteja em ligação com a intensidade de nossos esforços e que pudesse justificá-los aos nossos olhos. De fato, embora a criança seja naturalmente egoísta, embora ela não experimente a menor necessidade de sobreviver, e ainda que o velho, nesse aspecto tanto quanto em outros, seja muito frequentemente uma criança, ambos não deixam de se manter na existência tanto ou mesmo mais do que o adulto; vimos, com efeito, que o suicídio é muito raro durante os quinze primeiros anos e que ele tende a decrescer durante o período extremo da vida. O mesmo vale para o animal cuja constituição psicológica, no entanto, difere somente em alguns graus da constituição do homem. Portanto, é falso que a vida nunca seja possível exceto sob a condição de possuir fora de si mesma a sua razão de ser.

Com efeito, há toda uma ordem de funções que não interessam senão ao indivíduo; trata-se daquelas funções que são necessárias para a manutenção da vida física. Na medida em que elas são feitas com esse objetivo, elas são tudo aquilo que devem ser quando são atingidas. Por conseguinte, em tudo o que concerne a essas metas, o homem pode agir racionalmente sem ter de se propor fins que o ultrapassem. Eles, os objetivos, servem para alguma coisa pela simples razão de que servem ao homem. Isso acontece porque, na medida em que o homem não tem outros desejos, ele satisfaz a si mesmo e pode viver de maneira feliz sem ter outro objetivo para além de viver. A questão é que esse não é o caso do homem civilizado que chegou à idade adulta. Nele, há uma multiplicidade de ideias, de sentimentos, de práticas que não possuem nenhuma relação com as necessidades orgânicas. A arte, a moral, a religião, a fé política, a própria ciência não têm por papel reparar o uso dos órgãos, nem manter o seu bom funcionamento. Não foi para as solicitações do meio cósmico que toda essa vida suprafísica despertou e se desenvolveu, mas para solicitações do meio social. Foi a ação da sociedade que suscitou em nós esses sentimentos de simpatia e de solidariedade

---

[196] Não estamos falando do prolongamento ideal da existência que leva com ela a crença na imortalidade da alma, pois: 1° não está aí a razão que pode explicar por que a família ou a ligação com a sociedade política nos preservam do suicídio; 2° não é nem mesmo essa crença que produz a influência profilática da religião; nós mostramos isso mais acima.

que nos inclinam para o outro; foi ela que, nos moldando à sua imagem, penetrou-nos dessas crenças religiosas, políticas, morais que governam a nossa conduta; é para podermos desempenhar o nosso papel social que trabalhamos para compreender nossa inteligência e é ainda a sociedade que, ao nos transmitir a ciência por cuja guarda ela é responsável, nos forneceu os instrumentos desse desenvolvimento.

Pelo isso mesmo que essas formas superiores da atividade humana possuem uma origem coletiva, elas possuem um fim da mesma natureza. Como é da sociedade que derivam, é também à sociedade que se ligam; ou são antes a própria sociedade encarnada e individualizada em cada um de nós. Nesse sentido, porém, para que elas tenham aos nossos olhos uma razão de ser, é necessário que o objeto a que visam não seja para nós indiferente. Portanto, não podemos nos ater a uns senão na medida em que nos atemos ao outro, ou seja, à sociedade. Ao contrário, quanto mais nos sentimos afastados da sociedade, tanto mais nos afastamos também dessa vida da qual ela é ao mesmo tempo a fonte e o objetivo. Por que essas regras da moral, esses preceitos do direito que nos obrigam a todos os tipos de sacrifício, esses dogmas que nos perturbam, se não há fora de nós qualquer ser ao qual eles sirvam e ao qual seríamos solidários? Por que a própria ciência? Se ela não tem outra utilidade senão ampliar as nossas chances de sobreviver, ela não vale a pena que ela nos custa. O instinto realiza melhor ainda esse papel; os animais são a prova disso. Onde está, então, a necessidade de substituí-lo por uma reflexão mais hesitante e mais sujeita ao erro? Mas, sobretudo, por que o sofrimento? Um mal positivo para o indivíduo, se é apenas em relação a ele que se deve estimar o valor das coisas, o valor se torna descompensado e ininteligível. Para o fiel firmemente ligado à sua fé, para o homem fortemente engajado nos laços de uma sociedade familiar ou política, o problema não existe. Por si mesmos e sem refletir, ligam o que eles são e o que fazem, um à sua Igreja ou ao seu Deus, símbolo vivo da mesma Igreja, o outro à sua família, o outro à sua pátria ou ao seu partido. Em seus próprios sofrimentos, eles não veem senão meios de servir à glorificação do grupo ao qual pertencem e lhe prestam homenagem. É assim que o cristão chega a amar e a buscar a dor para melhor testemunhar o seu desprezo pela carne e se aproximar mais de seu modelo divino. Mas, na medida em que o crente duvida, quer dizer, na medida em que ele se sente menos solidário à confissão religiosa da qual faz parte e da qual se emancipa, na medida em que família e cidade se tornam estranhas ao indivíduo, ele se torna um mistério para si mesmo, e, assim, não tem como escapar da questão irritante e angustiante: qual é o sentido?

Em outros termos, se, como se disse frequentemente, o homem é duplo, é porque ao homem físico se sobrepõe o homem social. Ora, esse homem pressupõe necessariamente uma sociedade que ele exprime e à qual serve. Quando ela vem, ao contrário, a se desagregar, quando não a sentimos mais viva, girando à nossa volta e acima de nós, também aquilo que há de social em nós se encontra desprovido de todo fundamento objetivo. Ela não é senão uma combinação artificial de imagens ilusórias, uma fantasmagoria que um pouco de reflexão é suficiente para levar à evaporação; nada, por conseguinte, que possa servir como fim para os nossos atos. E, contudo, esse homem social é o todo do homem civilizado; é ele quem dá o preço da existência. Resulta daí que nos faltam as razões para viver; pois a única vida à qual podemos nos ater não responde mais a nada na realidade, e a única que ainda está fundada no real não responde mais às nossas necessidades. Porque fomos iniciados em uma existência mais elevada, a existência com a qual se contentam a criança e o animal não pode mais nos satisfazer e eis aí que a primeira forma de existência nos escapa e nos deixa desamparados. Portanto, não há mais nada a que possam se vincular nossos esforços e temos a sensação de que eles se perdem no vazio. Eis também em que sentido é verdadeiro dizer que falta à nossa atividade um objeto que a ultrapassa. Não porque ele nos seja necessário para nos manter na ilusão de uma imortalidade impossível; é porque ele está implicado em nossa constituição moral e não pode se esconder, mesmo parcialmente, sem que, na mesma medida, ela perca suas razões de ser. Não há necessidade de mostrar que, em tal estado de abalo, as menores causas de desencorajamento podem facilmente fazer com que nasçam resoluções desesperadas. Se a vida não vale a pena, tudo se torna um pretexto para se desembaraçar dela.

Mas isso não é tudo. Esse afastamento não se produz apenas nos indivíduos isolados. Um dos elementos constitutivos de todo temperamento nacional consiste de certo modo em estimar o valor da existência. Há um humor coletivo, assim como há um humor individual, que inclina os povos para a tristeza ou para a alegria, que os faz ver as coisas sob o efeito de cores radiantes ou sombrias. Ao mesmo tempo, a sociedade é a única que consegue apresentar, no que concerne ao valor da vida humana, um julgamento de conjunto pelo qual o indivíduo não é competente. Pois ele não conhece senão a si mesmo e seu pequeno horizonte; sua experiência é, então, restrita demais para poder servir de base a uma apreciação geral. Ele pode muito bem julgar que sua vida não tem nenhum objetivo; ele não pode dizer nada que se aplique aos outros. A sociedade, ao contrário, pode, sem sofisma, generalizar o sentimento que ela tem de si mesma, de seu estado de saúde e de doença. Pois os indivíduos participam de maneira muito estreita de sua vida para que ela possa estar doente sem que eles sejam atingidos. Seu sofrimento se torna necessariamente o sofrimento deles. Porque ela, a sociedade, é o todo, o mal que ela sofre se comunica às partes das quais é feita. Mas, então, ela não pode se desintegrar sem ter consciência de que as condições regulares da vida geral estão sendo perturbadas da mesma maneira. Porque ela é o fim no qual está fixada a maior parte de nós mesmos, ela não pode sentir que escapamos dela sem se dar conta ao mesmo tempo de que nossa atividade queda sem objetivo. Uma vez que somos sua obra, ela não pode ter o sentimento de sua decadência sem experimentar que, apesar disso, essa obra não serve mais a nada. Assim, formam-se correntes de depressão e de desencantamento que não emanam de nenhum indivíduo em particular, mas que exprimem o estado de desagregação em que se encontra a sociedade. O que esses estados traduzem é o relaxamento dos laços sociais, uma espécie de astenia coletiva, de doença social tal qual a tristeza individual; quando é crônica, eles traduzem à sua maneira o mau estado orgânico do indivíduo. Então, aparecem esses sistemas metafísicos e religiosos que, reduzindo a fórmulas esses sentimentos obscuros, procuram demonstrar aos homens que a vida não tem sentido e que é enganar a si mesmo atribuir um sentido a ela. Então, constituem-se morais novas que, erigindo o fato como direito, recomendam o suicídio ou, ao menos, encaminham para aí, recomendando que se viva o mínimo possível. No momento em que essas morais se produzem, parece que elas foram inteiramente inventadas por seus autores e que, às vezes, os últimos são incriminados pelo desencorajamento que pregam. Em realidade, essas morais são um efeito muito mais do que uma causa; elas não fazem outra coisa senão simbolizar, em uma linguagem abstrata e sob uma forma sistemática, a miséria fisiológica do corpo social.[197] E, como essas correntes são coletivas, elas possuem, em decorrência dessa origem, uma autoridade que faz com que elas se imponham ao indivíduo e o impulsionem com ainda mais força no sentido para o qual já se encontra inclinado o estado de desamparo moral que suscitou diretamente nele a desintegração da sociedade. Assim, no momento mesmo em que se emancipa em excesso do meio social, ele sofre ainda a sua influência. Por mais individualizado que cada um seja, há sempre alguma coisa que se mantém coletiva, a depressão e a melancolia que resultam dessa individuação exagerada. Nós compartilhamos a tristeza, quando não se tem nenhuma outra coisa para se colocar em comum.

Esse tipo de suicídio merece, então, perfeitamente o nome que lhe atribuímos. O egoísmo não é um fator simplesmente auxiliar; ele é a causa geradora. Se, nesse caso, o laço que liga o homem à vida se solta, é porque o laço que o liga radicalmente à sociedade está ele mesmo retesado. Quanto aos incidentes da existência privada, que parecem inspirar imediatamente o

---

[197] Eis porque é injusto acusar esses teóricos da tristeza de generalizar as impressões pessoais. Eles são o eco de um estado geral.

suicídio e que são considerados as suas condições determinantes, eles não passam, em realidade, de causas ocasionais. Se o indivíduo cede ao mínimo choque das circunstâncias, isso acontece porque o estado no qual se encontra a sociedade fez dele uma presa completamente pronta para o suicídio.

Muitos fatos confirmam essa explicação. Sabemos que o suicídio é excepcional na criança e que ele diminui no velho que chega aos limites derradeiros da vida; é que, tanto em um quanto no outro, o homem físico tende a se redefinir como o homem total. A sociedade ainda está ausente do primeiro homem, que ela não teve o tempo de formar à sua imagem; ela começa a se retirar do segundo ou, o que significa o mesmo, esse segundo homem se retira dela. Por conseguinte, a criança e o velho são antes autossuficientes. Tendo menos necessidade de se completar por outra coisa que não eles mesmos, eles também se acham menos expostos a não ter aquilo que é necessário para viver. A imunidade do animal não tem outras causas. Ao mesmo tempo, veremos no próximo capítulo que, se as sociedades inferiores praticam um suicídio que lhes é próprio, esse tipo de suicídio do qual acabamos de falar é completamente desconhecido para elas. É que, sendo a vida social muito simples nessas sociedades, as tendências sociais dos indivíduos têm o mesmo caráter e, por conseguinte, lhes falta sempre muito pouca coisa para que fiquem satisfeitos. Fora, eles encontram facilmente um objetivo ao qual podem se ater. Por toda parte aonde ele vai, o primitivo, se ele puder levar consigo os seus deuses e a sua família, tem tudo aquilo que é reclamado por sua natureza social.

Eis, enfim, porque acontece de a mulher poder, mais facilmente do que o homem, viver isoladamente. Quando vemos a viúva suportar sua condição muito melhor do que o viúvo e buscar o casamento com uma paixão menor, somos levados a crer que essa aptidão de não precisar da família é uma marca de superioridade; diz-se que as faculdades afetivas da mulher, sendo muito intensas, encontram facilmente o seu emprego fora do círculo doméstico, enquanto sua devoção, por outro lado, nos é indispensável para nos ajudar a suportar a vida. Em realidade, se ela tem esse privilégio, é porque sua sensibilidade é antes rudimentar do que muito desenvolvida. Como ela vive mais do que o homem fora da vida comum, a vida comum a penetra menos: a sociedade lhe é menos necessária porque ela é menos impregnada de sociabilidade. Ela não tem senão uma pequena necessidade desse lado e se contenta com poucas coisas. Com algumas práticas de devoção, alguns animais para cuidar, a solteirona mais velha tem sua vida completa. Se ela permanece fielmente ligada às tradições religiosas e se, em seguida, encontra aí um útil abrigo contra o suicídio, isso se dá porque essas formas sociais muito simples são suficientes para todas as suas exigências. O homem, ao contrário, se encontra agora acossado por esse modelo. Seu pensamento e sua atividade, à medida que se desenvolvem, ultrapassam cada vez mais esses quadros arcaicos. Mas, então, ele precisa de outros quadros. Uma vez que ele é um ser social mais complexo, não tem como se manter em equilíbrio senão encontrando fora mais pontos de apoio, e é porque sua atitude moral depende de mais condições que ela também se perturba mais facilmente.

CAPÍTULO IV

O SUICÍDIO ALTRUÍSTA[198]

Na ordem da vida, nada é bom desmedidamente. Um caráter biológico não pode realizar os fins aos quais ele deve servir ultrapassando certos limites. O mesmo vale para os fenômenos sociais. Se, como acabamos de ver, uma individuação excessiva conduz ao suicídio, uma individuação insuficiente produz os mesmos efeitos. Quando o homem é apartado da sociedade, ele se mata facilmente, e ele se mata também quando se acha fortemente integrado a ela.

I

As pessoas disseram algumas vezes[199] que o suicídio era desconhecido para as sociedades inferiores. Nesses termos, a asserção é inexata. É verdade que o suicídio egoísta, tal como acabamos de constituí-lo, não parece ser frequente em tais sociedades. Mas existe um outro que se encontra nessas sociedades em um estado endêmico.

Bartholin, em seu livro *De causis contemptae mortis a Danis*, conta que os guerreiros dinamarqueses consideravam uma desonra morrer em suas camas, de velhice ou de doença, e se suicidavam para escapar dessa ignomínia. Os godos acreditavam do mesmo modo que aqueles que morriam de morte natural estavam destinados a permanecer parados eternamente em antros repletos de animais peçonhentos.[200] Nos limites das terras dos visigodos, havia um rochedo elevado, chamado *A Rocha dos Antepassados*, do alto do qual os velhos se precipitavam quando ficavam cansados da vida. Reencontramos o mesmo costume nos trácios, nos hérulos etc. Silvius Italicus diz

---

[198] Bibliografia. – STEINMETZ, "Suicide among primitive peoples", in: *American Anthropologist*, janeiro de 1894. – WAITZ, *Anthropologie der Naturvoelker, passim*. – "Suicides dans les armées", in: *Journal de la société de statistique*, 1874, p. 250. – MILLAR, "Statistic of military suicide", in: *Journal of the statistical society*, Londres, junho de 1874. – MESNIER, *Du suicide dans l'armée*, Paris, 1881. – BOURNET, *Criminalité en France et en Italie*, p. 83 e seg. – ROTH, "Die Selbstmorde in der K. u. K. Armee, in den lahren 1873-80", in: *Statistische Monatschrift*, 1892. – ROSENFELD, "Die Selbstmorde in der Preussischen Armee", in: *Militarwochenblatt*, 1894, 3° caderno anexo. – DO MESMO AUTOR, "Der Selbstmord in der K. u. K. oest erreischischen Heere", in : *Deutsche Worte*, 1893. – ANTONY, "Suicide dans l'armée allemande", in: *Arch. de méd. et de phar. militaire*, Paris, 1895.
[199] OETTINGEN, *Moralstatistik*, p. 762.
[200] Citado segundo BRIERRE DE BOISMONT, p. 23.

dos celtas espanhóis: "Trata-se de uma nação pródiga de seu sangue e muito inclinada a acelerar a morte. Desde que o celta ultrapassa os anos da força florescente, ele passa a suportar de maneira impaciente o curso do tempo e despreza a possibilidade de conhecer a velhice; o termo de seu destino está em sua mão".[201] Eles também prometiam uma estada de delícias para aqueles que se matavam e um subterrâneo temeroso para aqueles que morriam de doença ou de decrepitude. O mesmo uso foi mantido durante muito tempo na Índia. Essa complacência com o suicídio talvez não se encontre nos Vedas, mas era certamente muito antiga. A propósito do suicídio do brâmane Calanus, Plutarco diz: "Ele sacrifica a si mesmo tal como era indicado pelo costume dos sábios do país";[202] e Quinto Cúrcio: "Existe entre eles uma espécie de homens selvagens e grosseiros, aos quais se dá o nome de sábios. Aos seus olhos, é uma glória prever o dia da morte, e eles se deixam queimar vivos logo que o avançar da idade ou da doença começa a atormentá-los. A morte, quando esperamos por ela, é, segundo eles, a desonra da vida; eles também não prestam nenhuma honra aos corpos que são destruídos pela velhice. O fogo seria contaminado se ele não recebesse o homem ainda respirando".[203] Fatos semelhantes são assinalados em Fiji,[204] nas Novas Hébridas, em Manga etc.[205] Em Ceos, os homens que tinham ultrapassado certa idade se reuniam em um festim solene no qual, com a cabeça coroada de flores, eles bebiam alegremente a cicuta.[206] Nós encontramos as mesmas práticas entre os trogloditas[207] e entre os séricos, renomados, no entanto, por sua moralidade.[208]

Para além da velhice, nós sabemos que, entre os mesmos povos, as viúvas são, com frequência, obrigadas a se matar depois da morte de seus maridos. Essa prática bárbara é totalmente inveterada nas morais hindus, tão inveterada que ela persiste apesar dos esforços ingleses. Em 1817, 706 viúvas se suicidaram na única província de Bengala e, em 1821, foram computadas 2.366 mortes voluntárias de viúvas na Índia inteira. Além disso, quando um príncipe ou um chefe morre, seus serviçais são obrigados a não sobreviver a ele. Esse era o caso na Gália. Os funerais dos chefes, diz Henri Martin, eram hecatombes sangrentas, queimavam-se aí solenemente suas roupas, seus braços, seus cabelos, seus escravos favoritos, aos quais se juntavam os

---

[201] *Púnica*, I, 225 e seg.
[202] *Vida de Alexandre*, CXIII.
[203] VIII, 9.
[204] Ver WYATT GILL, *Myths and songs of the South Pacific*, p. 163.
[205] FRAZER, *Golden Bough*, tomo I, p. 216 e seg.
[206] ESTRABÃO, § 486. – ELIEN, ver H. 337.
[207] DIODORO DA SICÍLIA, III, 33, §§ 5 et 6.
[208] POMPÔNIO Mela, III, 7.

devotados que não tinham morrido no último combate.²⁰⁹ Jamais um devotado deveria sobreviver ao seu chefe. Entre os axântis, no momento da morte do rei, era uma obrigação para seus oficiais morrer.²¹⁰ Observadores encontraram o mesmo hábito no Havaí.²¹¹

O suicídio, portanto, é certamente muito frequente entre os povos primitivos. Mas ele apresenta aí características muito particulares. Todos os fatos que foram reportados entram, com efeito, em uma das três categorias seguintes:

1º Suicídios de homens que chegaram ao seio da velhice ou que são tomados pela doença;

2º Suicídios de mulheres por ocasião da morte dos seus maridos;

3º Suicídios de clientes ou de serviçais por conta da morte dos seus chefes.

Ora, em todos esses casos, se o homem se mata, não é porque ele arroga a si tal direito, mas, o que é bem diferente, *porque ele tem o dever de se matar*. Se ele falta a essa obrigação, é punido pela desonra e, também, o que ocorre com grande frequência, por castigos religiosos. Sem dúvida, quando se fala de velhos que se mataram, tendemos, à primeira vista, a acreditar que a causa dessa ação está na lassidão ou nos sofrimentos ordinários dessa idade. Mas se, verdadeiramente, esses suicídios não tivessem outra origem, se o indivíduo se matasse unicamente para se desembaraçar de uma vida insuportável, ele não seria obrigado a realizar tal ato; não se é jamais obrigado a gozar de um privilégio. Ora, vimos que, se ele continua vivendo, a estima pública o abandona: aqui, as honras ordinárias dos funerais lhe são recusadas, lá, uma vida temerosa deveria esperar por ele para além do túmulo. A sociedade pesa, então, sobre ele para levá-lo a se destruir. Sem dúvida, ela intervém também no suicídio egoísta; mas sua intervenção não se faz da mesma maneira nos dois casos. Em um, ela se contenta em apresentar para o homem uma linguagem que o retira da existência; no outro, ela lhe prescreve formalmente a saída. Lá, ela sugere ou aconselha no máximo; aqui, ela obriga e é por ela que são determinadas as condições e as circunstâncias que tornam exigível essa obrigação.

É também com vistas aos fins sociais que ela impõe esse sacrifício. Se o cliente não deve sobreviver a seu chefe e ou o servidor a seu príncipe, isso acontece porque a constituição da sociedade implica entre os devotados e os seus patrões, entre os oficiais e o rei uma dependência tão estreita que ela exclui toda ideia de separação. É preciso que o destino de um seja ao mesmo tempo o destino dos outros. Os sujeitos devem seguir seu mestre por toda parte, mesmo para além do túmulo, assim como suas vestes e suas armas; se

---

²⁰⁹ *Histoire de France*, 1, 81. Cf. CÉSAR, *De Bello Gallico*, VI, 19.
²¹⁰ Ver SPENCER, *Sociologie*, tomo II, p. 146.
²¹¹ Ver JARVES, *History of the Sandwich Islands*, 1843, p. 108.

pudéssemos conceber as coisas de outro modo, a subordinação social não seria tudo o que ela deve ser.[212] O mesmo vale para a mulher em relação ao marido. Quanto aos velhos, eles são obrigados a não esperar pela morte; e é provável que isso aconteça, ao menos em um número muito grande de casos, por razões religiosas. Com efeito, é no chefe da família que se diz residir o espírito que a protege. Por outro lado, admite-se que um Deus que habita um corpo estranho participa da vida desse último, passa pelas mesmas fases de saúde e de doença e, ao mesmo tempo, envelhece. Portanto, a idade não pode diminuir as forças de um sem que o outro seja ao mesmo tempo enfraquecido, sem que o grupo, por conseguinte, seja ameaçado em sua existência, uma vez que ele não seria mais protegido senão por uma divindade sem vigor. Eis aí a razão pela qual, no interesse comum, o pai é obrigado a não esperar pelo limite extremo da vida para transmitir aos seus sucessores o depósito precioso do qual ele é o guardião.[213]

Essa descrição é suficiente para determinar do que dependem esses suicídios. Para que a sociedade possa, assim, constranger certos membros seus a se matarem, é necessário que a personalidade individual não valha senão muito pouco. Pois, desde que ela começa a se constituir, o direito de viver é o primeiro que lhe é reconhecido; ao menos, ele não é suspenso senão em circunstâncias muito excepcionais, como a guerra. Mas essa fraca individuação não pode ter, ela mesma, senão uma única causa. Para que o indivíduo tenha tão pouco lugar na vida coletiva, é necessário que ele seja quase totalmente absorvido no grupo e, por conseguinte, que o grupo seja integrado de uma maneira muito forte. Para que as partes tenham tão pouca existência própria, é necessário que o todo forme uma massa compacta e contínua. E, com efeito, mostramos em outro lugar que essa coesão maciça é bem aquela de sociedades nas quais observamos as práticas precedentes.[214]

Como elas não compreendem senão um pequeno número de elementos, todo mundo vive aí a mesma vida; tudo é comum a todos, ideias, sentimentos, ocupações. Ao mesmo tempo, sempre porque o grupo é pequeno, ele está próximo de cada um e pode, assim, não perder ninguém de vista; resulta daí que a vigilância coletiva está presente em todos os instantes e que ela se estende a tudo, prevendo mais facilmente as divergências. Os meios faltam, então, para que o indivíduo possa construir para si um meio especial,

---

[212] É provável que também haja no fundo dessas práticas a preocupação de impedir o espírito do morto de retornar para terra para buscar as coisas e os seres que lhe eram próximos. Mas essa preocupação mesma implica que os servos e os clientes estejam estreitamente subordinados ao mestre, que eles sejam dele inseparáveis e que, além disso, para evitar as infelicidades que resultariam da persistência do espírito sobre essa terra, eles devem se sacrificar em nome do interesse comum.

[213] Ver FRAZER, *Golden Bough*, loc. cit. et passim.

[214] Ver *Divisão do trabalho social*, passim.

sob o abrigo do qual ele pudesse desenvolver sua natureza e produzir para si uma fisionomia que não seria senão a sua. Indistinto de seus companheiros, ele não é senão uma parte *aliquot* do todo, sem valor por ele mesmo. Sua pessoa tem tão pouco valor que os atentados dirigidos contra ela pelos particulares não são o objeto senão de uma repressão relativamente indulgente. Portanto, é natural que ele esteja ainda menos protegido contra as exigências coletivas e que a sociedade, pela menor razão, não hesite em exigir-lhe pôr um fim em uma vida que ela considera iníqua.

Estamos, portanto, em presença de um tipo de suicídio que se distingue do precedente por características nítidas. Enquanto esse suicídio se deve a um excesso de individuação, aquele tem por causa uma individuação rudimentar demais. Um provém de que a sociedade, desagregada em certos pontos ou mesmo em seu conjunto, deixa que o indivíduo lhe escape; o outro, de que ela lhe coloca muito estreitamente sob a sua dependência. Uma vez que chamamos de egoísmo o estado no qual se encontra o eu quando ele vive sua vida pessoal e não obedece senão a si mesmo, a palavra altruísmo exprime bem o estado contrário, aquele no qual o eu não pertence a si mesmo, no qual ele se confunde com outra coisa diversa de si, na qual o polo de sua conduta está situado fora de si, a saber, em um dos grupos dos quais ele faz parte. É por isso que chamaremos de suicídio *altruísta* aquele suicídio que resulta de um intenso altruísmo. Mas como ele apresenta, além disso, esse traço característico que é realizado como um dever, importa dizer que a terminologia adotada exprime essa particularidade. Com isso, daremos o nome de *suicídio altruísta obrigatório* ao tipo assim constituído.

A reunião desses dois adjetivos é necessária para defini-lo; pois nem todo suicídio altruísta é necessariamente obrigatório. Há suicídios altruístas que não são tão expressamente impostos pela sociedade, mas que possuem um caráter mais facultativo. Dito de outro modo, o suicídio altruísta é uma espécie que compreende muitas variedades. Nós acabamos de determinar uma; vejamos as outras.

Nessas mesmas sociedades das quais acabamos de falar ou em outras do mesmo gênero, observamos frequentemente suicídios nos quais o móvel imediato e aparente é dos mais fúteis. Tito Lívio, César, Valério Máximo nos falam, não sem um espanto misturado com admiração, da tranquilidade com a qual os bárbaros da Gália e da Germânia se matavam.[215] Havia celtas que se engajavam em se deixar matar por um pouco de vinho ou por dinheiro[216]. Outros se arrogavam não recuar nem mesmo diante das chamas do incêndio

---

[215] CÉSAR, *Guerra da Gália*, VI, 14. – VALÉRIO MÁXIMO, VI, 11 et 12. – PLÍNIO, *Hist. nat.*, IV, 12.
[216] POSIDÔNIO, XXIII, ap. *ATHEN. DEIPNO*, IV, 154.

nem diante das ondas do mar.²¹⁷ Os viajantes modernos observaram práticas semelhantes em uma multiplicidade de sociedades inferiores. Na Polinésia, uma leve ofensa é com muita frequência suficiente para determinar um homem ao suicídio.²¹⁸ O mesmo acontece com os índios da América do Norte; basta uma querela conjugal ou um movimento de ciúme para que um homem ou uma mulher se matem.²¹⁹ Entre os Dacotas, entre os Creeks, o menor desapontamento leva frequentemente a resoluções desesperadas.²²⁰ Conhece-se a facilidade com a qual os japoneses abrem o seu ventre pela razão mais insignificante. Relata-se mesmo que eles praticam uma espécie de duelo estranho no qual os adversários lutam, não por meio da habilidade de se atingir mutuamente, mas pela destreza de se abrir o ventre com suas próprias mãos.²²¹ Assinalam-se fatos análogos na China, na Cochinchina, no Tibete e no reino de Sião.

Em todos esses casos, o homem se mata sem ser expressamente obrigado a se matar. Não obstante, esses suicídios não são de uma natureza diversa dos suicídios obrigatórios. Se a opinião não lhes impõe formalmente o suicídio, ela não deixa de ser favorável a ele. Como é, então, uma virtude, e mesmo a virtude por excelência, não se prender à existência, elogia-se aquele que renuncia a ela por conta da menor solicitação das circunstâncias ou mesmo por simples bravata. Portanto, um prêmio social está ligado ao suicídio que é, por esse mesmo prêmio, encorajado, e a recusa a essa recompensa possui, ainda que em um grau menor, os mesmos efeitos que um castigo propriamente dito. O que se faz em um caso para escapar de uma desonra, faz-se no outro para conquistar mais estima. Quando se está habituado desde a infância a não fazer um grande caso da vida e a desprezar aqueles que se apegam a ela excessivamente, é inevitável que o mais leve pretexto funcione como um pretexto para que seja possível se apartar dela. Decide-se, sem esforço, por um sacrifício que custa tão pouco. Essas práticas se ligam, então, exatamente como o suicídio obrigatório, ao que há de mais fundamental na moral das sociedades inferiores. Porque elas podem se manter apenas se o indivíduo não tiver interesses próprios, é preciso que o indivíduo esteja treinado para a renúncia e para uma abnegação sem divisão; é daí que provêm esses suicídios, em parte espontâneos. Exatamente como aqueles que a sociedade prescreve mais explicitamente, eles se devem a esse estado de impessoalidade ou, como dissemos, de altruísmo, que pode ser considerado como a característica moral do primitivo. É por isso que nós lhe

---

²¹⁷ ELIEN, XII, 23.
²¹⁸ WAITZ, *Anthropologie der Naturvoelker*, tomo VI, p. 115.
²¹⁹ *Ibid.*, tomo III, 1ª ed. Hoelfte, p. 102.
²²⁰ Mary EASTMAN, *Dacotah*, p. 89, 169. – LOMBROSO, *L'uomo delinquente*, 1884, p. 51.
²²¹ LISLE, *op. cit.*, p. 333.

daremos igualmente o nome de altruístas, e se, para melhor ressaltar aquilo que possuem de especial, devermos acrescentar que eles são facultativos, será preciso simplesmente entender por essa palavra que eles são menos expressamente exigidos pela sociedade do que quando são estritamente obrigatórios. Essas duas variedades são mesmo tão estreitamente aparentadas que é impossível demarcar o ponto em que começa uma e termina a outra.

Há, enfim, outros casos nos quais o altruísmo incita mais diretamente e com mais violência ao suicídio. Nos exemplos que precedem, ele não determinava o homem a se matar senão com o concurso das circunstâncias. Era necessário que a morte fosse imposta pela sociedade como um dever ou que qualquer ponto de honra estivesse em jogo, ou, ao menos, que algum evento desagradável tivesse consumado a depreciação da existência aos olhos da vítima. Mas chega-se mesmo ao ponto em que o indivíduo se sacrifica unicamente pela alegria do sacrifício, porque a renúncia, em si e sem razão particular, é considerada louvável.

A Índia é a terra clássica desses tipos de suicídio. Já sob a influência do bramanismo, o hindu se matava facilmente. As leis do Manu não recomendam, é verdade, o suicídio senão com certas reservas. É preciso que o homem tenha já chegado a certa idade, que tenha deixado ao menos um filho. Todavia, tendo preenchido essas condições, ele não tem o que fazer da vida. "O brâmane que se apartou de seu corpo por uma das práticas colocadas em uso pelos grandes santos, isento de aflição e de temor, é admitido com honra na estada do Brama".[222] Por mais que se tenha com frequência acusado o budismo de ter impelido esse princípio até as suas consequências mais extremas e erigido o suicídio como uma prática religiosa, em realidade, ele antes o condenou. Sem dúvida alguma, ele ensinava que o que havia de supremamente desejável era se aniquilar no Nirvana; todavia, essa suspensão do ser pode e deve ser obtida nessa vida e não há necessidade de manobras violentas para realizá-la. Não obstante, a ideia de que o homem deve fugir da existência está a tal ponto no espírito da doutrina e se conforma com as aspirações do espírito hindu que nós a reencontramos com formas diferentes nas diversas seitas que nasceram do budismo ou que se constituíram ao mesmo tempo que ele. É o caso do jainismo. Ainda que um dos livros canônicos do jainismo reprove o suicídio, criticando-o por aumentar o valor da vida, inscrições recolhidas em um número muito grande de santuários demonstram que, sobretudo entre os jainistas do sul, o suicídio religioso foi uma prática muito frequente.[223] O fiel deixava se morrer de fome.[224] No hinduísmo, o hábito de buscar a morte nas águas do Ganges ou de outros rios

---

[222] *As leis do Manu*, VI, 32 (tradução de LOISELEUR).
[223] BARTH, *The religions of India*, Londres, 1891, p. 146.
[224] BÜHLER, Über die Indische Secte der Jaïna, Viena, 1887, p. 10, 19 e 37.

sagrados era muito difundido. As inscrições mostram-nos reis e ministros que se preparam para acabar, assim, os seus dias,[225] e as pessoas afirmam que, no começo do século, essas superstições não tinham desaparecido completamente.[226] Entre os bhils, havia um rochedo do qual as pessoas se precipitavam por piedade, a fim de se devotar a Shiva;[227] em 1822, um oficial ainda assistiu a um desses sacrifícios. Quanto à história desses fanáticos que se deixam esmagar em massa sob as rodas do ídolo Jaganatha, essa história se tornou clássica.[228] Charlevoix já tinha observado ritos do mesmo gênero no Japão: "Nada é mais comum, ele diz, do que ver, ao longo da costa marítima, barcos cheios de fanáticos que se precipitam na água carregados de pedras ou que furam seus barcos e se deixam submergir aos poucos entoando cantos em louvor a seus ídolos. Um grande número de espectadores os segue com os olhos e exalta aos céus seu valor, pedindo-lhes, antes que eles desapareçam, a sua bênção. Os sectários de Amida se deixam fechar e emparedar em cavernas nas quais eles não têm espaço suficiente nem mesmo para ficar sentados e nas quais não conseguem respirar senão por uma pequena saída de ventilação. Ali, eles se deixam morrer tranquilamente de fome. Outros sobem até o pico de rochedos muito altos, em baixo dos quais há minas de enxofre das quais saem de tempos em tempos labaredas. Eles não param de invocar seus deuses; eles imploram para que eles aceitem o sacrifício de suas vidas e pedem que alguma das labaredas se levante. No momento em que aparece uma, eles a consideram um indício do consentimento dos deuses e se jogam de cabeça no fundo dos abismos... A memória desses pretensos mártires carrega grande veneração".[229]

Não há, portanto, outros suicídios nos quais o caráter altruísta esteja mais marcado. Em todos esses casos, com efeito, vemos o indivíduo aspirar a se despir de seu ser pessoal para se perder nessa outra coisa que ele considera sua verdadeira essência. Pouco importa o nome que ele lhe dá, é nela e somente nela que ele acredita existir, e é por isso que tende tão energicamente a se confundir com ela. Isso acontece, então, porque ele considera a si mesmo como não tendo uma existência própria. A impessoalidade é aqui levada ao seu máximo; o altruísmo encontra-se em um estado agudo. Mas, dir-se-ia, esses suicídios não provêm simplesmente do fato de que o homem acha a vida triste? É claro que, quando nós nos matamos com essa espontaneidade, não nos apegamos muito à existência da qual fazemos, por

---

[225] BARTH, *op. cit.*, p. 279.
[226] HEBER, *Narrative of a Journey through the Upper Provinces of India*, 1824-25, capítulo XII.
[227] FORSYTH, *The Highlands of Central India*, Londres, 1871, p. 172-175.
[228] V. BURNELL, *Glossary*, 1886, no que concerne à palavra *Jagarnnath*. A prática quase desapareceu; não obstante, ainda foram observados casos isolados até os nossos dias. V. STIRLING, *Asiat. Resch.*, tomo XV, p. 324.
[229] *Histoire du Japon*, tomo II.

conseguinte, uma imagem mais ou menos melancólica. Quanto a isso, porém, todos os suicídios se assemelham. Seria, no entanto, um grave erro não fazer nenhuma distinção entre eles; pois essa imagem não tem sempre a mesma causa e, com isso, apesar das aparências, não é a mesma em casos diferentes. Enquanto a angústia é triste porque não vê nada de real no mundo para além do indivíduo, a tristeza do altruísta imoderado decorre, ao contrário, de que o indivíduo lhe parece destituído de toda realidade. Um está apartado da vida porque, não percebendo nenhum fim ao qual ele pudesse se ligar, ele se sente inútil e sem razão de ser, o outro, porque possui um objetivo, mas esse se encontra situado fora dessa vida, que se lhe apresenta desde então como um obstáculo. A diferença das causas também se acha nos efeitos e a melancolia de um é de uma natureza totalmente diversa daquela do outro. A melancolia do primeiro é feita de um sentimento de lassidão incurável e de morno abatimento, ela exprime uma diminuição completa da atividade que, não podendo ser empregada de maneira útil, colapsa sobre si mesma. A melancolia do segundo, ao contrário, é feita de esperança; pois ela se deve justamente às, para além dessa vida, perspectivas mais belas que são entrevistas. Ela implica mesmo o entusiasmo e os elãs de uma fé impaciente por se satisfazer e que se afirma por meio dos atos de uma grande energia.

De resto, por ela mesma, a maneira mais ou menos sombria como um povo concebe a existência não é suficiente para explicar a intensidade de sua inclinação para o suicídio. O cristão não imagina a sua estada sobre a terra sob um aspecto mais agradável do que o seguidor de Jina. Ele não vê aí senão um tempo de provações dolorosas; ele também julga que sua pátria verdadeira não se acha nesse mundo e, no entanto, sabemos qual é a aversão que o cristianismo professa e inspira pelo suicídio. É que as sociedades cristãs produzem para o indivíduo um espaço maior do que as sociedades anteriores. Elas atribuem ao indivíduo deveres pessoais que ele precisa cumprir e lhe interditam a possibilidade de escapar desses deveres; é apenas conforme a maneira como ele cumpre o papel que lhe cabe aqui embaixo que ele é admitido ou não nas delícias do além, e essas delícias são tão pessoais quanto as obras que dão direito a elas. Assim, o individualismo moderado que está presente no espírito do cristianismo o impediu de favorecer o suicídio, a despeito de suas teorias sobre o homem e sobre seu destino.

Os sistemas metafísicos e religiosos que servem como quadro lógico para essas práticas morais terminam por provar que esses sistemas são a sua origem e a sua significação. Há muito tempo, com efeito, observou-se que elas coexistem geralmente com crenças panteístas. Sem dúvida alguma, o jainismo, tanto quanto o budismo, é ateu; mas o panteísmo não é necessariamente teísta. O que o caracteriza essencialmente é ideia segundo a qual o que há de real no indivíduo é estranho à sua natureza, que a alma que o anima não é sua alma e que, por conseguinte, ele não possui existência pessoal. Ora, esse dogma está na base das doutrinas hindus; nós o encontramos já no bramanismo. Inversamente, lá onde o princípio dos seres não se confunde com eles, mas é concebido ele mesmo sob uma forma individual, ou seja, tal como acontece nos povos monoteístas como os judeus, os cristãos, os maometanos ou os politeístas como os gregos e os latinos, essa forma do suicídio é excepcional. Jamais o encontramos no estado de prática ritual. É, então, entre ela e o panteísmo que há provavelmente uma relação. Qual é essa relação?

Não se pode admitir que tenha sido o panteísmo que produziu o suicídio. Não são ideias abstratas que conduzem os homens e não se teria como explicar o desenvolvimento histórico pelo jogo de puros conceitos metafísicos. Nos povos tanto quanto nos indivíduos, as representações têm antes de tudo por função exprimir a realidade que elas não produzem; elas provêm, ao contrário, dessa realidade e, se elas podem servir em seguida para modificá-la, isso nunca acontece senão em uma medida restrita. As concepções religiosas são produtos do meio social e não produzem de modo algum esse meio; e se, uma vez formadas, elas reagem sobre as causas que lhes engendraram, essa reação não teria como ser muito profunda. Se, então, o que constitui o panteísmo é uma negação mais ou menos radical de toda individualidade, tal religião não pode se formar senão no seio de uma sociedade na qual, de fato, o indivíduo não tem significado algum, ou seja, na qual ele se acha quase completamente perdido no grupo. Pois os homens não podem representar para si o mundo senão à imagem do pequeno mundo social no qual eles vivem. O panteísmo religioso não é, então, senão uma consequência e um reflexo da organização panteísta da sociedade. Por conseguinte, também é na sociedade que se encontra a causa desse suicídio particular que se apresenta por toda parte em conexão com o panteísmo.

Eis aí, então, constituído um segundo tipo de suicídio que compreende ele mesmo três variedades: o suicídio altruísta obrigatório, o suicídio altruísta facultativo e o suicídio altruísta agudo, do qual o suicídio místico é o modelo perfeito. Sob essas diferentes formas, ele contrasta da maneira mais intensa possível com o suicídio egoísta. Um está ligado a essa rude moral que não estima de maneira alguma aquilo que interessa apenas ao indivíduo; a outra é solidária a essa ética refinada que coloca em uma posição tão elevada a personalidade humana que essa não pode mais se subordinar a nada. Há, então, entre eles, toda a distância que separa os povos primitivos das nações mais cultivadas.

Não obstante, se as sociedades inferiores são, por excelência, o terreno do suicídio altruísta, esse suicídio também pode ser encontrado nas civilizações mais recentes. Pode-se notoriamente classificar sob essa rubrica a morte de certo número de mártires cristãos. Trata-se aqui, com efeito, de suicidas que, como todos esses neófitos, se não se matam por si mesmos, se deixam voluntariamente matar. Se não se matassem por eles mesmos, buscariam a morte com todas as suas forças e se conduziriam de maneira tal a torná-la inevitável. Ora, para que haja o suicídio, basta que o ato, do qual a morte deve resultar necessariamente, tenha sido levado a termo pela vítima com conhecimento de causa. Por outro lado, a paixão entusiasta com a qual os fiéis da nova religião se dirigiam para além do último suplício mostra que, nesse momento, eles tinham alienado completamente a sua personalidade em proveito da ideia de que teriam se tornado os seus servos. É provável que as epidemias de suicídio que, reiteradamente, desolaram os monastérios durante a Idade Média e que parecem ter sido determinadas pelo excesso do fervor religioso, fossem da mesma natureza.[230]

Nas sociedades contemporâneas, como a personalidade individual está cada vez mais liberta da personalidade coletiva, tais suicídios não têm como ser muito difundidos. Pode-se dizer, sem dúvida alguma, de soldados que preferem a morte à humilhação da derrota, tal como o comandante Beaurepaire e o almirante Villeneuve, assim como de infelizes que se matam para evitar uma desonra para a sua família, que eles cedem a motivos altruístas. Pois, se tanto uns quanto outros renunciam à vida, isso acontece porque há alguma coisa que eles amam mais do que a si mesmos. Mas esses são casos isolados que não se produzem senão excepcionalmente.[231] Não obstante, ainda hoje, existe entre nós um meio especial no qual o suicídio altruísta se acha em estado crônico: trata-se do exército.

II

Trata-se de um fato geral em todos os países da Europa que a aptidão dos militares para o suicídio é muito superior àquela da população civil da mesma idade. A diferença para mais varia entre 25 e 900 % (Ver quadro XXIII).

---

[230] Chamou-se de *acedia* o estado moral que determina esses suicídios. Ver BOURQUELOT, *Recherches sur les opinions et la législation en matière de mort volontaire pendant le Moyen Âge*.
[231] É provável que os suicídios tão frequentes entre os homens da Revolução se devam, ao menos em parte, a um estado de espírito altruísta. Nesses tempos de lutas interiores, de entusiasmo coletivo, a personalidade individual tinha perdido seu valor. Os interesses da pátria ou do partido têm precedência sobre tudo. A multiplicidade das execuções capitais, sem dúvida, provém da mesma causa. Matava-se tão facilmente quanto as pessoas se matavam.

QUADRO XXIII

Comparação dos suicídios militares e dos suicídios civis nos principais países da Europa

	Suicídios por		Coeficiente de agravamento dos soldados em relação aos civis
	1 milhão de soldados	1 milhão de civis da mesma idade	
Áustria (1876-90)	1.253	122	10
Estados Unidos (1870-84)	680	80	8,5
Itália (1876-90)	407	77	5,2
Inglaterra (1876-90)	209	79	2,6
Württemberg (1846-58)	320	170	1,92
Saxônia (1847-58)	640	369	1,77
Prússia (1876-90)	607	394	1,50
França (1876-90)	333	265	1,25

A Dinamarca é o único país no qual o contingente das duas populações é sensivelmente o mesmo, 388 por cada milhão de civis e 382 por cada milhão de soldados durante os anos 1845-56. Além disso, os suicídios de oficiais não estão compreendidos nessa cifra.[232]

Surpreende tanto mais à primeira vista que um número grande de causas pareça preservar o exército do suicídio. De início, os indivíduos que o compõem representam, do ponto de vista físico, a fina flor do país. Triados com muito cuidado, eles não possuem vícios orgânicos que sejam graves.[233] Além disso, o espírito de corpo, a vida em comum deveria ter aqui a influência profilática que exerce em outros lugares. De onde provém, então, um agravamento tão considerável?

Pelo fato de os simples soldados nunca se casarem, incriminou-se o celibato. De início, porém, o celibato não deveria ter no exército consequências tão funestas quanto na vida civil; pois, tal como acabamos de dizer, o soldado não é alguém isolado. Ele é membro de uma sociedade muito fortemente constituída que está por natureza em condições de substituir a família. Mas, sem levar em consideração essa hipótese, há um meio de isolar esse fator. Basta comparar os suicídios dos soldados com aqueles dos celibatários

---

[232] As cifras relativas aos suicídios de militares remetem seja a documentos oficiais, seja a WAGNER (*op. cit.*, p. 229 e segs.); as cifras relativas aos suicídios civis, aos documentos oficiais, às indicações de Wagner ou a Morselli. Para os Estados Unidos, nós supusemos que a idade média no exército seria, como na Europa, de 20 a 30 anos.
[233] Uma nova prova da ineficácia do fator orgânico em geral e da seleção matrimonial em particular.

da mesma idade; o quadro XXI, cuja importância vemos mais uma vez, nos permite essa comparação. Durante os anos de 1888 a 1891, computaram-se na França 380 suicídios para cada milhão do efetivo; no mesmo momento, os jovens de 20 a 25 anos não forneciam senão 237. Para cada 100 suicídios de celibatários civis há, então, 160 suicídios militares; o que indica um coeficiente de agravação igual a 1,6, completamente independente do celibato.

Se computarmos à parte os suicídios dos suboficiais, esse coeficiente é ainda mais elevado. Durante o período de 1867 a 1874, um milhão de suboficiais apresentava uma média anual de 993 suicídios. De acordo com uma recensão de 1886, eles tinham uma idade média de mais ou menos 31 anos. Ignoramos, é verdade, a que cifra chegavam outrora os suicídios celibatários de 30 anos; os quadros que preparamos se referem a uma época muito mais recente (1889-1891) e são os únicos que existem: mas, ao tomarmos como pontos de referência as cifras que eles nos dão, o erro que eventualmente cometemos não poderia ter outro efeito senão reduzir o coeficiente de agravamento dos suboficiais para um nível abaixo daquele que seria o verdadeiro. Com efeito, tendo o número de suicídios praticamente dobrado de um desses períodos para o outro, a taxa dos solteiros da idade considerada certamente aumentou. Por conseguinte, comparando os suicídios dos suboficiais de 1867 a 1874 com os dos jovens de 1889 a 1891, poderíamos muito bem atenuar, mas não piorar a má influência da profissão militar. Se, então, apesar desse erro, nós nos deparamos, contudo, com um coeficiente de agravamento, poderíamos estar seguros não apenas quanto ao fato de que ele é real, mas também quanto ao fato de que ele é sensivelmente mais importante do que parecerá segundo o cálculo. Ora, em 1889-1891, um milhão de solteiros de 31 anos dava uma cifra de suicídios compreendida entre 394 e 627, ou seja, mais ou menos, 510. Esse número está para 993 como 100 está para 194; o que implica um coeficiente de agravamento de 1,94, que nós podemos quase elevar a 4, sem medo de ultrapassar a realidade.[234]

Enfim, o corpo dos oficiais apresentou, em média, de 1862 a 1878, 430 suicídios para cada um milhão de sujeitos. A sua idade média, que não teve como variar muito, era, em 1866, de 37 anos e 9 meses.

Como muitos deles são casados, eles não devem ser comparados com os solteiros dessa idade, mas com o conjunto da população masculina, jovens e casados reunidos. Ora, aos 37 anos, entre 1863 e 1868, um milhão de homens de todos os estados civis não apresentava senão um pouco mais do

---

[234] Durante os anos de 1867 a 1874, a taxa dos suicídios foi de mais ou menos 140; entre 1889 e 1891, ela é de 210 a 220, ou seja, houve aqui um aumento de quase 60%. Se a taxa dos solteiros cresceu na mesma medida, e não há nenhuma razão para que as coisas tenham acontecido de maneira diversa, o coeficiente de agravação não foi durante o primeiro desses períodos senão de 310, o que elevaria a 3,11 tal coeficiente nos suboficiais. Se não falamos de suboficiais depois de 1874, é que, a partir desse momento, passou a haver cada vez menos suboficiais de carreira.

que 200 suicídios. Esse número está para 430 como 100 está para 215, o que gera um coeficiente de agravamento de 2,15, que não depende em nada do casamento nem da vida familiar.

Esse coeficiente, que, segundo os diferentes graus da hierarquia, varia de 1,6 a quase 4, não pode ser evidentemente explicado senão por causas próprias ao estado militar. É verdade que não estabelecemos diretamente a existência de tal coeficiente senão para a França; para os outros países, faltam-nos os dados necessários para isolar a influência do celibato. Mas, como o exército francês se mostra justamente como aquele que é menos exposto ao suicídio que se abate sobre a Europa, com a exceção apenas da Dinamarca, pode-se ter certeza de que o resultado precedente é geral e mesmo que ele deve ser ainda mais acentuado nos outros Estados europeus. A que causas atribuí-lo?

Pensou-se no alcoolismo, que, tal como se diz, aflige com mais virulência o exército do que a população civil. De início, porém, se, como mostramos, o alcoolismo não possui uma influência definida sobre a taxa de suicídios em geral, ele não teria como exercer tal influência sobre a taxa dos suicídios militares em particular. Em seguida, os poucos anos de duração do serviço militar, três anos na França e dois e meio na Prússia, não seriam suficientes para criar um número tão grande de alcoólatras inveterados capaz de explicar assim o enorme contingente fornecido pelo exército ao suicídio. Enfim, segundo os observadores que atribuem mais influência ao alcoolismo, uma dúzia apenas de casos seria imputável a ele. Por conseguinte, ainda que mesmo os suicídios alcoólicos fossem de duas a três vezes mais numerosos entre os soldados do que entre os civis da mesma idade, o que não está demonstrado, restaria sempre um excedente considerável de suicídios militares para os quais seria preciso buscar uma outra origem.

A causa que se invocou com mais frequência foi o desgosto com o serviço. Essa explicação concorda com a comparação corrente que atribui o suicídio às dificuldades da existência; pois os rigores da disciplina, a ausência de liberdade, a privação de tudo o que é confortável fazem com que estejamos inclinados a olhar para a vida da caserna como particularmente intolerável. A bem dizer, porém, parece mesmo que haveria muitas outras profissões mais rudes e que, no entanto, não reforçam a inclinação para o suicídio. E é preciso dizer também que ao soldado está sempre assegurado ter uma pequena casa e uma alimentação suficiente. Todavia, por mais que valham essas considerações, os fatos seguintes também demonstram a insuficiência dessa explicação simplista:

1º) É lógico admitir que o desgosto da profissão deve ser muito mais pronunciado nos primeiros anos de serviço e vai diminuindo à medida que o soldado se habitua com a vida de caserna. Ao final de um certo tempo, deve se produzir uma *aclimatação*, seja pelo *efeito* do costume, seja pelo fato de os sujeitos mais refratários terem desertado ou morrido; e essa aclimatação deve se tornar tanto mais completa quanto mais a estada sob as bandeiras se prolonga. Se, então, fosse essa mudança de hábitos e a impossibilidade de fazer frente à sua nova existência que determinassem a aptidão especial dos soldados para o suicídio, dever-se-ia ver o coeficiente de agravamento diminuir à medida que eles se encontram por muito tempo no campo das armas. Ora, não há nada que nos diga isso, como prova o seguinte quadro:

Exército francês		Exército inglês		
Serviço	Suicídios anuais de suboficiais e soldados para cada 100.000 sujeitos (1862-69)	Idade	Suicídios para 100.000 sujeitos	
			Na Metrópole	Na Índia
Tendo menos de um ano	25	20 a 25 anos	20	13
De 1 a 3 anos	27	25 a 30 anos	39	39
De 3 a 5 anos	40	30 a 35 anos	51	84
De 5 a 7 anos	48	35 a 40 anos	71	103
De 7 a 10 anos	76			

Na França, em menos de 10 anos de serviço, a taxa dos suicídios praticamente triplicou. Para os civis solteiros, contudo, ela passou nesse mesmo período apenas de 237 a 394. Nas brigadas inglesas na Índia, ela se tornou, em vinte anos, oito vezes mais elevada; a taxa dos civis nunca progrediu tão rapidamente. Essa é a prova de que o agravamento próprio ao exército não está localizado nos primeiros anos.

Parece que o mesmo acontece na Itália. Não temos, é verdade, as cifras proporcionais ligadas ao efetivo de cada contingente. Mas as cifras brutas são sensivelmente as mesmas para cada um dos três anos de serviço: 15,1 para a primeira, 14,8 para a segunda e 14,3 para a terceira. Ora, é certo que o efetivo diminuiu de ano para ano, por conta das mortes, das reformas, das licenças etc. As cifras absolutas puderam, portanto, apenas se manter no mesmo nível se as cifras proporcionais cresceram sensivelmente. No entanto, não é inverossímil dizer que, em alguns países, há no início do serviço um certo número de suicídios que se devem realmente à mudança de existência. Relata-se, com efeito, que na Prússia os suicídios são excepcionalmente numerosos durante os seis primeiros meses. Ao mesmo tempo, na Áustria, para cada 1.000 suicídios, há 156 realizados durante os três primeiros meses,[235] o que é certamente uma cifra muito considerável. Mas

---

[235] Ver o artigo de ROTH, no *Stat. Monatschrift*, 1892, p. 200.

esses fatos não possuem nada de irreconciliável com os dois precedentes. Pois é muito possível que, fora do agravamento temporário que se produz durante esse período de perturbação, haja um outro que se deva a outras causas e que vá crescendo segundo uma lei análoga àquela que observamos na França e na Inglaterra. De resto, na própria França, a taxa do segundo e do terceiro ano é ligeiramente inferior àquela do primeiro; o que, contudo, não impede a progressão ulterior.[236]

2º) A vida militar é muito menos penosa, a disciplina, menos rude para os oficiais e os suboficiais do que para os simples soldados. O coeficiente de agravamento das duas primeiras categorias deveria, então, ser inferior àquele da terceira. Ora, é o contrário que acontece: já o constatamos para a França; o mesmo fato pode ser reencontrado nos outros países. Na Itália, os oficiais apresentavam durante os anos de 1871 a 1875 uma média anual de 565 casos para cada um milhão, enquanto a tropa não continha senão 230 casos (Morselli). Para os suboficiais, a taxa é ainda mais gigantesca, ela ultrapassa 1.000 para cada um milhão. Na Prússia, enquanto os simples soldados contribuem apenas com 560 suicídios para cada um milhão, os suboficiais fornecem 1.140. Na Áustria, há um suicídio de oficial para cada nove suicídios de simples soldados, sendo que há evidentemente muito mais do que nove homens da tropa para cada oficial. Ao mesmo tempo, ainda que não haja um suboficial para dez soldados, há um suicídio dos primeiros para cada 2,5 dos segundos.

3º) O desgosto da vida militar deveria ser menor entre aqueles que a escolhem livremente e por vocação. Os engajados voluntariamente e os contratados deveriam, portanto, apresentar uma menor aptidão para o suicídio. Totalmente ao contrário, ela é aí excepcionalmente forte.

Anos de 1875 a 78	Taxa de suicídios por milhão	Idade média provável	Taxa dos solteiros civis da mesma idade (1889-91)	Coeficiente de agravamento
Engajados voluntariamente	670	25 anos	Entre 237 e 394, ou seja, 315	2,12
Contratados	1.300	30 anos	Entre 394 e 627, ou seja, 510	2,54

---

[236] Para a Prússia e a Áustria, não temos o efetivo por ano de serviço, o que nos impede de estabelecer os números proporcionais. Na França, supôs-se que se, no dia seguinte à guerra, os suicídios militares tinham diminuído, isso se deu porque o serviço militar tinha se tornado mais curto (5 anos no lugar de 7). Mas essa diminuição não se manteve e, a partir de 1882, as cifras aumentaram sensivelmente. De 1882 a 1889, elas retornaram ao nível que elas tinham antes da guerra, oscilando entre 322 e 424 para cada um milhão, e isso apesar de o serviço ter sofrido uma nova redução, para 3 anos no lugar de 5.

Pelas razões que demos, esses coeficientes, calculados em relação aos solteiros de 1889 a 1891, estão certamente abaixo da realidade. A intensidade da tendência que os contratados manifestam é digna de nota antes de tudo porque eles permanecem no exército depois de terem tido a experiência da vida militar.

Assim, os membros do exército que são os mais afeitos ao suicídio são aqueles que têm mais vocação para essa carreira, que são mais bem preparados para as exigências e se acham mais ao abrigo dos tédios e dos inconvenientes que ela pode ter. Isso significa, então, que o coeficiente de agravamento que é especial nessa profissão tem por causa não a repugnância que ela inspira, mas, ao contrário, o conjunto de estados, de hábitos adquiridos ou predisposições naturais que constituem o espírito militar. Ora, a primeira qualidade do soldado é uma espécie de impessoalidade que não se encontra em parte alguma, no mesmo grau, na vida civil. É necessário que ele seja treinado para fazer pouco caso de sua pessoa, uma vez que ele deve estar pronto a sacrificá-la logo que ele receba a ordem. Mesmo fora dessas circunstâncias excepcionais, em tempos de paz e na prática cotidiana da profissão, a disciplina exige que ele obedeça sem discutir e mesmo, às vezes, sem compreender. Para isso, porém, é necessária uma abnegação intelectual que praticamente não é compatível com o individualismo. É preciso não se prender senão de maneira tênue à sua individualidade para se conformar tão docilmente a impulsos exteriores. Em uma palavra, o soldado tem o princípio de sua conduta fora dele mesmo; o que é a característica do estado de altruísmo. De todas as partes das quais são feitas nossas sociedades modernas, o exército é, além disso, aquela que mais lembra a estrutura das sociedades inferiores. Ele também consiste em um grupo maciço e compacto que enquadra fortemente o indivíduo e o impede de se mover com um movimento próprio. Uma vez que, então, essa constituição moral é o terreno natural do suicídio altruísta, há todo o espaço para supor que o suicídio militar tem esse mesmo caráter e provém da mesma origem.

Explicar-se-ia, assim, do que decorre o aumento do coeficiente de agravamento conforme a duração do serviço; é porque essa aptidão para a renúncia, esse gosto pela impessoalidade se desenvolve como consequência de um adestramento mais prolongado. Ao mesmo tempo, como o espírito militar é necessariamente mais forte nos contratados e nos graduados do que nos simples soldados, é natural que os primeiros estejam mais especialmente inclinados para o suicídio do que os segundos. Essa hipótese permite mesmo compreender a singular superioridade que os suboficiais possuem, quanto a isso, sobre os oficiais. Se eles se matam mais, isso acontece porque essa não é uma função que exige no mesmo grau o hábito da submissão e da passividade. Por mais disciplinado que um oficial seja, ele deve ser, em certa medida, capaz de iniciativa; há um campo de ação mais extenso e, por conseguinte, uma individualidade mais desenvolvida. As condições favoráveis ao suicídio altruísta não estão, com isso, tão completamente realizadas nele quanto no suboficial; tendo um sentimento mais vivo daquilo que vale sua vida, ele se acha menos inclinado a se desfazer dela.

Não apenas essa explicação dá conta dos fatos que foram expostos anteriormente como também, por outro lado, é confirmada pelos fatos que se seguem.

1°) Deduz-se do quadro XXIII que o coeficiente de agravamento militar é tanto mais elevado quanto mais o conjunto da população civil tiver uma inclinação menor para o suicídio, e vice-versa. A Dinamarca é a terra clássica do suicídio, os soldados não se matam aí mais do que o restante dos habitantes. Os Estados mais fecundos em termos de suicídios são consecutivamente a Saxônia, a Prússia e a França; o exército não é nesses três países muito experiente, o coeficiente de agravamento varia aí entre 1,25 e 1,77. Ele é, ao contrário, muito considerável na Áustria, na Itália, nos Estados Unidos e na Inglaterra, países onde os civis se matam muito pouco. Rosenfeld, no artigo já citado, tendo empreendido uma classificação dos principais países da Europa segundo o ponto de vista do suicídio militar, sem imaginar retirar dessa classificação nenhuma conclusão teórica para além disso, chegou aos mesmos resultados. Eis, então, em que ordem ele coloca os diversos Estados com os coeficientes que são por ele calculados:

	Coeficiente de agravamento dos soldados com relação aos civis entre 20 e 30 anos	Taxa da população civil por milhão
França	1,3	150 (1871-75)
Prússia	1,8	133 (1871-75)
Inglaterra	2,2	73 (1876)
Itália	Entre 3 e 4	37 (1874-77)
Áustria	8	72 (1864-72)

Tirando o fato de que a Áustria deveria vir antes da Itália, a inversão é absolutamente regular.[237] Ela é observada de uma maneira ainda mais espantosa no interior do Império Austro-Húngaro. Os corpos do exército que possuem o coeficiente de agravamento mais elevado são aqueles que têm guarnição nas regiões onde os civis gozam da mais forte imunidade, e vice-versa:

---

[237] Pode-se perguntar se a enormidade do coeficiente de agravamento militar na Áustria não decorre de que os suicídios do exército são mais exatamente recenseados do que aqueles da população civil.

Territórios militares	Coeficiente de agravamento dos soldados em relação aos civis com mais de 20 anos		Suicídios dos civis com mais de 20 anos para cada milhão	
Viena (Áustria inferior e superior, Salzburgo)	1,42		660	
Brunn (Morávia e Silésia)	2,41	Média 2,46	580	Média 480
Praga (Boêmia)	2,58		620	
Innsbruck (Tirol, Vorarlberg)	2,41		240	
Zadar (Dalmácia)	3,48	Média 3,82	250	Média 283
Graz (Steirmarck, Caríntia, Carníola)	3,58		290	
Cracóvia (Galícia e Bucovina)	4,41		310	

Não há senão uma exceção, é aquela do território de Innsbruck, no qual a taxa dos civis é fraca e onde o coeficiente de agravamento é apenas médio.

Ao mesmo tempo, na Itália, Bolonha é, entre todos os distritos militares, aquele no qual os soldados se matam menos (180 suicídios para cada milhão); é também aquele no qual os civis se matam mais (89,5). A Apúlia e Abruzos, por outro lado, computam muitos suicídios militares (370 e 400 para cada milhão) e somente 15 ou 16 suicídios civis. É possível fazer na França observações análogas. O governo militar de Paris, com 260 suicídios para um milhão, está bem abaixo do corpo do exército da Bretanha, que possui 440. Até mesmo, em Paris, o coeficiente de agravamento deve ser insignificante, uma vez que, no Sena, um milhão de solteiros de 20 a 25 anos fornecem a cifra de 214 suicídios.

Esses fatos provam que as causas do suicídio militar são não apenas diferentes, mas inversamente proporcionais àquelas que mais contribuem para determinar os suicídios civis. Ora, nas grandes sociedades europeias, esses suicídios civis se devem antes de tudo a essa individuação excessiva que acompanha a civilização. Os suicídios militares devem, então, depender da disposição contrária, a saber, de uma individuação fraca ou daquilo que chamamos de estado de altruísmo. De fato, os povos nos quais o exército é o mais marcado pelo suicídio são também aqueles que se encontram menos avançados e nos quais, então, os costumes se aproximam mais daqueles que observamos nas sociedades inferiores. O tradicionalismo, esse antagonista por excelência do espírito individualista, é muito mais desenvolvido na

Itália, na Áustria e mesmo na Inglaterra do que na Saxônia, na Prússia e na França. Ele é mais intenso em Zara, na Cracóvia, que em Graz e em Viena, em Apúlia do que em Roma ou em Bolonha, na Bretanha mais do que no Sena. Como ele protege do suicídio egoísta, compreende-se sem dificuldade que, ali onde ele ainda se mostra poderoso, a população civil computa poucos suicídios. Todavia, ele não possui essa influência profilática senão quando permanece moderado. Se ele ultrapassa um certo grau de intensidade, ele se torna por si mesmo uma fonte original de suicídios. Mas o exército, como sabemos, tende necessariamente a exagerar esse tradicionalismo, e se acha tanto mais exposto à possibilidade de exceder a medida quanto mais sua própria ação é auxiliada e reforçada por aquela ação do meio ambiente. A educação que ele dá possui efeitos tanto mais violentos quanto ele se acha em maior conformidade com as ideias e os sentimentos da própria população civil; pois, então, ele não é mais contido por nada. Ao contrário, lá onde o espírito militar é constante e energicamente contradito pela moral pública, ele não tem como ser tão forte quanto lá onde tudo concorre para inclinar o jovem soldado na mesma direção. Explica-se, portanto, que, nos países onde o estado de altruísmo é suficiente para proteger em uma certa medida o conjunto da população, o exército o leva facilmente a tal ponto que esse estado de altruísmo se torna a causa de um notável agravamento.[238]

2°) Em todos os exércitos, as tropas de elite são aquelas nas quais o coeficiente de agravamento é o mais elevado.

---

[238] Observa-se que o estado de altruísmo é inerente à região. O corpo do exército da Bretanha não é composto exclusivamente de bretões, mas ele sofre a influência do estado moral ambiente.

	Idade média real ou provável	Suicídios por milhão		Coeficiente de agravamento
Corpos especiais de Paris	De 30 a 35	570 (1862-78)	2,45	Em relação à população civil masculina, de 35 anos, todos os estados civis reunidos.[239]
Gendarmaria	De 30 a 35	570 (1873)	2,45	
Veteranos (suprimidos em 1872).	De 45 a 55	2.860	2,37	Em relação aos solteiros da mesma idade dos anos de 1889-1891.

Essa última cifra, tendo sido calculada em relação aos celibatários de 1889-1891, é muito mais fraca e, no entanto, é muito superior àquela das tropas ordinárias. Do mesmo modo, no exército da Argélia, que é considerado a escola das virtudes militares, o suicídio, durante o período de 1872 a 1878, fornece o dobro da mortalidade que foi fornecida, no mesmo momento, pelas tropas estacionadas na França (570 suicídios para 1 milhão, no lugar de 280). Ao contrário, os exércitos menos atingidos são os pontoneiros, os engenheiros, os enfermeiros, os funcionários de administração, ou seja, aqueles cujo caráter militar é menos acentuado. Do mesmo modo, na Itália, enquanto o exército, em geral, durante os anos de 1878 e 1881, apresentavam apenas 430 casos para cada 1 milhão, os *bersaglieri* [atiradores de elite] computavam 580, os policiais municipais, 800, as escolas militares e os batalhões de instrução, 1.010.

Ora, o que distingue as tropas de elite, é o grau de intensidade nelas alcançado pelo espírito de abnegação e de renúncia militares. O suicídio no exército varia, então, como esse estado moral.

3°) Uma última prova dessa lei aponta para o fato de que o suicídio militar se encontra por toda parte em decadência. Na França, em 1862, havia 630 casos para um milhão; em 1890, não há mais do que 280. Supôs-se que esse decréscimo seria devido às leis que reduziram a duração do serviço militar. Mas esse movimento de regressão é bem anterior à nova lei sobre o recrutamento. Ele é contínuo desde 1862, com a exceção de um aumento bastante importante de 1882 a 1888.[240] Nós o encontramos, além disso,

---
[239] Porque os gendarmes e os guardas municipais são, com frequência, casados.
[240] Esse aumento é importante demais para ser acidental. Se observarmos que ele se produz exatamente no momento em que começava o período das empresas coloniais, encontraremos uma base para perguntarmos se as guerras que elas provocaram não determinaram um despertar do espírito militar.

por toda parte. Os suicídios militares na Prússia passaram de 716 por um milhão, em 1877, para 457 em 1893, no conjunto da Alemanha, de 707 em 1877 para 550 em 1890 na Bélgica, de 391 em 1885 para 185 em 1891; na Itália, de 431 em 1876 para 389 em 1892. Na Áustria e na Inglaterra, a diminuição é pouco sensível, mas não há crescimento (1.209 em 1892, no primeiro desses países, e 210 no segundo em 1890, no lugar de 1.277 e 217 em 1876).

Ora, se nossa explicação está bem fundada, é assim mesmo que as coisas deveriam acontecer. Com efeito, é certo que, durante o mesmo período, se produziu em todos os países um recuo do velho espírito militar. Com ou sem razão, esses hábitos de obediência passiva, de submissão absoluta, em uma palavra, de um impersonalismo, se é que podemos nos permitir esse barbarismo, passaram a se encontrar cada vez mais em contradição com as exigências da consciência pública. Consequentemente, eles perderam terreno. Para satisfazer as novas aspirações, a disciplina se tornou menos rígida, menos opressiva para o indivíduo.[241] É, além disso, notável que, nas mesmas sociedades e durante o mesmo período, os suicídios civis não tenham feito outra coisa senão aumentar. Essa é uma nova prova de que a causa da qual eles dependem é de natureza contrária àquela que constitui mais geralmente a aptidão específica dos soldados.

Tudo prova, portanto, que o suicídio militar não é senão uma forma do suicídio altruísta. Seguramente, não pretendemos dizer aqui que todos os casos particulares que se produzem nos regimentos possuem esse caráter e essa origem. O soldado, ao vestir o uniforme, não se torna um homem completamente novo; os efeitos da educação que ele recebeu, da existência que ele levou até aí, não desaparecem como que por encantamento; e, além disso, ele não se acha a tal ponto separado da sociedade que não participe da vida comum. Pode muito bem ser, portanto, que o suicídio que ele comete seja vez por outra civil segundo suas causas e sua natureza. Mas uma vez que tenhamos eliminado os casos dispersos, sem ligação entre si, resta um grupo compacto e homogêneo, que compreende a maior parte dos suicídios dos quais o exército é o palco e que dependem desse estado de altruísmo sem o qual não há espírito militar. Trata-se do suicídio próprio às sociedades inferiores, um suicídio que sobrevive entre nós, porque a moral militar é ela mesma, em certos aspectos, uma sobrevivência da moral primitiva[242]. Sob a influência dessa predisposição, o soldado se mata pela menor contrariedade, pelas razões as mais fúteis, por uma negação de permissão, por

---

[241] Não queremos dizer com isso que os indivíduos sofreriam com essa opressão e se matariam porque padeciam dela. Ao contrário, eles se matavam antes porque eles eram menos individualizados.

[242] O que não quer dizer que ela deve, a partir do presente momento, desaparecer. Essas sobrevivências possuem sua razão de ser e é natural que uma parte do passado subsista no cerne do presente. A vida é feita dessas contradições.

uma reprimenda, por uma punição injusta, por uma interrupção na ascensão da hierarquia, por uma questão de ponto de honra, por um acesso de ciúme passageiro ou mesmo, pura e simplesmente, porque outros suicídios ocorreram sob seus olhos ou com o seu conhecimento. Eis aí, com efeito, de onde provêm esses fenômenos de contágio que foram, com frequência, observados nos exércitos e dos quais apresentamos, mais acima, exemplos. Eles seriam inexplicáveis, se o suicídio dependesse essencialmente de causas individuais. Não se pode admitir que o acaso tenha justamente reunido em tal regimento, sobre tal ponto do território, um número tão grande de indivíduos predispostos ao homicídio de si mesmo pela sua constituição orgânica. Ademais, é ainda menos admissível que tal propagação imitativa possa ocorrer para além de toda e qualquer predisposição. No entanto, tudo se explica facilmente quando se reconhece que a carreira das armas desenvolve uma constituição moral que inclina de maneira potente o homem a se desfazer da existência. Pois é natural que essa constituição se encontre, em diversos graus, na maior parte daqueles que estão ou que passaram pelas bandeiras, e, como ela é um terreno eminentemente favorável para os suicídios, é preciso pouco para promover a transformação em ato da tendência para se matar que ela abriga; o exemplo é suficiente para isso. É por isso que ele se propaga como um rastro de poeira nos sujeitos preparados para segui-lo.

III

Pode-se compreender melhor agora qual é o interesse que há em fornecer uma definição objetiva do suicídio e permanecer fiel a ela.

Porque o suicídio altruísta, apresentando simultaneamente os traços característicos do suicídio, se aproxima, sobretudo em suas manifestações mais impressionantes, de certas categorias de atos que estamos habituados a honrar como de nossa estima e mesmo de nossa admiração, as pessoas se recusaram com frequência a considerá-lo como um homicídio de si mesmo. Nós nos lembramos de que, para Esquirol e Falret, a morte da Catão e aquela dos Girondinos não podiam ser consideradas suicídios. No entanto, se os suicídios que têm por causa visível e imediata o espírito de renúncia e abnegação não merecem essa qualificação, ela não teria mais como convir àqueles suicídios que procedem da mesma disposição moral, ainda que de uma maneira menos aparente; pois os segundos não diferem dos primeiros senão por algumas nuances. Se o habitante das Ilhas Canárias que se precipita de um penhasco em direção a águas profundas para honrar seu Deus não é um suicida, como é possível atribuir esse nome ao sectário de Jina que se mata para entrar no nada; ao primitivo que, sob a influência do mesmo estado mental, renuncia à existência por conta de uma leve ofensa por ele sofrida ou simplesmente para manifestar seu desprezo pela vida, ao falido que prefere não sobreviver a experimentar a desonra, enfim, a esses numerosos soldados que vêm todos os anos crescer o contingente das mortes voluntárias? Pois todos esses casos têm por raiz o mesmo estado de altruísmo que é do mesmo modo a causa daquilo que se poderia chamar o suicídio heroico. Nós os consideraremos como sendo os únicos que pertencem à classe dos suicídios e excluiremos apenas aqueles cujo móvel é particularmente puro? De início, porém, segundo que critério realizaremos a divisão? Quando é que um motivo deixa de ser suficientemente louvável para que o ato que o determina possa ser qualificado como suicídio? Em seguida, separando radicalmente essas duas categorias de fatos uma da outra, acaba-se condenado a desconhecer a natureza das duas. Pois é obrigatório no suicídio altruísta que as características essenciais do tipo sejam mais bem marcadas. As outras variedades não são senão formas derivadas. Assim, ou compreenderemos como vazios um grupo considerável de fenômenos instrutivos, ou, se não os rejeitarmos em bloco, além de não podermos fazer entre eles senão uma escolha arbitrária, recairemos na impossibilidade de perceber a fonte comum à qual se reportam aqueles que tivermos retido. Esses são os perigos aos quais nos expomos quando fazemos com que a definição do suicídio dependa dos sentimentos subjetivos que ele inspira.

Além disso, mesmo as razões sentimentais pelas quais se acredite justificar essa exclusão não são fundadas. Apoia-se nesse caso sobre o fato de que os motivos pelos quais procedem certos suicídios altruístas se encontram, sob uma forma praticamente idêntica, na base de atos que todo o mundo considera como morais. Mas será que as coisas são diversas no caso do suicídio egoísta? O sentimento de autonomia individual não possui sua moralidade assim como o sentimento contrário? Se esse sentimento é a condição de uma certa coragem, se ele fortalece os corações e chega mesmo a endurecê-los, o outro os atenua e os abre para a piedade. Se, lá onde reina o suicídio altruísta, o homem está sempre pronto a oferecer sua vida, em contrapartida ele não se preocupa mais aqui com a vida do outro. Ao contrário, lá onde ele coloca a sua personalidade individual em uma posição a tal ponto elevada que não percebe mais nenhum fim que o ultrapassa, ele respeita essa personalidade nos outros. O culto que ele empreende por ela faz com que sofra com tudo aquilo que pode diminuí-la entre os seus semelhantes. Há uma simpatia maior pelo sofrimento humano nas devoções fanáticas dos tempos primitivos. Cada tipo de suicídio não é senão a forma exagerada ou desviada de uma virtude. Mas, então, a maneira com a como eles afetam a consciência moral não os diferencia suficientemente para que se tivesse o direito de produzir a partir daí uma quantidade idêntica de gêneros separados.

CAPÍTULO V

O SUICÍDIO ANÔMICO

Mas a sociedade não é apenas um objeto que atrai para si, com uma intensidade desigual, os sentimentos e a atividade dos indivíduos. Ela também é um poder que os regra. Há uma ligação, por sua vez, entre a maneira segundo a qual se exerce essa ação reguladora e a taxa social dos suicídios.

I

É um fato conhecido que as crises econômicas têm uma influência agravante na inclinação para o suicídio.

Em Viena, em 1873, eclode repentinamente uma crise financeira que atinge o seu máximo em 1874; do mesmo modo, o número dos suicídios também se eleva. De 141 em 1872, eles chegam a 153 em 1873 e a 216 em 1874, com um aumento de 51% em relação a 1872 e de 41% em relação a 1873. Além disso, o que prova muito bem que essa catástrofe é a única causa desse crescimento é que ela é sensível sobretudo no momento em que a crise atinge o estado agudo, a saber, durante os quatro primeiros meses de 1874. De 1º de janeiro a 30 de abril, computaram-se 48 suicídios em 1871, 44 em 1872, 43 em 1873; houve 73 em 1874. O aumento é de 70%. A mesma crise tendo eclodido na mesma época em Frankfurt am Main produziu os mesmos efeitos. Nos anos precedentes a 1874, cometiam-se em média 22 suicídios por ano; em 1874, houve 32, ou seja, 45% de aumento.

Não podemos esquecer o famoso colapso que se produziu na bolsa de Paris durante o inverno de 1882. As consequências não se fizeram sentir apenas em Paris, mas em toda a França. De 1874 a 1886, o crescimento médio anual é de apenas 2%; em 1882, ele é de 7%. Além disso, não é igualmente repartido entre os diferentes momentos do ano, mas ocorre sobretudo durante os três primeiros meses, ou seja, no instante preciso em que o colapso se produziu. Tomando apenas esse trimestre em consideração, acontecem 59 centésimos de aumento total. Essa elevação se deve a tal ponto ao fato das circunstâncias que não apenas nós a encontramos em 1861, mas ela desapareceu em 1883, ainda que esse último ano apresente, no conjunto, um pouco mais de suicídios do que o ano precedente:

	1881	1882	1883
Ano total	6.741	7.213 (+ 7%)	7.267
Primeiro trismestre	1.589	1.770 (+ 11%)	1.604

Essa relação não se constata apenas em alguns casos excepcionais; ela é a lei. A cifra das falências é um barômetro que reflete com uma sensibilidade suficiente as variações pelas quais passa a vida econômica. Quando, de um ano para o outro, elas se tornam bruscamente mais numerosas, é possível estar seguro de que se produziu alguma grave perturbação. De 1845 a 1869, houve, por três vezes, tais elevações repentinas, sintomas de crises. Enquanto o crescimento anual do número de falências foi de 3,2% durante esse período, ele foi de 26% em 1847, de 37% em 1854 e de 20% em 1861. Ora, nesses três momentos, constata-se igualmente uma ascensão excepcionalmente rápida na cifra dos suicídios. Enquanto o aumento médio anual foi somente de 2% durante esses 24 anos, ele foi de 17% em 1847, de 8% em 1854 e de 9% em 1861.

Mas a que é que essas crises devem a sua influência? Isso se dá porque, deteriorando a fortuna pública, elas aumentam a miséria? Será porque a vida se torna mais difícil, de tal modo que se renuncia a ela voluntariamente? A explicação seduz por sua simplicidade; ela está, além disso, conforme com a concepção corrente do suicídio. Mas ela é contradita pelos fatos.

Com efeito, se as mortes voluntárias aumentassem porque a vida se torna mais rude, elas deveriam diminuir sensivelmente quando a abundância se torna maior. Ora, mas se, quando os preços dos alimentos se elevam em excesso, os suicídios também experimentam a mesma elevação, não se constata que eles abaixam a um nível inferior à média no caso contrário. Na Prússia, em 1850, o preço do trigo chega ao ponto mais baixo já alcançado durante todo o período de 1848 a 1881; ele estava a 6 marcos e 91 centavos os 50 quilogramas; não obstante, nesse mesmo momento, os suicídios passam de 1.527, nível em que eles se encontravam em 1849, para 1.736, ou seja, um aumento de 13%; e eles continuam a crescer durante os anos de 1851, 1852, 1853, ainda que o preço baixo persista. Entre 1858-1859, produz-se uma nova desvalorização; não obstante, os suicídios se elevam de 2.038 em 1857 para 2.126 em 1858 e 2.146 em 1859. De 1863 a 1866, os preços que tinham atingido 11 marcos e 4 centavos em 1861 caem progressivamente até 7 marcos e 95 centavos em 1864 e permanecem bastante moderados durante todo o período; os suicídios, durante essa mesma época, aumentam 17% (2.112 em 1862, 2.485 em 1866).[243]

---

[243] Ver STARCK, *Verbrechen und Verg. in Preussen*, Berlin, 1884, p. 55.

Observamos na Baviera fatos análogos. De acordo com uma curva construída por Mayr[244] para o período entre 1835 e 1861, é durante os anos de 1857-58 e 1858-59 que o preço do centeio foi o mais baixo; ora, os suicídios, que, em 1857, não apresentavam senão o número de 286, chegam a 329 em 1859 e, depois, a 387 em 1859. O mesmo fenômeno já tinha sido produzido durante os anos de 1848 a 1850: o trigo, nesse momento, estava muito barato, tal como estava acontecendo em toda a Europa. E, contudo, apesar da ligeira e provisória diminuição, devida aos eventos políticos dos quais falamos, os suicídios se mantiveram no mesmo nível. Computavam-se 217 em 1847, ainda havia 215 em 1848 e se, em 1849, eles experimentaram por um instante um decréscimo e chegaram a 189, já em 1850 eles voltaram a subir e se elevaram até 250.

É tão pouco que o crescimento da miséria produz o crescimento dos suicídios que mesmo crises felizes, das quais o efeito é o crescimento brusco da prosperidade de um país, agem sobre os suicídios exatamente como os desastres econômicos.

A conquista de Roma por Vítor Emanuel em 1870, fundando definitivamente a unidade da Itália, funcionou para esse país como o ponto de partida de um movimento de renovação que está em vias de produzir uma das grandes potências da Europa. O comércio e a indústria receberam daí um vivo impulso e transformações se produziram com uma rapidez extraordinária. Enquanto, em 1876, 4.459 caldeiras a vapor, de uma força total de 54.000 cavalos, eram suficientes para as necessidades industriais, em 1887 o número de máquinas era de 9.983 e sua potência, elevada a 167.000 cavalos-vapor, tinha sido triplicada. Naturalmente, a quantidade dos produtos aumenta durante o mesmo tempo segundo a mesma proporção.[245] As mudanças se seguiram ao progresso; não foram apenas a marinha mercante, as vias de comunicação e de transporte que se desenvolveram, mas o número de coisas e de pessoas transportadas também duplica.[246] Como essa superatividade geral implica uma elevação dos salários (estima-se em 35% o aumento de 1873 a 1889), a situação material dos trabalhadores melhora tanto mais, uma vez que, no mesmo momento, o preço do pão vai baixando.[247] Enfim, segundo os cálculos de Bodio, a riqueza privada teria passado de 45 bilhões e meio, em média, durante o período de 1875 a 1880, para 51 bilhões durante os anos de 1880 a 1885 e para 54 bilhões e meio em 1885-1890.[248]

---

[244] *Die Gesetzmässigkeit in Gesellschaftsleben*, p. 345.
[245] Ver FORNASARI DI VERCE, *La criminalita e le ricende economiche d'Italia*, Turim, 1894, p. 77-83.
[246] *Ibid.*, p. 108-117.
[247] *Ibid.*, p. 86-104.
[248] O crescimento é menor no período de 1885 a 1890 em consequência de uma crise financeira.

Ora, paralelamente a esse renascimento coletivo, constata-se um crescimento excepcional no número de suicídios. De 1866 a 1870, eles permaneceram quase constantes: de 1871 a 1877, eles aumentam 36%. Havia em:

1864-70	29 suicídios por 1 milhão
7871	31 suicídios por 1 milhão
1872	33 suicídios por 1 milhão
1873	36 suicídios por 1 milhão
1874	37 suicídios por 1 milhão
1875	34 suicídios por 1 milhão
1876	36,5 suicídios por 1 milhão
1877	40,6 suicídios por 1 milhão

E depois o movimento prosseguiu. A cifra total que era de 1.139 em 1877 passou para 1.463 em 1889, ou seja, um novo aumento de 28%.

Na Prússia, o mesmo fenômeno se produziu duas vezes. Em 1866, o reino prussiano experimenta um primeiro crescimento. Ele anexa muitas províncias importantes ao mesmo tempo que se torna o chefe da confederação do norte. Esse ganho de glória e de potência é logo acompanhado por um brusco impulso para o suicídio. Durante o período de 1856 a 1860, tinha havido, pensando em termos de média anual, 123 suicídios por milhão, e 122 somente durante os anos de 1861 a 1865. No quinquênio de 1866 a 1870, apesar da baixa que se produz em 1870, a média se eleva para 133. O ano de 1867, que se segue imediatamente à vitória, é aquele no qual o suicídio alcança o ponto mais elevado a que já tinha acedido desde 1816 (1 suicídio para 5.432 habitantes, enquanto que, em 1864, não havia senão um caso para 8.739).

Após a guerra de 1870, uma nova feliz transformação se produz. A Alemanha é unificada e colocada inteiramente sob a hegemonia da Prússia. Uma pesada indenização de guerra vem engrossar a fortuna pública; o comércio e a indústria experimentam um desenvolvimento. O crescimento do suicídio nunca tinha sido tão rápido. De 1875 a 1886, ele aumenta 90%, passando de 3.278 casos para 6.212.

As exposições universais, quando elas têm sucesso, são consideradas como um evento feliz na vida de uma sociedade. Elas estimulam os negócios, trazem mais dinheiro para o país e parecem aumentar a prosperidade pública, sobretudo na própria cidade em que ocorreram. E, contudo, não é impossível que, finalmente, elas tragam como resultado uma elevação considerável da cifra dos suicídios. É isso que parece ter acontecido, sobretudo, no que concerne à exposição de 1878. O aumento foi esse ano o mais elevado de 1874 a 1886. Ele foi de 8%, por conseguinte, superior àquele que determinou o colapso de 1882. E, contudo, se isso não nos permite supor que esse recrudescimento teve outra causa para além da exposição, é porque os 86 centésimos desse crescimento ocorreram justamente durante os seis meses que ela durou.

Em 1889, o mesmo fato não chegou a se reproduzir para o conjunto da França. Mas é possível que a crise boulangista, pela influência depressiva que ela exerceu sobre a marcha dos suicídios, tenha neutralizado os efeitos contrários da exposição. O que é certo é que, em Paris, embora as paixões políticas desencadeadas tenham tido a mesma ação que no resto do país, as coisas se passaram como em 1878. Durante os 7 meses da exposição, os suicídios aumentaram quase 10%, exatamente 9,66, enquanto que, no resto do ano, eles permaneceram abaixo daquele nível que tinham experimentado em 1888 e que alcançaram em seguida em 1890.

	1888	1889	1890
Os sete meses que correspondem à exposição	517	567	540
Os cinco outros meses	319	311	356

Podemos nos perguntar se, sem o boulangismo, o aumento não teria sido mais pronunciado.

Mas o que demonstra melhor ainda que a adversidade econômica não tem a influência agravante que se atribuiu a ela é que ela produz antes o efeito contrário. Na Irlanda, onde o camponês tem uma vida muito penosa, as pessoas se matam muito pouco. A miserável Calábria não apresenta, por assim dizer, suicídios; a Espanha computa dez vezes menos suicídios do que a França. Pode-se dizer até mesmo que a miséria protege. Nos diferentes departamentos franceses, os suicídios são tanto mais numerosos quanto mais gente houver vivendo da própria renda.

PRANCHA V:

Suicídios e riqueza

Mapa V – A: Suicídios (1878-1887)

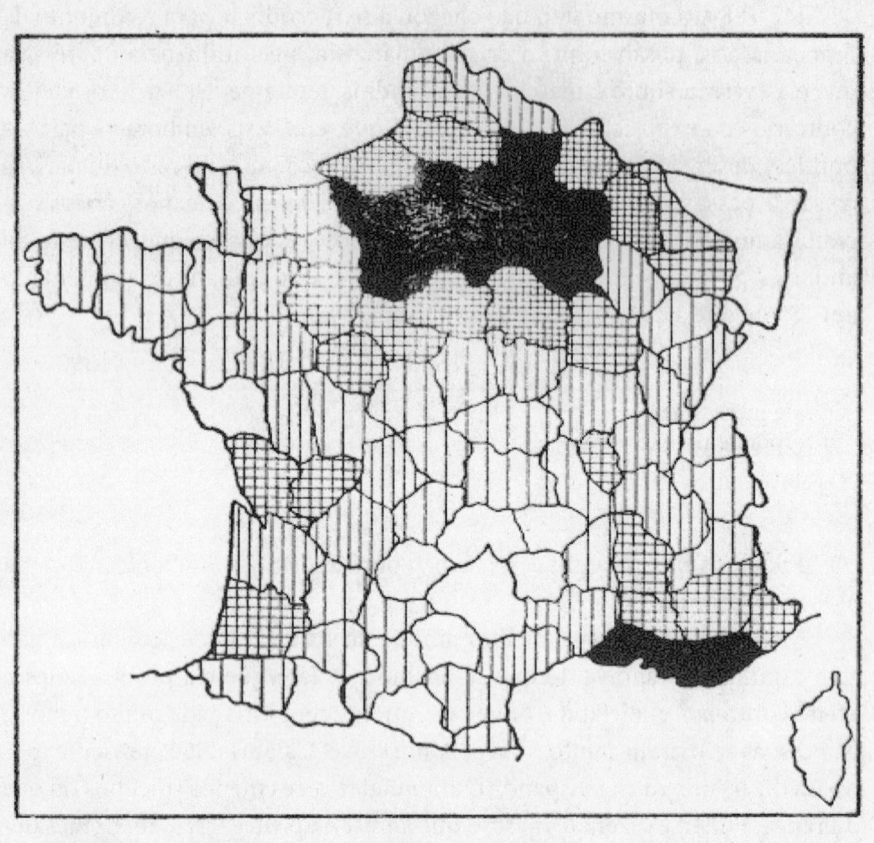

Legenda:

Proporção para 100.000 habitantes

1. De 31 a 48
2. De 24 a 30
3. De 18 a 23
4. De 13 a 17
5. De 8 a 12
6. De 3 a 7

PRANCHA V – B: Pessoas que vivem da própria renda

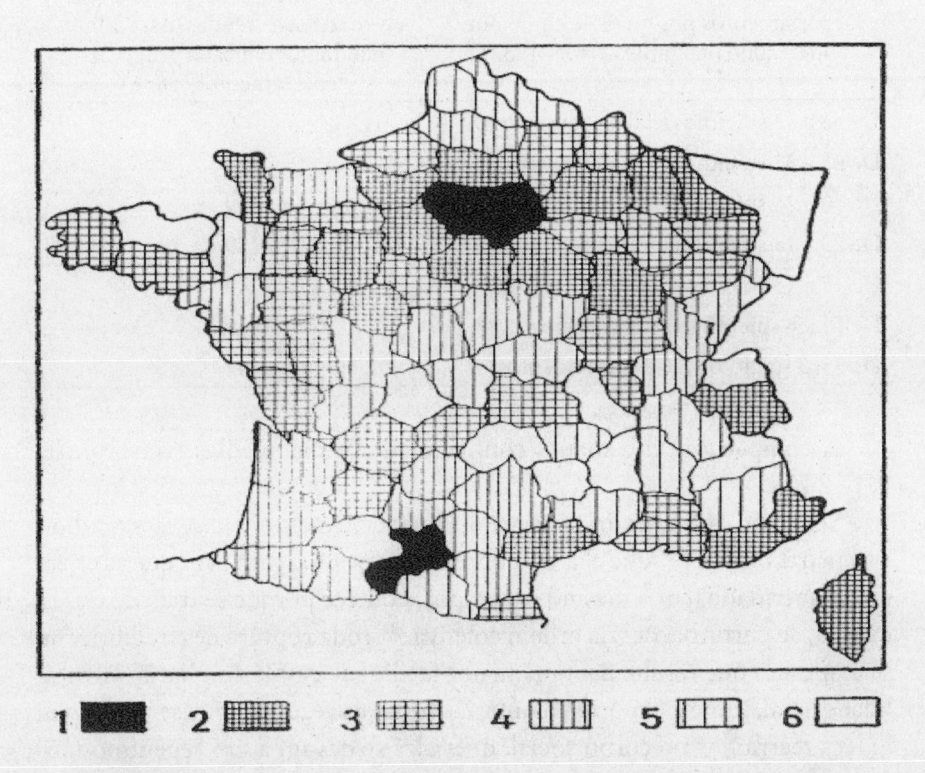

Legenda:

Número de pessoas vivendo de suas rendas para 1.000 habitantes

1. Acima de 100
2. De 71 a 100
3. De 51 a 70
4. De 41 a 50

5. De 31 a 40
6. De 10 a 30
Média: 62

Departamentos nos quais se cometem por 100.000 habitantes (1878-1887)	Número médio das pessoas que vivem de suas rendas, para 1.000 habitantes em cada grupo de departamentos (1886)
De 48 a 43 suicídios (5 departamentos)	127
De 38 a 31 suicídios (6 departamentos)	73
De 30 a 24 suicídios (6 departamentos)	69
De 23 a 18 suicídios (15 departamentos)	59
De 17 a 13 suicídios (18 departamentos)	49
De 12 a 8 suicídios (26 departamentos)	49
De 7 a 3 suicídios (10 departamentos)	42

A comparação dos mapas confirma aquela das médias (ver prancha V, p. 244).

Se, então, as crises industriais ou financeiras aumentam os suicídios, isso não acontece porque elas empobrecem as pessoas, uma vez que as crises de prosperidade têm o mesmo resultado; acontece porque se trata de crises, ou seja, de perturbações da ordem coletiva.[249] Toda ruptura de equilíbrio, ou seja, mesmo que resulte daí uma maior facilidade e uma ampliação da vitalidade geral, impele à morte voluntária. Todas as vezes em que se produzem graves rearranjos no corpo social, quer eles se devam a um repentino movimento de crescimento ou a um cataclismo inesperado, o homem se mata mais facilmente. Como é que isso é possível? Como é que o que geralmente torna a existência melhor pode provocar uma separação dela?

Para responder a essa questão, são necessárias algumas considerações preliminares.

II

Um vivente qualquer não pode ser feliz e não pode sequer viver senão se suas necessidades são suficientes em sua relação com seus meios. Se isso não acontece, se elas exigem mais do que aquilo que lhes pode ser concedido ou simplesmente outra coisa, elas são acossadas incessantemente e não conseguem funcionar sem dor. Ora, um movimento que não pode se

---

[249] Para provar que a melhoria do bem-estar diminui os suicídios, tentou-se por vezes estabelecer que, quando a emigração, essa válvula de segurança da miséria, é amplamente praticada, os suicídios baixam (ver LEGOYT, p. 257-259). Mas os casos nos quais, no lugar de uma inversão, se constata um paralelismo entre esses dois fenômenos são numerosos. Na Itália, de 1876 a 1890, o número de emigrantes passou de 76 a cada 100.000 habitantes para 335, cifra que ultrapassa até mesmo os números de 1887 a 1889. Ao mesmo tempo, os suicídios não pararam de crescer.

produzir sem sofrimento tende a não se reproduzir. As tendências que não são satisfeitas se atrofiam e, assim como a tendência para viver é apenas a resultante de todas as outras tendências, ela não tem como não se enfraquecer quando as outras relaxam.

No animal, ao menos no estado normal, esse equilíbrio é estabelecido com uma espontaneidade automática porque ele depende de condições puramente materiais. Tudo o que é exigido pelo organismo é que as quantidades de substância e de energia, empregadas sem cessar para viver, sejam periodicamente substituídas por quantidades equivalentes; e que a substituição seja igual ao gasto. Quando o vazio que a vida aprofundou em seus próprios recursos se preenche, o animal se satisfaz e não demanda nada além disso. Sua reflexão não é tão desenvolvida a ponto de imaginar outros fins para além daqueles que estão implicados em sua natureza física. Por outro lado, como o trabalho exigido de cada órgão depende ele mesmo do estado geral das forças vitais e das necessidades de equilíbrio orgânico, o gasto, por sua vez, se regula pela reparação e o balanço é realizado por ele mesmo. Os limites de um são os limites do outro; os dois estão igualmente inscritos na constituição mesma do vivente que não tem meio algum de ultrapassá-las.

Todavia, o mesmo não acontece com o homem, porque a maior parte de suas necessidades não se encontra, ou não se encontra no mesmo grau, em uma relação de dependência com o corpo. A rigor, pode-se ainda considerar como determinável a quantidade de alimentos materiais necessários para a manutenção física de uma vida humana, ainda que a determinação seja já menos estreita do que no caso precedente e a margem mais amplamente aberta para as livres combinações do desejo; pois, para além do mínimo indispensável, com o qual a natureza está pronta para se contentar quando ela procede instintivamente, a reflexão, mais desperta, faz com que se entrevejam condições melhores, que aparecem como fins desejáveis e que solicitam a atividade. Não obstante, pode-se admitir que os apetites desse gênero encontrem cedo ou tarde uma barreira que não pode ser ultrapassada. Mas como fixar a quantidade de bem-estar, de luxo que um ser humano pode legitimamente buscar? Nem na constituição orgânica, nem na constituição psicológica do homem é possível encontrar algo que acabe com inclinações semelhantes. O funcionamento da vida individual não exige que elas se interrompam aqui mais do que lá; prova disso é que essas inclinações não deixaram em momento algum de se desenvolver desde o começo da história, que satisfações sempre mais completas lhes foram propiciadas e que, no entanto, a saúde média não foi se enfraquecendo. Sobretudo, como estabelecer a maneira segundo a qual elas devem variar de acordo com as condições, as profissões, a importância relativa dos serviços etc.? Não há nenhuma sociedade na qual elas, as inclinações, sejam igualmente satisfeitas nos diferentes graus da hierarquia social. Não obstante, nos seus traços essenciais, a natureza humana é sensivelmente a mesma em todos os cidadãos. Não é, então, ela que pode atribuir aos desejos esse limite variável que lhes seria necessário. Por conseguinte, na medida em que dependem unicamente do indivíduo, eles são ilimitados. Por ela mesma, abstraindo-se de todo poder exterior que a regula, nossa sensibilidade é um abismo sem fundo que não pode ser preenchido por nada.

Mas, então, se nada pode contê-la de fora, ela não pode ser por ela mesma mais do que uma fonte de tormentos. Pois desejos ilimitados são insaciáveis por definição e não é sem razão que a insaciabilidade é considerada como um signo de morbidez. Uma vez que nada os limita, eles ultrapassam sempre e infinitamente os meios dos quais dispõem; nada, então, teria como acalmá-los. Uma sede inextinguível é um suplício perpetuamente renovado. Disse-se, é verdade, que é próprio da atividade humana desenvolver-se sem termo assinalável e propor-se fins que ela não pode alcançar. Mas é impossível perceber como tal estado de indeterminação se concilia melhor com as condições da vida mental do que com as exigências da vida física. Qualquer que seja o prazer que o homem experimente ao agir, ao se mover, ao fazer um esforço, é sempre preciso que ele sinta que seus empenhos não são vãos e que, ao andar, ele avança. Ora, nós não avançamos quando andamos sem objetivo ou, o que vem a ser o mesmo, quando o objetivo em direção ao qual andamos está no infinito. A distância em relação ao objetivo permanecendo a mesma, independentemente do caminho que tomemos, tudo se dá como se estivéssemos nos movendo de maneira agitada no mesmo lugar. Mesmo os olhares lançados para trás e o sentimento de orgulho que se pode experimentar ao perceber o espaço já percorrido não teriam como causar senão uma satisfação bastante ilusória, uma vez que o espaço a ser percorrido não diminui da mesma forma. Perseguir um fim inacessível por hipótese é, então, condenar a si mesmo a um perpétuo estado de descontentamento. Sem dúvida, compete ao homem esperar contra todas as razões e, mesmo irracionalmente, a esperança tem suas alegrias. Pode muito bem ser, portanto, que essa esperança o sustente por algum tempo: mas ela não teria como sobreviver indefinidamente às decepções repetidas da experiência. Ora, o que o futuro pode oferecer a mais do que o passado, porquanto é absolutamente impossível alcançar um estado ao qual possamos nos ater e não podemos nem mesmo nos aproximar do ideal entrevisto? Assim, por mais que se tenha e por mais que se queira ter, as satisfações recebidas não fazem outra coisa senão estimular as necessidades no lugar de apaziguá-las. Diríamos que, por ela mesma, a ação é agradável? Mas isso só se dá de início, se nos cegarmos ao ponto de não pressentirmos a sua inutilidade. Pois, para que esse prazer seja sentido e venha temperar e quase cobrir com um véu a inquietude dolorosa que ele acompanha, é preciso ao menos que esse movimento sem fim se desdobre sempre de maneira livre e sem ser constrangido por nada. Mas não que ele venha a ser dificultado e que a inquietude permaneça sozinha com o mal-estar que ela traz consigo. Ora, seria um milagre, se não surgisse jamais um obstáculo intransponível. Nessas condições, não nos ligamos à vida senão por meio de um fio bastante tensionado que, a cada instante, pode ser rompido.

Para que as coisas se deem de outro modo, é necessário, então, antes de tudo, que as paixões sejam limitadas. É apenas assim que elas poderão se harmonizar com as faculdades e, por conseguinte, ser satisfeitas. Todavia, uma vez que não há nada no indivíduo que possa lhes fixar um limite, esse limite precisará vir necessariamente de qualquer força exterior ao indivíduo. É preciso que uma potência reguladora desempenhe para as necessidades morais o mesmo papel que o organismo para as necessidades físicas. Quer dizer que essa potência não pode ser senão moral. Foi o despertar da consciência que acabou por romper o estado de equilíbrio no qual dormitava o animal; somente então a consciência pode fornecer os meios de restabelecer esse equilíbrio. O constrangimento material seria aqui sem efeito; não é com as forças físico-químicas que se pode modificar os corações. Na medida em que os apetites não são imediatamente contidos por mecanismos fisiológicos, eles podem ser interrompidos apenas diante de um limite que eles reconhecem como justo. Os homens não consentiriam em limitar seus desejos se acreditassem ser legítimo ultrapassar os limites que lhes tinham sido assinalados. A questão é que essa lei da justiça não teria como ser ditada por eles a si mesmos pelas razões que expusemos. Eles devem, então, recebê-la de uma autoridade que eles respeitem e diante da qual se inclinem espontaneamente. Somente a sociedade, seja diretamente e em seu conjunto, seja pela intermediação de um de seus órgãos, está em estado de desempenhar esse papel moderador; pois ela é o único poder moral superior ao indivíduo e cuja superioridade o indivíduo aceita. Somente ela tem a autoridade necessária para dizer o direito e marcar para as paixões o ponto para além do qual elas não devem seguir. Somente ela também pode apreciar que prêmio deve ser oferecido a cada ordem de funcionários, para o bem do interesse comum.

E, com efeito, a cada momento da história, há na consciência moral das sociedades um sentimento obscuro daquilo que valem respectivamente os diferentes serviços sociais, da remuneração relativa que é devida a cada um deles e, por conseguinte, da medida de conforto que convém à média dos trabalhadores de cada profissão. As diferentes funções são como que hierarquizadas na opinião e certo coeficiente de bem-estar é atribuído a cada uma segundo o lugar que ela ocupa na hierarquia. De acordo com as ideias recebidas, há, por exemplo, certa maneira de viver que é considerada o limite superior que o trabalhador pode propor a si mesmo nos esforços que ele faz para melhorar sua existência, e um limite inferior, abaixo do qual dificilmente se tolera que ele descenda, caso não tenha se mostrado absolutamente indigno. O primeiro e o segundo limite são indiferentes para o trabalhador da cidade tanto quanto para o trabalhador do campo, para a doméstica e para o jornaleiro, para o empregado do comércio e para o funcionário, etc. Ao mesmo tempo ainda, culpa-se o rico que vive como pobre, mas também se culpa o rico quando ele procura com excesso os refinamentos do luxo. Em vão os economistas protestam; continuará sendo sempre um escândalo para o sentimento público que um particular possa empregar em consumos absolutamente supérfluos uma quantidade grande demais de riquezas e parece mesmo que essa intolerância não se atenua senão em épocas de perturbação moral.[250] Há, portanto, uma verdadeira regulamentação que, apesar de não ter sempre uma forma jurídica, não deixa de fixar, com uma precisão relativa, o máximo de facilidade que cada classe da sociedade pode legitimamente buscar alcançar. De resto, a escala assim estabelecida não tem nada de imutável. Ela muda, conforme a renda coletiva cresça ou decresça e conforme as mudanças que se fazem nas ideias morais da sociedade. É assim que aquilo que possui o caráter do luxo para uma época não o possui para uma outra; que o bem-estar, que, durante tanto tempo, não era outorgado a uma classe senão a título excepcional e suplementar, acaba se mostrando como rigorosamente necessário e de uma estrita equidade.

Sob essa pressão, cada um, em sua esfera, se dá vagamente conta do ponto extremo até onde podem ir suas ambições e não aspira a nada para além daí. Se, ao menos, ele respeita as regras e é dócil à autoridade coletiva, isto é, se possui uma constituição moral sadia, ele sente que não é bom exigir mais do que isso. Um objetivo e um termo são, assim, estabelecidos para as paixões. Sem dúvida, essa determinação não possui nada de rígido nem de absoluto. O ideal econômico atribuído a cada categoria de cidadãos está ele mesmo compreendido entre certos limites, no interior dos quais os desejos podem se mover com liberdade. Mas ele não é ilimitado. É essa limitação relativa e a moderação que resulta daí que deixa os homens contentes com a sua sorte, estimulando-os todos de modo comedido para torná-la melhor; e é esse contentamento médio que promove o nascimento desse sentimento de alegria calma e ativa; desse prazer de ser e de viver que, para as sociedades tanto quanto para os indivíduos, é a característica da saúde. Cada um,

---

[250] Essa reprovação é, atualmente, totalmente moral e não parece suscetível de ser sancionada juridicamente. Nós não pensamos que um restabelecimento qualquer de leis suntuárias seria desejável ou possível.

ao menos em geral, está, portanto, em harmonia com sua condição e não deseja senão aquilo que ele pode legitimamente esperar como preço normal de sua atividade. Além disso, o homem não está por isso condenado a uma espécie de imobilidade. Ele pode procurar embelezar sua existência; mas as tentativas que ele faz nesse sentido podem fracassar sem que ele fique com isso desesperado. Porque, como ele ama o que tem e não coloca toda sua paixão na busca do que não tem, as novidades às quais consegue aspirar podem faltar aos seus desejos e às suas esperanças sem que ele sinta falta de tudo de uma vez. O essencial continua presente para ele. O equilíbrio de sua felicidade é estável porque ela é definida e algumas decepções não são suficientes para chateá-lo.

Entretanto, não serve de nada que cada um considere justa a hierarquia das funções tal como ela é estabelecida pela opinião se, ao mesmo tempo, não se considerar igualmente justo o modo como essas funções são recrutadas. O trabalhador não está em harmonia com sua situação social se não estiver convencido de que ele tem aquilo que deve ter. Se julgar legítimo ocupar outra posição, o que ele tem não poderia satisfazê-lo. Não é suficiente, portanto, que o nível médio das necessidades seja, para cada situação, regulado pelo sentimento público, é necessário ainda que uma outra regulamentação, mais precisa, determine a maneira segundo a qual as diferentes condições devem ser abertas para os particulares. E, com efeito, não há sociedade em que essa regulamentação não exista. Ela varia segundo os tempos e os lugares. Outrora, ela fazia do nascimento o princípio quase exclusivo da classificação social; hoje em dia, ela não mantém outra desigualdade nativa senão aquela que resulta da fortuna hereditária e do mérito. Mas, sob essas diversas formas, ela possui por toda parte o mesmo objeto. Por toda parte também, ela não é possível senão imposta aos indivíduos por uma autoridade que os ultrapassa, ou seja, pela autoridade coletiva. Pois ela não tem como se estabelecer sem requisitar de uns ou outros e, mais genericamente, de uns e outros, sacrifícios e concessões, em nome do interesse público.

Alguns, é verdade, pensaram que essa pressão moral se tornaria inútil no dia em que a situação econômica deixasse de ser transmitida hereditariamente. Se, como se disse, a herança sendo abolida, cada um entrasse na vida com os mesmos recursos, se a luta entre os competidores se visse engajada em condições de uma perfeita igualdade, ninguém poderia achar os resultados injustos. Todo mundo sentiria espontaneamente que as coisas são como devem ser.

Não é efetivamente duvidoso que, quanto mais nos aproximarmos dessa igualdade ideal, menos a pressão social será necessária. Mas essa não é senão uma questão de grau. Pois haverá sempre uma herança que subsistirá:

a herança dos dons naturais. A inteligência, o gosto, o valor científico, artístico, literário, industrial, a coragem, a habilidade manual são forças que cada um de nós recebe ao nascer, tal como a propriedade inata recebe seu capital, tal como o nobre, outrora, recebia seu título e sua função. Seria necessária, portanto, ainda uma disciplina moral para fazer com que aqueles cuja natureza menos favoreceu aceitassem a situação pior que eles devem ao acaso de seu nascimento. Mas será que chegaremos ao ponto de reclamar que a divisão seja igual para todos e que nenhuma vantagem seja dada aos mais úteis e aos que mais merecem? Nesse caso, porém, também seria necessária uma disciplina muito diversamente enérgica para fazer com que esses aceitassem um tratamento simplesmente igual ao dos medíocres e dos impotentes.

Essa disciplina por si só, exatamente como a precedente, não pode ser útil senão se ela for considerada justa pelas pessoas que se submeterem a ela. Quando ela não se mantém mais senão pelo hábito e pela força, a paz e a harmonia subsistem não mais que em aparência; o espírito de inquietude e o descontentamento são latentes, os apetites, superficialmente contidos, não tardam a se desencadear. Foi isso que aconteceu em Roma e na Grécia quando as crenças sobre as quais repousava a velha organização do patriarcado e da plebe foram abaladas, assim como nas sociedades modernas, quando os preconceitos aristocráticos começaram a perder sua antiga ascendência. Mas esse estado de abalo é excepcional; ele ocorre somente quando a sociedade atravessa alguma crise doentia. Normalmente, a ordem coletiva é reconhecida como justa pela grande generalidade dos sujeitos. Quando, então, dizemos que uma autoridade é necessária para impor essa ordem aos particulares, não estamos dizendo de modo algum com isso que a violência seria o único meio de estabelecer a ordem. Uma vez que essa regulamentação está destinada a conter as paixões individuais, é necessário que ela emane de um poder que domine os indivíduos; mas também é necessário do mesmo modo que se obedeça a esse poder por respeito e não por medo.

Assim, não é verdade que a atividade humana possa ser libertada de todo freio. Não há nada no mundo que possa gozar de tal privilégio. Pois todo ser, fazendo parte do universo, é relativo ao resto do universo; sua natureza e a maneira como ele se manifesta não dependem, então, apenas dele mesmo, mas dos outros que, por conseguinte, o contêm e o regulam. Nesse aspecto, não há mais do que diferenças de grau e de forma entre o mineral e o sujeito pensante. O que o homem possui de característico é que o freio ao qual está submetido não é físico, mas moral, quer dizer, social. Ele recebe sua lei não de um meio material que se impõe brutalmente sobre ele, mas de uma consciência superior à sua e da qual ele sente a superioridade.

Como a maior e melhor parte de sua vida ultrapassa o corpo, ele escapa do jugo do corpo, mas se vê sujeito ao jugo da sociedade.

É somente quando a sociedade é perturbada, seja por uma crise dolorosa, seja por transformações felizes, mas abruptas demais, que ela se mostra provisoriamente incapaz de exercer essa ação; e eis aí de onde vêm essas bruscas ascensões da curva dos suicídios, cuja existência apontamos anteriormente.

Com efeito, nos casos de desastres econômicos, produz-se como que uma desclassificação que lança bruscamente certos indivíduos em uma situação inferior àquela que ocupavam. É preciso, então, que eles diminuam suas exigências, que restrinjam suas necessidades, que aprendam a se conter mais. Todos os frutos da ação social se perderam no que lhes concerne; sua educação moral precisa ser refeita. Ora, não é em um instante que a sociedade pode incliná-los para essa vida nova e fazer com que eles aprendam a exercer sobre si esse acréscimo de contenção com o qual não estão acostumados. O resultado disso é que eles não se mostram ajustados à condição que se apresenta e que a perspectiva mesma dessa condição lhes é intolerável; por isso, surgem os sofrimentos que os afastam de uma existência diminuída antes mesmo que eles tenham feito a experiência dessa existência.

Mas as coisas não se dão de maneira diversa se a crise tem por origem um brusco crescimento de potência e de fortuna. Com isso, com efeito, como as condições de vida mudaram, a escala segundo a qual se regulam as necessidades não pode mais permanecer a mesma; pois ela varia com os recursos sociais, na medida em que ela determina, de maneira geral, a parte que deve caber a cada categoria de produtores. A gradação dessa escala é transformada; por outro lado, porém, uma gradação nova não teria como ser improvisada. Precisa-se de tempo para que os homens e as coisas sejam novamente classificados pela consciência pública. Enquanto as forças sociais, assim colocadas em liberdade, não reencontrarem o equilíbrio, seu valor permanece indeterminado e, por conseguinte, toda regulamentação continua ausente por um tempo. Não se sabe mais o que é possível e o que não é, o que é justo e o que é injusto, quais são as reivindicações e as esperanças legítimas, quais são aquelas que passam da medida. Consequentemente, não há nada que não se pretenda alcançar. Por menos profundo que seja esse abalo, ele atinge até mesmo os princípios que presidem a repartição dos cidadãos entre os diferentes empregos. Porque, como as relações entre as diversas partes da sociedade são necessariamente modificadas, as ideias que exprimem essas relações não podem mais permanecer as mesmas. Tal classe, que a crise favoreceu mais especialmente, não está mais disposta à mesma resignação, e, em contrapartida, o espetáculo de sua maior fortuna evoca ao seu redor e abaixo dela todo tipo de cobiça. Assim, os apetites, não estando mais contidos por uma opinião desorientada, não sabem mais onde estão os limites diante dos quais devem parar. Além disso, nesse momento, eles se acham em um estado de eretismo natural; e isso simplesmente porque a vitalidade geral é mais intensa. Porque a prosperidade aumentou, os desejos estão exaltados. A presa mais rica que lhes é oferecida os estimula, os torna mais exigentes, mais impacientes em relação a todas as regras, justamente porque as regras tradicionais perderam sua autoridade. O estado de desregulamentação ou de anomia é, então, ainda mais reforçado pelo fato de que as paixões estão menos disciplinas no momento mesmo em que elas precisariam de uma disciplina mais forte.

Mas, então, suas próprias exigências fazem com que seja impossível satisfazê-las. As ambições superexcitadas se conduzem sempre para além dos resultados obtidos, quaisquer que eles sejam; pois elas não são advertidas quanto ao fato de que não devem ir mais longe. Nada, portanto, as contém e toda essa agitação se mantém perpetuamente sem chegar a nenhum apaziguamento. Sobretudo, como essa corrida em direção a uma prenda tangível não tem como buscar outro prazer além da própria corrida, ainda que possa haver algum prazer, contudo, pelo qual ele venha a ser dificultado, permanece-se com as mãos inteiramente vazias. Ora, acontece de, ao mesmo tempo, a luta se tornar mais violenta e mais dolorosa, tanto porque ela é menos regulada quanto porque as competições são mais ardentes. Todas as classes estão em luta porque não há mais nenhuma classificação estabelecida. O esforço é, então, mais considerável no momento em que ele se torna mais improdutivo. Como, nessas condições, a vontade de viver não se enfraqueceria?

Essa explicação é confirmada pela singular imunidade da qual gozam os países pobres. Se a pobreza protege contra o suicídio, isso acontece porque, por ela mesma, a pobreza é um freio. Não importa o que se faça, os desejos, em certa medida, são obrigados a contar com os meios; aquilo que se tem serve em parte de ponto de referência para determinar aquilo que se gostaria de ter. Por conseguinte, quanto menos possuímos, menos somos levados a estender de maneira ilimitada o círculo de nossas necessidades. A impotência, sujeitando-nos à moderação, nos habitua a ela, além disso, quando a mediocridade é geral, nada vem excitar a inveja. A riqueza, ao contrário, pelos poderes que ela confere, nos dá a ilusão de que não dependemos senão de nós mesmos. Diminuindo a resistência que as coisas nos opõem, ela nos induz a crer que elas podem ser indefinidamente vencidas. Ou, quanto menos nos sentimos limitados, tanto mais toda limitação parece insuportável. Portanto, não é sem razão que tantas religiões celebraram os benefícios e o valor moral da pobreza. É que ela é, com efeito, a melhor das escolas para ensinar o homem a se conter. Ao nos obrigar a exercer sobre nós uma constante disciplina, ela nos prepara para aceitar docilmente a disciplina coletiva, enquanto a riqueza, exaltando o indivíduo, se arrisca sempre a despertar esse espírito de rebelião que é a fonte mesma da imoralidade. Sem dúvida alguma, essa não é uma razão para impedir a humanidade de melhorar sua condição material. No entanto, se o perigo moral em jogo em todo crescimento das facilidades, por um lado, não é incontornável, por outro lado, não se pode perdê-lo de vista.

III

Se, como nos casos precedentes, a anomia não se produzisse jamais senão por meio de acessos intermitentes e sob a forma de crises agudas, ela bem poderia fazer variar de tempos em tempos a taxa social dos suicídios; ela não seria um fator regulador e constante dessa taxa. Mas há uma esfera da vida social na qual ela se acha atualmente em um estado crônico. Trata-se do mundo do comércio e da indústria.

Há um século, com efeito, o progresso econômico consiste principalmente em emancipar as relações industriais de toda regulamentação. Até tempos recentes, todo um sistema de poderes morais tinha por função discipliná-las. Havia de início a religião, cuja influência se fazia sentir igualmente sobre os operários e seus mestres, sobre os pobres e os ricos. Ela consolava os primeiros e os ensinava a se contentar com a sua sorte ao mostrar que a ordem social era providencial, que o quinhão de cada classe tinha sido fixado pelo próprio Deus, e ao fazer com que se esperasse de um mundo futuro justas compensações pelas desigualdades deste mundo de cá. Ela moderava os ricos ao lembrar-lhes que os interesses terrestres não são tudo para o homem, que eles deviam estar subordinados a outros interesses, mais elevados, e, consequentemente, que os interesses terrestres não mereciam ser perseguidos sem regra nem sem medida. O poder temporal, por sua vez, pela supremacia que ele exercia sobre as funções econômicas, pelo estado relativamente subalterno no qual ele lhes mantinha, continha seu crescimento. Enfim, no seio mesmo do mundo dos negócios, os corpos profissionais, regulamentando os salários, fixavam indiretamente o nível médio das receitas pelas quais, inevitavelmente, se regulavam em parte as necessidades. Descrevendo essa organização, nós não pretendemos, de resto, propô-la como um modelo. É claro que, sem profundas transformações, ela não teria como convir às sociedades atuais. Tudo aquilo que nós constatamos é que ela existia, que ela tinha efeitos úteis e que, hoje, não há nada que tenha assumido o seu lugar.

Com efeito, a religião perdeu grande parte de seu império. O poder governamental, em vez de ser o regulador da vida econômica, se tornou o instrumento e o servo dessa vida. As escolas mais contrárias, economistas ortodoxos e socialistas extremos, entram em acordo para reduzi-la ao papel intermediário, mais ou menos passivo, entre as diferentes funções sociais. Uns aceitam se tornar simplesmente os guardiões dos contratos individuais; outros atribuem a si como tarefa cuidar da compatibilidade coletiva, ou seja, registrar as demandas dos consumidores, transmiti-las aos produtores, inventariar a renda total e reparti-la de acordo com uma fórmula estabelecida. Uns e outros, porém, lhe recusam toda qualidade capaz de subordinar o resto dos órgãos sociais e de os fazer convergir para uma finalidade que os domine. De uma parte e de outra, declara-se que as nações devem ter o único ou principal objetivo de prosperar industrialmente; é o que implica o dogma do materialismo econômico que serve igualmente de base a esses dois sistemas, aparentemente opostos. E, como essas teorias não fazem outra coisa senão exprimir o estado da opinião, a indústria, no lugar de continuar a ser considerada como um meio em vista de um fim que a ultrapassa, torna-se o fim supremo de indivíduos e de sociedades. Mas, então, acontece que os apetites que ela põe em jogo encontraram-se libertados de toda autoridade que os limitasse. Essa apoteose do bem-estar, ao santificá-los, por assim dizer, coloca-os acima de toda lei humana. Parece que haveria uma espécie de sacrilégio em reprimi-los. É porque, mesmo a regulamentação puramente utilitária que o próprio mundo industrial exerceria sobre eles, por intermédio das corporações, não conseguiu se manter. Enfim, a explosão dos desejos foi grave também para o próprio desenvolvimento da indústria e a expansão quase indefinida da marcha. Enquanto o produtor não podia vender seus produtos senão na vizinhança mais próxima, a parcimônia do ganho possível não podia superexcitar muito a ambição. Porém, agora que ele pode quase aspirar a ter como cliente o mundo inteiro, de que forma, diante dessas perspectivas sem limites, as paixões aceitariam que ainda a limitássemos como em outros tempos?

 Eis de onde vem a efervescência que reina nessa parte da sociedade, mas que daí se estendeu para o resto. É que o estado de crise e de anomia é constante e, por assim dizer, normal. De cima a baixo da escala, as perturbações são provocadas sem que elas saibam onde se assentar definitivamente. Nada teria como acalmá-las, uma vez que o objetivo para o qual elas tendem se acha infinitamente para além de tudo aquilo que elas podem alcançar. O real parece sem valor comparado com o que entreveriam como possível as imaginações febris; as pessoas se desligam dele, portanto, mas para, em seguida, se desligarem do possível quando, por sua vez, ele se torna real. Tem-se uma sede de coisas novas, de alegrias ignoradas, de sensações inominadas, mas que perdem todo o seu sabor desde o instante em que passam a ser conhecidas. A partir de então, quando o menor revés acontece, não se tem forças para suportá-lo. Toda essa febre cai e se percebe o quanto esse tumulto era estéril e que todas essas sensações novas, indefinidamente acumuladas, jamais chegaram a constituir um capital sólido de felicidade, sobre o qual se poderia viver nos dias de provações. O sábio, que sabe gozar dos resultados adquiridos sem experimentar perpetuamente a necessidade de substituí-los por outros, encontra aí um modo de se manter preso à vida quando a hora das contrariedades tiver soado. Mas o homem que sempre espera tudo do porvir, que vive com os olhos fixos no futuro, não tem nada em seu passado que o reconforte contra as amarguras do presente; pois o passado não se mostra para ele senão como uma série de etapas impacientemente atravessadas. O que lhe permitia fechar os olhos em relação a si mesmo é que contava sempre encontrar mais adiante a felicidade que não tinha encontrado até o momento. Mas eis que ele para no meio do caminho; desde então, não há mais nada, nem atrás nem a sua frente, sobre o que ele poderia repousar seus olhos. A fadiga, de resto, é suficiente por si só para produzir o desencantamento, pois é difícil de não sentir, a longo prazo, a inutilidade de um prosseguimento sem fim.

Pode-se perguntar se não é sobretudo esse estado moral que torna hoje tão fecundas em suicídios as catástrofes econômicas. Nas sociedades em que está submetido a uma disciplina saudável, o homem também se submete mais facilmente aos golpes do destino. Habituado a se irritar e a se conter, o esforço necessário para impor a si mesmo um pouco mais de desconforto custa-lhe relativamente pouco. Porém, quando todo limite, por ele mesmo, mostra-se odioso, como é que uma limitação mais estreita poderia não aparecer como insuportável? A impaciência fervorosa na qual se vive não inclina de maneira alguma à resignação. Quando não se tem outra meta senão ultrapassar incessantemente o ponto ao qual se chegou, o quão doloroso não é ser jogado uma vez mais para trás! Ora, essa mesma desorganização que caracteriza nosso estado econômico abre as portas para todas as aventuras. Como as imaginações são ávidas por novidades e como nada as regula, elas tateiam ao acaso. Necessariamente, os fracassos crescem com os riscos e, assim, as crises se multiplicam no momento mesmo em que se tornam mais fatais.

E, não obstante, essas disposições são a tal ponto inveteradas que a sociedade está intimamente ligada a elas e está ao mesmo tempo acostumada a considerá-las normais. Repete-se sem cessar que faz parte da natureza do homem ser um eterno descontente, seguir adiante sem pausa e sem repouso em direção a um fim indeterminado. A paixão do infinito é diariamente apresentada como uma marca de distinção moral, uma vez que ela não pode se produzir senão no interior de consciências desregradas e que transformam em regra o desregramento do qual sofrem. A doutrina do progresso em todo caso e o mais rápido possível se tornou um artigo de fé. Do mesmo modo, contudo, paralelamente a essas teorias que celebram os benefícios da instabilidade, vemos aparecer outras teorias que, generalizando a situação da qual elas se derivam, declaram a vida má, acusam-na de ser mais fértil em dores do que em prazeres e de não seduzir o homem senão por meio de atrativos enganadores. E, como é no mundo econômico que esse progresso alcança o seu apogeu, também é nele que se faz o maior número de vítimas.

QUADRO XXIV
Suicídios por 1 milhão de sujeitos de cada profissão

	Comércio	Transportes	Indústria	Agricultura	Carreiras liberais[251]
França[252] (1878-87)	440		340	240	300
Suíça (1876)	664	1.514	577	304	558
Itália (1866-76)	277	152,6	80,4	26,7	618[253]
Prússia (1883-90)	754		456	315	832
Baviera (1884-91)	465		369	153	454
Bélgica (1776-90)	421		160	160	100
Württemberg (1873-78)	273		190	206	
Saxônia (1878)		341,59		71,17	

As funções industriais e comerciais estão, com efeito, entre as profissões que fornecem mais suicídios (ver quadro XXIV). Elas estão quase no nível das carreiras liberais e, às vezes, chegam mesmo a ultrapassá-las; principalmente, elas estão sensivelmente mais expostas ao suicídio do que a agricultura. É que a indústria agrícola é aquela na qual os antigos poderes reguladores fazem com que se sinta ainda da melhor forma possível a sua influência e na qual a febre dos afazeres menos penetrou. É ela que nos lembra mais possivelmente do que era outrora a constituição geral da ordem econômica. E, ainda, a lacuna seria mais marcante se, entre os suicidas da indústria, fosse possível distinguir os patrões dos operários, pois são provavelmente

---

[251] Quando a estatística distingue muitos tipos de carreiras liberais, indicamos, como ponto de referência aquela na qual a taxa dos suicídios é mais elevada.
[252] De 1826 a 1880, as funções econômicas parecem menos seguras (ver *Compte ren*du de 1880); mas a estatística das profissões era bem exata?
[253] Essa cifra não é atingida senão pelas pessoas de letras.

os primeiros que se acham mais atingidos pelo estado de *anomia*. A enorme taxa da população que vive de suas rendas (720 para cada 1 milhão) mostra de maneira suficiente que são os mais afortunados que sofrem mais. É porque tudo aquilo que obriga à subordinação atenua os efeitos desse estado. As classes inferiores têm ao menos o seu horizonte limitado por aqueles que lhes são superpostos e, por meio disso mesmo, seus desejos são mais definidos. Mas esses que têm somente o vazio abaixo de si, quando não são mantidos aí pela força, experimentam quase a necessidade de perder-se.

A anomia é, então, em nossas sociedades modernas, um fator regulador e específico dos suicídios; é uma das forças das quais se alimenta o contingente anual. Estamos, por conseguinte, na presença de um novo tipo de suicídio que deve ser distinto dos outros. Ele difere deles na medida em que depende não da maneira segundo a qual os indivíduos estão ligados à sociedade, mas do modo como a sociedade os regula. O suicídio egoísta provém do fato de que os homens não percebem mais a razão de ser da vida; o suicídio altruísta, do fato de que essa razão lhes parece, ela mesma, estar fora da vida; o terceiro tipo de suicídio, por sua vez, um suicídio cuja existência acabamos de constatar, provém do fato de que sua atividade é desregrada e de que os homens sofrem com isso. Em razão de sua origem, daremos a essa terceira espécie de suicídio o nome de *suicídio anômico*.

Seguramente, esse suicídio e o suicídio egoísta não deixam de apresentar relações de parentesco. Um e outro provêm do fato de que a sociedade não se acha suficientemente presente para os indivíduos. Mas a esfera pela qual se mostra ausente não é a mesma nos dois casos. No suicídio egoísta, é da atividade propriamente coletiva que ela se ausenta, deixando-os assim sem qualquer freio que os regule. O resultado é que, apesar de suas relações, esses dois tipos permanecem independentes um do outro. Podemos reportar à sociedade tudo aquilo que há de social em nós e, ainda assim, é possível que ela não tenha como limitar nossos desejos; sem sermos egoístas, podemos viver em estado de anomia, e vice-versa. Também não é nos mesmos meios sociais que esses dois tipos de suicídio recrutam sua principal clientela; um tem por terreno preferencial as carreiras intelectuais, o mundo no qual se pensa, o outro, o mundo industrial ou comercial.

IV

Mas a anomia econômica não é a única que pode engendrar o suicídio.

Os suicídios que ocorrem quando se abre a crise da viuvez, crise essa da qual já falamos,[254] se devem, com efeito, à anomia doméstica que resulta da morte de um dos esposos. Produz-se, portanto, uma reviravolta na família,

---
[254] Ver mais acima, p. 195.

da qual o sobrevivente sofre a influência. Ele não se adapta à situação nova com a qual se depara e é por isso que se mata mais facilmente.

Mas há uma outra variedade de suicídio anômico na qual devemos antes nos deter; tanto porque é mais crônica quanto porque vai servir para lançar luz sobre a natureza e as funções do casamento.

Nos *Anais de demografia internacional* (setembro de 1882), o Sr. Bertillon publicou um notável trabalho sobre o divórcio, trabalho esse ao longo do qual ele estabeleceu a seguinte proposição: em toda a Europa, o número de suicídios varia conforme o número de divórcios e de separações dos corpos.

Se compararmos os diferentes países segundo esse duplo ponto de vista, já constatamos esse paralelismo (ver quadro XXV). Não apenas a relação entre as médias é evidente, mas também a única irregularidade de detalhe um pouco marcada é a dos Países Baixos, nos quais os suicídios não estão à altura dos divórcios.

QUADRO XXV

Comparação dos Estados europeus segundo o ponto de vista duplo do divórcio e do suicídio

	Divórcios anuais para cada 1.000 casamentos	Suicídios para cada milhão de habitantes
I. Países nos quais os divórcios e as separações de corpos são raros		
Noruega	0,54 (1875-80)	73
Rússia	1,6 (1871-77)	30
Inglaterra e País de Gales	1,3 (1871-79)	68
Escócia	2,1 (1871-81)	
Itália	3,05 (1871-73)	31
Finlândia	3,9 (1875-79)	30,8
Médias	2,07	46,5
II. Países nos quais os divórcios e as separações de corpos possuem uma frequência média		
Baviera	5,0 (1881)	90,5
Bélgica	5,1 (1871-80)	68,5
Países Baixos	6,0 (1871-80)	35,5
Suécia	6,4 (1871-80)	81
Baden	6,5 (1874-79)	156,6
França	7,5 (1871-79)	150
Württemberg	8,4 (1876-78)	162,4
Prússia		133
Médias	6,4	109,6

III. Países nos quais os divórcios e as separações são frequentes		
Saxônia Real	26,9 (1876-80)	299
Dinamarca	38 (1871-80)	258
Suíça	47 (1876-80)	216
Médias	37,3	257

A lei se verifica ainda com maior rigor se compararmos não países diferentes, mas províncias diferentes de um mesmo país. Na Suíça, notadamente, a coincidência entre essas duas ordens de fenômenos é espantosa (ver quadro XXVI, p. 262). São os cantões protestantes que contemplam mais divórcios, são eles também que apresentam mais suicídios. Os cantões mistos vêm em seguida, sob ambos os pontos de vista, e, depois, apenas os cantões católicos. No interior de cada grupo, notamos as mesmas concordâncias. Entre os cantões católicos, Soleura e Appenzell Interior se distinguem pelo número elevado de divórcios; se distinguem igualmente pela cifra de seus suicídios. Friburgo, apesar de católica e francesa, apresenta um número razoável de divórcios e um número razoável de suicídios. Entre os cantões protestantes alemães, não há nenhum que apresente tantos divórcios quanto Schaffhausen; Schaffhausen também detém a liderança dos suicídios. Enfim, os cantões mistos, com a única exceção da Argóvia, se classificam exatamente da mesma maneira de acordo com ambos os aspectos.

QUADRO XXVI

Comparação dos cantões suíços sob o ponto de vista dos divórcios e dos suicídios

	Divórcios e separações para cada mil casamentos	Suicídios por milhão		Divórcios e separações para cada mil casamentos	Suicídios por milhão
	I. Cantões católicos				
	Franceses e Italianos				
Ticino	7,6	57	Friburgo	15,9	119
Valais	4,0	47			
Médias	5,8	50	Médias	15,9	119
	Alemães				
Uri		60	Soleura	37,7	205
Unterwalden-Alto	4,9	20	Appenzell Interior	18,9	158
Unterwalden-Baixo	5,2	1	Zug	14,8	87
Schwyz	5,6	70	Lucerna	13,0	100
Médias	3,9	37,7	Médias	21,1	137,5
	II. Cantões protestantes				
	Francês				
Neuchâtel	42,4	560	Vaud	43,5	352
	Alemães				
Berna	47,2	229	Schaffhausen	106,0	602
Basileia-Cidade	34,5	323	Appenzell Exterior	100,7	213
Basileia-Campo	33,0	288	Glarus	83,1	127
			Zurique	80,0	288
Médias	38,2	280	Médias	92,4	307
	III. Cantões mistos quanto à religião				
Argóvia	40	195	Genebra	70,5	360
Grisões	30	116	Santo Galo	57,6	179
Médias	36,9	155	Médias	64,0	269

A mesma comparação feita entre os departamentos franceses dá o mesmo resultado. Classificando-os em oito categorias segundo a importância de sua mortalidade suicida, constatamos que os grupos, assim formados, assumiriam a mesma posição que sob o aspecto dos divórcios e das separações de corpos:

	Suicídios por milhão	Média dos divórcios e separações por mil casamentos
1º grupo (5 departamentos)	Abaixo de 50	2,6
2º grupo (18 departamentos)	De 51 a 75	2,9
3º grupo (15 departamentos)	De 76 a 100	5,0
4º grupo (19 departamentos)	De 101 a 150	5,4
5º grupo (10 departamentos)	De 151 a 200	7,5
6º grupo (9 departamentos)	De 201 a 250	8,2
7º grupo (7 departamentos)	De 251 a 300	10,0
8º grupo (5 departamentos)	Acima	12,4

Tendo estabelecido essa relação, tentemos explicá-la.

Não mencionaremos senão de memória a explicação que foi sumariamente proposta pelo Sr. Bertillon. Segundo esse autor, o número de suicídios e o número de divórcios variam paralelamente porque eles dependem os dois de um mesmo fator: a frequência maior ou menor das pessoas mal equilibradas. Com efeito, ele diz, há tantos divórcios em um país quanto esposos insuportáveis. Ora, esses esposos são recrutados, sobretudo, entre os irregulares, os indivíduos dotados de um caráter malfeito e impoderado, de tal modo que esse mesmo temperamento predispõe igualmente ao suicídio. O paralelismo não viria, então, do fato de que a instituição do divórcio teria, por ela mesma, uma influência sobre o suicídio, mas do fato de que essas duas ordens de fatos derivam de uma mesma causa que eles experimentam de maneira diferente. Mas é arbitrariamente e sem provas que se associa, assim, o divórcio a certas taras psíquicas. Não há nenhuma razão para supor que haja, na Suíça, 15 vezes mais desequilibrados do que na Itália e entre 6 e 7 vezes mais do que na França, e, contudo, os divórcios são, no primeiro desses países, 15 vezes mais frequentes do que no segundo e por volta de 7 vezes mais frequentes do que no terceiro. Ademais, no que concerne ao suicídio, sabemos o quanto as condições puramente individuais estão longe de poder dar conta disso. Tudo o que se segue, de mais a mais, acabará por demonstrar a insuficiência dessa teoria.

Não é entre as predisposições orgânicas dos sujeitos, mas na natureza intrínseca do divórcio que é preciso buscar a causa dessa notável relação.

Quanto a esse ponto, uma primeira proposição pode ser estabelecida: em todos os países para os quais temos as informações necessárias, os suicídios dos divorciados são incomparavelmente superiores em número àqueles que são fornecidos pelas outras partes da população.

	Suicídios para um milhão de							
	Solteiros com mais de 15 anos		Casados		Viúvos		Divorciados	
	H	M	H	M	H	M	H	M
Prússia (1887-89)	360	120	430	90	1.471	215	1.875	290
Prússia (1883-90)	388	129	498	100	1.552	194	1.952	328
Baden (1885-93)	458	93	460	85	1.172	171	1.328	
Saxônia (1847-58)			481	120	1.242	240	3.102	312
Saxônia (1876)	555,18		821	146			3.252	389
Württemberg (1846-60)			226	52	530	97	1.298	281
Württemberg (1873-92)	251		218		405		796	

Assim, os divorciados dos dois sexos se matam entre três e quatro vezes mais do que as pessoas casadas, ainda que as pessoas divorciadas sejam mais jovens (40 anos, na França, no lugar de 46 anos), e sensivelmente mais do que os viúvos, apesar do agravamento que eles experimentam por conta de sua idade avançada. Como é que isso acontece?

Não há dúvida de que a mudança do regime moral e material, que é a consequência do divórcio, deve interferir em alguma medida nesse resultado. Mas ela não é suficiente para explicá-lo. Com efeito, a viuvez é um problema não menos completo da existência; ela tem mesmo, em geral, consequências muito mais dolorosas, uma vez que não tinha sido desejada pelos esposos, enquanto na maioria das vezes o divórcio é para eles uma libertação. E, no entanto, os divorciados que, em razão de sua idade, deveriam se matar duas vezes menos que os viúvos, se matam por toda parte mais, e até duas vezes mais em certos países. Esse agravamento, que pode ser representado por um coeficiente compreendido entre 2,5 e 4, não depende de maneira alguma de sua mudança de estado.

Para achar as causas disso, nós nos reportamos a uma das proposições que estabelecemos anteriormente. Vimos no terceiro capítulo do presente livro que, para uma mesma sociedade, a tendência dos viúvos para o suicídio era função da tendência correspondente das pessoas casadas. Se os casados estão fortemente protegidos, sem dúvida os viúvos gozam de uma imunidade menor, mas ainda importante, e o sexo que o casamento preserva melhor é também aquele que se acha mais bem preservado no estado de viuvez. Em uma palavra, quando a sociedade conjugal é dissolvida pelo falecimento de um dos esposos, os efeitos que ela tem em relação ao suicídio continuam a se fazer sentir em parte sobre o sobrevivente.[255] Mas, então, não é legítimo supor que o mesmo fenômeno se produz quando o casamento se rompe não pela morte, mas por um ato jurídico, e que o agravamento sofrido pelos divorciados é uma consequência não do divórcio, mas do casamento, ao qual o divórcio põe um fim? Ele deve concernir a uma certa constituição matrimonial, da qual os esposos continuam a sofrer a influência, ou seja, mesmo que eles estejam separados. Se eles têm uma tendência tão violenta para o suicídio, é que já se encontravam fortemente inclinados para ele quando viviam juntos e pelo fato mesmo de sua vida comum.

Admitindo essa proposição, a correspondência dos divórcios e dos suicídios se torna explicável. Com efeito, entre os povos nos quais o divórcio é frequente, essa constituição *sui generis* do casamento da qual ele é solidário deve necessariamente ser muito difundida; pois ela não é especial às famílias que estão predestinadas a uma dissolução legal. Se ela alcança entre eles seu máximo de intensidade, deve se encontrar entre os outros ou a maior parte dos outros, ainda que em um grau menor. Porque, como quando há muitos suicídios também há muitas tentativas de suicídio, e como a mortalidade não pode crescer sem que a morbidez ao mesmo tempo aumente, é preciso haver muitas famílias mais ou menos próximas do divórcio quando há muitos divórcios efetivos. O número de divórcios efetivos não pode, portanto, se elevar, sem que se desenvolva e se generalize na mesma medida esse estado da família que predispõe ao suicídio e, por conseguinte, é natural que os dois fenômenos variem no mesmo sentido.

---

[255] Ver mais acima, Livro II, Capítulo III.

QUADRO XXVII

Influência do divórcio sobre a imunidade dos esposos

País	Suicídios por milhão de sujeitos		Coeficiente de preservação dos esposos em relação aos rapazes
	Rapazes abaixo de 15 anos	Esposos	
Onde o divórcio não existe:			
Itália (1884-88)	145	88	1,64
França (1863-68)[256]	273	245,7	1,11
Onde o divórcio é amplamente praticado:			
Baden (1885-93)	458	460	0,99
Prússia (1883-90)	388	498	0,77
Prússia (1887-89)	364	431	0,83
Onde o divórcio é muito frequente[257]			
Saxônia (1879-80):			
Para 100 suicídios de todos os estados civis	27,5	52,5	0,63
Para 100 habitantes masculinos de todos os estados civis	42,10	52,47	

Além de essa hipótese se mostrar conforme a tudo aquilo que foi anteriormente demonstrado, ela é suscetível de uma prova direta. Com efeito, se ela é fundada, as pessoas casadas devem ter, nos países onde os divórcios são numerosos, uma imunidade menor contra o suicídio do que lá onde o casamento é indissolúvel. É exatamente isso, por sua vez, que resulta dos fatos, ao menos *naquilo que concerne aos esposos*, tal como o mostra o quadro XXVII. A Itália, país católico onde o divórcio não é reconhecido, também é o país onde o coeficiente de preservação dos esposos é mais elevado; ele é menor na França, onde as separações

---

[256] Nós tomamos este período dilatado porque o divórcio não existia de modo algum antes. A lei de 1884 que o estabeleceu não parece, além disso, ter produzido até o presente efeitos sensíveis sobre os suicídios de esposos, o seu coeficiente de preservação não variou sensivelmente entre 1888 e 1892. De qualquer modo, porém, uma instituição não produz seus efeitos em tão pouco tempo.

[257] Para a Saxônia, nós não temos senão os números relativos acima, imputados a Oettingen; eles são suficientes para o nosso objeto. Encontrar-se-á em LEGOYT (p. 171) outros documentos que provam do mesmo modo que, na Saxônia, os esposos possuem uma taxa mais elevada que os solteiros. O próprio Legoyt faz essa observação com surpresa.

de corpos sempre foram mais frequentes, e nós o vemos decrescer à medida que se passa para as sociedades onde o divórcio é mais amplamente praticado.[258]

Não tivemos como investigar a cifra dos divórcios no Grão-Ducado de Oldemburgo. Não obstante, tendo em vista que se trata de um país protestante, pode-se acreditar que eles aí são frequentes, sem serem, portanto, excessivos: pois a minoria católica é muito importante. De acordo com esse ponto de vista, portanto, ele deve estar mais ou menos no mesmo nível que Baden e que a Prússia. Ora, ele está classificado no mesmo nível de acordo com o ponto de vista da imunidade da qual gozam nesse caso os esposos; 100.000 solteiros com mais de 15 anos apresentam anualmente 52 suicídios. 100.000 esposos cometem 66 suicídios. O coeficiente de preservação para os esposos é, então, 0,79, muito diferente, consequentemente, daquele que se observa nos países católicos, nos quais o divórcio é raro ou desconhecido.

A França nos oferece a ocasião de fazer uma observação que confirma as observações precedentes, tanto mais, uma vez que ela possui ainda mais rigor. Os divórcios são muito mais frequentes no Sena do que no resto do país. Em 1885, o número de divórcios declarados era de 23,99 para cada 10.000 casamentos regulares, enquanto que, para toda a França, a média não era senão de 5,65. Ora, é suficiente se reportar ao quadro XXII para constatar que o coeficiente de preservação dos esposos é sensivelmente menor no Sena do que na província. Ele alcança, com efeito, 3 apenas uma vez, no período de 20 a 25 anos; e, ainda, a exatidão da cifra é duvidosa, pois ela é calculada de acordo com um número pequeno demais de casos, em razão

---

[258] Se comparamos segundo esse ponto de vista apenas alguns poucos países, isso se deve ao fato de que, para os outros, as estatísticas confundem os suicídios dos esposos com os suicídios das esposas e, como veremos mais abaixo, é preciso distingui-los. Mas não se deveria concluir a partir desse quadro que na Prússia, em Baden e na Saxônia, os esposos se matam realmente mais do que os solteiros de pouca idade. Não se pode perder de vista o fato de que esses coeficientes foram estabelecidos independentemente da idade e de sua influência sobre o suicídio. Ora, como os homens de 25 a 30 anos, idade média dos solteiros, se matam duas vezes menos do que os homens de 40 a 50 anos, idade média dos esposos, é preciso concluir que os esposos gozam de uma imunidade até mesmo nos países onde o divórcio é frequente; mas ela é aí mais fraca do que em outros lugares. Para que se possa dizer que ela é nula, seria preciso que a taxa dos casados, abstraindo-se da idade, fosse duas vezes mais forte do que a taxa dos solteiros; o que não é o caso. Essa omissão não afeta, além disso, em nada a conclusão à qual chegamos. Pois a idade média dos esposos varia pouco de um país para o outro, em dois ou três anos apenas, e, por outro lado, a lei segundo a qual a idade age sobre o suicida é por toda parte a mesma. Por conseguinte, negligenciando a ação desse fator, diminuímos bastante o valor absoluto dos coeficientes de preservação, mas, como o diminuímos por toda parte segundo a mesma proporção, não alteramos o seu valor relativo que é o único que nos importa. Pois não procuramos estimar em um valor absoluto a imunidade dos esposos em cada país, mas antes classificar os diferentes países de acordo com o ponto de vista dessa imunidade. Quanto às razões que nos determinaram a essa simplificação, elas apontam antes de tudo para o anseio de não complicar o problema inutilmente. Ao mesmo tempo, não temos em todos os casos os elementos necessários para calcular exatamente a ação da idade.

do fato de que há anualmente quase apenas um suicídio de esposos dessa idade. A partir de 30 anos, o coeficiente não ultrapassa 2, ele se encontra muito frequentemente abaixo e se torna mesmo inferior à unidade entre 60 e 70 anos. Em média, ele é de 1,73. Nos departamentos, ao contrário, o coeficiente é em 5 a cada 8 vezes superior a 3; em média, ele é de 2,88, ou seja, 1,66 vez mais forte do que no Sena.

Eis aí uma prova a mais de que o número elevado de suicídios nos países nos quais o divórcio é difundido não se deve a nenhuma predisposição orgânica, notadamente à frequência de sujeitos desequilibrados. Pois, se essa fosse a causa verdadeira, ela deveria fazer sentir seus efeitos tanto sobre os solteiros quanto sobre os casados. Ora, de fato, são os casados que são mais afetados. O ponto é, então, que a origem do mal se encontra bem, como nós supusemos, em algumas particularidades seja do casamento, seja da família. Resta escolher entre essas duas últimas hipóteses. Essa menor imunidade dos esposos se deve ao estado da sociedade doméstica ou ao estado da sociedade matrimonial? É o espírito familiar que não é tão bom ou o laço conjugal que não é tudo aquilo que ele deve ser?

Um primeiro fato que torna improvável a primeira explicação é que, nos povos nos quais o divórcio é mais frequente, a natalidade é muito boa e, por conseguinte, a densidade do grupo doméstico é muito elevada. Ora, sabemos que, quando a família é densa, o espírito da família é geralmente forte. É, então, muito conveniente acreditar que é na natureza do casamento que se encontra a causa do fenômeno.

E, com efeito, se fosse à constituição da família que ele devesse ser imputável, as esposas, elas também, deveriam ser menos preservadas do suicídio nos países onde o divórcio fosse um costume corrente do que lá onde ele é pouco praticado: pois elas são tão afetadas quanto os esposos pelo mau estado das relações domésticas. Ora, é exatamente o inverso que acontece. O coeficiente de preservação das mulheres casadas se eleva à medida que o dos esposos abaixa, ou seja, à medida que os divórcios são mais frequentes, e vice-versa. Quanto mais o laço conjugal se rompe de maneira frequente e simples, tanto mais a mulher é favorecida em relação ao marido (ver quadro XXVIII, p. 269).

A inversão entre as duas séries de coeficientes é notável. Nos países onde o divórcio não existe, a mulher é menos preservada do que seu marido; mas sua inferioridade é maior na Itália do que na França, onde o laço matrimonial sempre foi mais frágil. Ao contrário, desde que o divórcio é praticado (Baden), o marido é menos preservado do que a esposa e a vantagem do marido cresce regularmente, à medida que os divórcios se desenvolvem.

Do mesmo modo que anteriormente, o Grão-Ducado de Oldemburgo se comporta nesse ponto de vista como os outros países da Alemanha, nos quais o divórcio é de uma frequência média. Um milhão de mulheres apresentam 203 suicídios, um milhão de mulheres casadas, 156; as mulheres casadas, portanto, possuem um coeficiente de preservação igual a 1,3, muito superior ao coeficiente dos esposos, que não era senão de 0,79. O primeiro é 1,64 vez mais forte do que o segundo, mais ou menos como na Prússia.

QUADRO XXVIII

Influência do divórcio sobre a imunidade dos esposos[259]

	Suicídios para cada milhão de		Coeficiente de preservação		Quantas vezes o coeficiente dos esposos ultrapassa o das esposas?	Quantas vezes o coeficiente das esposas ultrapassa o dos esposos?
	Mulheres com mais de 16 anos	Esposas	Das esposas	Dos esposos		
Itália	21	22	0,95	1,64	1,72	
França	59	62,5	0,96	1,11	1,15	
Baden	93	85	1,09	0,99		1,10
Prússia	129	100	1,29	0,77		1,67
Prússia (1887-89)	120	90	1,33	0,83		1,60
Saxônia:						
Para 100 suicídios de todos os estados civis	35,3	42,6				
Para 100 habitantes de todos os estados civis	37,97	49,74	1,19	0,63		1,73

A comparação do Sena com os outros departamentos franceses confirma essa lei de uma maneira espantosa. Na província, onde as pessoas se divorciam menos, o coeficiente médio das mulheres casadas não é senão de 1,49; ele representa, então, apenas a metade do coeficiente médio dos esposos, que é de 2,88. No Sena, a relação é inversa. A imunidade dos homens não é senão de 1,56 e mesmo de 1,44, se deixarmos de lado as cifras duvidosas

---

[259] Os períodos são os mesmos que no quadro XXVII.

que se referem ao período de 20 a 25 anos; a imunidade das mulheres é de 1,79. A situação da mulher em relação ao marido é aí, então, mais de duas vezes melhor do que nos departamentos.

Pode-se fazer a mesma constatação, se compararmos as diferentes províncias da Prússia:

Províncias onde há 100.000 casados					
De 810 a 405 divorciados	Coeficientes de preservação das esposas	De 371 a 324 divorciados	Coeficientes de preservação das esposas	De 229 a 116 divorciados	Coeficientes de preservação das esposas
Berlim	1,72	Pomerânia	1	Posen	1
Brandemburgo	1,75			Hesse	1,44
		Silésia	1,18	Hanover	0,90
Prússia Oriental	1,50	Prússia Ocidental	1	País Renano	1,25
Saxônia	2,08	Schleswig	1,20	Vestfália	0,80

Todos os coeficientes do primeiro grupo são sensivelmente superiores aos coeficientes do segundo, e é no terceiro grupo que se encontram os coeficientes mais fracos. A única anomalia é a de Hesse, onde, por razões desconhecidas, as mulheres casadas gozam de uma imunidade bastante importante, ainda que as divorciadas sejam pouco numerosas.[260]

---

[260] Pudemos classificar essas províncias segundo o número de divorciados recenseados, não tendo encontrado, porém, o número de divórcios anuais.

QUADRO XXIX

Participação proporcional de cada sexo nos suicídios de cada categoria de estado civil nos diferentes países da Europa

	Para 100 suicídios de solteiros, há		Para 100 suicídios de casados, há		Excedente médio por país da participação das	
					Esposas em relação às solteiras	Solteiras em relação às esposas
Itália:						
1871	87 rapazes	13 moças	79 esposos	21 esposas	6,2	
1872	82 rapazes	18 moças	78 esposos	22 esposas		
1873	86 rapazes	14 moças	79 esposos	21 esposas		
1884-88	85 rapazes	15 moças	79 esposos	21 esposas		
França:						
1863-66	84 rapazes	16 moças	78 esposos	22 esposas	3,6	
1867-71	84 rapazes	16 moças	79 esposos	21 esposas		
1888-91	81 rapazes	19 moças	81 esposos	19 esposas		
Baden:						
1869-73	84 rapazes	16 moças	85 esposos	15 esposas		1
1885-93	84 rapazes	16 moças	85 esposos	15 esposas		
Prússia:						
1873-75	78 rapazes	22 moças	83 esposos	17 esposas		5
1887-89	77 rapazes	23 moças	83 esposos	17 esposas		
Saxônia:						
1866-70	77 rapazes	23 moças	84 esposos	16 esposas		7
1879-90	80 rapazes	22 moças	86 esposos	14 esposas		

Apesar dessa concordância das provas, submetamos essa lei a uma derradeira verificação. No lugar de compararmos a imunidade dos esposos com a imunidade das esposas, procuremos determinar de que maneira, diferente segundo os países, o casamento modifica a respectiva situação dos sexos quanto ao suicídio. É essa comparação que constitui o objeto do quadro XXIX. Vê-se aí que, nos países nos quais o divórcio não existe ou foi estabelecido apenas há pouco tempo, a mulher participa em uma proporção mais intensa nos suicídios dos casados do que no suicídio dos solteiros. Isso significa que o casamento favorece nesse caso os esposos mais do que as esposas, e a situação desfavorável das esposas é mais acentuada na Itália do que na França. O excedente médio da participação proporcional das mulheres casadas em relação à parte das moças solteiras é, com efeito, duas vezes mais elevada no primeiro desses dois países do que no segundo. A partir do momento em que passamos a considerar os povos nos quais a instituição do divórcio funciona amplamente, o fenômeno inverso se produz. É a mulher que ganha terreno com o fato do casamento e o homem que o perde; e o ganho que ela tira daí é mais considerável na Prússia do que em Baden e mais na Saxônia do que na Prússia. Ele atinge o seu máximo nos países onde os divórcios, por sua parte, possuem sua frequência *máxima*.

Pode-se, então, considerar a seguinte lei como acima de toda contestação: *o casamento tanto mais favorece a mulher segundo o ponto de vista do suicídio quanto mais é praticado o divórcio, e vice-versa.*

Dessa proposição surgem duas consequências.

A primeira é que os esposos são os únicos a contribuírem para essa elevação da taxa dos suicídios que se observa nas sociedades nas quais os divórcios são frequentes. As esposas, ao contrário, se matam aí menos do que em outras circunstâncias. Se, então, o divórcio não pode se desenvolver sem que a situação moral da mulher melhore, é inadmissível que ele esteja ligado a um mau estado da sociedade doméstica de natureza tal que ele venha a agravar a inclinação para o suicídio; pois esse agravamento deveria se produzir na mulher tanto quanto no marido. Um enfraquecimento do espírito da família não pode ter efeitos tão opostos sobre os dois sexos: ele não pode favorecer a mãe e afetar tão gravemente o pai. Por conseguinte, é no estado do casamento e não na constituição da família que se encontra a causa do fenômeno que estudamos. E, com efeito, é bem possível que o casamento aja em sentido inverso sobre o marido e sobre a mulher. Pois se, enquanto parentes, eles possuem o mesmo objetivo, enquanto cônjuges seus interesses são diferentes e, com frequência, mesmo antagônicos. Pode muito bem acontecer, portanto, de, em certas sociedades, tal particularidade da instituição matrimonial ser proveitosa para um e nociva para o outro. Tudo o que vimos até aqui tende a provar que esse é precisamente o caso do divórcio.

Em segundo lugar, a mesma razão nos obriga a rejeitar a hipótese segundo a qual esse estado ruim do casamento, com o qual os divórcios e os suicídios são solidários, consistiria simplesmente em uma frequência maior das discussões domésticas; porque, não mais do que o afrouxamento do laço familiar, tal causa não poderia ter como resultado aumentar a imunidade da mulher. Se a cifra dos suicídios, lá onde o divórcio é usual, se devesse realmente ao número de querelas conjugais, então a esposa deveria sofrer com essas querelas tanto quanto o esposo. Não há nada aí que seja de uma natureza tal que possa preservá-la excepcionalmente. Essa hipótese é tanto menos sustentável que, na maior parte do tempo, o divórcio é requisitado pela mulher contra o marido (na França, 60% para os divórcios e 83% para as separações de corpos).[261] Isso significa, então, que os problemas do casamento são, na maior parte dos casos, imputáveis ao homem. Nesse caso, porém, seria ininteligível que, nos países onde as pessoas se divorciam muito, o homem se matasse mais porque ele faria sua mulher sofrer mais, e que a mulher, ao contrário, se matasse menos porque seu marido a faria sofrer mais. Além disso, não está provado que o número de dissensões conjugais cresça na mesma proporção que os divórcios.[262]

Descartada essa hipótese, não resta senão uma possível. É preciso que a instituição mesma do divórcio, pela ação que ela exerce sobre o casamento, determine para o suicídio.

E, com efeito, o que é o casamento? Uma regulamentação das relações entre os sexos, que se estende não somente aos instintos físicos que essa lida coloca em jogo, mas também aos sentimentos de todo tipo que a civilização transpõe para a base dos apetites materiais. Pois o amor é, entre nós, um fato muito mais mental do que orgânico. O que o homem busca na mulher não é simplesmente a satisfação do desejo reprodutivo. Se essa tendência natural foi o germe de toda evolução sexual, ela se complicou progressivamente, na medida em que acolheu sentimentos estéticos e morais, numerosos e variados, e ela não é mais hoje senão o menor elemento do *processo* total e denso ao qual ela deu nascimento. No contato com esses elementos intelectuais, ela mesma se destacou do corpo e como que se intelectualizou. São razões morais que a suscitam tanto quanto solicitações físicas. Ela também não tem mais a periodicidade regular e automática que apresenta no animal. Uma excitação psíquica pode despertá-la a qualquer momento – ela está presente em todas as estações. Mas precisamente porque essas inclinações diversas, assim transformadas, não se encontram diretamente colocadas sob a dependência de necessidades orgânicas, uma regulamentação social lhe é indispensável. Uma vez que não há nada no organismo que as contenha, é necessário que elas sejam contidas pela sociedade. Tal é a função do casamento. Ele regula toda essa vida passional, e o casamento monogâmico mais estritamente do que qualquer outro. Pois, obrigando o homem a não se ligar senão a uma única mulher, sempre a mesma, ele atribui ao desejo de amar um objeto rigorosamente definido, e firma o horizonte.

É essa determinação que constitui o estado de equilíbrio moral do qual se beneficia o esposo. Porque ele não pode, sem faltar com os seus deveres,

---

[261] LEVASSEUR, *Population française*, tomo II, p. 92. Cf. BERTILLON, *Annales de Dent. inter.*, 1880, p. 460. – Na Saxônia, as solicitações apresentadas pelos homens são quase tão numerosas quanto aquelas que provêm das mulheres.
[262] BERTILLON, *Annales, etc.*, 1882, p. 175 e seg.

buscar outras satisfações para além daquelas que lhe são assim permitidas, ele restringe a esse ponto os seus desejos. A disciplina salutar à qual é submetido produz nele um dever de buscar sua felicidade em sua condição e, para isso mesmo, lhe fornece os meios. Além disso, se sua paixão é incitada a não variar, o objeto no qual ela está fixada é impelido a não lhe faltar: pois a obrigação é recíproca. Se essas alegrias são definidas, elas estão asseguradas, e essa certeza consolida sua estabilidade mental. A situação do solteiro, por outro lado, é completamente diversa. Como ele pode legitimamente se ligar ao que quer que lhe apeteça, aspira a tudo e nada o contenta. Esse mal do infinito, que a anomia traz consigo por toda parte, também pode muito bem atingir essa parte de nossa consciência tanto quanto qualquer outra; ele assume muito frequentemente uma forma sexual, que foi descrita por Musset.[263] No momento em que não se é impedido por nada, não se tem como estabelecer um obstáculo para si mesmo. Para além dos prazeres que experimentamos, imaginamos e queremos outros; temos uma sede do que não é.[264] Como é que a sensibilidade não se exasperaria nessa perseguição que não tem como chegar a um fim? Para que ela chegue a esse ponto, não é nem mesmo necessário que se tenham multiplicado ao infinito as experiências amorosas e se tenha vivido como Don Juan. A existência medíocre do solteiro vulgar é suficiente para isso. São sempre esperanças novas que despertam e que são marcadas pela decepção, deixando para trás uma impressão de fadiga e de desencantamento. Como é, além disso, que o desejo poderia se fixar, uma vez que ele não tem certeza de que poderia manter aquilo que o atiça? Pois a anomia é dupla. Por mais que o sujeito não se entregue definitivamente, ele não possui nada a título definitivo. A incerteza do futuro, junto com a sua própria indeterminação, o condena, então, a uma mobilidade perpétua. De tudo isso resulta um estado de perturbação, de agitação e de descontentamento que aumenta necessariamente as chances de suicídio.

Ora, o divórcio implica um enfraquecimento da regulamentação matrimonial. Lá onde ele é estabelecido, lá, sobretudo, onde o direito e os costumes facilitam com sucesso a sua prática, o casamento não é mais do que uma forma enfraquecida de si mesmo; trata-se de um casamento menor. Ele não tem, portanto, no mesmo grau, como produzir esses efeitos úteis. O limite que ele insere no desejo não tem mais a mesma fixidez; podendo ser mais facilmente abalado e deslocado, ele contém menos energicamente a paixão, e essa, por conseguinte, tende antes a se propagar para além daí. Ela se resigna menos facilmente à condição que lhe é imposta. A calma, a

---

[263] Ver *Rolla* e, em *Namouna*, o retrato de Don Juan.
[264] Ver o monólogo do Fausto na peça homônima de Goethe.

tranquilidade moral que constituía a força do esposo, é, com isso, menor; ela cede lugar, em alguma medida, para um estado de inquietude que impede o homem de se ater ao que ele tem. Ele é, então, de tal modo levado a se ligar ao presente que a satisfação e o gozo não lhe são completamente assegurados: o futuro é menos garantido. Não se pode ser intensamente retido por um laço que pode ser, a cada instante, partido, seja por um lado, seja pelo outro. Não se pode lançar seus olhares para além do ponto onde se está, quando não se sente o solo firme sob os pés. Por essas razões, nos países onde o casamento é fortemente temperado pelo divórcio, é inevitável que a imunidade do homem casado seja mais fraca. Como, sob tal regime, ele se aproxima do solteiro, ele não pode perder nenhuma de suas vantagens. Por conseguinte, o número total de suicídios se eleva.[265]

Mas essa consequência do divórcio é especial para o homem; ela não afeta a esposa. Com efeito, os desejos sexuais da mulher possuem um caráter menos mental, porque, de uma maneira geral, sua vida mental é menos desenvolvida. Eles se encontram em uma relação mais imediata com as exigências do organismo, seguindo mais essas exigências do que as ultrapassando e encontrando consequentemente um freio eficaz para elas. Como a mulher é um ser mais instintivo do que o homem, para atingir a calma e a paz, ela não precisa senão seguir seus instintos. Uma regulamentação social tão estreita quanto a do casamento, e sobretudo do casamento monogâmico, não lhe é, então, necessária. Ora, uma tal disciplina, mesmo lá onde ela é útil, não transcorre sem inconvenientes. Fixando para sempre a condição conjugal, ela impede que saia daí o que quer que seja. Limitando o horizonte, ela fecha as saídas e interdita todas as esperanças, mesmo as legítimas. O próprio homem não deixa de sofrer com essa imutabilidade; mas o mal é para ele largamente compensado pelos benefícios que ele retira de outra parte. Além disso, os costumes lhe conferem certos privilégios que lhe permitem atenuar, em certa medida, o rigor do regime. Para a mulher, ao contrário, não há nem compensação nem atenuação. Para ela, a monogamia é a obrigação estrita, sem contrabalanceamentos de nenhum tipo, e, por outro lado, o casamento não lhe é útil no mesmo nível para limitar os desejos que são naturalmente limitados e ensiná-la a se contentar com a sua sorte; mas ele a impede de mudar sua sorte caso ela se torne intolerável. A regra é, então, para ela um desconforto sem grandes vantagens. Por conseguinte, tudo aquilo que amolece e alivia o casamento não faz outra coisa senão

---

[265] Mas, dir-se-á, será que, lá onde o divórcio não tempera o casamento, a obrigação estreitamente monogâmica não arrisca incitar o desgosto? Sim, sem dúvida, esse resultado se produzirá necessariamente, se o caráter moral da obrigação não for sentido. O que importa, com efeito, não é apenas o fato de a regulamentação existir, mas de ela ser aceita pelas consciências. De outro modo, se ela não tem autoridade moral e não se mantém senão pela força da inércia, ela não tem como desempenhar um papel útil. Ela aflige sem possuir qualquer serventia.

melhorar a situação da esposa. Eis aí por que o divórcio a protege e por que ela também recorre a ele voluntariamente.

É, então, o estado de anomia conjugal, produzido pela instituição do divórcio, que explica o desenvolvimento paralelo dos divórcios e dos suicídios. Por conseguinte, esses suicídios dos esposos que, nos países onde há muitos divórcios, elevam o número das mortes voluntárias, constituem uma variedade do suicídio anômico. Eles não decorrem de que, nas sociedades, há mais esposos ruins e mais mulheres ruins, e, portanto, mais casamentos infelizes. Eles resultam de uma constituição moral *sui generis*, que tem ela mesma por causa um enfraquecimento da regulamentação matrimonial; é essa constituição, adquirida durante o casamento, que, ao lhe servir, produz a tendência excepcional para o suicídio que é manifesta pelos divorciados. De resto, não escutamos dizer que esse nervosismo em relação à regra tenha sido criado em todas as suas dimensões pelo estabelecimento legal do divórcio. O divórcio não foi jamais proclamado senão para consagrar um estado habitual que lhe era anterior. Se a consciência pública não tivesse chegado paulatinamente a julgar que a indissolubilidade do laço conjugal era desprovida de razão, o legislador não teria ele mesmo sonhado em lhe acrescentar ainda mais uma fragilidade. A anomia matrimonial pode, então, existir na opinião, sem estar ainda inscrita na lei. Mas, por outro lado, é somente quando assume uma forma legal que ela pode produzir todas as suas consequências. Tanto que o direito matrimonial não é modificado, ele serve ao menos para conter materialmente as paixões; sobretudo, ele se opõe a que o gosto pela anomia ganhe terreno, e justamente porque a censura. É por isso que ela não tem efeitos caracterizados e facilmente observáveis senão lá onde se tornou uma instituição jurídica.

Ao mesmo tempo que essa explicação dá conta e faz jus ao paralelismo observado entre os divórcios e os suicídios,[266] assim como às variações inversas que são apresentadas pela imunidade dos esposos e por aquela das esposas, ela também é confirmada por uma pluralidade de outros fatos:

1°) É somente sob o regime do divórcio que pode haver uma verdadeira instabilidade matrimonial; pois somente o divórcio rompe completamente o casamento, enquanto a separação de corpos não faz outra coisa senão suspender parcialmente certos efeitos, sem conferir aos esposos a sua liberdade. Se, então, essa anomia especial agrava realmente a tendência para o suicídio, os divorciados devem ter uma aptidão bem superior do que aquela dos

---

[266] Uma vez que, lá onde a imunidade dos esposos é menor, a imunidade da mulher é mais elevada, é de se perguntar, talvez, como foi que não se estabeleceu uma compensação. Mas é que, como a participação da mulher é muito fraca no número total dos suicídios, a diminuição dos suicídios femininos não é sentida no conjunto e não compensa o aumento dos suicídios masculinos. Eis aí por que o divórcio é acompanhado finalmente de uma elevação da cifra geral dos suicídios.

separados. É isso, com efeito, que é possível deduzir do único documento que conhecemos sobre esse ponto. De acordo com um cálculo de Legoyt,[267] na Saxônia, durante o período de 1847 a 1856, um milhão de divorciados teria apresentado em média 1.400 suicídios e um milhão de separados, 176 somente. Essa última taxa é até mesmo inferior à taxa dos esposos (318).

2º) Se a tendência tão grande dos solteiros se deve em parte à anomia sexual na qual eles vivem de uma maneira crônica, é sobretudo no momento em que o sentimento sexual é mais efervescente que o agravamento que eles sofrem deve ser o mais sensível. E, com efeito, de 20 a 45 anos, a taxa dos suicídios de solteiros cresce muito mais rapidamente do que em seguida; no curso desse período, ela quadruplica enquanto que, de 45 à idade máxima (depois de 80 anos), ele apenas dobra. No entanto, do lado das mulheres, a mesma aceleração não é reencontrada; de 20 a 45 anos, a taxa de mulheres não é nem mesmo duplicada, ela passa somente de 106 a 171 (ver quadro XXI). O período sexual não afeta, então, a marcha dos suicídios femininos. E era isso que tinha de acontecer se, como admitimos, a mulher não é muito sensível a essa forma de anomia.

3º) Enfim, muitos fatos estabelecidos no capítulo III do presente livro encontram uma explicação na teoria que acaba de ser exposta e, por isso mesmo, podem servir para verificá-la.

Vimos, além disso, que, por ele mesmo e independentemente da família, o casamento, na França, conferia ao homem um coeficiente de preservação igual a 1,5. Sabemos agora que o homem retira da influência reguladora que exerce sobre ele o casamento a moderação que ele impõe às suas inclinações e o bem-estar moral que resulta daí. Mas constatamos ao mesmo tempo que, nesse mesmo país, a condição da mulher casada era, ao contrário, agravada, uma vez que a presença de crianças não corrigia os maus efeitos que tem, para ela, o casamento. Acabamos de dizer a razão para tanto. Não é que o homem seja, por natureza, um ser egoísta e pérfido, cujo papel no matrimônio seria fazer sua companheira sofrer. É que na França, onde até bem pouco tempo o casamento não era enfraquecido pelo divórcio, a regra inflexível que ele impunha à mulher era, para ela, um jugo pesado demais e sem vantagem. Mais genericamente, eis aí qual é a causa a que se deve esse antagonismo dos sexos que faz com que o casamento não possa favorecê-los igualmente:[268] é que seus interesses são contrários, um possui a necessidade de constrangimento e o outro, a de liberdade.

Além disso, parece correto dizer que o homem, em certo momento de sua vida, é afetado pelo casamento da mesma maneira que a mulher, ainda

---

[267] *Op. cit.*, p. 171.
[268] Ver mais acima, Livro II, capítulo III.

que por outras razões. Se, como mostramos, os esposos jovens demais se matam muito mais do que os solteiros da mesma idade, isso acontece sem dúvida alguma porque suas paixões são nesse momento por demais tempestuosas e confiantes nelas mesmas para poderem se submeter a uma regra tão severa. Essa regra lhes parece, então, um obstáculo insuperável contra o qual seus desejos vêm se bater e se quebrar. É por isso que, provavelmente, o casamento não produz todos os seus efeitos benéficos senão com a idade, vindo apaziguar um pouco o homem e fazendo-o sentir a necessidade de uma disciplina.[269]

Enfim, vimos nesse mesmo capítulo III que, lá onde o casamento favorece o esposo mais do que a esposa, a distância entre os dois sexos é cada vez menor do que lá onde o inverso ocorre.[270] Essa é a prova de que, mesmo nas sociedades nos quais o estado matrimonial é muito mais vantajoso para a mulher, ele lhe rende menos serviços do que ao homem, quando é esse que tira daí o maior proveito. Ela pode sofrer com ele se esse lhe for contrário, mais do que ela pode se beneficiar dele se ele se mostrar em consonância com os seus interesses. Isso significa, portanto, que ela tem dele uma necessidade menor. Ora, é isso que supõe a teoria que acabamos de expor. Os resultados que obtivemos anteriormente e aqueles que derivam do presente capítulo se reúnem, então, e se controlam mutuamente.

Chegamos, assim, a uma conclusão bastante apartada da ideia que se faz correntemente do casamento e de seu papel. Considera-se que ele tenha sido instituído em vista da esposa e para proteger sua fraqueza contra os caprichos masculinos. A monogamia, em particular, é muito frequentemente apresentada como um sacrifício que o homem teria feito em relação aos seus instintos poligâmicos para aumentar e aprimorar a condição da mulher no casamento. Em realidade, quaisquer que sejam as causas históricas que determinaram o homem a se impor essa restrição, é ele que retira dela o maior proveito. A liberdade a qual ele renuncia não poderia ser para ele

---

[269] É mesmo provável que o casamento, por ele mesmo, não comece a produzir efeitos profiláticos senão mais tarde, depois dos trinta anos. Com efeito, até esse momento, os casados sem filhos apresentam anualmente, em cifras absolutas, tantos suicídios quanto os casados com filhos, a saber, 6,6 de 20 a 25 anos para uns e, para os outros, 33 de um lado e 34 do outro, de 25 a 30 anos. Não obstante, é claro que os matrimônios fecundos são, mesmo nesse período, muito mais numerosos do que os casamentos estéreis. A tendência para o suicídio desses casamentos estéreis deve ser muitas vezes mais forte do que a tendência dos esposos com filhos; por conseguinte, ela deve ser muito próxima, como intensidade, daquela dos solteiros. Infelizmente, não podemos levantar quanto a esse ponto senão hipóteses; pois, como a contagem não nos fornece para cada idade a população dos esposos sem filhos, distintos dos esposos com filhos, é impossível calcular separadamente a taxa de uns e de outros para cada período da vida. Não temos senão como dar cifras absolutas, tal como nós obtivemos junto ao Ministério da Justiça para os anos de 1889 a 1891. Nós as reproduzimos em um quadro especial que se encontra no fim da obra. Essa lacuna do recenseamento é das mais lamentáveis.
[270] Ver mais acima, Livro II, capítulo III.

senão uma fonte de tormentos. A mulher não tinha as mesmas razões para abandonar sua liberdade e, nesse aspecto, é possível dizer que, ao se submeter à mesma regra, foi ela que fez um sacrifício.[271]

---

[271] Vê-se pelas considerações precedentes que existe um tipo de suicídio que se opõe ao suicídio anômico, tal como o suicídio egoísta e o suicídio altruísta se opõem mutuamente. Trata-se daquele tipo de suicídio que provém de um excesso de regulamentação; aquele que é cometido pelos sujeitos cujo futuro se encontra impiedosamente fechado, cujas paixões são violentamente reprimidas por uma disciplina opressiva. Esse é o suicídio dos esposos muito jovens, da mulher casada sem filhos. Para sermos completos, então, deveríamos constituir um quarto tipo de suicídio. Mas ele tem uma importância tão pequena hoje em dia e, para além do caso que acabamos de citar, é tão difícil encontrar exemplos, que nos parece inútil nos determos nele. Não obstante, poderia muito bem acontecer de ele ter um interesse histórico. Não é a esse tipo que se referem os suicídios dos escravos que se diz estarem tão frequentemente sob o domínio de tais condições (ver CORRE, *Le crime en pays créoles,* p. 48), assim como todos aqueles que, em uma palavra, podem ser atribuídos às intemperanças do despotismo material ou moral? Para tornar sensível esse caráter inelutável e inflexível da regra em relação à qual não podemos fazer nada, e, por oposição a essa expressão de anomia que acabamos de utilizar, poder-se-ia chamar esse suicídio de *suicídio fatalista*.

CAPÍTULO VI

FORMAS INDIVIDUAIS DOS DIFERENTES TIPOS DE SUICÍDIO

Um resultado se destaca a partir de agora de nossa investigação: é que não há um suicídio, mas suicídios. Sem dúvida, o suicídio é sempre o fato de um homem que prefere a morte à vida. Mas as causas que o determinam não são da mesma natureza em todos os casos: elas são mesmo, por vezes, opostas entre si. Ora, é impossível que a diferença das causas não possa ser reencontrada nos efeitos. Pode-se, então, estar certo de que há muitos tipos de suicídio qualitativamente distintos uns dos outros. Mas não é suficiente ter demonstrado que essas diferenças devem existir; dever-se-ia poder apreendê-las diretamente por observação e saber em que elas consistem. Poderíamos ver as características dos suicídios particulares se agruparem elas mesmas em classes distintas, correspondendo aos tipos que acabam de ser distinguidos. Desse modo, seguiríamos a diversidade das correntes suicidógenas segundo suas origens sociais até as suas manifestações individuais.

Essa classificação morfológica, que não era de modo algum possível no início deste estudo, pode ser buscada agora, uma vez que uma classificação etiológica fornece a base para tanto. Com efeito, não temos senão de tomar como pontos de apoio os três tipos de fatores que acabamos de assinalar ao suicídio e investigar se as propriedades distintivas que ele mostra ao se realizar nos indivíduos podem ser derivadas deles e de que maneira. Sem dúvida, não se pode deduzir assim todas as particularidades que ele é suscetível de apresentar; pois deve haver algumas que dependem da natureza própria do sujeito. Cada suicida dá ao seu ato uma marca pessoal que exprime seu temperamento, as condições especiais nas quais ele se encontra e que, por conseguinte, não podem ser explicadas pelas causas sociais e gerais do fenômeno. Mas essas causas, por sua vez, devem imprimir aos suicídios que elas determinam uma tonalidade *sui generis*, uma marca especial que os exprime. E é essa marca coletiva que precisamos reencontrar.

É certo, além disso, que essa operação não pode ser feita senão com uma exatidão aproximativa. Não estamos em condições de fazer uma descrição metódica de todos os suicídios que são diariamente realizados pelos homens ou que foram cometidos no curso da história. Não podemos senão destacar as características mais gerais e os mais impressionantes, sem que tenhamos nem mesmo o critério objetivo para efetuar essa seleção. Além disso, para associá-los com as respectivas causas das quais eles parecem derivar, não poderíamos proceder senão dedutivamente. Tudo aquilo que será possível para nós será mostrar que eles estão aí logicamente implicados, sem que o raciocínio possa sempre receber uma confirmação experimental. Ora, não dissimulamos que uma dedução é sempre suspeita, quando não há nenhuma experiência que a controle. Não obstante, mesmo com essas reservas, nossa pesquisa está longe de permanecer sem utilidade. Mesmo que víssemos aí apenas um meio de ilustrar com exemplos os resultados que precedem, ela teria ainda a vantagem de lhes dar um caráter mais concreto, ligando-os mais estreitamente com os dados da observação sensível e com os detalhes da experiência cotidiana. Ademais, ela permitirá introduzir um pouco de distinção nessa massa de fatos que se confundem comumente como se não fossem separados senão por nuances, por mais que existam entre eles diferenças nítidas. Acontece com o suicídio o mesmo que acontece com a alienação mental. Para o vulgo, a alienação mental consiste em um estado único, sempre o mesmo, suscetível apenas de se diversificar exteriormente segundo as circunstâncias. Para o alienista, a palavra designa, ao contrário, uma pluralidade de tipos nosológicos. Ao mesmo tempo, as pessoas costumam imaginar todo suicida como um melancólico, para o qual a existência é um peso. Em realidade, os atos pelos quais um homem renuncia à vida são classificados em espécies diferentes, cuja significação moral e social não é de modo algum a mesma.

I

Há uma primeira forma de suicídio que a Antiguidade certamente conheceu, mas que foi desenvolvida sobretudo em nossos dias: o *Rafael* de Lamartine nos oferece o tipo ideal. O que o caracteriza é um estado de langor melancólico que detém os recursos da ação. Os negócios, as funções públicas, o trabalho útil, mesmo os deveres domésticos não inspiram no sujeito senão indiferença e alheamento. Ele reluta em sair de si mesmo. Em contrapartida, o pensamento e a vida interior ganham tudo o que perde em atividade. Voltando as costas para aquilo que o cerca, a consciência se dobra sobre si mesma, toma a si mesma como seu próprio e único objeto e atribui para si como tarefa principal observar-se e analisar-se. Por essa extrema contradição, porém, ela não faz outra coisa senão tornar mais profundo o fosso que a separa do resto do universo. No momento em que o indivíduo se apaixona a esse ponto por si mesmo, não lhe resta outra coisa senão se destacar ainda mais de tudo aquilo que não é ele e consagrar, reforçando esse movimento, o isolamento no qual vive. Não é senão olhando apenas para si que se encontram as razões para se ligar a outra coisa diferente de si. Todo movimento, em um sentido, é altruísta, porque é centrífugo e repercute o ser fora de si mesmo. A reflexão, ao contrário, possui algo de pessoal e de egoísta; pois ela não é possível senão na medida em que o sujeito se aparta do objeto e se distancia para se voltar a si mesmo, e ela é tanto mais intensa quanto mais completo é esse retorno a si. Não se pode agir senão se misturando com o mundo; para pensá-lo, ao contrário, é necessário deixar de ser confundido com ele, de maneira a poder contemplá-lo de fora; por uma razão ainda mais forte, isso é necessário para que seja possível pensar em si mesmo. Então, aquele cuja atividade toda se transforma em pensamento interior se torna insensível a tudo aquilo que o cerca. Se ele ama, não é para se dar, para se unir, em uma união fecunda, a um outro ser diferente; é para meditar sobre seu amor. Suas paixões não são senão aparentes; pois elas são estéreis. Elas se dissipam em meio a vãs combinações de imagens, sem produzir nada que lhes seja exterior.

Por outro lado, porém, toda vida interior retira de fora a sua matéria-prima. Não podemos pensar senão em objetos ou na maneira como os pensamos. Não podemos refletir sobre nossa consciência em um estado de indeterminação pura; sob essa forma, ela é impensável. Ora, ela não se determina senão quando é afetada por outra coisa diferente dela mesma. Se, então, ela se individualiza para além de certo ponto, se ela se separa de maneira radical demais dos outros seres, homens ou coisas, ela acaba por não se comunicar mais com as fontes mesmas das quais deveria normalmente se alimentar e não encontra mais nada a que ela pudesse se aplicar. Produzindo um vazio em torno de si, ela produz o vazio em si e não lhe resta nada além de refletir sobre sua própria miséria. Ela não tem por objeto de meditação outra coisa senão o nada que há nela mesma e a tristeza que é a sua consequência. Ela se deleita com isso, se abandona a isso com uma espécie de alegria doentia que Lamartine, que a conhecia, descreveu maravilhosamente pela boca de seu herói: "A lassidão de todas as coisas ao meu redor estava, ele diz, em uma consonância maravilhosa com minha própria lassidão. Ela a intensificava dando-lhe charme. Eu me precipitava nos abismos da tristeza. Mas essa tristeza era viva, tão cheia de pensamentos, de impressões, de comunicações com o infinito, de claro-escuro em minha alma, que não tinha como não desejar me abandonar a ela. Doença do homem, mas doença cujo sentimento mesmo é um atrativo em vez de ser uma dor, e onde a morte se parece com um voluptuoso desvanecimento no infinito. Eu estava doravante decidido a me entregar inteiro a ela, a me sequestrar de toda sociedade que poderia me distrair dela, e a me envolver em silêncio, em solidão e em frieza, no meio do mundo que eu reencontraria lá; meu isolamento de espírito era uma mortalha, através da qual eu não queria mais ver os homens, mas apenas a natureza e Deus".[272]

Mas não se pode permanecer assim em contemplação diante do vazio, sem ser progressivamente atraído por ele. É possível adorná-lo com o belo nome do infinito, mas ele não muda a sua natureza por isso. Quando se experimenta tanto prazer em não ser, não se pode satisfazer completamente a sua inclinação senão renunciando completamente a ser. Eis aí o que há de exato no paralelismo que Hartmann crê observar entre o desenvolvimento da consciência e o enfraquecimento da vontade de viver. É que a ideia e o movimento são, com efeito, duas forças antagônicas que progridem em sentido inverso uma da outra, e o nome desse movimento é vida. Pensar, foi dito, é deixar de agir; é, então, na mesma medida, abster-se de viver. É por isso que o reino absoluto da ideia não pode se estabelecer nem tampouco se manter: pois esse reino é a morte. Mas isso não significa dizer que, como acredita Hartmann, a realidade seria, por ela mesma, intolerável, a menos que ela seja coberta pelo véu da ilusão. A tristeza não é inerente às coisas; ela não vem do mundo e é apenas por isso que a pensamos. Ela é um produto do nosso próprio pensamento. Somos nós que a criamos em todas as suas partes; mas é necessário para tanto que nosso pensamento seja anormal. Se a consciência se mostra por vezes o infortúnio do homem, isso só se dá quando ela atinge um desenvolvimento doentio, quando, se insurgindo contra sua própria natureza, ela se coloca como um absoluto e busca nela mesma seu próprio fim. Tampouco o que está em questão é uma descoberta tardia, a conquista última da ciência, que nós também poderíamos muito bem imputar ao estado de espírito estoico os principais elementos de nossa descrição. O estoicismo também ensina que o homem deve se destacar de tudo aquilo que lhe é exterior para viver de si mesmo e por si mesmo. O único ponto é que, como a vida se mostra nesse caso sem razão, a conclusão da doutrina é o suicídio.

Essas mesmas características podem ser reencontradas no ato final que é a consequência lógica desse estado moral. O desfecho não tem nada de violento nem de precipitado. O paciente escolhe sua hora e medita seu plano com muita antecedência. Mesmo os meios lentos não lhe são adversos. Uma melancolia calma que, por vezes, não deixa de ter certa doçura, marca seus derradeiros momentos. Ele se analisa até o fim. Tal é o caso desse negociante, de que fala Falret,[273] que se retira em uma floresta pouco frequentada

---

[272] *Rafael*, Edições Hachette, p. 6.
[273] *Hypocondrie et suicide*, p. 316.

e que se deixa aí morrer de fome. Durante uma agonia que tinha durado quase três semanas, ele teria mantido regularmente o hábito de fixar suas impressões em um diário que nos foi conservado. Um outro se asfixia aspirando pela boca o carvão que causa a sua morte e anota progressivamente as suas observações: "Não pretendo", ele escreve, "mostrar mais coragem ou covardia; quero apenas empregar os poucos instantes que me restam para descrever as sensações que se experimenta ao se asfixiar e a duração dos sofrimentos".[274] Um outro, tendo de se deixar levar por aquilo que ele chama "a inebriante perspectiva do repouso", constrói um aparelho complicado, destinado a propiciar seu fim sem que o sangue possa cair no chão.[275]

Percebe-se facilmente como essas particularidades diversas se ligam ao suicídio egoísta. Quase não há nenhuma dúvida de que são a consequência de tal suicídio e a sua expressão individual. Esse desânimo para agir, esse alheamento melancólico resultam desse estado de individuação exagerado, pelo qual definimos esse tipo de suicídio. Se o indivíduo se isola, é porque os laços que o uniam aos outros seres estão frouxos ou partidos, é porque a sociedade, nos pontos em que ele estava em contato com ela, não se acha mais tão fortemente integrada. Esses vazios que separam as consciências e as tornam estanhas umas às outras vêm precisamente do relaxamento do tecido social. Enfim, o caráter intelectual e meditativo desses tipos de suicídio se explica facilmente, caso recordemos que o suicídio egoísta tem por acompanhante necessário um grande desenvolvimento da ciência e da inteligência refletida. É evidente, com efeito, que, em uma sociedade na qual a consciência necessita normalmente estender seu campo de ação, ela também está muito mais exposta à possibilidade de exceder seus limites normais, os quais ela não pode ultrapassar sem destruir a si mesma. Um pensamento que coloca tudo em questão, se ele não é firme o suficiente para suportar o peso de sua ignorância, se arrisca a colocar a si mesmo em questão e mergulhar no abismo da dúvida. Pois se ele não chega a descobrir os títulos que puder dotar de existência as coisas sobre as quais ele se interroga – e seria uma maravilha se ele encontrasse um meio de atravessar tão rapidamente tantos mistérios –, ele lhes negará toda realidade, mesmo o único fato de se colocar o problema já implica que ele tende para soluções negativas. Mas, ao mesmo tempo, ele se esvaziaria de todo conteúdo positivo e, não encontrando mais nada diante do que ele resistiria, não haveria mais nada a fazer senão se perder no vazio de quimeras interiores.

Essa forma elevada de suicídio egoísta, porém, não é a única. Há ainda uma outra, mais vulgar. O sujeito, no lugar de meditar tristemente sobre

---

[274] BRIERRE DE BOISMONT, *Du suicide*, p. 198.
[275] *Ibid.*, p. 194.

o seu estado, toma alegremente o seu partido. Ele tem consciência de seu egoísmo e das consequências que provêm daí logicamente; mas ele as aceita de antemão e empreende a tarefa de viver como a criança ou o animal, com a única diferença de que ele se dá conta do que faz. Ele atribui, assim, para si, como tarefa única satisfazer as suas necessidades pessoais, simplificando-as mesmo para tornar a sua satisfação mais assegurada. Sabendo que ele não tem como esperar outra coisa, ele não requisita nada além disso, todo disposto a, caso seja impedido de alcançar esse único fim, se desfazer de uma existência doravante sem razão. Trata-se do suicídio epicurista. Pois Epicuro não ordenava a seus discípulos que apressassem a morte, ele lhes aconselhava, ao contrário, viver enquanto encontrassem algum interesse na vida. Somente, como ele tinha claramente a sensação de que, se não tivéssemos outra finalidade, estaríamos a cada instante expostos à possibilidade de não encontrar mais nenhuma, e que o prazer sensível era um laço muito frágil para prender o homem à vida, ele exortava seus discípulos a se manterem sempre prontos para partir, ao menor apelo das circunstâncias. Aqui, então, a melancolia filosófica e sonhadora é substituída por um sangue-frio cético e desenganado, que é particularmente sensível à hora da despedida. O paciente se debate sem ódio, sem cólera, mas também sem essa satisfação mórbida com a qual o intelectual saboreia seu suicídio. Ele se mostra, ainda mais do que esse intelectual, sem paixão. Ele não é surpreendido pelo resultado ao qual chega; trata-se de um acontecimento que ele previa como mais ou menos próximo. Ele também não se detém por muito tempo matutando longos preparativos; de acordo com a sua vida anterior, ele busca apenas diminuir a dor. Tal é notoriamente o caso desses viventes que, quando o momento inevitável chega, em que eles não podem mais continuar a sua existência fácil, se matam com uma tranquilidade irônica e uma espécie de simplicidade.[276]

Quando constituímos o suicídio altruísta, multiplicamos bastante os exemplos, para não termos necessidade de descrever longamente as formas psicológicas que o caracterizam. Elas se opõem àquelas que eram determinantes do suicídio egoísta, assim como o próprio altruísmo em relação ao seu contrário. O que distingue o egoísta que se mata é uma depressão geral que se manifesta seja por um langor melancólico, seja pela indiferença epicurista. Ao contrário, o suicídio altruísta, uma vez que ele tem por origem um sentimento violento, não se dá sem certo gasto de energia. No caso do suicídio obrigatório, essa energia é colocada a serviço da razão e da vontade. O sujeito se mata porque sua consciência ordena o suicídio; ele se submete a um imperativo. Mesmo o seu ato tem por nota dominante essa firmeza

---

[276] Encontrar-se-ão exemplos em BRIERRE DE BOISMONT, p. 494 e 506.

serena que se dá diante do sentimento do dever cumprido; a morte de Catão, aquela do comandante Beaurepaire são os tipos históricos. Além disso, quando o altruísmo está em estado agudo, o movimento possui qualquer coisa de mais passional e de mais irrefletido. É um ímpeto de fé e de entusiasmo que precipita o homem na morte. Esse entusiasmo mesmo é tanto alegre quanto sombrio, dependendo do modo como se concebe a morte, como um meio de se unir com a bem-amada divindade ou como um sacrifício expiatório, destinado a aplacar uma potência descomunal que se crê hostil. O fervor religioso do fanático que se deixa esmagar com beatitude sob a carruagem de seu ídolo não se assemelha àquele do monge tomado por acédia ou aos remorsos do criminoso que coloca um fim em seus dias para expiar seu crime. No entanto, sob essas nuances diversas, os traços essenciais do fenômeno continuam os mesmos. Trata-se de um suicídio ativo, que contrasta, por conseguinte, com o suicídio deprimido que estava anteriormente em questão.

Essa característica pode ser reencontrada até mesmo nos suicídios mais simples do primitivo ou do soldado que se matam seja porque uma leve ofensa maculou sua honra, seja para provar sua coragem. A facilidade com a qual eles são realizados não deve ser confundida com o sangue-frio desenganado do epicurista. A disposição para sacrificar sua vida não deixa de ser uma tendência ativa, ainda que esteja profundamente enraizada para agir com a leveza e a espontaneidade do instinto. Um caso que pode ser considerado o modelo desse gênero nos foi contado por Leroy. Trata-se de um oficial que, antes de tentar se enforcar uma primeira vez e sem sucesso, se prepara para recomeçar, mas toma cuidado para, de antemão, consignar por escrito suas derradeiras impressões: "Estranho destino é o meu", diz ele. "Acabo de tentar me enforcar, tinha perdido a consciência, a corda partiu, caí sobre o meu braço esquerdo. Os novos preparativos terminaram, vou logo recomeçar, mas quero ainda dar uma última tragada no cachimbo; será a última, espero. Não tive dificuldades da primeira vez, as coisas aconteceram muito bem; espero que com a segunda tentativa aconteça o mesmo. Estou tão calmo como se tivesse tomado uns tragos essa manhã. É bastante extraordinário, não tenho como discordar, mas é, contudo, assim. Tudo é verdadeiro. Vou morrer uma segunda vez com uma consciência tranquila".[277] Não há sob essa tranquilidade nem ironia, nem ceticismo, nem essa espécie de crispação involuntária que o festejador que se mata nunca consegue dissimular completamente. A calma é perfeita; não há nenhum traço de esforço, o ato se dá por si mesmo porque todas as inclinações ativas do sujeito lhe preparam as vias.

---

[277] LEROY, *Op. cit.*, p. 241.

Enfim, há um terceiro tipo de suicídio que se opõe ao primeiro tipo pelo motivo de seu ato ser essencialmente passional e ao segundo tipo na medida em que a paixão que o inspira e que domina a cena final é de uma natureza completamente diferente. O que está em jogo aqui não é o entusiasmo, a fé religiosa, moral ou política, nem nenhuma das virtudes militares; é a cólera e tudo aquilo que ordinariamente acompanha a decepção. Brierre de Boismont, que analisou os escritos deixados por 1.507 suicidas, constatou que um número muito grande exprimia antes de tudo um estado de irritação e de lassidão exasperada. Trata-se por vezes de blasfêmias, de recriminações violentas contra a vida em geral, por vezes de ameaças e de reclamações contra uma pessoa em particular, à qual o sujeito imputa a responsabilidade por seus infortúnios. A esse mesmo grupo se ligam evidentemente os suicídios que são como que o complemento de um homicídio prévio: o homem se mata antes de ter matado aquele que acusa de ter envenenado sua vida. Não há nenhum lugar em que a exasperação do suicida seja mais manifesta, uma vez que ela se afirma aqui não apenas por meio de palavras, mas de atos. O egoísta que se mata jamais se entrega a semelhantes violências. Sem dúvida, acontece vez por outra de ele também se queixar de sua vida, mas de uma maneira dolente. Ela o oprime, mas não o irrita por meio de contrações agudas. Ela não lhe interessa, mas não lhe infringe sofrimentos positivos. O estado de depressão no qual ele se encontra não lhe permite mesmo explosões. Quanto àqueles do altruísta, eles possuem um sentido completamente diverso. Por definição, de alguma maneira, é a si mesmo que ele sacrifica, não aos seus semelhantes. Estamos, portanto, em presença de uma forma psicológica distinta das precedentes.

Ora, essa forma psicológica parece estar bem implicada na natureza do suicídio anômico. Com efeito, movimentos que não são regulados não são ajustados uns aos outros nem às condições pelas quais devem responder; eles não podem, portanto, deixar de se entrechocar dolorosamente. Que ela seja progressiva ou regressiva, a anomia, emancipando as necessidades da medida conveniente, abre as portas para ilusões e, por conseguinte, para decepções. Um homem, que é bruscamente rejeitado de um modo que se encontra abaixo da condição com a qual ele estava acostumado, não consegue não se exasperar ao sentir que lhe escapa uma situação da qual se acreditava mestre, e sua exasperação se volta naturalmente contra a causa, qualquer que ela seja, real ou imaginária, à qual ele atribui sua ruína. Se ele reconhece a si mesmo como o autor responsável pela catástrofe, é a sua cabeça que ele vai querer; se não, será a de um outro. No primeiro caso, não haverá senão suicídio; no segundo, o suicídio poderá ser precedido de um homicídio ou de qualquer outra manifestação violenta. Mas o sentimento é o mesmo nos dois casos; é apenas o ponto de aplicação que varia. É sempre em um acesso de cólera que o sujeito se golpeia, quer ele tenha ou não golpeado anteriormente algum de seus semelhantes. Essa reviravolta em todos os seus hábitos produz nele um estado de superexcitação aguda que tende necessariamente a se aliviar por meio de atos destrutivos. O objeto no qual se descarregam as forças passionais que são, assim, levantadas é, em suma, secundário. É o acaso das circunstâncias que determina o sentido no qual elas se dirigem.

Não é diferente todas as vezes em que, longe de decair abaixo de si mesmo, o indivíduo é incitado, ao contrário, mas sem regra e sem medida, a ultrapassar perpetuamente a si mesmo. Por vezes, com efeito, ele não alcança a finalidade que ele se acreditava capaz de atingir, mas que, em realidade, excedia as suas forças; esse é o suicídio dos incompreendidos, tão frequente nas épocas em que não há mais posição definida. Por vezes, depois de ter conseguido durante um tempo satisfazer todos os seus desejos e seu gosto pela mudança, ele vai de encontro a uma resistência que ele não pode vencer, e se desfaz com impaciência de uma existência à qual se encontra doravante estreitamente ligado. É o caso de Werther, esse coração turbulento, tal como ele mesmo se denomina, enamorado do infinito, que se mata por um amor contrariado, e de todos esses artistas que, depois de terem sido ungidos de sucesso, se suicidam por um apupo escutado, por uma crítica um pouco severa ou porque a sua moda para de crescer.[278]

Há outros ainda que, sem poder se queixar nem dos homens nem das circunstâncias, acabam se entregando a uma perseguição sem saída possível, na qual seus desejos se acirram em vez de se apaziguarem. Eles se apegam, portanto, à vida em geral e acusam-na de os ter enganado. A questão é que a vã agitação à qual eles se entregam deixa para trás um rastro de esgotamento que impede as paixões desiludidas de se manifestarem com a mesma violência que nos casos precedentes. Elas como que se cansam com o tempo e se tornam, assim, menos capazes de reagir com energia. O sujeito cai, então, em uma espécie de melancolia que, em certos aspectos, lembra aquela melancolia própria ao egoísmo intelectual, mas sem possuir o charme langoroso de tal egoísmo. O que o domina é um desgosto mais ou menos irritado com a existência. É já esse estado de alma que Sêneca observara em seus contemporâneos, ao mesmo tempo que o suicídio que daí resulta. "O mal que nos preocupa", diz ele, "não está nos lugares onde nós estamos, ele está em nós. Não temos forças para suportar o que quer que seja, incapazes de sofrer a dor, impotentes para gozar do prazer, impacientes com tudo. Quantas pessoas anseiam pela morte quando, depois de terem tentado todas as mudanças, se reencontram diante das mesmas sensações,

---

[278] Ver casos em BRIERRE DE BOISMONT, p. 187-189.

sem poder experimentar nada de novo".[279] Nos nossos dias, um dos tipos nos quais talvez se ache mais bem encarnado esse gênero de espírito é René de Chateaubriand. Enquanto Rafael é um meditativo que se abisma consigo mesmo, René é um insatisfeito. "As pessoas me acusam", ele escreve dolorosamente, "de ter gostos inconstantes, de não conseguir desfrutar por muito tempo da mesma quimera, de ser vítima de uma imaginação que se apressa em chegar ao fundo dos meus prazeres, como se ela fosse oprimida por sua duração. As pessoas me acusam de sempre passar a meta que posso alcançar para além! Eu busco apenas um bem desconhecido cujo instinto me persegue. *Será que é minha culpa se me deparo por toda parte com os limites, se o que é finito não tem para mim nenhum valor?*[280]"

Essa descrição acaba de mostrar as relações e as diferenças entre o suicídio egoísta e o suicídio anômico, que nossa análise sociológica já nos tinha permitido perceber.[281] Os suicidas de um e de outro tipo sofrem com aquilo que se chamou o mal do infinito. Mas esse mal não assume a mesma forma nos dois casos. Lá, é a inteligência refletida que é afetada e que se hipertrofia além dos limites; aqui, é a sensibilidade que se exercita e que se desregula. Em um, o pensamento, de tantas vezes voltar-se sobre si mesmo, não tem mais objeto; no outro, a paixão, não reconhecendo limites, não tem meta. O primeiro se perde no infinito do sonho, o segundo, no infinito do desejo.

Assim, mesmo a fórmula psicológica do suicida não tem a simplicidade que normalmente se pressupunha. Não a definimos quando dizemos que ele deixou a existência, desgostoso da vida etc. Em realidade, há tipos muito diferentes de suicidas e suas diferenças são sensíveis na maneira como o suicídio é realizado. Assim, pode-se classificar atos e agentes em certo número de espécies: ora, essas espécies correspondem, em seus traços essenciais, aos tipos de suicídio que anteriormente constituímos segundo a natureza das causas sociais das quais eles dependem. Elas são como que o seu prolongamento no interior dos indivíduos.

De qualquer modo, porém, convém acrescentar que elas não se apresentam sempre no campo da experiência no estado de isolamento e de pureza. Mas acontece muito frequentemente de elas se combinarem entre si de maneira a dar nascimento a espécies compostas; características pertencentes a muitas delas se reencontram conjuntamente em um mesmo suicida. A razão disso é que as diferentes causas sociais do suicídio podem elas mesmas agir simultaneamente sobre um mesmo indivíduo e misturar nele os seus efeitos. *É assim que doentes se veem vítimas de delírios* de

---

[279] *De tranquillitate animi*, II, *sub fine*. Cf. Carta XXIV.
[280] *René*, edição *VIALAT*, Paris, 1849, p. 112.
[281] Ver mais acima, p. 288.

naturezas diferentes, que se enredam uns nos outros, mas que, convergindo todos para um mesmo sentido, apesar da diversidade de suas origens, tendem a determinar um mesmo ato. Eles se reforçam mutuamente. Do mesmo modo também, veem-se orgulhos muito diversos coexistirem em um mesmo sujeito e contribuírem, cada um por sua parte e à sua maneira, para elevar a temperatura do corpo.

Há notoriamente dois fatores do suicídio que possuem uma afinidade especial um pelo outro: trata-se do egoísmo e da anomia. Sabemos, com efeito, que eles não são normalmente senão dois aspectos diferentes de um mesmo estado social; portanto, não é de se espantar que eles se reencontrem em um mesmo indivíduo. É mesmo quase inevitável que o egoísmo tenha alguma aptidão para o desregramento; porque, como ele está destacado da sociedade, ela não tem influência suficiente sobre ele para regulá-lo. Se, não obstante, seus desejos não se exasperam como de costume, é porque a vida passional é nele lânguida, pois ele está completamente voltado sobre si mesmo e o mundo exterior não o atrai. Mas pode ser que ele não seja nem um egoísta completo, nem um puro agitado. Nós o vemos vez por outra desempenhar concorrentemente o papel dos dois personagens. Para preencher o vazio que sente em si, ele busca sensações novas; é verdade que ele coloca aí menos ardor do que o apaixonado propriamente dito, mas ele também se cansa mais rapidamente e essa lassidão o projeta de novo sobre si mesmo e reforça a sua melancolia primeira. Inversamente, o desregramento não se dá sem um germe de egoísmo; pois não seríamos rebeldes a todo freio social caso fôssemos fortemente socializados. Somente quando a ação da anomia é preponderante é que esse germe não consegue se desenvolver; pois, jogando o homem para fora de si, ela o impede de se isolar em si. Todavia, se ela é menos intensa, pode deixar o egoísmo produzir alguns de seus efeitos. Por exemplo, o limite contra o qual se choca o insubmisso pode levá-lo a se voltar sobre si e a buscar na vida interior um derivativo de suas paixões desiludidas. No entanto, como ele não encontra aí nada a que possa se ligar, a tristeza que lhe causa esse espetáculo não pode senão determiná-lo a fugir de novo, acentuando, por conseguinte, sua inquietude e seu descontentamento. Assim, se produzem suicídios mistos ou o abatimento alterna com a agitação, o sonho com a ação, as exaltações do desejo com as meditações do melancólico.

A anomia pode do mesmo modo se associar com o altruísmo. Uma mesma crise pode transtornar a existência de um indivíduo, romper o equilíbrio entre ele e seu meio e, ao mesmo tempo, colocar suas disposições altruístas em um estado que incita ao suicídio. Esse é notoriamente o caso daqueles que chamamos de suicidas obsidionais. Se os judeus, por exemplo, se mataram em massa no momento da tomada de Jerusalém, é porque a vitória dos romanos, fazendo deles sujeitos e tributários de Roma, ameaçava transformar o tipo de vida com o qual estavam acostumados, e porque eles amavam demais sua cidade e seu culto para sobreviverem ao aniquilamento provável dos dois. Ao mesmo tempo, acontece frequentemente de um homem arruinado se matar tanto porque ele não quer viver com uma situação piorada quanto para poupar o seu nome e sua família da vergonha da falência. Se oficiais e suboficiais se suicidam facilmente no momento em que são obrigados a se reformar, isso se dá tanto por causa da mudança repentina que acontece em sua maneira de viver quanto por causa de sua predisposição geral para não atribuir nenhum valor à sua vida. As duas causas atuam na mesma direção. Ela resulta dos suicídios nos quais seja a exaltação passional, seja a firmeza corajosa do suicida altruísta se alienam no pânico exasperado que produz a anomia.

Enfim, o egoísmo e o altruísmo eles mesmos, esses dois contrários, podem unir a sua ação. Em certas épocas, nas quais a sociedade desagregada não tem mais como servir de objetivo para atividades individuais, há ainda indivíduos ou grupos de indivíduos que, sofrendo completamente a influência desse estado geral de egoísmo, aspiram a uma outra coisa. Sentindo que passar sem fim de prazeres egoístas a prazeres egoístas não é senão um meio ruim de fugir de si mesmo e que as alegrias fugidias, mesmo se elas forem incessantemente renovadas, jamais conseguem acalmar a sua inquietude, eles buscam um objeto durável ao qual eles possam se ligar com constância e que desse um sentido à sua vida. A questão é que, como não há nada de real a que poderiam se ligar, eles não têm como se satisfazer senão construindo em todas as suas peças uma realidade ideal que pudesse desempenhar esse papel. Eles criam, então, por meio do pensamento, um ser imaginário do qual eles se fazem servos e ao qual eles se entregam de uma maneira mais exclusiva à medida que se acham desprovidos de todo resto, a saber, deles mesmos. É nesse ser que eles estabelecem todas as razões de existir que atribuem a si, uma vez que nada tem qualquer valor aos seus olhos. Eles vivem, assim, uma existência dupla e contraditória: individualistas em tudo aquilo que concerne ao mundo real, eles são de um altruísmo imoderado em relação a tudo aquilo que diz respeito ao objeto ideal. Ora, tanto uma quanto a outra disposição levam ao suicídio.

Essas são as origens e essa é a natureza do suicídio estoico. Já mostraremos como ele reproduz certos traços essenciais do suicídio egoísta; mas ele pode ser considerado sob um aspecto completamente diverso. Se o estoico professa uma indiferença absoluta em relação a tudo aquilo que ultrapassa o espaço fechado da personalidade individual, se ele exorta o indivíduo a se satisfazer consigo mesmo, ao mesmo tempo, ele o coloca em um estado de estreita dependência em relação à razão universal e até mesmo o reduz a não mais do que um instrumento pelo qual ela se realiza. Ele combina, então, essas duas concepções antagônicas: o individualismo moral mais radical e um panteísmo imoderado. Do mesmo modo, o suicídio que ele pratica é tão apático como aquele do egoísta e é executado como um dever tanto quanto o do altruísta.[282] Reencontramos aí a melancolia de um e a energia ativa do outro; o egoísmo se mistura aí com o misticismo. É, além disso, essa liga que distingue o misticismo próprio às épocas de decadência, tão diferente apesar das aparências, daquele que se observa nos povos jovens e em via de formação. Esse misticismo é o resultado do ímpeto coletivo que atravessa em um mesmo sentido as vontades particulares, da abnegação com a qual os cidadãos se obliteram para colaborar na obra comum; o outro não é senão um egoísmo consciente de si mesmo e de seu nada, que se esforça por se ultrapassar, mas nunca chega a isso senão em aparência e artificialmente.

II

A priori, poder-se-ia acreditar que existe uma relação qualquer entre a natureza do suicídio e o tipo de morte escolhido pelo suicida. Parece, com efeito, muito natural que os meios que ele emprega para executar sua resolução dependam de sentimentos que o animam e, por conseguinte, o exprimem. Consequentemente, poder-se-ia estar tentado a utilizar as informações que nos foram fornecidas sobre esse ponto pelas estatísticas para caracterizar com maior precisão, segundo as suas formas exteriores, os diferentes tipos de suicídio. Mas as pesquisas que realizamos sobre esse ponto não nos deram senão resultados negativos.

No entanto, são certamente causas sociais que determinam essa escolha; pois a frequência relativa dos diferentes modos de suicídio permanece por muito tempo invariável para uma mesma sociedade, enquanto ela varia muito sensivelmente de uma sociedade para a outra, como o mostra o quadro a seguir:

---

[282] Sêneca celebra o suicídio de Catão como o triunfo da vontade humana sobre as coisas (Ver *De Prov.*, 2, 9 e *Ep.* 71, 16).

QUADRO XXX

Proporção dos diferentes gêneros de morte para cada 1.000 suicídios (os dois sexos reunidos)

País e anos		Estrangulamento e enforcamento	Submersão	Armas de fogo	Precipitação a partir de um lugar elevado	Envenenamento	Asfixia
França	(1872)	426	269	103	28	20	69
	(1873)	430	298	106	30	21	67
	(1874)	440	269	122	28	23	72
	(1875)	446	294	107	31	19	63
Prússia	(1872)	610	197	102	6,9	25	3
	(1873)	597	217	95	8,4	25	4,6
	(1874)	610	162	126	9,1	28	6,5
	(1875)	615	170	105	9,5	35	7,7
Inglaterra	(1872)	374	221	38	30	91	
	(1873)	366	218	44	20	97	
	(1874)	374	176	58	20	94	
	(1875)	362	1.208	45		97	
Itália	(1874)	174	305	236	106	60	13,7
	(1875)	173	273	251	104	62	31,4
	(1876)	125	246	285	113	69	29
	(1877)	176	299	238	111	55	22

Assim, cada povo tem seu gênero de morte preferido e a ordem das preferências não muda senão muito dificilmente. Ele é mesmo mais constante do que a cifra total dos suicídios; os eventos que, por vezes, modificam de maneira passageira o segundo não afetam sempre o primeiro. Há ainda mais: as causas sociais são a tal ponto preponderantes que a influência dos fatores cósmicos não parece apreciável. É assim que os suicídios por submersão, contrariamente a todas as presunções, não variam de uma estação para a outra segundo uma lei especial. Eis aí, com efeito, qual era na França, durante o período de 1872 a 1878, a sua distribuição mensal comparada com a dos suicídios em geral.

Classificação etiológica e morfológica dos tipos sociais do suicídio

Formas individuais que eles apresentam	
Caraterística fundamental	Variedades secundárias

Parte de cada mês para cada 1.000 suicídios anuais:

	Janeiro	Fevereiro	Março	Abril	Maio	Junho	Julho	Agosto	Setembro	Outubro	Novembro	Dezembro
De toda espécie	75,8	66,5	84,8	97,3	103,1	109,9	103,5	86,3	74,3	74,1	65,2	59,2
Por submersão	73,5	67,0	81,9	94,4	106,4	117,3	107,7	91,2	71,0	74,3	61,0	54,2

É só muito parcamente que, durante o verão, os suicídios por submersão aumentam um pouco mais que os outros; a diferença é insignificante. Não obstante, o verão pareceria dever favorecê-lo de maneira excepcional. Diz-se, é verdade, que a submersão era menos empregada no norte do que no sul da França e atribui-se esse fato ao clima.[283] Em Copenhagen, porém, durante o período de 1845 a 1856, esse modo de suicídio não era menos frequente do que na Itália (281 casos no lugar de 300). Em São Petersburgo, durante os anos de 1873 e 1874, não havia nenhum outro mais praticado. A temperatura não estabelece, portanto, nenhum obstáculo a esse gênero de morte.

Somente as causas sociais das quais dependem os suicídios em geral diferem daquelas que determinam o modo como eles são realizados; pois não se pode estabelecer nenhuma relação entre os tipos de suicídio que distinguimos e os modos de execução mais difundidos. A Itália é um país basicamente católico, onde a cultura científica era, até bem pouco tempo, muito pouco desenvolvida. É, portanto, muito provável que os suicídios altruístas sejam aí mais frequentes do que na França e na Alemanha, uma vez que esses suicídios sejam quase inversamente proporcionais ao desenvolvimento intelectual; diversas razões que se encontram no prosseguimento da presente obra confirmam essa hipótese. Por conseguinte, como o suicídio por armas de fogo é aí muito mais frequente do que nos países do centro da Europa, poder-se-ia acreditar que ele não deixa de ter relações com o estado do altruísmo. Poder-se-ia até mesmo observar ainda, com base nessa suposição,

---

[283] MORSELLI, p. 445-446.

que esse é também o gênero de suicídio preferido dos soldados. Infelizmente, o que acontece na França é que são as classes mais intelectualizadas, os escritores, os artistas e os funcionários públicos que se matam mais dessa maneira.[284] Ao mesmo tempo, poderia parecer que o suicídio melancólico encontra no enforcamento a sua expressão natural. Ora, de fato, é no campo que se recorre mais a ele e, contudo, a melancolia é um estado de espírito mais especialmente urbano.

As causas que impelem o homem a se matar não são, portanto, aquelas que o levam a se decidir por se matar de tal maneira mais do que de outra. As razões que fixam sua escolha são de uma natureza completamente diversa. É, de início, o conjunto de costumes e de arranjos de toda sorte que coloca em sua mão tal instrumento de morte mais do que outro. Seguindo sempre a linha da menor resistência até que um fator contrário venha intervir, ele tende a empregar o meio da destruição que ele tem mais imediatamente em mãos e que uma prática cotidiana lhe tornou familiar. Eis aí por que, por exemplo, nas grandes cidades, as pessoas se matam mais do que nos campos se jogando do alto de um lugar elevado: é que as casas são mais altas aí. Ao mesmo tempo, à medida que o solo é coberto com caminhos de ferro, o hábito de procurar a morte se deixando dilacerar sob os trilhos de um trem se generaliza. O quadro em que figura a participação relativa própria aos diferentes modos de suicídio no conjunto das mortes voluntárias, portanto, traduz em parte o estado técnico industrial, o estado da arquitetura mais difundida, dos conhecimentos científicos etc. À medida que o emprego da eletricidade se vulgarizar, os suicídios com o auxílio de procedimentos elétricos deverão se tornar também mais frequentes.

Mas a causa talvez mais eficaz seja a dignidade relativa que cada povo e, no interior de cada povo, cada grupo social atribui aos diferentes gêneros de morte. É preciso, com efeito, que todos eles sejam colocados sobre um mesmo plano. Há aqueles que passam por mais nobres, outros que repugnam como vulgares e aviltantes; e a maneira pela qual eles são classificados pela opinião muda de acordo com as comunidades. No exército, a decapitação é considerada uma morte infame; aliás, o mesmo se diz do enforcamento. Eis então a razão pela qual o suicídio por estrangulamento é muito mais difundido no campo do que nas cidades e nas pequenas cidades mais do que nas grandes. É que há algo de violento e de grosseiro que fere a doçura dos costumes urbanos e o culto que as classes cultivadas realizam perante a pessoa humana. Talvez essa repulsa também se deva ao caráter desonroso que causas históricas ligaram a esse gênero de morte e que os homens refinados

---

[284] Ver LISLE, *op. cit.*, p. 94.

das cidades sentem com uma vivacidade que a sensibilidade simples do rural não comporta.

A morte escolhida pelo suicida é, então, um fenômeno completamente estranho à natureza mesma do suicídio. Por mais intimamente que esses dois elementos de um mesmo ato pareçam se mostrar, eles são, em realidade, independentes um do outro. No mínimo, não há entre eles senão relações exteriores de justaposição. Pois, se os dois dependem de causas sociais, os estados sociais que eles exprimem são muito diferentes. O primeiro não tem nada a nos ensinar sobre o segundo; ele surge de um estudo completamente diferente. É por isso que, por mais que seja útil tratar demoradamente do suicídio, não nos deteremos aí. Esse estudo não teria nada a acrescentar aos resultados fornecidos pelas pesquisas precedentes e que estão resumidos no quadro seguinte.

Tipos elementares	Suicídio egoísta	Apatia	– Melancolia indolente com complacência por si mesma – Sangue-frio desenganado do cético.
	Suicídio altruísta	Energia passional ou voluntária	– Com sentimento calmo do dever. – Com entusiasmo místico. – Com coragem pacífica.
	Suicídio anômico	Irritação desgosto	– Recriminações violentas contra a vida em geral. – Recriminações violentas contra uma pessoa em particular (homicídio-suicídio).
Tipos mistos	Suicídio ego-anômico		– Mistura de agitação e de apatia, de ação e de sonho.
	Suicídio anômico-altruísta		– Efervescência exasperada.
	Suicídio ego-altruísta		– Melancolia temperada por certa firmeza moral.

Tais são as características gerais do suicídio, quer dizer, aquelas que resultam imediatamente de causas sociais. Ao se individualizar nos casos particulares, eles se complexificam em nuances variadas segundo o temperamento pessoal da vítima e as circunstâncias especiais nas quais ela se vê colocada. Mas, sob a diversidade das combinações que se produzem assim, pode-se sempre reencontrar essas formas fundamentais.

LIVRO III

DO SUICÍDIO COMO FENÔMENO SOCIAL EM GERAL

CAPÍTULO I

O ELEMENTO SOCIAL DO SUICÍDIO

Agora que conhecemos os fatores em função dos quais varia a taxa dos suicídios, podemos precisar a natureza da realidade à qual o suicídio corresponde e que essa taxa exprime numericamente.

I

As condições individuais das quis se poderia, *a priori*, supor que o suicídio depende são de dois tipos.

Há de início a situação exterior, na qual se encontra situado o agente. Os homens que se matam experimentam por vezes dissabores de família ou decepções ligadas ao amor próprio, por vezes eles sofrem com os efeitos da miséria ou da doença, por vezes ainda têm de se censurar por uma falta moral etc. Vimos, porém, que essas particularidades individuais não teriam como explicar a taxa social dos suicídios; pois ela varia em proporções consideráveis, enquanto as diversas combinações de circunstâncias, que servem assim de antecedentes imediatos aos suicídios particulares, guardam quase a mesma frequência relativa. Portanto, elas não são as causas determinantes do ato a que precedem. O papel importante que elas desempenham vez por outra na deliberação não é uma prova de sua eficácia. Sabe-se, com efeito, que as deliberações humanas, tal como elas são estabelecidas pela consciência refletida, não são com frequência senão puramente formais e não possuem outro objeto para além de corroborarem uma resolução já assumida por razões que a consciência não conhece.

Além disso, as circunstâncias que parecem causar o suicídio, porque elas o acompanham muito frequentemente, são em número quase infinito. Um se mata na boa vida, o outro na pobreza; um era infeliz no casamento e o outro tinha acabado de romper por meio do divórcio um casamento que julgava infeliz. Aqui, um soldado renuncia à vida depois de ter sido punido por uma falta que ele não cometeu; lá, um criminoso se mata porque o crime não chegou a ser punido. Os eventos mais diversos da vida e mesmo os mais contraditórios podem servir do mesmo modo como pretextos para o suicídio. Isso se dá, então, porque nenhum deles é propriamente a sua causa específica. Será que podemos atribuir essa causalidade às características que são comuns a todos eles? Mas há tais características? Ao menos podemos dizer que elas consistem geralmente em contrariedades, em tristezas, mas sem que seja possível determinar qual é a intensidade que a dor tem de atingir para ter essa consequência trágica. Não há nenhum desapontamento na vida, por mais insignificante que seja, do qual se possa dizer de antemão que ele não teria, em qualquer caso, como tornar a existência intolerável; também não há, porém, nenhum que tenha esse efeito necessariamente. Vemos os homens resistirem a infortúnios espantosos, enquanto outros se suicidam por causa de leves situações de tédio. E, além disso, mostramos que os sujeitos que sofrem mais não são aqueles que se matam mais. É muito mais a grande facilidade que arma o homem contra si mesmo. É nas épocas e nas classes em que a vida é menos rude que a vida é descartada mais facilmente. Apesar disso, porém, se verdadeiramente há o caso de a situação pessoal da vítima ser a causa eficiente de sua resolução, então esses casos são muito raros e, por conseguinte, não se teria como explicar assim a taxa social do suicídio.

Aqueles mesmos que atribuíram a maior influência às condições individuais também são aqueles que menos procuraram tal influência nos incidentes exteriores e mais na natureza intrínseca do sujeito, ou seja, na constituição biológica e entre os concomitantes físicos dos quais ela depende. O suicídio foi assim apresentado como o produto de certo temperamento, como um episódio da neurastenia, submetido à ação dos mesmos fatores a que ela se submete. Não descobrimos, porém, nenhuma relação imediata e regular entre a neurastenia e a taxa social dos suicídios. Acontece mesmo de esses dois fatos variarem em uma razão inversa um em relação ao outro e de um alcançar o seu mínimo no exato momento e nos mesmos lugares em que o outro atinge o seu apogeu. Nós não encontramos, em contrapartida, relações definidas entre o movimento dos suicídios e os estados do meio físico que parecem ter um efeito enorme sobre o sistema nervoso, estados tais como a raça, o clima, a temperatura. É porque, se o neuropata pode, em certas condições, manifestar alguma disposição para o suicídio, ele não está predestinado a se matar necessariamente; a ação dos fatores cósmicos não é suficiente para determinar nesse sentido preciso as tendências muito gerais de sua natureza.

Totalmente diferentes são os resultados que obtemos quando, deixando de lado o indivíduo, procuramos na natureza das próprias sociedades as causas da aptidão que cada uma delas tem para o suicídio. Assim como as relações do suicídio com os fatos de ordem biológica e de ordem física são equívocos e duvidosos, as relações com certos estados do meio social se mostram como imediatas e constantes. Dessa vez, nós nos encontramos finalmente na presença de leis verdadeiras, que nos permitiram esboçar uma classificação metódica dos tipos de suicídios. As causas sociológicas que assim determinamos nos explicaram mesmo essas concordâncias diversas que, com frequência, foram atribuídas à influência de causas materiais e nas quais se buscou ver uma prova dessa influência. Se a mulher se mata muito menos do que o homem, isso se dá porque ela está muito menos engajada do que ele na vida coletiva; portanto, ela sente menos intensamente do que ele a ação boa ou má dessa vida. O mesmo vale para o velho e para a criança, ainda que por outras razões. Enfim, se o suicídio cresce de janeiro a junho para decrescer em seguida, é porque a atividade social passa aí pelas mesmas variações sazonais. Portanto, é natural que os diferentes efeitos que ela produz estejam submetidos ao mesmo ritmo e, por conseguinte, sejam mais marcantes durante o primeiro desses dois períodos: ora, o suicídio é um desses efeitos.

De todos esses fatos resulta que a taxa social dos suicídios não se explica senão sociologicamente. É a constituição moral da sociedade que fixa a cada instante o contingente das mortes voluntárias. Existe, então, para cada povo uma força coletiva, de uma energia determinada, que impele os homens a se matarem. Os movimentos que o paciente realiza e que, à primeira vista, não pareceriam exprimir senão o temperamento pessoal são, em realidade, a consequência e o prolongamento de um estado social que eles manifestam externamente.

Assim, acha-se resolvida a questão que nos colocamos no início deste trabalho. Não é por metáfora que se diz de cada sociedade humana que ela tem uma aptidão mais ou menos pronunciada para o suicídio: a expressão está fundada na natureza das coisas. Cada grupo social tem realmente uma inclinação própria para esse ato e é dela que derivam as inclinações individuais; não é a primeira de modo algum que provém dessas inclinações individuais. O que constitui essa inclinação de cada grupo social, por sua vez, são as correntes do egoísmo, do altruísmo ou da anomia que trabalham na sociedade considerada, junto com as tendências para a melancolia langorosa, para a renúncia ativa ou para a lassidão exasperada, que são a consequência dessas correntes. Quanto aos eventos privados que se fazem geralmente passar pelas causas imediatas do suicídio, eles não têm outra ação senão aquela que recebem de empréstimo das disposições morais da vítima, eco do estado moral da sociedade. Para explicar a si mesmo a indiferença em relação à existência, o sujeito se atém às circunstâncias que o cercam mais imediatamente; ele acha a vida triste porque é triste. Sem dúvida alguma, em certo sentido, sua tristeza chega até ele de fora, mas não a partir de tal ou tal incidente de sua carreira, mas antes do grupo do qual faz parte. Eis porque não há nada que não possa servir de causa ocasional para o suicídio. Tudo depende da intensidade com a qual as causas suicidógenas agem sobre o indivíduo.

II

Além disso, por si só, a constância da taxa social dos suicídios já seria suficiente para demonstrar com exatidão essa conclusão. Se, por método, acreditamos que devíamos reservar o problema até o presente, de fato, ele não comporta outra solução.

Quando Quételet chamou a atenção dos filósofos[285] para a surpreendente regularidade com a qual certos fenômenos sociais se repetem durante períodos de tempo idênticos, ele acreditou que estava em condições de fazer frente a essa regularidade por meio de sua teoria do homem médio, teoria essa que se manteve, além disso, como a única explicação sistemática dessa propriedade notável. De acordo com ele, há em cada sociedade um tipo determinado, que a generalidade dos indivíduos produz de maneira mais ou menos exata, e da qual apenas a minoria tende a se destacar sob a influência de causas perturbadoras. Há, por exemplo, um conjunto de características físicas e morais que são apresentadas pela maior parte dos franceses, mas que não se encontra no mesmo nível nem da mesma maneira nos italianos ou nos alemães e vice-versa. Como, por definição, essas características são muito mais difundidas, os atos que derivam dessas características também são muito mais numerosos; são eles que formam os grandes batalhões. Ao contrário, aqueles que são determinados por propriedades divergentes são relativamente raros, exatamente como essas propriedades mesmas. Por outro lado, sem ser absolutamente imutável, esse tipo geral varia, contudo, com muito mais lentidão do que um tipo individual; pois é muito mais

---

[285] Notadamente em duas obras: *Sur l'homme et le développement de ses facultés ou Essai de physique sociale*, 2 vol., Paris, 1835, e *Du système social et des lois qui le régissent*, Paris, 1848. Se Quételet é o primeiro a ter buscado explicar cientificamente essa regularidade, ele não foi o primeiro a observá-la. O verdadeiro fundador da estatística moral é o pastor SÜSSMILCH, em sua obra, *Die Göttliche Ordnung in den Veränderungen des menschlichen Geschlechts, aus der Geburt, dem Tode und der Fortpflanzung desselben erwiesen*, 3 vol., 1742.
Ver sobre essa mesma questão: WAGNER, *Die Geselzmässigkeit* etc., primeira parte; DROBISCH, *Die Moralische Statistik und die menschliche Willensfreiheit*, Leipzig, 1867 (sobretudo p. 1-58); MAYR, *Die Geselzmässigkeit im Gesellschaftsleben*, Munich, 1877; OETTINGEN, Moralstatistik, p. 90 e seg.

difícil para uma sociedade mudar em massa do que para alguns indivíduos em particular. Essa constância é naturalmente transmitida aos atos que resultam dos atributos característicos desse tipo; os primeiros continuam os mesmos em grandeza e em qualidade tanto quanto os segundos não mudam; e, como essas mesmas maneiras de agir também são as mais usuais, é inevitável que a constância seja a lei geral das manifestações da atividade humana abrangidas pela estatística. O estatístico, com efeito, faz a conta de todos os fatos da mesma espécie que acontecem no interior de uma dada sociedade. Então, uma vez que a maior parte deles permanece invariável quando o tipo geral da sociedade não muda, e uma vez que, além disso, ele só muda com grande dificuldade, os resultados dos recenseamentos estatísticos devem necessariamente permanecer os mesmos durante séries muito longas de anos consecutivos. Quanto aos fatos que derivam das características particulares e dos acidentes individuais, eles não se realizam com a mesma regularidade; e isso porque a constância nunca é absoluta. Mas eles se mostram como a exceção; porque a invariabilidade é a regra ao passo que a mudança é a exceção.

A esse tipo ideal, Quételet deu o nome de *tipo médio*, porque ele é obtido quase exatamente quando se toma a média aritmética dos tipos individuais. Por exemplo, se, depois de ter determinado todos os tamanhos em uma sociedade dada, fizéssemos a soma e a dividíssemos pelo número dos indivíduos medidos, o resultado ao qual chegaríamos exprimiria, com um grau de aproximação bem suficiente, o tamanho mais geral. Pois é possível admitir que as divergências para mais e para menos, os anões e os gigantes, são em número quase igual. Elas se compensam, então, mutuamente, se anulam reciprocamente e, por conseguinte, não afetam o quociente.

A teoria parece muito simples. De início, porém, ela pode ser considerada uma explicação somente se permitir compreender por que o tipo médio se realiza na generalidade dos indivíduos. Para que o tipo médio permaneça idêntico a si mesmo quando esses indivíduos mudam, é preciso que, em um sentido, ele seja independente deles; e, no entanto, também é necessário que haja alguma via pela qual ele possa se insinuar neles. A questão, é verdade, deixa de se mostrar como questão, caso se admita que ele se confunde com o tipo étnico. Pois os elementos constitutivos da raça, tendo sua origem fora do indivíduo, não estão submetidos à mesma variação que ele; e, não obstante, é nele e apenas nele que se realizam. Compreende-se, portanto, muito bem que ele penetre os elementos propriamente individuais e mesmo lhes sirva de base. Todavia, para que essa explicação possa convir para o suicídio, seria necessário que a tendência que impele o homem a se matar dependesse estritamente da raça; ora, sabemos que os fatos contradizem essa hipótese. Dir-se-ia que o estado geral do meio social, sendo o mesmo para a maior parte dos particulares, afeta quase todos da mesma maneira e, por conseguinte, imprime-lhes em parte uma mesma fisionomia? Mas o meio social é essencialmente feito de ideias, de crenças, de hábitos, de tendências comuns. Para que eles possam impregnar assim os indivíduos, é preciso, então, que existam de alguma maneira independentemente deles; e, assim, nós nos aproximamos da solução que tínhamos proposto. Pois admite-se implicitamente que existe uma tendência coletiva para o suicídio, tendência essa da qual as tendências individuais provêm, e todo o problema se torna saber em que ela consiste e como ela age.

Mas há mais; como quer que expliquemos a generalidade do homem médio, essa concepção não teria como dar conta, de forma alguma, da regularidade com a qual se produz a taxa social dos suicídios. Com efeito, por definição, as únicas características que esse tipo pode abarcar são aquelas que são reencontradas na maior parte da população. Ora, o suicídio é o fato de uma minoria. Nos países em que ele é mais desenvolvido, não se computam mais do que 300 ou 400 casos para cada milhão de habitantes. A energia que o instinto de conservação guarda na média dos homens o exclui radicalmente; o homem médio não se mata. Mas, então, se a inclinação para se matar é uma raridade e uma anomalia, ela é completamente estranha ao tipo médio e, por conseguinte, um conhecimento mesmo que aprofundado desse tipo está bem longe de nos ajudar a compreender como é que o número dos suicídios pode ser constante para uma mesma sociedade ele não teria nem mesmo como explicar por que há suicídios. A teoria de Quételet se baseia, em definitivo, em uma observação inexata. Ele considera como estabelecido que a constância não é observada senão nas manifestações mais gerais da atividade humana; ora, ela se encontra no mesmo grau nas manifestações esporádicas que ocorrem apenas em pontos isolados e raros do campo social. Ele acreditava ter respondido a todos os *desiderata*, na medida em que tornava possível ver, com rigor, como é que podia se tornar inteligível a invariabilidade daquilo que não é excepcional; mas a exceção ela mesma tem a sua invariabilidade e essa não é inferior a nenhuma outra. Todo mundo morre; todo organismo vivo é constituído de tal sorte que ele não pode não se dissolver. Ao contrário, há um número muito pequeno de pessoas que se matam; na imensa maioria dos homens, não há nada que os incline para o suicídio. E, contudo, a taxa dos suicídios é ainda mais constante do que aquela da mortalidade em geral. Portanto, não há entre a difusão de uma característica e sua permanência a estreita solidariedade que supunha Quételet.

Além disso, os resultados aos quais conduz seu próprio método confirmam essa conclusão. Em virtude de seu princípio, para calcular a intensidade de uma característica qualquer do tipo médio, seria preciso dividir a soma dos fatos que o manifestam no interior da sociedade considerada pelo número de indivíduos aptos a produzi-los. Assim, em um país como a França, onde durante muito tempo não houve mais do que 150 suicídios para cada milhão de habitantes, a intensidade média da tendência para o suicídio seria expressa pela relação $150/1.000.000 = 0,00015$; e na Inglaterra, onde não há senão 80 casos para a mesma população, essa relação não seria senão de 0,00008. Haveria, então, no indivíduo médio uma inclinação para se matar dessa grandeza. Mas tais cifras são praticamente iguais a zero. Uma inclinação tão fraca está a tal ponto afastada do ato que ela pode ser considerada nula. Ela não tem uma força suficiente para poder, sozinha, determinar um suicídio. Não é, então, a generalidade de tal tendência que pode tornar compreensível porque é que tantos suicídios são anualmente cometidos em uma ou outra dessas sociedades.

Além disso, essa avaliação é infinitamente exagerada. Quételet não chegou a ela senão tomando arbitrariamente da média dos homens uma certa afinidade com o suicídio e estimando a partir daí a energia dessa afinidade segundo manifestações que não são observáveis junto ao homem médio, mas apenas em um pequeno número de sujeitos excepcionais. O anormal foi assim empregado para determinar o normal. Quételet acreditava, é verdade, que podia escapar dessa objeção por meio da observação de que os casos anormais, ocorrendo ora em um sentido, ora no sentido contrário, se compensavam e se excluíam mutuamente. Essa compensação, porém, não se realiza senão para características que, em graus diversos, são encontrados em todo mundo, como o tamanho, por exemplo. Pode-se acreditar, com efeito, que os sujeitos excepcionalmente grandes e excepcionalmente pequenos são mais ou menos igualmente numerosos. A média desses tamanhos exagerados deve, então, ser sensivelmente igual ao tamanho mais ordinário: por conseguinte, esse tamanho ordinário é o único a se destacar do cálculo. Mas é o contrário o que ocorre, quando o que está em questão é um fato que é excepcional por natureza, tal como a tendência para o suicídio; nesse caso, o procedimento de Quételet não pode senão introduzir artificialmente no tipo médio um elemento que se acha fora da média. Sem dúvida, tal como acabamos de ver, ele não se encontra aí senão em um estado de extrema diluição, precisamente porque o número dos indivíduos entre os quais ele está fracionado é muito superior àquele no qual deveria estar. No entanto, se o erro é pouco importante em termos práticos, ele não deixa de existir.

Em realidade, o que a relação calculada por Quételet exprime é simplesmente a probabilidade que há de um homem, pertencendo a um grupo social determinado, se matar no curso do ano. Se, para uma população de 100.000 almas, há anualmente 15 suicídios, pode-se concluir simplesmente que há 15 chances em 100.000 de um sujeito qualquer se suicidar durante essa mesma unidade de tempo. Mas essa probabilidade não nos fornece de maneira alguma a medida da tendência média para o suicídio, nem tem como servir para provar que essa tendência existe. O fato de que tantos indivíduos por cento se matam não implica que os outros estejam expostos à tendência para se matar em um grau qualquer e não tem nada a nos ensinar no que concerne à natureza das causas que determinam ao suicídio.[286]

Assim, a teoria do homem médio não resolve o problema. Retomemos, portanto, o problema e vejamos como ele se coloca. Os suicidas são uma ínfima minoria dispersa nos quatro cantos do horizonte; cada um deles realiza seu ato separadamente, sem saber que outros fazem por sua parte a mesma coisa; e, no entanto, enquanto a sociedade não mudar, o número de suicídios permanece o mesmo. É preciso, portanto, que todas essas manifestações individuais, por mais independentes que elas possam parecer, sejam em realidade o produto de uma causa ou de um mesmo grupo de causas que dominam os indivíduos. Pois de outro modo como é que se poderia explicar que, a cada ano, todas essas vontades particulares, que se ignoram mutuamente, cheguem, no mesmo número, a um mesmo fim. Elas não atuam, ao menos em geral, umas sobre as outras; não há entre elas nenhuma sintonia; e, não obstante, tudo se dá como se elas levassem a cabo uma mesma palavra de ordem. O que acontece, então, é que, no meio comum que as envolve, existe uma força qualquer que as inclina todas no mesmo sentido, uma força cuja intensidade maior ou menor faz com que o número de suicídios particulares seja mais ou menos elevado. Ora, os efeitos pelos quais essa força se revela não variam segundo os meios orgânicos e cósmicos, mas exclusivamente segundo o estado do meio social. Portanto, ela é uma força coletiva. Dito de outro modo, cada povo tem coletivamente para o suicídio uma tendência que lhe é própria e da qual depende a importância do tributo que paga à morte voluntária.

Desse ponto de vista, a invariabilidade da taxa dos suicídios não tem mais nada de misterioso, não mais do que sua individualidade. Pois, como cada sociedade tem seu temperamento, o qual ela não teria como mudar da noite para o dia, e como essa tendência para o suicídio tem sua fonte na

---

[286] Essas considerações fornecem uma prova a mais de que a raça não tem como dar conta da taxa social dos suicídios. O tipo étnico, com efeito, é ele também um tipo genérico; ele não compreende senão características comuns a uma massa considerável de indivíduos. O suicídio, ao contrário, é um fato excepcional. A raça, então, não possui nada que possa se mostrar suficiente para determinar o suicídio; diferentemente, ele teria uma generalidade que, de fato, não tem. Dir-se-ia que, se, com efeito, nenhum dos elementos que constituem a raça pudesse ser considerado como uma causa suficiente do suicídio, ainda assim ela poderia, de acordo com o que ela é, tornar os homens mais ou menos acessíveis à ação das causas suicidógenas? Mas, ainda que os fatos corroborassem essa hipótese, o que não é o caso, seria necessário ao menos reconhecer que o tipo étnico é um fator com uma eficácia muito medíocre, uma vez que sua suposta influência seria impedida de se manifestar na quase totalidade dos casos e não seria sensível senão muito excepcionalmente. Em uma palavra, para cada milhão de sujeitos que pertencem todos igualmente a essa mesma raça, não há mais do que 100 ou 200 que se matam a cada ano.

constituição moral dos grupos, ela é inevitável e, por mais que difira de um grupo para o outro, em cada um deles ela permanece durante muitos anos sensivelmente igual a si mesma. Ela é um dos elementos essenciais da cenestesia social; ora, nos seres coletivos tanto quanto nos indivíduos, o estado cenestésico é o que há de mais pessoal e de mais imutável, porque não há nada de mais fundamental. Nesse sentido, porém, os efeitos que resultam daí devem ter a mesma personalidade e mesma estabilidade. É mesmo natural que eles tenham uma constância superior àquela da mortalidade geral. Pois a temperatura, as influências climáticas, geológicas, em uma palavra, as condições diversas das quais depende a saúde pública, mudam muito mais facilmente de um ano para o outro do que o humor das nações.

Não obstante, há uma hipótese diferente em aparência da precedente, que poderia ser tentadora para alguns espíritos. Para resolver a dificuldade, não seria suficiente supor que os diversos incidentes da vida privada, que assumem ares de ser, por excelência, as causas determinantes do suicídio, retornam regularmente a cada ano nas mesmas proporções? Todos os anos, dir-se-ia,[287] há mais ou menos o mesmo número de casamentos infelizes, de falências, de ambições desiludidas, de miséria, etc. Portanto, é natural que, colocados em um mesmo número em situações análogas, os indivíduos também estejam em um mesmo número para decidir o que resulta de sua situação. Não é necessário imaginar que eles cedem a uma força que os domina; é suficiente supor que, em face das mesmas circunstâncias, raciocinam em geral da mesma maneira.

Mas sabemos que esses eventos individuais, se precedem de modo bastante geral os suicídios, não são realmente as causas dos suicídios. Uma vez mais, não há infortúnios na vida que determinem necessariamente o homem a se matar, caso ele não esteja inclinado para tanto de uma outra maneira. A regularidade com a qual podem se reproduzir essas diversas circunstâncias não teria, portanto, como explicar a regularidade do suicídio. Além disso, qualquer que seja a influência que possamos atribuir a eles, tal solução não faria, em todo caso, outra coisa senão deslocar o problema sem resolvê-lo. Pois falta compreender por que essas situações desesperadas se repetem identicamente a cada ano seguindo uma lei própria em cada país. Como é que acontece de, para uma mesma sociedade, supostamente estacionária, haver sempre tantas famílias desunidas, tantas ruínas econômicas, etc.? Esse retorno regular dos mesmos eventos segundo proporções constantes para um mesmo povo, mas de uma maneira muito diversa de um povo para o outro, seria inexplicável, se não houvesse em cada sociedade

---

[287] Essa é, no fundo, a opinião de Drobisch, em seu livro citado mais acima.

correntes definidas que incitam os habitantes com uma força determinada para as aventuras comerciais e industriais, para as práticas de todo tipo que são de uma natureza tal que podem perturbar as famílias, etc. Ora, isso significa o mesmo que voltar, sob uma forma pouquíssimo diversa, à hipótese mesma que acreditávamos ter descartado.[288]

III

Mas procuremos compreender bem o sentido e o escopo dos termos que acabaram de ser empregados.

Normalmente, quando se fala de tendência ou de paixões coletivas, se está inclinado a não ver nessas expressões outra coisa além de metáforas e de modos de falar que não dizem nada de real para além de um tipo de posição média entre um certo número de estados individuais. As pessoas se recusam a considerá-las como coisas, como forças *sui generis* que dominam as consciências particulares. Tal é, no entanto, a sua natureza e é isso que a estatística do suicídio demonstra com clareza.[289] Os indivíduos que compõem uma sociedade mudam de um ano para o outro; e, contudo, o número de suicídios permanece o mesmo, contanto que a própria sociedade não mude. A população de Paris se renova com uma extrema rapidez; não obstante, a participação de Paris no conjunto dos suicídios franceses permanece sensivelmente constante. Por mais que não sejam necessários senão alguns anos para que o efetivo do exército esteja completamente transformado, a taxa dos suicídios dos militares não varia, para uma mesma nação, senão com a mais extrema lentidão. Em todos os países, a vida coletiva evolui segundo o mesmo ritmo no curso do ano; ela cresce de janeiro a julho mais ou menos para em seguida decrescer. Do mesmo modo, apesar de os membros das diversas sociedades europeias emergirem de tipos médios muito diferentes

---

[288] Essa argumentação não é verdadeira apenas para o suicídio, ainda que, nesse caso, ela seja muito mais particularmente espantosa do que em qualquer outro. Ela se aplica identicamente ao crime em suas diferentes formas. O criminoso, com efeito, é um ser excepcional exatamente com o suicida e, por conseguinte, não é a natureza do tipo médio que pode explicar os movimentos da criminalidade. Mas as coisas não são diferentes no caso do casamento, ainda que a tendência para contrair o matrimônio seja mais geral do que a inclinação para matar ou para se matar. A cada período da vida, o número de pessoas que se casam não representa senão uma pequena minoria em relação à população solteira da mesma idade. Assim, na França, dos 25 aos 30 anos, ou seja, na época em que a nupcialidade é máxima, não há por ano senão 176 homens e 135 mulheres que se casam para 1.000 solteiros de cada sexo (período entre 1877 e 1881). Se, então, a tendência para o casamento, que não se pode confundir com o gosto pela relação sexual, não possui senão sobre um pequeno número de sujeitos uma força suficiente para se satisfazer, não é a energia que ela tem nesse tipo médio que pode explicar o estado da nupcialidade em um dado momento. A verdade é que aqui, tal como o que está em questão é o suicídio, as cifras da estatística exprimem não a intensidade média das disposições individuais, mas aquela da força coletiva que impele ao casamento.

[289] Ela não é, além disso, a única; todos os fatos da estatística moral, tal como mostra a nota precedente, implicam essa conclusão.

uns dos outros, as variações sazonais e mesmo mensais dos suicídios ocorrem por toda parte de acordo com a mesma lei. Ao mesmo tempo, qualquer que seja a diversidade dos humores individuais, a relação entre a aptidão das pessoas casadas para o suicídio e aquela dos viúvos e das viúvas é identicamente a mesma nos grupos sociais mais diversos; e isso apenas porque o estado moral da viuvez mantém por toda parte a mesma relação com a constituição moral que é própria ao casamento. Assim, as causas que fixam o contingente das mortes voluntárias para uma sociedade ou uma parte de uma determinada sociedade devem ser independentes dos indivíduos, uma vez que elas guardam a mesma intensidade, independentemente dos indivíduos particulares sobre os quais elas exercem sua ação. Dir-se-á que é o gênero de vida que, sempre o mesmo, produz sempre os mesmos efeitos. Sem dúvida. No entanto, um gênero de vida é uma coisa e, portanto, a constância precisa ser explicada. Se ele se mantém invariável por mais que as mudanças se produzam incessantemente nas fileiras daqueles que o praticam, é impossível que receba deles toda a sua realidade.

Acreditou-se que seria possível escapar dessa consequência pela observação de que essa continuidade mesma seria uma obra dos indivíduos, de tal modo que, por conseguinte, para dar conta dela, seria preciso atribuir aos fenômenos sociais uma espécie de transcendência em relação à vida individual. Com efeito, se disse "uma coisa social qualquer, uma palavra de uma língua, um rito de uma religião, um segredo de uma profissão, um procedimento artístico, um artigo da lei ou uma máxima moral, se transmite e passa de um indivíduo parente, mestre, amigo, vizinho, companheiro, a outro indivíduo".[290]

Sem dúvida, se não se tratasse senão de tornar compreensível como, de uma maneira geral, uma ideia ou um sentimento passam de uma geração para a outra, como a lembrança não se perde, essa explicação poderia, a rigor, ser considerada suficiente.[291] A questão é que a transmissão de fatos

---

[290] TARDE, "La sociologie élementaire", in: *Annales de l'Institut International de Sociologie*, p. 213.
[291] Dizemos a rigor, porque o que há de essencial nesse problema não teria como ser resolvido dessa maneira. Com efeito, o que importa caso queiramos explicar essa continuidade é fazer ver não apenas como as práticas usuais em um período não são esquecidas no período seguinte, mas como é que elas guardam a sua autoridade e continuam funcionando. Ao fato de que as novas gerações podem saber por meio de transmissões puramente interindividuais o que faziam seus ancestrais não se segue de maneira alguma que elas experimentariam a necessidade de agir do mesmo modo. O que é, então, que as obriga a isso? O respeito ao costume, a autoridade dos mais velhos? Nesse caso, porém, a causa da continuidade não são mais os indivíduos que servem de veículos às ideias e às práticas, é esse estado de espírito eminentemente coletivo que faz com que, em tal povo, os anciões sejam objeto de um respeito particular. E esse estado de espírito se impõe aos indivíduos. Do mesmo modo, exatamente como a tendência ao suicídio, ele possui para uma sociedade uma intensidade definida segundo o grau em que os indivíduos se conformam mais ou menos à tradição.

como o suicídio e, mais genericamente, como os atos de todo tipo, sobre os quais nos ensina a estatística moral, apresenta uma característica muito particular que não é possível explicar com tanta rapidez. Ela age, com efeito, não apenas em termos de grandeza sobre uma certa maneira de fazer, *mas também sobre o número de casos nos quais essa maneira de fazer é empregada*. Não há somente suicídios a cada ano, mas, como regra geral, há a cada ano tantos suicídios quanto no ano anterior. O estado de espírito que determina os homens a se matarem não é transmitido pura e simplesmente, mas, o que é muito mais notável, ele é transmitido a um número igual de sujeitos que se encontram todos nas condições necessárias para passar ao ato. Como isso é possível, se não estão presentes senão indivíduos? Em si mesmo, o número não pode ser o objeto de nenhuma transmissão direta. A população de hoje não aprendeu com a população de ontem qual é o montante de imposto que ela deve pagar ao suicídio; e, contudo, ele é exatamente o mesmo que ela pagará, se as circunstâncias não mudarem.

Não seria preciso imaginar, então, que cada suicida teria tido por iniciador e por mestre, de algum modo, uma das vítimas do ano anterior e que ele seria algo assim como o seu herdeiro moral? Tendo em vista apenas tal condição, é possível conceber que a taxa dos suicídios poderia se perpetuar pela via de tradições interindividuais. Pois, se a cifra total não pode ser transmitida em bloco, é preciso que as unidades a partir das quais essa cifra é formada sejam transmitidas uma por uma. Cada suicida deveria ter recebido a sua tendência de qualquer um dos seus antecessores e cada suicídio seria algo assim como o eco de um suicídio anterior. Mas não há nenhum fato que admita esse tipo de filiação pessoal entre cada um dos eventos morais que a estatística registra nesse ano, por exemplo, e um evento similar do ano anterior. É completamente excepcional, tal como mostramos antes, que um ato seja assim suscitado por um outro de mesma natureza. Aliás, por que esses ricochetes ocorreriam regularmente de um ano para o outro? Por que o fato gerador leva um ano para produzir seu semelhante? Enfim, por que ele não suscitaria senão uma só e única cópia? Pois é necessário que, em média, cada modelo seja reproduzido somente uma vez: de outro modo o total não seria constante. Nós nos daremos a liberdade de não discutir mais longamente uma hipótese tão arbitrária quanto irrepresentável. Mas, se a descartamos, se a igualdade numérica dos contingentes anuais não provém do fato de que cada caso particular engendra seu semelhante no período que se segue, ela não pode ser senão o resultado da ação permanente de alguma causa impessoal que paira acima de todos os casos particulares.

É preciso, portanto, considerar os termos com rigor. As tendências coletivas possuem uma existência que lhes é própria; elas são forças tão reais quanto as forças cósmicas, ainda que sejam de uma outra natureza; elas igualmente agem de fora sobre o indivíduo, ainda que seja por outras vias. O que permite afirmar que a realidade das tendências coletivas não é inferior à realidade das forças cósmicas é o fato de que elas são comprovadas da mesma forma, a saber, por meio da constância de seus efeitos. Quando constatamos que o número de mortes varia muito pouco de um ano para o outro, explicamos essa regularidade dizendo que a moralidade depende do clima, da temperatura, da natureza do solo, em uma palavra, de um certo número de forças materiais que, sendo independentes do indivíduo, permanecem constantes quando mudam as gerações. Consequentemente, uma vez que atos morais como o suicídio se reproduzem com uma uniformidade não apenas igual, mas superior, devemos mesmo admitir que eles dependem de forças exteriores aos indivíduos. A questão é que, como suas forças não podem ser senão morais e como, fora do homem individual, não há no mundo outro ser moral para além da sociedade, é preciso que elas sejam sociais. Mas, como quer que venhamos a chamá-las, o que importa é reconhecer sua realidade e concebê-las como um conjunto de energias que nos determinam de fora a agir, tal como o fazem as energias físico-químicas das quais sofremos a ação. Elas são a tal ponto coisas *sui generis*, e não entidades verbais, que podemos mensurá-las, comparar a sua grandeza relativa, tal como se faz no caso da intensidade das correntes elétricas ou de centros de luz. Assim, essa proposição fundamental segundo a qual os fatos sociais são objetivos, proposição que tivemos ocasião de estabelecer em outra obra[292] e que consideramos como o princípio do método sociológico, encontra na estatística moral e, sobretudo, naquela estatística relativa ao suicídio uma prova nova e particularmente demonstrativa. Sem dúvida alguma, ela choca o senso comum. Mas todas as vezes que a ciência vem revelar aos homens a existência de uma força ignorada, ela se depara com a incredulidade. Como é preciso modificar o sistema das ideias recebidas para abrir lugar para a nova ordem das coisas e construir conceitos novos, os espíritos resistem preguiçosamente. Não obstante, é necessário se compreender. Se a sociologia existe, ela não pode ser senão o estudo de um mundo ainda desconhecido, diferente daqueles explorados pelas outras ciências. Ora, esse mundo não é nada senão um sistema de realidades.

Mas precisamente porque ela se bate contra preconceitos tradicionais, essa concepção incitou o surgimento de objeções às quais precisamos responder.

Em primeiro lugar, ela implica o fato de que as tendências assim como os pensamentos coletivos são de uma outra natureza diversa das tendências e dos pensamentos individuais, implica que os primeiros possuem características que os segundos não possuem. Ora, diz-se, como isso é possível, uma

---

[292] Ver *Regras do método sociológico*, cap. II.

vez que não há na sociedade senão indivíduos? No entanto, levando isso em conta, seria preciso dizer que não haveria nada mais na natureza viva que na matéria bruta, uma vez que a célula é feita exclusivamente de átomos que não vivem. Ao mesmo tempo, é mais do que verdadeiro que a sociedade não compreende outras forças atuantes para além daquelas dos indivíduos; são só os indivíduos, unindo-se, que formam um ser psíquico de uma espécie nova que, por conseguinte, possui sua maneira própria de pensar e de sentir. Sem dúvida, as propriedades elementares das quais resulta o fato social estão contidas em germe nos espíritos particulares. Todavia, o fato social não provém daí senão quando as propriedades elementares são transformadas pela associação, uma vez que é somente nesse momento que ele aparece. A associação é, ela também, um fator ativo que produz efeitos especiais. Ora, ela é por si mesma alguma coisa nova. Quando as consciências, no lugar de permanecerem isoladas umas das outras, se agrupam e se combinam, algo mudou no mundo. Em seguida, é natural que essa mudança produza outras, que essa novidade engendre outras novidades, que surjam fenômenos cujas propriedades características não são reencontradas nos elementos dos quais eles são compostos.

O único meio de contestar essa proposição seria admitir que um todo é qualitativamente idêntico à soma de suas partes, que um efeito é qualitativamente redutível à soma das causas que o engendraram; o que implicaria ou negar toda mudança, ou torná-la inexplicável. Chegou-se, entretanto, a sustentar essa tese extrema. No entanto, não se encontrou para defendê-la senão duas razões verdadeiramente extraordinárias. Afirmou-se 1º que, "em sociologia, temos, por um privilégio singular, o conhecimento íntimo do elemento que é nossa consciência individual tanto quanto do composto que é o conjunto das consciências"; e 2º que, por meio dessa dupla introspecção, "constatamos claramente o fato de que, afastado o individual, o social não é nada".[293]

A primeira asserção é uma negação audaciosa de toda a psicologia contemporânea. Há um consenso hoje quanto ao fato de que a vida psíquica, longe de poder ser conhecida por uma via imediata, tem, ao contrário, campos profundos, nos quais o sentido íntimo não penetra e os quais só podemos alcançar pouco a pouco por meio de procedimentos indiretos e complexos, análogos àqueles que são empregados pelas ciências do mundo exterior. É preciso, portanto, que a natureza da consciência se mostre de agora em diante como desprovida de mistério. Quanto à segunda proposição, ela é puramente arbitrária. O autor pode muito bem afirmar que, seguindo sua impressão pessoal, não haveria nada real na sociedade senão

---

[293] TARDE, *op. cit.*, in: *Annales de l'Institut de Sociol.*, p. 222.

aquilo que provém do indivíduo. Todavia, faltam provas para apoiar essa afirmação e a discussão, por conseguinte, é impossível. Seria muito fácil opor a esse sentimento o sentimento contrário de um grande número de sujeitos que representam para si a sociedade não como a forma que assume espontaneamente a natureza individual ao prosperar lá fora, mas como uma força antagônica que os limita e com a qual eles se confrontam! Que dizer, além disso, dessa intuição pela qual conheceríamos diretamente e sem intermediários não somente o elemento, ou seja, o indivíduo, mas também o composto, isto é, a sociedade? Se, em verdade, fosse suficiente abrir os olhos e observar bem para perceber imediatamente as leis do mundo social, a sociologia seria inútil ou, ao menos, seria muito simples. Infelizmente, os fatos não mostram senão o quanto a consciência é incompetente no assunto. Ela nunca teria chegado por ela mesma a suspeitar dessa necessidade que restabelece todos os anos, com o mesmo número, os fenômenos demográficos, se não tivesse sido advertida de fora. Com maior razão, então, ela é incapaz, reduzida às suas próprias forças, de descobrir as causas disso.

Mas, separando assim a vida social da vida individual, não pretendemos absolutamente dizer que ela não tem nada de psíquico. É evidente, ao contrário, que é composta essencialmente de representações. A questão é que as representações coletivas são de uma natureza completamente diversa da natureza das representações do indivíduo. Não vemos nenhum inconveniente em relação àquilo que se diz da sociologia: que ela é uma psicologia; contanto que se tome cuidado em acrescentar que a psicologia social tem suas próprias leis, que não são as leis da psicologia individual. Um exemplo deve tornar compreensível nosso pensamento. Normalmente, pensa-se como a origem da religião as impressões de medo ou de deferência que inspiram nos sujeitos conscientes o surgimento de seres misteriosos e pavorosos; de acordo com esse ponto de vista, a religião vem à tona a partir do simples desenvolvimento de estados individuais e de sentimentos privados. Essa explicação simplista, porém, não tem nenhuma ligação com os fatos. Basta observar que, no reino animal, no qual a vida social jamais se mostra senão como muito rudimentar, a instituição religiosa é desconhecida, que ela não se encontra senão lá onde existe uma organização coletiva, que ela muda segundo a natureza das sociedades, para que se tenha o direito de concluir que só os homens em grupo pensam religiosamente. O indivíduo jamais teria se elevado e alcançado a ideia das forças que o ultrapassam infinitamente, a ele e a tudo o que se acha ao seu redor, se não tivesse conhecido senão a si mesmo e o universo físico. Mesmo as grandes forças naturais, com as quais está em relação, não teriam podido lhe sugerir essa noção; pois, na origem, ele estava longe de saber, como acontece hoje, a que ponto elas são dominantes; ele cria, ao contrário, poder, sob certas condições, dispor delas ao seu bel-prazer.[294] Foi a ciência que lhe ensinou o quanto ele é inferior a essas forças. A potência, que assim se impôs a seu respeito e que se tornou o objeto de sua adoração, é a sociedade, da qual os deuses não eram senão a forma hipostasiada. A religião é, em suma, o sistema dos símbolos pelos quais a sociedade toma consciência dela mesma; ela é a maneira de pensar própria ao ser coletivo. Eis aí, então, um vasto conjunto de estados mentais que não teriam sido produzidos se as consciências particulares não tivessem se unido, estados esses que resultam dessa união e que se acrescentaram àqueles que derivam das naturezas individuais. Mesmo com a análise mais minuciosa possível dessas naturezas individuais, nunca descobriríamos aí nada que explicasse como é que foram fundadas e se desenvolveram essas crenças e suas práticas singulares, das quais nasceu o totemismo, como daí surgiu o naturismo, como o próprio naturismo se tornou aqui a religião abstrata de Javé, lá o politeísmo dos gregos e dos romanos, etc. Ora, tudo o que queremos dizer quando afirmamos a heterogeneidade do social e do individual é que as observações precedentes se aplicam não apenas à religião, mas também ao direito, à moral, aos costumes, às instituições políticas, às práticas pedagógicas, etc.; em uma palavra, a todas as formas da vida coletiva.[295]

Mas uma outra objeção nos foi feita, uma que pode parecer mais grave à primeira vista. Não apenas admitimos que os estados sociais diferem qualitativamente dos estados individuais, mas também que eles são, em certo sentido, exteriores aos indivíduos. Chegamos mesmo ao ponto de não temer comparar essa exterioridade com aquela das forças físicas. Ora, uma vez que não há nada na sociedade senão indivíduos, argumentou-se, como é que poderia haver aí alguma coisa fora deles?

Se a objeção fosse fundada, estaríamos em face de uma antinomia. Pois não se pode perder de vista aquilo que foi anteriormente estabelecido. Uma vez que o punhado de pessoas que se matam todo ano não forma um grupo natural; uma vez que elas não se encontram em comunicação umas com as outras, o número constante dos suicídios não pode ser devido senão à ação de uma mesma causa que domina os indivíduos e que sobrevive a eles. A força que produz a unidade da viga formada pela multidão dos casos particulares, espalhados pela superfície do território, deve necessariamente estar fora de

---

[294] Ver FRAZER, *Golden Bough*, p. 9 e seg.
[295] Acrescentemos, para prevenir toda e qualquer interpretação inexata, que nós não admitimos por isso que haja um ponto preciso no qual termina o individual e começa o reino social. A associação não se estabelece de um só golpe e não produz tampouco de um só golpe os seus efeitos; é preciso tempo para isso e há, por conseguinte, momentos nos quais a realidade se mostra como indecisa. Assim, passamos sem hiato de uma ordem de fatos para a outra; mas essa não é uma razão para não os distinguir. De outro modo, não haveria nada distinto no mundo, ao menos se pensarmos que não há gêneros separados e que a evolução é contínua.

cada um deles. Se, então, é realmente impossível que ela lhes seja exterior, o problema seria insolúvel. Mas a impossibilidade não é senão aparente.

Antes de tudo, não é verdade que a sociedade seja composta apenas de indivíduos; ela também compreende coisas materiais que desempenham um papel essencial na vida comum. O fato social se materializa por vezes até se tornar um elemento do mundo exterior. Por exemplo, um tipo determinado de arquitetura é um fenômeno social; ora, ele se acha encarnado nas casas, nos edifícios de todo tipo que, uma vez construídos, se tornam realidades autônomas, independentes dos indivíduos. O mesmo vale para as vias de comunicação e de transporte, para os instrumentos e para as máquinas empregadas na indústria ou na vida privada e que experimentam o estado da técnica em cada momento da história, para a linguagem escrita, etc. A vida social, que se acha assim como que cristalizada e fixada sobre suportes materiais, se encontra, então, por isso mesmo exteriorizada, e é de fora que ela age sobre nós. As vias de comunicação que foram construídas antes de nós imprimem à marcha de nossos negócios uma direção determinada, conforme nos colocam em contato com tais ou tais países. A criança forma seu gosto ao entrar em contato com os monumentos do gosto nacional, legados de gerações anteriores. Por vezes mesmo quando as nações que os tinham educado se acham há muito tempo extintas, uma nova existência vem uma vez mais à luz e experimenta um recomeço no seio de sociedades novas. É isso que caracteriza esse fenômeno muito particular que chamam de Renascimentos. Um Renascimento pode dizer respeito à vida social que, depois de ter como que se depositado nas coisas e de ter permanecido aí latente por muito tempo, desperta abruptamente e vem mudar a orientação intelectual e moral dos povos que não tinham concorrido para elaborá-la. Sem dúvida, ela não poderia se reanimar, se as consciências vivas não se encontrassem lá para receber a sua ação; por outro lado, porém, essas consciências teriam pensado e sentido de maneira totalmente diversa se essa ação não tivesse se produzido.

A mesma observação se aplica a essas fórmulas definidas, nas quais se condensam sejam os dogmas da fé, sejam os preceitos do direito, quando eles se fixam exteriormente sob uma forma consagrada. Com certeza, por mais bem redigidas que possam ser, elas permaneceriam letra morta se não houvesse ninguém para representá-las em pensamento e para colocá-las em prática. No entanto, se elas não bastam, não deixam de ser fatores *sui generis* da atividade social. Pois elas possuem um modo de ação que lhes é próprio. As relações jurídicas não são de modo algum as mesmas se o direito for escrito e se ele não o for. Quando existe um código constituído, a jurisprudência é mais regular, mas menos flexível, a legislação é mais uniforme, mas também mais imutável. Ela não consegue tão bem se apropriar da diversidade dos casos particulares e opõe mais resistência aos empreendimentos inovadores. As formas materiais que ela assume não são simples combinações verbais sem eficácia, mas realidades agentes, porquanto surgem daí efeitos que não ocorreriam se elas não existissem. Ora, elas não são apenas exteriores às consciências individuais, mas é essa exterioridade que constitui as suas características específicas. É porque elas são menos acessíveis aos indivíduos que eles têm mais dificuldade de acomodá-las às circunstâncias e é por isso também que elas são mais refratárias às mudanças.

Em todo caso, é incontestável que toda a consciência social não chega a se exteriorizar e se materializar assim. Toda a estética nacional não se acha nas obras que ela inspira; toda a moral não se formula em preceitos definidos. A maior parte permanece difusa. Há toda uma vida coletiva que está livre; todos os tipos de correntes vão, vêm, circulam em todas as direções, se cruzam e se misturam de mil maneiras diferentes e, precisamente porque elas se acham em um perpétuo estado de mobilidade, elas não chegam a assumir uma forma objetiva. Hoje é um vento de tristeza e de desencorajamento que se abate sobre a sociedade; amanhã, ao contrário, um sopro de alegre confiança que vem impelir os corações. Durante um tempo, todo o grupo é levado ao individualismo; um outro período surge, porém, e são as aspirações sociais e filantrópicas que se tornam preponderantes. Ontem, éramos completamente cosmopolitas, hoje é o patriotismo que nos alimenta. E todos esses redemoinhos, todos esses fluxos e todos esses refluxos ocorrem, sem que os preceitos cardinais do direito e da moral, imobilizados por suas formas hieráticas, sejam modificados. Além disso, esses preceitos mesmos não fazem outra coisa senão exprimir toda uma vida subjacente da qual eles fazem parte; eles resultam dessa vida, mas não a suprimem. Com base em todas essas máximas, há sentimentos atuais e vivos que são resumidos por essas fórmulas, mas dos quais elas não são senão o envelope superficial. Elas não despertariam nenhum eco, se elas não correspondessem às emoções e às impressões concretas, dispersas na sociedade. Se, então, nós lhes atribuímos por um lado uma realidade, não sonharíamos, por outro, em fazer delas toda a realidade moral. Isso seria tomar o signo como se ele fosse a coisa significada. Um signo é seguramente alguma coisa; ele não é de modo algum uma espécie de epifenômeno supererrogatório; sabe-se hoje o papel que ele desempenha no desenvolvimento intelectual. Enfim, porém, ele não é senão um signo.[296]

---

[296] Pensamos que, de acordo com essas explicações, as pessoas não vão mais nos criticar por querermos, em sociologia, substituir o fora pelo dentro. Partimos do fora porque ele se acha imediatamente dado, mas fazemos isso também para chegarmos ao dentro. O procedimento é sem dúvida alguma complicado; mas não há outro, caso não queiramos nos expor ao risco de embasar a pesquisa não sobre a ordem dos fatos, mas sobre o sentimento pessoal que possuímos.

Uma vez que essa via não possui um grau suficiente de consistência para se fixar, ela não deixa de ter o mesmo caráter que esses preceitos formulados, dos quais acabamos de falar. *Ela é exterior a cada indivíduo médio tomado à parte*. Eis, por exemplo, como um grande perigo público determina um impulso do sentimento patriótico. Resulta daí um elã coletivo em virtude do qual a sociedade, em seu conjunto, estabelece como um axioma que os interesses particulares, mesmo aqueles que assumem ares de ser normalmente os mais respeitáveis, devem se desvanecer completamente diante do interesse comum. E o princípio não é apenas enunciado como uma espécie de *desideratum*; se necessário, ele é aplicado ao pé da letra. Observem ao mesmo tempo a média dos indivíduos! Encontrarão facilmente em um grande número deles qualquer coisa desse estado moral, mas infinitamente atenuado. Eles são raros, aqueles que, mesmo em tempos de guerra, estão prontos a abdicar espontaneamente e de maneira integral de si mesmos. Nesse sentido, *de todas as consciências particulares que compõem a grande massa da nação, não há nenhuma em relação à qual a corrente coletiva não seja exterior quase em sua totalidade, uma vez que cada uma delas não contém senão uma parcela da nação.*

Podemos fazer a mesma observação a propósito dos sentimentos morais mais estáveis e mais fundamentais. Por exemplo, toda sociedade tem pela vida do homem em geral um respeito cuja intensidade é determinada e pode ser medida segundo a gravidade[297] relativa das penas atribuídas ao homicídio. Por outro lado, o homem médio não deixa de ter em si qualquer coisa desse mesmo sentimento, mas em um grau muito menor e de uma maneira totalmente diversa da sociedade. Para perceber essa lacuna, basta comparar a emoção que pode nos causar individualmente a visão do assassino ou o espetáculo mesmo do assassinato, e aquela que se abate, nas mesmas circunstâncias, sobre as massas reunidas. Sabemos a que extremos elas se deixam levar se nada lhes oferece resistência. É que, nesse caso, a cólera é coletiva. Ora, a mesma diferença pode ser encontrada a cada instante entre a maneira como a sociedade sente esses atentados e o modo como eles afetam os indivíduos; consequentemente, entre a forma individual e a forma social do sentimento que eles ofendem. A indignação social é de uma tal energia que ela é muito frequentemente satisfeita apenas pela expiação suprema. Para nós, se a vítima é desconhecida ou indiferente, se o autor do crime não vive na nossa circunvizinhança e, com isso, não constitui para nós uma ameaça pessoal, achando

---

[297] Para saber se esse sentimento de respeito é mais forte em uma sociedade do que em outra, não se pode considerar apenas a violência intrínseca das medidas que constituem a repressão, mas é preciso ter em vista também o lugar que a pena ocupa na escala penal. O assassinato não é punido hoje senão com a morte, tal como acontecia nos séculos anteriores. Hoje, porém, a pena de morte simples tem uma gravidade relativa maior; pois ela constitui a punição suprema, enquanto outrora ela podia ser agravada. E como esses agravamentos não se aplicam ao assassinato ordinário, isso significava que esse assassinato era objeto de uma menor reprovação.

completamente justa a punição, não somos suficientemente comovidos para experimentar uma necessidade verdadeira de nos vingarmos. Não daremos um passo para descobrir o culpado; repugnar-nos-á mesmo entregá-lo. A coisa não muda de aspecto senão quando a opinião pública, como se diz, é tocada pelo assunto. Nesse caso, nós nos tornamos mais exigentes e mais ativos. É a opinião, porém, que fala por meio da nossa boca; é sob a pressão da coletividade que agimos, não enquanto indivíduos.

Na maior parte das vezes, a distância entre o estado social e suas repercussões individuais é ainda mais considerável. Nos casos precedentes, o sentimento coletivo, ao se individualizar, guardava ao menos, na maior parte dos sujeitos, força suficiente para se opor aos atos que o ofendiam; o horror do sangue humano está hoje tão profundamente enraizado na generalidade das consciências que ele previne a eclosão de ideias homicidas. Mas a simples malversação, a fraude silenciosa e sem violência estão longe de nos inspirar a mesma repulsa. Não são muito numerosos aqueles que, em relação aos direitos dos outros, têm um respeito grande o suficiente para abafar em seu germe todo desejo de enriquecer injustamente. Não é que a educação não desenvolva certo distanciamento de todo ato contrário à equidade. É que grande é a distância entre esse sentimento vago, hesitante, sempre pronto a assumir compromissos, e a desonra categórica, sem reserva e sem reticência, com a qual a sociedade condena o roubo em todas as suas formas. E o que diremos de tantos outros deveres que têm raízes ainda mais superficiais no homem ordinário, deveres tais como aquele que ordena contribuir com a nossa justa parte nas despesas públicas, não fraudar o fisco, não buscar evitar habilmente o serviço militar, executar lealmente nossos contratos, etc. Se, em todos esses pontos, a moralidade não estivesse assegurada senão pelos sentimentos vacilantes contidos pelas consciências médias, ela seria singularmente precária.

Trata-se, portanto, de um erro fundamental confundir, como tantas vezes se faz, o tipo coletivo de uma sociedade com o tipo médio dos indivíduos que a compõem. O homem médio é de uma enorme mediocridade moral. Só as máximas mais essenciais da ética estão gravadas nele com alguma força, e ainda assim elas estão longe de ter aí a precisão e a autoridade que elas têm no tipo coletivo, ou seja, no conjunto da sociedade. Essa confusão, que foi precisamente cometida por Quételet, faz da gênese da moral um problema incompreensível. Pois, uma vez que o indivíduo é em geral marcado por tal mediocridade, como é que pode se constituir uma moral que o ultrapassa a esse ponto, se é que ela não exprime senão a média dos temperamentos individuais? O mais não teria, senão por milagre, como nascer do menos. Se a consciência comum não é outra coisa senão a consciência mais geral, ela não pode se colocar acima do nível vulgar. Mas, então, de onde vêm esses preceitos elevados e esses nítidos imperativos que a sociedade se esforça por inculcar em suas crianças e dos quais ela impõe o respeito aos seus membros? Não é sem razão que as religiões e, a partir delas, tantos filósofos consideram a moral como não podendo ter toda a sua realidade senão em Deus. É que o pálido e bastante incompleto esboço que as consciências individuais possuem da moral não tem como ser considerado o tipo moral original. Ela parece ser muito mais o efeito de uma reprodução infiel e grosseira, cujo modelo, por conseguinte, deve existir em algum lugar fora do indivíduo. É por isso que, com seu simplismo ordinário, a imaginação popular realiza a moral em Deus. A ciência, sem dúvida, não teria como se deter nessa concepção a qual ela não deve nem mesmo procurar conhecer.[298] A questão, porém, é que, se a descartarmos, não restará alternativa senão deixar a moral no ar e inexplicada, ou fazer dela um sistema de estados coletivos. Ou ela não vem de nada que seja dado no mundo da experiência, ou ela vem da sociedade. Ela não pode existir senão em uma consciência; se ela não existe na consciência do indivíduo, então é preciso que ela exista na consciência do grupo. Nesse caso, contudo, é preciso admitir que essa segunda consciência, longe de se confundir com a consciência média, a ultrapassa por toda parte.

A observação confirma, então, a hipótese. De um lado, a regularidade dos dados estatísticos implica que existem tendências coletivas, externas aos indivíduos; de outro lado, em um número considerável de casos importantes, podemos constatar diretamente essa exterioridade. Ela não tem, além disso, nada de surpreendente para qualquer um que tiver reconhecido a heterogeneidade dos estados individuais e dos estados sociais. Com efeito, por definição, os estados sociais não podem chegar a nenhum de nós senão de fora, uma vez que eles não surgem a partir de nossas predisposições pessoais; sendo feitos de elementos que nos são estranhos,[299] eles exprimem algo diverso de nós mesmos. Sem dúvida, na medida em que não nos encontramos senão em uma unidade com o grupo e vivemos a sua vida, estamos abertos à sua influência; inversamente, porém, na medida em que temos uma personalidade distinta da sua, somos refratários a ele e buscamos escapar dele. E como não há pessoa alguma que não leve simultaneamente essa dupla existência, cada um de nós é animado ao mesmo tempo por um duplo movimento. Estamos entrelaçados no sentido social e tendemos a seguir a inclinação de nossa natureza. O resto da sociedade pesa, portanto, sobre nós para conter nossas tendências centrífugas e nós, por nossa parte, colaboramos para pesar sobre os outros, a fim de neutralizar as suas tendências. Nós mesmos sofremos a pressão que

---

[298] Exatamente como a ciência da física não tem que discutir a crença em Deus, criador do mundo físico, a ciência moral não tem de conhecer a doutrina que vê em Deus o criador da moral. A questão não é de nossa competência; não temos de nos pronunciar sobre nenhuma solução. As causas segundas são as únicas com as quais temos de nos ocupar.
[299] Ver mais acima, p. 309-310.

contribuímos para exercer sobre os outros. Duas forças antagônicas estão presentes. Uma vem da coletividade e busca se apoderar do indivíduo; a outra vem do indivíduo e repele a força precedente. A primeira é, de fato, muito superior à segunda, uma vez que ela se deve a uma combinação de todas as forças particulares. Todavia, como ela também encontra tantas resistências quanto há sujeitos particulares, ela se desgasta nessas lutas múltiplas e não nos penetra senão de maneira desfigurada e enfraquecida. Quando ela é muito intensa, quando as circunstâncias que a colocam em ação retornam com frequência, ela pode ainda marcar de maneira bastante intensa as constituições individuais; ela suscita aí o surgimento de estados dotados de certa vivacidade e que, uma vez organizados, funcionam com a espontaneidade do instinto; é isso que acontece com as ideias morais mais essenciais. Mas a maior parte das correntes sociais ou são fracas demais ou não estão em contato conosco senão de uma maneira muito intermitente para que possam fincar em nós raízes profundas; sua ação é superficial. Por conseguinte, elas permanecem quase totalmente externas. Assim, o meio de calcular um elemento qualquer do tipo coletivo não é medir a grandeza que ele possui nas consciências individuais e tomar a média entre todas essas medidas; é antes a soma que precisaria ser feita. Ainda assim, esse procedimento de avaliação estaria bem abaixo da realidade; pois não se obteria dessa forma outra coisa além do sentimento social subtraído de tudo aquilo que ele perdeu ao se individualizar.

 Não é, portanto, sem uma dose qualquer de leviandade que se pode taxar nossa concepção de escolástica e acusá-la de atribuir como fundamento dos fenômenos sociais algum princípio qualquer de um gênero novo. Se nos recusamos a admitir que eles tenham por substrato a consciência do indivíduo, nós lhes assinalamos outro substrato; aquele que todas as consciências individuais formam quando se unem e se combinam. Esse substrato não possui nada de substancial nem de ontológico, uma vez que não é outra coisa senão um todo composto de partes. Mas ele não deixa de ser também tão real quanto os elementos que o compõem; pois eles não são constituídos de outra maneira. Eles também são compostos. Com efeito, sabemos hoje que o eu é a resultante de uma multiplicidade de consciências sem eu; que cada uma dessas consciências elementares é, por sua vez, o produto de unidades vitais sem consciência, assim como cada unidade vital deveu-se, ela mesma, a uma associação de partículas inanimadas. Se, então, o psicólogo e o biólogo consideram com razão como bem fundados os fenômenos que eles estudam, e isso unicamente porque esses fenômenos estão atrelados a uma combinação de elementos da ordem imediatamente inferior, por que é que as coisas seriam diferentes no caso da sociologia? Só poderiam julgar tal base como insuficiente aqueles que não tivessem renunciado à hipótese de uma força vital e de uma alma substancial. Assim, nada é mais estranho do que essa proposição em relação à qual as pessoas acreditaram que deviam se escandalizar:[300] uma crença ou uma prática social é suscetível de existir independentemente de suas expressões individuais. Com tal proposição, não estávamos evidentemente nem de longe sonhando em dizer que a sociedade seria possível sem indivíduos, absurdo manifesto, do qual não se teria como escapar da suspeita. Ao contrário, o que entendemos é: 1º que o grupo formado por indivíduos associados é uma realidade de outro tipo, diversa de cada indivíduo tomado separadamente; 2º que os estados coletivos existem no grupo da natureza da qual eles derivam, antes de afetar o indivíduo enquanto tal e de se organizar nele, sob uma forma nova, uma existência puramente interior.

Esse modo de compreender as relações do indivíduo com a sociedade lembra, além disso, a ideia que os zoólogos contemporâneos tendem a construir das relações que eles sustentam igualmente com a espécie ou com a raça. A teoria muito simples, segundo a qual a espécie não seria senão um indivíduo perpetuado no tempo e generalizado no espaço, foi sendo cada vez mais abandonada. Ela contraria, com efeito, o fato de que as variações que se produzem em um sujeito isolado não se tornam específicas senão em casos muito raros e talvez mesmo duvidosos.[301] As características distintivas da raça mudam no indivíduo somente se elas mudarem na raça em geral. A raça teria, então, alguma realidade, da qual proviriam as formas diversas que ela assume nos seres particulares, o que está longe de ser uma generalização desses seres. Sem dúvida, não temos como considerar essas doutrinas definitivamente demonstradas. Mas nos basta fazer ver que nossas concepções sociológicas, sem tomarem de empréstimo outra ordem de pesquisas, não são, contudo, desprovidas de analogia com as ciências as mais positivas.

IV

Apliquemos essas ideias à questão do suicídio; a solução que demos para tal questão no início do capítulo alcançará uma maior precisão.

Não há ideal moral que não combine, em proporções variáveis segundo as sociedades, o egoísmo, o altruísmo e certa anomia. Pois a vida social supõe ao mesmo tempo que o indivíduo tenha certa personalidade, que ele esteja pronto, caso a comunidade o exija, a abandonar essa personalidade e, por fim, que esteja aberto às ideias de progresso. É por isso que não há povo algum no qual não coexistam essas três correntes de opinião, que inclinam o homem nessas três direções divergentes e mesmo contraditórias. Lá onde elas se temperam reciprocamente, o agente moral está em um estado de

---

[300] Ver TARDE, *op. cit.*, p. 212.
[301] Ver DELAGE, *Structure du protoplasme, Passim;* WEISSANN, *L'hérédité*, e todas as teorias que se aproximam da teoria de Weissmann.

equilíbrio que o coloca ao abrigo de toda ideia de suicídio. Mas quando uma delas ultrapassa certo grau de intensidade em detrimento das outras, e isso pelas razões expostas, ela se torna suicidógena ao se individualizar.

Naturalmente, quanto mais forte ela é, tanto mais há sujeitos que ela contamina de maneira tão profunda que os determina ao suicídio, e vice-versa. Mas essa intensidade mesma não pode depender senão dos três tipos de causas seguintes: 1º a natureza dos indivíduos que compõem a sociedade; 2º a maneira como eles se acham associados, ou seja, a natureza da organização social; 3º os eventos passageiros que perturbam o funcionamento da vida coletiva sem alterar nela a constituição anatômica, eventos esses tais como as crises nacionais, econômicas, etc. No que concerne às propriedades individuais, elas só podem desempenhar um papel se puderem ser encontradas em todos os indivíduos. Pois aquelas que são estritamente pessoais ou que não pertencem senão a pequenas minorias estão embebidas na massa das outras; além disso, como elas diferem entre si, elas se neutralizam e se excluem mutuamente no curso da elaboração daquilo de que resulta o fenômeno coletivo. São, portanto, apenas as características gerais da humanidade que podem produzir algum efeito. Ora, elas são mais ou menos imutáveis; ao menos, para que possam mudar, não é suficiente pensar em alguns séculos que uma nação pode durar. Por conseguinte, as condições sociais das quais depende o número dos suicídios são as únicas condições em função das quais ele pode variar; pois elas são as únicas que são variáveis. Eis aí por que ele permanece constante enquanto a sociedade não muda. Essa constância não provém do fato de que o estado de espírito, gerador do suicídio, se encontra, não se sabe por conta de que acaso, em um número determinado de particulares que o transmitem, não se sabe tampouco por que razão, a um mesmo número de imitadores. Mas é que as causas impessoais que provocaram o seu nascimento e que o mantêm são as mesmas. É que nada veio modificar nem a maneira segundo a qual as unidades sociais estão agrupadas, nem a natureza de seus consensos. As ações e reações que elas trocam permanecem, portanto, idênticas; por conseguinte, as ideias e os sentimentos que se destacam daí não teriam como variar.

Em todo caso, é muito raro, senão mesmo impossível, que uma dessas correntes chegue a exercer tal preponderância sobre todos os pontos da sociedade. É sempre no cerne dos meios restritos, nos quais ela encontra as condições particularmente favoráveis ao seu desenvolvimento, que ela atinge esse grau de energia. É tal condição social, tal profissão, tal confissão religiosa que a estimulam mais especialmente. Assim se explica o duplo caráter do suicídio. Quando o consideramos em suas manifestações exteriores, nos vemos tentados a não ver aí senão uma série de manifestações exteriores umas às outras; pois ele se produz sobre pontos separados, sem relação visível entre si. E, contudo, a soma formada por todos os casos particulares reunidos tem a sua unidade e a sua individualidade, porquanto a taxa social dos suicídios é um traço distintivo de cada personalidade coletiva. É que, se esses meios particulares, nos quais ele preferencialmente se produz, são distintos uns dos outros, fragmentados de mil maneiras sobre toda a extensão do território, eles estão, entretanto, estreitamente ligados entre si; pois eles são partes de um mesmo todo e, assim, se mostram como se fossem órgãos de um mesmo organismo. O estado no qual se encontra cada um deles depende, então, do estado geral da sociedade; há uma solidariedade íntima entre o grau da virulência que aí alcança tal ou tal tendência e a intensidade que ela possui no conjunto do corpo social. O altruísmo é mais ou menos violento de acordo com a sua presença na população civil:[302] o individualismo intelectual é tanto mais desenvolvido e tanto mais fecundo em termos de suicídios nos meios protestantes quanto mais pronunciado ele é no resto da nação, etc. Tudo se encaixa.

Mas se, fora da vesânia, não há nenhum estado individual que possa ser considerado um fator determinante do suicídio, parece, não obstante, que um sentimento coletivo não tem como penetrar os indivíduos se eles forem completamente refratários a ele. Poder-se-ia, portanto, considerar incompleta a explicação precedente, enquanto não tivermos mostrado como é que, no momento e nos meios precisos em que as correntes suicidógenas se desenvolvem, elas encontram diante de si um número suficiente de sujeitos acessíveis à sua influência.

Todavia, supondo que, verdadeiramente, esse concurso é sempre necessário e que uma tendência coletiva não tem como se impor vitoriosamente em relação aos particulares independentemente de toda predisposição prévia, essa harmonia precisa se realizar por si mesma; pois as causas que determinam a corrente social agem ao mesmo tempo sobre os indivíduos e os colocam nas disposições convenientes para que eles se prestem à ação coletiva. Há entre essas duas ordens de fatores um parentesco natural, porquanto eles dependem de uma mesma causa e a exprimem: é por isso que eles combinam e se adaptam mutuamente. A hipercivilização que provoca o surgimento da tendência anômica e da tendência egoísta também tem por efeito afinar os sistemas nervosos, torná-los excessivamente delicados; por isso mesmo, eles são menos capazes de se ligar com constância a um objeto definido, mais impacientes em relação a toda disciplina, mais acessíveis à irritação violenta, assim como à depressão exagerada. Inversamente, a cultura grosseira e rude, que implica o altruísmo excessivo dos primitivos, desenvolve uma insensibilidade que facilita a renúncia. Em uma palavra, como a

---

[302] Ver mais acima, livro II, capítulo IV.

sociedade faz em grande parte o indivíduo, ela o faz, na mesma medida, à sua imagem. A matéria de que ela necessita não teria então como lhe faltar, pois ela a prepara, por assim dizer, com as suas próprias mãos.

É possível representar com mais precisão qual é o papel dos fatores individuais na gênese do suicídio. Se, em um mesmo meio moral, por exemplo, em uma mesma confissão ou em um mesmo corpo de tropas ou em uma mesma profissão, tais indivíduos são atingidos e tais outros não, isso acontece sem dúvida alguma, ao menos em geral, porque a constituição mental dos primeiros, tal como ela é produzida pela natureza e pelos eventos, oferece menos resistência à corrente suicidógena. No entanto, se essas condições podem contribuir para determinar os sujeitos particulares em que essa corrente se encarna, não é delas que dependem suas características distintivas nem sua intensidade. Não é porque há tantos neuropatas em um grupo social que tantos suicídios são computados aí anualmente. A neuropatia faz somente com que esses sucumbam mais do que aqueles. Eis aí de onde provém a grande diferença que separa o ponto de vista do clínico do ponto de vista do sociólogo. O primeiro não se encontra jamais em face senão de casos particulares, isolados uns dos outros. Ora, ele constata que, muito frequentemente, a vítima era um doente dos nervos ou um alcoólatra e ele explica o ato realizado por meio de um desses estados psicopáticos. Ele tem razão em um sentido; pois, se foi tal sujeito que se matou e não seus vizinhos, isso acontece frequentemente por esse motivo. Mas não é por esse motivo, de uma maneira geral, que há pessoas que se matam, *nem, sobretudo, que se mate, em cada sociedade, um número definido de pessoas por período de tempo determinado*. A causa produtora do fenômeno escapa necessariamente a quem observa apenas indivíduos; pois ela se acha fora dos indivíduos. Para descobri-la, é preciso se elevar a uma posição acima dos suicídios particulares e perceber aquilo que constitui a sua unidade. Objetar-se-á que, se não houvesse neurastenias suficientes, as causas sociais não poderiam produzir todos os seus efeitos. Mas não há nenhuma sociedade na qual as diferentes formas de degenerescência nervosa forneçam ao suicídio mais candidatos do que seria necessário. Apenas alguns são chamados, se é que podemos falar assim. Aqueles que, por conta das circunstâncias, encontraram-se mais próximos de correntes pessimistas e que sofreram, por conseguinte, mais completamente os efeitos de sua ação.

Mas ainda falta resolver uma derradeira questão. Uma vez que cada ano computa um número igual de suicídios, isso se dá porque a corrente não abate com um só golpe aqueles que ela pode e deve abater. Os sujeitos que ela atingirá no próximo ano existem desde agora; desde agora também eles estão, em sua maior parte, misturados na vida coletiva e, por conseguinte, submetidos à sua influência. Por que, portanto, essa corrente os poupa provisoriamente? Sem dúvida alguma, compreende-se que um ano lhes seja necessário para produzir a totalidade de sua ação; pois, como as condições da atividade social não são as mesmas de acordo com as estações, ela também muda, nos diferentes momentos do ano, de intensidade e de direção. É somente quando a revolução anual se consumiu que todas as combinações de circunstâncias, em função das quais ela pode variar, ocorrem. Mas, uma vez que o ano seguinte apenas fará, por hipótese, repetir aquele que o precedeu e restabelecer as mesmas combinações, por que é, afinal, que o primeiro ano não foi suficiente? Por que, para retomar a expressão consagrada, a sociedade paga sua carga tributária somente a prazos sucessivos?

O que explica, como pensamos, essa temporalização é a maneira como o tempo age sobre a tendência para o suicídio. Ele é um fator auxiliar, mas importante. Nós sabemos, com efeito, que a tendência para o suicídio cresce, sem interrupção, desde a juventude até a maturidade,[303] e que ela é com frequência duas vezes mais forte no fim da vida do que no início. Isso significa, por sua vez, que a força coletiva que impele o homem não penetra nele senão pouco a pouco. Todas as coisas se mantendo iguais, à medida que ele avança em idade é que a tendência para o suicídio se torna mais acessível; e isso sem dúvida porque são necessárias experiências repetidas para que se chegue a sentir todo o vazio de uma existência egoísta ou todo o caráter vão das ambições sem termo. Eis aí por que os suicidas não realizam o seu destino senão por meio das ondas sucessivas de gerações.[304]

---

[303] Notemos em todo caso que essa progressão não se estabeleceu senão nas sociedades europeias nas quais o suicídio altruísta é relativamente raro. Talvez ela não seja verdadeira em relação a esse último tipo de suicida. É muito mais possível que ele alcance o seu apogeu por volta da época da maturidade, no momento em que o homem está mais ardentemente misturado com a vida social. As relações que esse suicídio possui com o homicídio, relações essas das quais falaremos no próximo capítulo, confirmam essa hipótese.

[304] Sem querer levantar uma questão de metafísica da qual não temos de tratar, é importante observar que essa teoria da estatística não nos obriga a recusar ao homem toda e qualquer espécie de liberdade. Ela deixa, ao contrário, a questão do livre-arbítrio muito mais íntegra do que se transformássemos o indivíduo na fonte dos fenômenos sociais. Com efeito, quaisquer que sejam as causas às quais se deve a regularidade das manifestações coletivas, elas não podem produzir seus efeitos senão lá onde essas manifestações se encontram: pois, de outro modo, veríamos seus efeitos variarem caprichosamente enquanto que eles são uniformes. Se, portanto, são inerentes aos indivíduos, elas não podem determinar necessariamente aqueles em que elas residem. Por conseguinte, nessa hipótese, não vemos meio de escapar do determinismo mais rigoroso. O mesmo não acontece, porém, se essa constância dos dados demográficos provém de uma força exterior aos indivíduos. Pois essa força não determina tais sujeitos mais do que outros. Ela reclama certos atos em número definido, não que esses atos venham de tal ou tal sujeito. Pode-se admitir que certos sujeitos resistam a ela e que ela se satisfaça em outros. Em definitivo, nossa concepção não tem outro efeito senão acrescentar às forças físicas, químicas, biológicas, psicológicas, forças sociais que agem sobre o homem de fora tanto quanto as primeiras. Se, portanto, essas forças primeiras não excluem a liberdade humana, não há razão para que seja diferente com as forças sociais. A questão se coloca nos mesmos termos para ambas. Quando um foco de epidemia se declara, sua intensidade predetermina a importância da mortalidade que surgirá como resultado; mas os que serão atingidos não são designados por isso. A situação dos suicidas não é diversa em relação às correntes suicidógenas.

CAPÍTULO II

RELAÇÕES DO SUICÍDIO COM OS OUTROS FENÔMENOS SOCIAIS

Uma vez que o suicídio é, por seu elemento essencial, um fenômeno social, convém investigar qual é o lugar que ele ocupa em meio aos outros fenômenos sociais.

A primeira e a mais importante questão que se coloca em relação a esse tema é saber se ele deve ser classificado entre os atos que a moral permite ou entre aqueles que ela proscreve. É preciso ver aí, em um grau qualquer, um fato criminológico? Sabe-se o quanto a questão foi discutida em todos os tempos. Normalmente, para resolvê-la, começa-se por formular certa concepção do ideal moral e busca-se, em seguida, dizer se o suicídio é ou não contrário a esse ideal. Por razões que expusemos em outro lugar,[305] esse método não tem como ser o nosso. Uma dedução sem controle é sempre suspeita e, além disso, especificamente, ela tem por ponto de partida esse ideal moral que se estabelece como um axioma. Em vez de proceder assim, procuraremos antes na história como é que, de fato, os povos avaliaram moralmente o suicídio; em seguida, tentaremos determinar quais foram as razões dessa avaliação. Não faremos, portanto, outra coisa senão ver se e em que medida essas razões estão fundadas na natureza de nossas sociedades atuais.[306]

I

Logo que as sociedades cristãs foram constituídas, o suicídio se tornou fortemente proscrito. Desde 452, o concílio de Arles declara que o suicídio era um crime e não podia ser outra coisa senão o efeito de um furor diabólico. Todavia, foi somente no século seguinte, em 563, no concílio de Praga, que essa prescrição recebeu uma sanção penal. Ficou aí decidido que os suicidas não seriam "honrados com nenhuma comemoração no santo sacrifício da missa e que o canto dos salmos não acompanharia os seus corpos

---

[305] Ver *A divisão do trabalho social*, Introdução.
[306] Bibliografia da questão. Appiano BUONAFEDE, *Histoire Critique et philosophique du suicide*, 1762; trad. fr., Paris, 1843. – BOURQUELOT, "Recherches sur les opinions de la législation en matière de morts volontaires", in: *Bibliothèque de l'École des Charles*, 1842 et 1843. – GUERNESEY, *Suicide, history of the penal laws*, New York, 1883. – GARRISON, *Le suicide en droit romain et en droit français*, Toulouse, 1883. – Wynn WESCOTT, *Suicide*, Londres, 1885, p. 43-58. – GEIGER, *Der Selbstmord im klassischen Altertum*, Augsburgo, 1888.

até as tumbas". A legislação civil se inspirou nesse caso no direito canônico, acrescentando às penas religiosas as penas materiais. Um capítulo dos éditos de São Luís regula especialmente a matéria; um processo foi aberto para o cadáver do suicida e levado às autoridades competentes para casos de homicídios de outras pessoas; os bens do falecido foram confiscados de seus herdeiros ordinários e entregues ao barão. Um grande número de costumes não se contentavam com o confisco, mas prescreviam em adendo diferentes suplícios. "Em Bordéus, o cadáver era pendurado pelos pés; em Abbeville, ele era arrastado sobre um tronco pelas ruas; em Lille, se fosse de um homem, o cadáver, preso a uma forquilha, era suspenso; se fosse de uma mulher, era queimado".[307] A loucura nem sempre era considerada uma desculpa. A prescrição criminal, publicada por Luís XIV em 1670, codifica esses usos sem atenuá-los muito. Uma condenação regular era pronunciada *ad perpetuam rei memoriam*; o corpo, preso a uma tora, face voltada para a terra, arrastado pelas ruas e pelas calçadas, era em seguida pendurado ou jogado na estrada. Os bens eram confiscados. Os nobres passavam por confisco e eram declarados plebeus; quebravam-se os seus móveis, demoliam-se os seus castelos e quebravam-se os seus brasões. Ainda tivemos uma prisão no Parlamento de Paris, no dia 31 de janeiro de 1749, conforme essa legislação.

Por uma brusca reação, a Revolução de 1789 abole todas as medidas repressivas e risca o suicídio da lista dos crimes legais. Mas todas as religiões às quais pertencem os franceses continuam a proibi-lo e a puni-lo, e a moral comum o reprova. Ele ainda inspira na consciência popular um afastamento que se estende aos lugares nos quais o suicídio foi cometido e a todas as pessoas que eram íntimas do suicida. Ele constitui uma tara moral, ainda que a opinião pareça ter uma tendência a se tornar mais indulgente sobre esse ponto do que em outras épocas. Mesmo assim, porém, ele não deixa de conservar qualquer coisa de seu antigo caráter criminológico. De acordo com a jurisprudência mais geral, o cúmplice do suicídio é perseguido como homicida. As coisas não seriam assim se o suicídio fosse considerado um ato moralmente indiferente.

Reencontramos essa mesma legislação em todos os povos cristãos e ela se mantém quase por toda parte mais severa do que na França. Na Inglaterra, desde o século X, o rei Edgard, em um dos cânones que publicou, assimilou os suicidas aos ladrões, aos assassinos, aos criminosos de todo gênero. Até 1823, manteve-se o hábito de arrastar o corpo do suicida pelas ruas amarrado numa tora e enterrá-lo sobre o caminho, sem nenhuma cerimônia. Ainda hoje, o sepultamento acontece à parte. O suicida era declarado criminoso (*felo de se*) e seus bens eram adquiridos pela coroa. Foi somente

---

[307] GARRISON, *op. cit.*, p. 77.

em 1870 que essa disposição foi abolida, ao mesmo tempo que todos os confiscos por causa de felonia. É verdade que o exagero da pena a tinha tornado, depois de um longo tempo, inaplicável; o júri invertia a lei, declarando muito frequentemente que o suicida tinha agido em um momento de loucura e, por conseguinte, era irresponsável. Mas o ato continuava sendo qualificado como criminoso; ele era, cada vez que era cometido, o objeto de uma instrução regular e de um julgamento, e, em princípio, a tentativa era punida. De acordo com Ferri,[308] tinha havido, em 1889, 106 acusações contra esse delito e 84 condenações; e isso apenas na Inglaterra. Com uma ainda mais forte razão, as coisas também eram assim no caso da cumplicidade.

Em Zurique, é o que nos conta Michelet, o cadáver era antigamente submetido a um tratamento espantoso. Se o homem tivesse se apunhalado, enfiava-se perto da testa um pedaço de madeira no qual se cravava a faca; se ele tivesse se afogado, ele era enterrado a cinco pés da água, na lama.[309] Na Prússia, até o código penal de 1871, o sepultamento tinha de ocorrer sem pompa alguma e sem cerimônias religiosas. O novo código penal alemão ainda pune a cumplicidade com três anos de prisão (artigo 216). Na Áustria, as antigas prescrições canônicas são mantidas quase integralmente.

O direito russo é mais severo. Se o suicida não parece ter agido sob a influência de uma perturbação mental, crônica ou passageira, seu testamento é considerado nulo, assim como todas as disposições que ele tomou por causa da morte. A sepultura cristã lhe é rejeitada. A simples tentativa é punida com uma multa que a autoridade eclesiástica é encarregada de estipular. Enfim, qualquer um que incite um outro a se matar ou o ajude de uma maneira qualquer a executar sua resolução, fornecendo, por exemplo, os instrumentos necessários, é tratado como cúmplice de homicídio premeditado.[310] O código espanhol, além das penas religiosas e morais, prescreve o confisco dos bens e pune toda cumplicidade.[311]

Enfim, o código penal de Nova York, que, contudo, é de uma data recente (1881), qualifica o crime do suicídio. É verdade que, apesar dessa qualificação, renunciou-se a puni-lo por razões práticas, a pena não tinha como atingir de maneira útil o culpado. Todavia, a tentativa pode receber como condenação seja um aprisionamento que pode durar até dois anos, seja uma multa que pode chegar a 200 dólares, sejam essas duas penas aplicadas ao mesmo tempo. O simples fato de aconselhar o suicida ou favorecer a concretização do suicídio é assimilado à cumplicidade da morte.[312]

---

[308] *Omicidio-suicidio*, p. 61-62.
[309] *Origens do direito francês*, p. 371.
[310] FERRI, *op. cit.*, p. 62.
[311] GARRISON, *op. cit.*, p. 144-145.
[312] FERRI, *op. cit.*, p. 63, 64.

As sociedades maometanas não proíbem menos energicamente o suicídio. "O homem, diz Maomé, não morre senão pela vontade de Deus de acordo com o livro que fixa o termo de sua vida".[313] "Logo que o termo tiver chegado, eles não terão nem como retardá-lo nem como avançá-lo sequer por um instante".[314] "Devemos esperar que a morte vos leve alternadamente e nada poderá preponderar sobre nós".[315] Nada, com efeito, é mais contrário do que o suicídio ao espírito geral da civilização maometana; pois a virtude que é colocada acima de todas as outras é a submissão absoluta à vontade divina, a resignação dócil "que torna possível suportar tudo com paciência".[316] Ato de insubordinação e de revolta, o suicídio não teria, então, como ser considerado de outro modo que não como uma falta grave ao dever fundamental.

Se, das sociedades modernas, passarmos para aquelas que as precederam na história, ou seja, às cidades greco-latinas, encontraremos aí igualmente uma legislação sobre o suicídio, mas uma que não se baseia inteiramente sobre o mesmo princípio. O suicídio era aí considerado como ilegítimo somente se ele não fosse autorizado pelo Estado. Assim, em Atenas, o homem que se matava era acusado de ter cometido um crime contra a cidade;[317] as honras da sepultura regular lhe eram recusadas; além disso, a mão do cadáver era cortada e enterrada à parte.[318] Com variantes no detalhe, a mesma coisa acontecia em Tebas, em Chipre.[319] Em Esparta, a regra era tão formal, que Aristodemo é pego por ela pela maneira como busca e encontra a morte na batalha de Plateia. Mas suas punições não se aplicam senão no caso em que o indivíduo se matava sem ter, de antemão, a permissão das autoridades competentes. Em Atenas, se, antes de se matar, o suicida solicitasse ao senado uma autorização, fazendo valer as razões que tinham tornado a sua vida insuportável, o suicídio era considerado um ato legítimo. Libânio[320] nos narra sobre esse tema alguns preceitos dos quais ele não nos diz a época, mas que estiveram realmente em vigor em Atenas; ele faz, além disso, o maior elogio a essas leis e assegura que elas tiveram os efeitos mais felizes. Elas se exprimiam nos seguintes termos: "Que aquele que não quer mais viver exponha as suas razões ao Senado e, depois de ter obtido o consentimento, abandone a vida. Se a existência é odiosa, morra; se tu foste abandonado pela fortuna, beba a cicuta. Se tu te achas curvado sob o peso da dor, abandone a vida. Que o infeliz conte o seu infortúnio, que o

---

[313] *Corão*, III, v. 139.
[314] *Ibid.*, XVI, v. 63.
[315] *Ibid.*, LVI, v. 60.
[316] *Ibid.*, XXXIII, v. 33.
[317] Aristóteles, *Ética a Nicômaco*, V, II, 3.
[318] ÉSQUINES, C. Ctésiphon, p. 244. – PLATÃO, Leis, IX, 12, p. 873.
[319] JOÃO CRISÓSTOMO, *Or.*, 4, 14 (ed. TEUBNER, V, 2, p. 207).
[320] *Meleto*, ed. Reiske, Altemburgo, 1797, p. 198 e seg.

magistrado lhe forneça o remédio e que sua miséria tenha um fim". Encontramos a mesma lei em Ceos.³²¹ Ela foi transportada para Marselha pelos colonos gregos que fundaram essa cidade. Os magistrados guardavam uma reserva de veneno e eles forneciam a quantidade necessária a todos aqueles que, depois de ter submetido ao conselho dos seiscentos as razões que eles acreditavam ter para se matar, obtinham a sua autorização.³²²

Não temos tantas informações sobre as disposições do direito romano primitivo: os fragmentos da lei das Doze Tábuas que chegaram até nós não nos falam de suicídio. Não obstante, como esse código era fortemente inspirado na legislação grega, é verossímil que ele contivesse prescrições análogas. Em todo caso, Sérvio, em seu comentário à *Eneida*,³²³ nos ensina que, de acordo com os livros do pontífice, qualquer um que se enforcasse era privado de sepultura. Os estatutos de uma confraria religiosa de Lanuvium decretavam a mesma penalidade.³²⁴ De acordo com o cronista Cássio Hermina, citado por Sérvio, Tarquínio, o Magnífico, para combater uma epidemia de suicídios, teria ordenado colocar na cruz os cadáveres dos supliciados e abandoná-los como presa aos pássaros e aos animais selvagens.³²⁵ O costume de não fazer funerais para os suicidas parece ter persistido, ao menos em princípio, pois lemos no *Digesto*: *Non solent autem lugeri suspendiosi nec qui manus sibi intulerunt, non taedio vitae, sed mata conscientia*.³²⁶

Segundo um texto de Quintiliano,³²⁷ porém, teria havido em Roma, até uma época muito tardia, uma instituição análoga àquela que acabamos de observar na Grécia e que era destinada a atenuar os rigores das disposições precedentes. O cidadão que quisesse se matar devia submeter suas razões ao Senado, que decidia se elas eram aceitáveis e que determinava até mesmo o gênero da morte. O que permite que acreditemos que uma prática desse gênero realmente tenha existido em Roma é que, até o tempo dos imperadores, algo dessa lei sobreviveu no exército. O soldado que tentava se matar para escapar do serviço era punido com a morte; mas, se ele pudesse provar que tinha sido determinado por algum motivo perdoável, ele era apenas reenviado ao exército.³²⁸ Se, por fim, seu ato tivesse sido causado por conta do remorso provocado por uma falta militar, seu testamento era anulado e seus bens eram confiscados.³²⁹ Não há qualquer dúvida quanto ao fato de

---

³²¹ VALÈRE-MAXIME, *2*, 6, 8.
³²² VALÈRE-MAXIME, 2, 6, 7.
³²³ XII, 603.
³²⁴ Ver LASAULX, "Ueber die Bücher des Koenigs Numa", em seus Études d'antiquité classique. Nós citamos segundo GEIGER, p. 63.
³²⁵ SÉRVIO, loc. cit. - PLÍNIO, *Hist. nat.*, XXXVI, 24.
³²⁶ III, tít. II, livro II, § 3.
³²⁷ Inst. oral., VII, 4, 39. – Declam. 337.
³²⁸ *Digesto*, livro XLIX, tít. XVI, lei 6, § 7.
³²⁹ *Ibid.*, livro XXVIII, tít. III, lei 6, § 7.

que, em Roma, a consideração dos motivos que tinham inspirado o suicídio desempenhou o tempo inteiro um papel preponderante na apreciação moral ou jurídica que era feita. Daí o preceito: *Et merito, si sine causa sibi manus intulit, puniendus est: qui enim sibi non pepercit, multo minus aliis parcet*.[330] A consciência pública, em geral condenando completamente o ato suicida, reservava para si o direito de autorizá-lo em certas circunstâncias. Tal princípio é um parente próximo daquele que serve de base para a instituição de que fala Quintiliano; e ele era tão fundamental na legislação romana do suicídio que se manteve até o tempo dos imperadores. Foi apenas com o tempo que a lista das desculpas legítimas se alongou. Por fim, não havia mais senão uma única *causa injusta*: o desejo de escapar das consequências de uma condenação criminal. Ainda havia aí um momento no qual a lei que excluía os benefícios da tolerância parece ter permanecido sem aplicação.[331]

Se, da cidade, descermos até esses povos primitivos nos quais floresce o suicídio altruísta, é difícil afirmar qualquer coisa precisa sobre a legislação que pode ter estado aí em uso. Não obstante, a complacência com a qual o suicídio é aí considerado permite que se creia que ele não era formalmente proibido. É ainda possível que ele não tenha sido absolutamente tolerado em todos os casos. No entanto, o que quer que signifique esse ponto, entre todas as sociedades que ultrapassaram esse estágio inferior, não há nenhuma conhecida na qual o direito de se matar tenha contado com a concordância sem reserva do indivíduo. É verdade que, na Grécia tanto quanto na Itália, houve um período em que as prescrições antigas sobre o suicídio caíram quase completamente em desuso. Mas isso só aconteceu na época em que o regime da cidade entrou ele mesmo em decadência. Essa tolerância tardia não teria, portanto, como ser invocada como um exemplo a ser imitado: pois ela é evidentemente solidária da grave perturbação pela qual passaram essas sociedades. Trata-se do sintoma de um estado mórbido.

Uma generalidade semelhante na reprovação, se nos abstrairmos desses casos de regressão, já é por ela mesma um fato instrutivo que deveria se mostrar suficiente para tornar hesitantes os moralistas inclinados por demais à indulgência. É preciso que um autor tenha uma confiança singular na potência de sua lógica para ousar, em nome de um sistema, se insurgir a tal ponto contra a consciência moral da humanidade; ou, julgando essa proibição fundada no passado, provar que, desde os tempos recentes, uma transformação profunda qualquer se produziu nas condições fundamentais da vida coletiva.

---

[330] *Digesto*, livro XLVIII, tít. XXI, lei 3, § 6.
[331] Mais ou menos no fim da República e no começo do Império, ver GEIGER, p. 69.

Porém, uma conclusão mais significativa, que não permite de modo algum acreditar que essa prova seria possível, emerge do que foi exposto. Se deixarmos de lado as diferenças no detalhe que são apresentadas pelas medidas repressivas adotadas pelos diferentes povos, vê-se que a legislação do suicídio passou por duas fases principais. Na primeira fase, é interditado ao indivíduo se destruir por sua própria autoridade; mas o Estado pode autorizar o indivíduo a fazê-lo. O ato não é imoral senão quando ele é inteiramente o fato dos particulares e quando os órgãos da vida coletiva não apresentam aí nenhuma colaboração. Em meio a determinadas circunstâncias, a sociedade se deixa desarmar, em alguma medida, e consente em absorver aquilo que ela a princípio reprova. No segundo período, a condenação é absoluta e sem nenhuma exceção. A faculdade de dispor de uma existência humana, salvo quando a morte é a punição de um crime,[332] é retirada não apenas do sujeito interessado, mas até mesmo da sociedade. O suicídio é considerado imoral nele mesmo, por ele mesmo, quaisquer que sejam aqueles que tomam parte nele. Assim, à medida que avançamos na história, a proibição, em vez de se relaxar, não faz outra coisa senão tornar-se mais radical. Se então a consciência pública hoje parece menos firme em seu julgamento sobre esse ponto, esse estado de abrandamento deve provir de causas acidentais e passageiras; pois é contrário a toda verossimilhança que a evolução moral, depois de ser perseguida no mesmo sentido durante séculos, retroceda agora a tal ponto.

E, com efeito, as ideias que lhe imprimiram essa direção são sempre atuais. Disse-se algumas vezes que, se o suicídio é e merece ser proibido, é porque, ao se matar, o homem se desonera das obrigações em relação à sociedade. Mas, se fôssemos movidos somente por essa consideração, deveríamos, como na Grécia, deixar a sociedade livre para colocar sob o seu juízo uma defesa que teria como ser estabelecida apenas em seu próprio proveito. Se lhe recusamos essa faculdade, isso acontece, então, porque não vemos simplesmente no suicídio um mau devedor do qual a sociedade seria a credora. Pois um credor pode sempre reconsiderar a dívida da qual ele é beneficiário. Além disso, se a reprovação da qual o suicídio é o objeto não tivesse outra origem, ela deveria ser tanto mais formal à medida que o indivíduo esteja mais estreitamente subordinado ao Estado; por conseguinte, seria nas sociedades inferiores que ela atingiria o seu apogeu. Ora, bem ao contrário, a reprovação vai se fortalecendo, à medida que os direitos do indivíduo vão se desenvolvendo em face dos direitos do Estado. Se, então, ela se tornou tão formal e tão severa nas sociedades cristãs, a causa dessa mudança deve se encontrar não na noção de que esses povos possuem um

---

[332] E ainda esse direito começa a ser, mesmo nesse caso, contestado à sociedade.

Estado, mas na concepção nova que eles fizeram da pessoa humana. Ela se tornou aos seus olhos uma coisa sagrada e mesmo a coisa sagrada por excelência, sobre a qual ninguém pode colocar a mão. Sem dúvida, sob o regime da cidade, o indivíduo já não tinha mais uma existência tão modesta quanto nos povos primitivos. Reconhecia-se a ele um valor social; mas se considerava que esse valor pertencia completamente ao Estado. A cidade, então, podia dispor dele livremente sem que ele tivesse sobre si mesmo os mesmos direitos. Hoje, porém, ele adquiriu uma espécie de dignidade que o coloca acima ao mesmo tempo de si e da sociedade. À medida que ele não tenha desmerecido e perdido por meio de sua conduta seus títulos de homem, ele nos parece participar de alguma maneira dessa natureza *sui generis* que toda religião atribui aos seus deuses e que os torna intangíveis em relação a tudo aquilo que é mortal. Ele se imbui de religiosidade; o homem se tornou um deus para os homens. É por isso que todo e qualquer atentado dirigido contra ele produz em nós o efeito de um sacrilégio. Ora, o suicídio é um desses atentados. Pouco importa por intermédio de que mão vem o golpe; ele nos escandaliza tão somente pelo fato de que viola essa característica sacrossanta que está em nós e que temos de respeitar em nós tanto quanto nos outros.

O suicídio é, então, reprovado porque ofende esse culto da pessoa humana sobre o qual repousa toda a nossa moral. O que confirma essa explicação é que consideramos as coisas de maneira muito diversa daquela que era característica das nações da Antiguidade. Outrora, não se via no suicídio senão um simples delito civil em relação ao Estado; a religião não tinha pelo suicídio quase nenhum interesse.[333] Ao contrário, ele se tornou em seguida um ato essencialmente religioso. Foram os concílios que o condenaram, do mesmo modo que os poderes laicos, punindo-o, não fazem outra coisa senão seguir e imitar a autoridade eclesiástica. É porque temos em nós uma alma imortal, parcela da divindade, que devemos ser sagrados para nós mesmos. É porque somos algo de Deus que não pertencemos completamente a nenhum ser temporal.

No entanto, se essa é a razão pela qual o suicídio está entre os atos ilícitos, não é necessário concluir que essa condenação não possui doravante nenhum fundamento? Parece, com efeito, que a crítica científica não teria como atribuir o menor valor a essas concepções místicas, nem admitir que tenha havido no homem alguma coisa de sobre-humano. Foi ao raciocinar assim que Ferri, em seu *Omicidio-suicidio*, acreditou ser possível apresentar toda proibição ao suicídio como um resíduo do passado, destinado a desaparecer. Considerando como um absurdo do ponto de vista racionalista que o indivíduo possa ter um fim fora dele mesmo, ele deduz que nós

---

[333] Ver GEIGER, *op. cit.*, p. 58-59.

permanecemos sempre livres para renunciar às vantagens da vida comum, renunciando à existência. O direito de viver lhe parece implicar logicamente o direito de morrer.

Mas essa argumentação conclui de maneira prematura da forma o conteúdo, da expressão verbal pela qual traduzimos nosso sentimento para esse sentimento ele mesmo. Sem dúvida, considerados neles mesmos e de maneira abstrata, os símbolos religiosos pelos quais explicamos o respeito que nos inspira a pessoa humana não são adequados ao real, e é fácil provar isso; mas não se segue daí que esse respeito mesmo seja sem razão. O fato de que ele desempenha um papel preponderante em nosso direito e em nossa moral deve, ao contrário, nos prevenir contra semelhante interpretação. Em vez, então, de nos prendermos à letra dessa concepção, é melhor que a examinemos nela mesma, que busquemos ver como é que ela se formou. Assim, veremos que, se a fórmula corrente é grosseira, ela não deixa por isso de ter um valor objetivo.

Com efeito, esse tipo de transcendência que emprestamos à pessoa humana não é uma característica que lhe seja especial. Também a encontramos para além daí. Trata-se simplesmente da marca que todos os sentimentos coletivos de uma intensidade qualquer deixam sobre os objetos aos quais eles se ligam. Precisamente porque eles emanam da coletividade, os fins para os quais eles dirigem nossas atividades não podem ser senão coletivos. Ora, a sociedade tem suas necessidades que não são as nossas. Os atos que essas necessidades nos inspiram não são, portanto, inclinações individuais; eles não têm por finalidade o nosso próprio interesse, mas consistem antes em sacrifícios e privações. Quando jejuo, quando me mortifico para agradar a divindade, quando, por respeito a uma tradição cujo sentido e cuja envergadura ignoro na maioria das vezes, eu me imponho algum desconforto, quando pago meus impostos, quando ofereço meu esforço e minha vida ao Estado, renuncio a alguma coisa de mim mesmo; e à resistência que nosso egoísmo opõe a essas renúncias, nós nos apercebemos facilmente que elas são exigidas de nós por uma potência à qual estamos submetidos. Portanto, mesmo que nos curvemos alegremente às suas ordens, temos consciência de que nossa conduta é determinada por um sentimento de deferência em relação a alguma coisa maior do que nós. Não importa com que espontaneidade venhamos a obedecer à voz que nos dita essa abnegação, sentimos bem que ela nos fala com um tom imperativo, que não é aquele do instinto. É por isso que, por mais que ela seja escutada no interior de nossas consciências, não podemos sem contradição considerá-la nossa. Mas a alienamos, como fazemos com nossas sensações; nós a projetamos para fora, nós a relacionamos com um ser que concebemos como exterior e superior a nós, porque ele nos comanda e porque nos conformamos com essas injunções. Naturalmente, tudo aquilo que nos parece vir da mesma origem participa da mesma característica. É assim que fomos impelidos a imaginar um mundo acima deste aqui e a povoá-lo com realidades de outra natureza.

Tal é a origem de todas essas ideias de transcendência que estão na base das religiões e das morais; pois a obrigação moral é inexplicável de outro modo. Seguramente, a forma concreta com a qual revestimos normalmente essas ideias é cientificamente sem valor. Que lhes demos como fundamento um ser pessoal de uma natureza especial ou uma força abstrata qualquer que nós hipostasiamos confusamente sob o nome do ideal moral, essas são sempre representações metafóricas que não exprimem adequadamente os fatos. O processo, porém, que elas simbolizam não deixa de ser real. Continua sendo verdadeiro que, em todos esses casos, somos levados a agir por uma autoridade que nos ultrapassa, a saber, a sociedade, e que os fins aos quais ela nos liga gozam, com isso, de uma verdadeira supremacia moral. Se é assim, porém, todas as objeções que se poderia fazer às concepções usuais por meio das quais os homens tentaram representar para si essa supremacia que eles sentiam não terão como diminuir em nada a realidade dessas concepções. Essa crítica é superficial e não alcança o fundo das coisas. Se, então, é possível estabelecer que a exaltação da pessoa humana é um dos fins que as sociedades modernas perseguem e devem perseguir, toda a regulamentação moral que deriva desse princípio será por isso mesmo justificada, qualquer que seja o valor do modo como ela foi normalmente justificada. Se as razões com as quais se contenta o vulgo são criticáveis, basta transpô-las para outra linguagem, para que possamos dar a ela toda a sua força.

Ora, não somente, de fato, essa meta é com certeza uma daquelas perseguidas pelas sociedades modernas, mas é uma lei da história que os povos tendem cada vez mais a se desprender de todos os outros objetivos. Na origem, a sociedade é tudo, o indivíduo não é nada. Por conseguinte, os sentimentos sociais mais intensos são aqueles que ligam o indivíduo à coletividade: ela é para ela mesma o seu fim. O homem não é considerado senão um instrumento em suas mãos; é dela que ele parece receber todos os seus direitos e ele não tem nenhuma prerrogativa contra ela, porque não há nada acima dela. Pouco a pouco, porém, as coisas mudam. À medida que as sociedades se tornam mais volumosas e mais densas, elas se tornam também mais complexas, o trabalho se divide, as diferenças individuais se multiplicam,[334] e vemos, então, se aproximar o momento em que não haverá mais nada de comum entre os membros de um grupo humano salvo que todos eles são homens. Nessas condições, é inevitável que a sensibilidade coletiva se ligue com todas as suas forças a esse único objeto que lhe resta e

---

[334] Ver nossa *Divisão do trabalho social*, livro II.

que ele lhe comunique por meio daí um valor incomparável. Uma vez que a pessoa humana é a única coisa que toca unanimemente todos os corações, uma vez que a sua glorificação é a única meta que pode ser coletivamente perseguida, ela não pode não adquirir aos olhos de todos uma importância excepcional. Ela se eleva, assim, a uma posição acima de todos os fins humanos e assume um caráter religioso.

Esse culto do homem é, então, totalmente diverso desse individualismo egoísta do qual falamos anteriormente e que conduz ao suicídio. Longe de afastar os indivíduos da sociedade e de todo fim que os ultrapassa, ele os une em um mesmo pensamento e faz deles os servidores de uma mesma obra. Pois o homem que se acha disposto ao amor e ao respeito coletivos não é o indivíduo sensível, empírico, que somos cada um de nós; ele é o homem em geral, a humanidade ideal, tal como ela é concebida por cada povo em cada momento de sua história. Ora, nenhum de nós encarna completamente esse homem, assim como nenhum de nós é totalmente estranho a ele. Trata-se, então, não de concentrar cada sujeito particular nele mesmo e em seus interesses próprios, mas de subordiná-los aos interesses gerais do gênero humano. Tal fim o retira e o traz para fora de si mesmo; impessoal e desinteressado, o gênero humano paira acima de todas as personalidades individuais; como todo ideal, ele não pode ser concebido senão como superior ao real e como dominando o real. Ele domina até mesmo as sociedades, uma vez que se mostra como o objetivo ao qual toda atividade social se acha atada. E é por isso que esse objetivo não lhes pertence senão para deles dispor. Reconhecendo que eles têm aí, eles também, sua razão de ser, são colocados sob a sua dependência e perdem o direito de não se fazerem aí presentes; com maior razão, portanto, os homens jamais estariam autorizados a não se fazerem eles mesmos aí presentes. Nossa dignidade de seres morais deixou, portanto, de ser uma questão da cidade; mas ela não se tornou, com isso, uma questão nossa e não adquirimos o direito de fazer com ela o que quisermos. De onde é que viria, com efeito, para nós esse direito, se a própria sociedade, esse ser superior a nós, não o tivesse?

Nessas condições, é necessário que o suicídio seja classificado entre os atos imorais; pois ele nega, em seu princípio essencial, essa religião da humanidade. O homem que se mata não faz, diz-se, senão mal a si mesmo e a sociedade não tem de intervir; e isso em virtude do velho axioma *Volenti no fil injuria*. Mas isso é um erro. A sociedade é lesada aqui porque o sentimento sobre o qual repousam hoje as suas máximas morais mais respeitadas, e que serve quase como o único laço entre seus membros, é ofendido, e porque ele seria perturbado se essa ofensa pudesse se produzir com toda a liberdade. Como é que ele poderia guardar a menor autoridade se, quando fosse violado, a consciência moral não protestasse? Desde o momento em que a pessoa humana é e deve ser considerada uma coisa sagrada, da qual nem o indivíduo nem o grupo possuem a livre disposição, todo atentado contra ela deve ser proscrito. Pouco importa que o culpado e a vítima não sejam senão um e mesmo sujeito: o mal social que resulta do ato não desparece, apenas porque esse que é o autor se encontra ele mesmo sofrendo os efeitos da ação. Se, em si e de uma maneira geral, o fato de destruir violentamente uma vida humana nos revolta como um sacrilégio, não temos como tolerá-la em caso algum.

Um sentimento coletivo que se abandonasse a tal ponto perderia logo a sua força.

Isso não significa dizer, em todo caso, que seria preciso retornar às penas ferozes, as quais foram infligidas ao suicida nos últimos séculos. Elas foram instituídas em uma época na qual, sob a influência de circunstâncias passageiras, todo o sistema repressivo foi reforçado com uma severidade extrema. Mas é preciso manter o princípio, a saber, que o homicídio de si mesmo deve ser reprovado. Resta investigar quais são os signos exteriores com os quais essa reprovação deve se manifestar. Será que as sanções morais são suficientes ou será preciso acrescentar sanções jurídicas? E quais são elas? Essa é uma questão de aplicação que será tratada no próximo capítulo.

II

Mas antes de tudo, a fim de melhor determinarmos qual é o grau de imoralidade do suicídio, investiguemos quais são as relações que ele sustenta com os outros atos imorais, notadamente com os crimes e os delitos.

De acordo com o Sr. Lacassagne, haveria uma relação regularmente inversa entre o movimento dos suicídios e aquele dos crimes contra a propriedade (roubos qualificados, incêndios, bancarrotas fraudulentas, etc.). Essa tese foi sustentada em seu nome por um de seus alunos, o Dr. Chaussinand, em sua *Contribution à l'étude de la statistique criminelle*.[335] Mas faltam aí as provas para demonstrá-la. De acordo com o autor, seria suficiente comparar as duas curvas para constatar que elas variam em um sentido contrário uma em relação à outra. Em realidade, é impossível perceber entre elas qualquer espécie de relação, seja direta, seja inversa. Sem dúvida, a partir de 1854, veem-se os crimes contra a propriedade diminuírem, enquanto os suicídios aumentam. Mas essa baixa é, em parte, fictícia; ela se deve simplesmente ao fato de que, por volta dessa data, os tribunais passaram a assumir o hábito de correlacionar certos crimes, a fim de subtraí-los à jurisdição das cortes judiciais, nas quais até então eles eram julgados, para transferi-los aos tribunais

---

[335] Lyon, 1881. No Congresso de Criminologia realizado em Roma, em 1887, o Sr. Lacassagne reivindicou, além disso, a paternidade dessa teoria.

correcionais. Certo número de infrações, portanto, a partir desse momento, desapareceram das colunas dos crimes, mas apenas para reaparecer na dos delitos; e são os crimes contra a propriedade que mais se beneficiaram dessa jurisprudência hoje consagrada. Se, então, a estatística lhes acusa um número menor, é de se temer que essa diminuição se deva exclusivamente a um artifício de compatibilidade.

Mas, se essa baixa fosse real, não se poderia concluir nada a partir daí; pois se, a partir de 1854, as duas curvas seguem sentidos inversos, de 1826 a 1854, a curva dos crimes contra a propriedade aumenta ao mesmo tempo que a curva dos suicídios, ainda que com uma rapidez menor, ou permanece estacionária. De 1831 a 1835, contava-se anualmente, em média, 5.095 acusações; esse número se elevou para 5.732 durante o período seguinte e foi para 4.918 entre 1841 e 1845, para 4.992 entre 1846 e 1850, uma baixa de apenas 2% em relação a 1830. Além disso, a configuração geral das duas curvas exclui toda e qualquer ideia de aproximação. A curva dos crimes contra a propriedade é muito acidentada; nós a vemos dar saltos bruscos de um ano para o outro; sua evolução, caprichosa em aparência, depende evidentemente de uma multiplicidade de circunstâncias acidentais. Ao contrário, a curva dos suicídios sobe regularmente com um movimento uniforme; salvo raras exceções, não há nem subidas bruscas nem quedas repentinas. A ascensão é contínua e progressiva. Entre os dois fenômenos, portanto, há tão pouco o que comparar que não teria como existir nenhum laço de tipo algum.

O Sr. Lacassagne parece, de resto, ter permanecido isolado em sua opinião. Mas há de qualquer modo uma outra teoria, segundo a qual haveria uma ligação entre os crimes contra a propriedade e, mais especialmente, o homicídio e o suicídio. Ela conta com numerosos defensores e merece um sério exame.[336]

Desde 1833, Guerry tinha observado que os crimes contra as pessoas são duas vezes mais numerosos nos departamentos do sul do que nos departamentos do norte, enquanto o inverso acontece com o suicídio. Mais tarde, Despine calcula que, nos 14 departamentos onde os crimes de sangue são mais frequentes, havia 30 suicídios apenas para cada milhão de habitantes, enquanto que se encontravam 82 nos 14 outros departamentos onde esses mesmos crimes eram muito mais raros. O mesmo autor acrescenta que, no Sena, para cada 100 acusações, conta-se somente com 14 crimes contra

---

[336] Bibliografia. – GUERRY, *Essai sur la statistique morale de la France*. – CAZAUVIEILH, *Du suicide, de l'aliénation mentale et des crimes contre les personnes, comparés dans leurs rapports réciproques*, 2 vol., 1840. – DESPINE, *Psychologie natur.*, p. 111. – MAURY, "Du mouvement moral des sociétés", in *Revue des Deux Mondes*, 1860. – MORSELLI, *Il suicidio*, p. 243 e seg. – *Actes du Premier Congrès international d'Anthropologie criminelle*, Turim, 1886-87, p. 202 e seg. – TARDE, *Criminalité comparée*, p. 152 e seg. – FERRI, *Omicidio-suicidio*, 1ª ed., Turim, 1895, p. 253 e seg.

a pessoa e uma média de 427 suicídios para cada milhão, enquanto que na Córsega a proporção dos primeiros é de 83% e a proporção dos segundos é de apenas 18 para um milhão de habitantes.

Não obstante, essas observações tinham permanecido isoladas, quando a escola italiana de criminologia se apropriou delas. Ferri e Morselli, em particular, fizeram delas a base de toda uma doutrina.

De acordo com eles, o antagonismo do suicídio e do homicídio seria uma lei absolutamente geral. Quer o que esteja em questão seja a sua distribuição geográfica ou a sua evolução no tempo, por toda parte os veríamos, segundo eles, se desenvolver no sentido inverso um do outro. Mas esse antagonismo, uma vez admitido, pode ser explicado de duas maneiras. Ou o homicídio e o suicídio formam duas correntes contrárias e a tal ponto opostas que um não pode ganhar terreno sem que a outra o perca; ou esses são dois canais diferentes de uma e mesma corrente alimentada por uma mesma fonte que, por conseguinte, não pode se lançar numa direção sem se retirar da outra na mesma medida. Dessas duas explicações, os criminologistas italianos adotam a segunda. Eles veem no suicídio e no homicídio duas manifestações de um mesmo estado, dois efeitos de uma mesma causa que se exprimiria ora sob uma forma, ora sob a outra, sem poder assumir um e outra ao mesmo tempo.

O que os determina a escolher essa interpretação é que, de acordo com eles, a inversão que apresentam a seus olhos esses dois fenômenos não exclui de modo algum todo paralelismo. Se há condições em função das quais eles variam inversamente, há outras que os afetam da mesma maneira. Assim, diz Morselli, a temperatura possui a mesma ação sobre os dois; eles atingem o seu máximo no mesmo momento do ano, na aproximação da estação quente; todos os dois são mais frequentes no homem do que na mulher; todos os dois, enfim, segundo Ferri, crescem com a idade. É porque, se opondo completamente em certos aspectos, eles são em parte da mesma natureza. Ora, os fatores, sob a influência dos quais eles reagem de maneira semelhante, são todos individuais; pois ou eles consistem diretamente em certos estados orgânicos (idade, sexo), ou eles pertencem ao meio cósmico, que não pode agir sobre o indivíduo moral senão por intermédio do indivíduo físico. Seria, então, por suas condições individuais que o suicídio e o homicídio se confundiriam. A constituição psicológica que predisporia para um e para outro seria a mesma: as duas inclinações não comporiam senão uma. Ferri e Morselli, em seguida a Lombroso, chegaram mesmo a tentar definir esse temperamento. Ele seria caracterizado por uma decadência do organismo que colocaria o homem nessas condições desfavoráveis para sustentar a luta. O assassino e o suicida seriam ambos degenerados e impotentes. Igualmente incapazes de desempenhar um papel útil na sociedade, eles estariam, por conseguinte, destinados a ser vencidos.

A questão é que essa predisposição única que, por ela mesma, inclina apenas em um sentido mais do que no outro, tomaria preferencialmente, segundo a natureza do meio social, a forma do homicídio ou a forma do suicídio; e, assim, se produziriam esses fenômenos de contraste que, completamente reais, não deixariam de mascarar uma identidade fundamental. Lá onde as morais gerais são doces e pacíficas, lá onde se tem horror a verter o sangue humano, aí o vencido se resignará, ele confessará sua impotência e, avançando os efeitos da seleção natural, se retirará da luta ao se retirar da vida. Ao contrário, lá onde a moral média possui um caráter mais rude, onde a existência humana é menos respeitada, ele se revoltará, declarará guerra à sociedade e matará em vez de se matar. Em uma palavra, o assassinato de si e o assassinato do outro são dois atos violentos. Mas quando a violência, da qual eles derivam, não encontra resistência no meio social, aí se difundindo, ela se torna homicídio; quando, por outro lado, impedida de se produzir do lado de fora por conta da pressão que é exercida sobre ela pela consciência pública, ela retorna à sua fonte, o sujeito mesmo de onde ela provém se torna ele mesmo a vítima.

O suicídio seria, então, um homicídio transformado e atenuado. A esse título, ele aparece quase como benfazejo; pois, se ele não é um bem, ele é, ao menos, um mal menor que nos poupa de um mal pior. Parece mesmo que não se deve buscar conter o seu desenvolvimento por meio de medidas proibitivas; pois, ao mesmo tempo, se deixaria com isso o flanco aberto para o homicídio. Trata-se mesmo de uma válvula de segurança que é útil deixar aberta. Em definitivo, o suicídio teria uma grande vantagem de nos desembaraçar, sem intervenção social e, por conseguinte, da maneira mais simples e econômica possível, de certo número de sujeitos inúteis e nocivos. Não é melhor deixar que eles eliminem a si próprios do que obrigar a sociedade a rejeitá-los violentamente de seu seio?

Essa tese engenhosa tem fundamento? A questão é dupla e cada parte deve ser examinada separadamente. As condições psicológicas do crime e do suicídio são idênticas? Há antagonismo entre as condições sociais das quais eles dependem?

III

Três fatos foram alegados para estabelecer a unidade psicológica dos dois fenômenos.

Há, de início, a influência semelhante que o sexo exerceria sobre o suicídio e sobre o homicídio. Falando exatamente, essa influência do sexo é muito mais um efeito das causas sociais do que das causas orgânicas. Não é porque a mulher difere fisiologicamente do homem que ela se mata menos ou que ela mata menos; é que ela não participa da mesma maneira da vida coletiva. Além disso, porém, é preciso que a mulher tenha nesse caso o mesmo distanciamento em relação a essas duas formas de imoralidade. Esquece-se, com efeito, que há assassinatos dos quais ela possui o monopólio; são esses os infanticídios, os abortos e os envenenamentos. Todas as vezes em que o homicídio está ao seu alcance, ela também o comete ou o comete mais frequentemente do que o homem. De acordo com Oettingen,[337] a metade dos assassinatos domésticos seria imputada à mulher. Nada nos autoriza, portanto, a supor que ela teria, em virtude de sua constituição congênita, um respeito maior pela vida do outro; são apenas as ocasiões que lhe faltam, porque ela não se acha tão intensamente engajada na confusão da vida. As causas que impelem aos crimes de sangue agem menos sobre ela do que sobre o homem, porque ela se mantém mais do que ele fora de sua esfera de influência. É por essa mesma razão que ela está menos exposta às mortes acidentais; de 100 falecimentos desse gênero, apenas 20 dizem respeito a mulheres.

Além disso, mesmo se reuníssemos sob uma única rubrica todos os homicídios dolosos, homicídios premeditados, parricídios, infanticídios, envenenamentos, a participação da mulher no conjunto é ainda mais elevada. Na França, para cada 100 desses crimes, há 38 ou 39 que são cometidos pelas mulheres, e mesmo 42 se levarmos em conta os abortos. A proporção é de 51% na Alemanha, de 52% na Áustria. É verdade que se deixa de lado aqui os homicídios involuntários; mas é somente quando é almejado que o homicídio é verdadeiramente ele mesmo. Por outro lado, os assassinatos específicos para a mulher, infanticídios, abortos, assassinatos domésticos, são, por sua natureza, difíceis de descobrir. É cometido, portanto, um grande número que escapa à justiça e, por conseguinte, à estatística. Se, então, levarmos em consideração ainda o fato de que, de maneira muito verossímil, a mulher já deve se valer nos processos da mesma indulgência da qual ela se beneficia certamente no julgamento, em que é muito mais frequentemente absolvida do que o homem, veremos que, em definitivo, a aptidão para o homicídio não deve ser muito diferente nos dois sexos. Sabe-se, ao contrário, o quanto é grande a imunidade da mulher contra o suicídio.

A influência da idade sobre um e outro fenômeno não revela diferenças menores. De acordo com Ferri, tanto o homicídio quanto o suicídio se tornariam mais frequentes à medida que o homem avança na vida. É verdade

---

[337] *Moralstatistik*, p. 526.

que Morselli exprimiu o sentimento contrário.[338] A verdade é que não há nem inversão nem concordância. Enquanto o suicídio cresce regularmente até a velhice, os homicídios premeditados e não premeditados atingem seu apogeu na maturidade, por volta dos 30 ou 35 anos, para em seguida decrescerem. É o que mostra o quadro XXXI. É impossível perceber aí a menor prova de uma identidade de natureza ou de um antagonismo entre o suicídio e os crimes de sangue.

QUADRO XXXI

Evolução comparada dos homicídios dolosos, dos homicídios premeditados e dos suicídios nas diferentes idades na França (1887)

	Para 100.000 indivíduos de cada idade		Números de suicídios para 100.000 habitantes de cada sexo e de cada idade	
	Homicídios dolosos	Homicídios premeditados	Homens	Mulheres
De 16 a 21 anos[339]	6,2	8	14	9
De 21 a 25 anos	9,7	14,9	23	9
De 25 a 30 anos	15,4	15,4	30	9
De 30 a 40 anos	11	15,9	33	9
De 40 a 50 anos	6,9	11	50	12
De 50 a 60 anos	2	6,5	69	17
Acima disso	2,3	2,5	91	20

Resta a ação da temperatura. Se reunirmos o conjunto de todos os crimes contra a pessoa, a curva que obteremos parece, portanto, confirmar a teoria da escola italiana. Ela cresce até junho e decresce regularmente até dezembro, tal como a curva dos suicídios. Mas esse resultado se deve simplesmente ao fato de que, sob essa expressão comum de crimes contra a pessoa, se contabiliza, além dos homicídios, os atentados ao pudor e os estupros. Como esses crimes alcançam o seu máximo em junho e como eles são muito

---
[338] *Op. cit.*, p. 333. Em: *Actes du Congrès de Rome*, p. 205, o mesmo autor exprime, no entanto, dúvidas em relação à realidade desse antagonismo.
[339] As cifras relativas aos dois primeiros períodos não são, para homicídio, de uma rigorosa exatidão, porque a estatística criminal faz começar o seu primeiro período aos 16 anos e o faz seguir até 21, enquanto a contagem fornece a cifra global da população de 15 a 20. Mas essa ligeira inexatidão não altera em nada os resultados gerais que podem ser retirados do quadro. Para o infanticídio, o máximo é atingido mais cedo, por volta dos 25 anos, e a diminuição acontece muito mais rápido. Compreende-se facilmente o porquê.

mais numerosos do que os atentados contra a vida, são eles que dão à curva a sua configuração. Mas eles não têm nenhum parentesco com o homicídio; se, então, quisermos saber como é que esse último varia nos diferentes momentos do ano, é preciso isolá-lo dos outros. Ora, se empreendermos tal isolamento e, sobretudo, se tomarmos cuidado para distinguir umas das outras as diferentes formas da criminalidade homicida, então não descobriremos mais nenhum traço do paralelismo anunciado (ver quadro XXXII).

Com efeito, enquanto o crescimento do suicídio é contínuo e regular de janeiro a junho mais ou menos, assim como seu decréscimo durante a outra parte do ano, o homicídio doloso, o homicídio premeditado e o infanticídio oscilam de um mês para o outro da maneira mais irregular possível. Não é apenas a marcha geral que não é a mesma, mas nem as *máximas* nem as *mínimas* coincidem. Os homicídios dolosos possuem duas *máximas*, uma em fevereiro e a outra em agosto; os homicídios premeditados também têm duas *máximas*, mas em partes diferentes, uma em fevereiro e a outra em novembro. Para os infanticídios, a *máxima* cai em maio; para os golpes fatais, agosto e setembro. Se calcularmos as variações não mais mensais, mas sazonais, as divergências não são menos marcantes. O outono conta mais ou menos com o mesmo número de homicídios dolosos que o verão (1.968 no lugar de 1.974) e o inverno tem mais do que a primavera. Para o homicídio premeditado, é o inverno que assume a dianteira (2.621), seguido do outono (2.596), depois do verão (2.478) e, por fim, da primavera (2.287). Para o infanticídio, é a primavera que ultrapassa as outras estações (2.111), sendo seguida pelo inverno (1.939). Para os golpes e as lesões, o verão e o outono estão no mesmo nível (2.854 para um e 2.845 para o outro); em seguida vem a primavera (2.690) e, com certa distância, o inverno (2.653). As coisas são completamente diferentes, tal como vimos, no que diz respeito à distribuição do suicídio.

QUADRO XXXII

Variações mensais das diferentes formas da criminalidade homicida [340]
(1827-1870)

	Homicídios dolosos	Homicídios premeditados	Infanticídios	Golpes e lesões mortais
Janeiro	560	829	647	830
Fevereiro	664	926	750	937
Março	600	766	783	840
Abril	574	712	662	867
Maio	587	809	666	983
Junho	644	853	552	938
Julho	614	776	491	919
Agosto	716	849	501	997
Setembro	665	839	495	993
Outubro	653	815	478	892
Novembro	650	942	497	960
Dezembro	591	866	542	886

Além disso, se a inclinação para o suicídio fosse apenas uma inclinação reprimida para o homicídio, dever-se-ia ver os homicidas e os assassinos, uma vez que eles são obstruídos e que seus instintos violentos não podem se manifestar exteriormente, se tornarem eles mesmos as suas vítimas. A tendência homicida deveria, então, sob a influência do aprisionamento, se transformar em tendência para o suicídio. Ora, de acordo com os testemunhos de muitos observadores, é o contrário que acontece: os grandes criminosos não se matam senão muito raramente. Cazauvieilh recolheu em uma proximidade grande com os médicos de nossos diferentes presídios informações sobre a intensidade do suicídio nos condenados.[341] Em Rochefort, durante trinta anos, não se observou senão um único caso de suicídio; nenhum em Toulon, onde a população era ordinariamente de 3 a 4.000 indivíduos (1818-1834). Em Brest, os resultados foram um pouco diferentes; em dezessete anos, para uma população média de mais ou menos 3.000 indivíduos, foram cometidos 13 suicídios, o que dá uma taxa anual de 21 para 100.000; apesar de mais elevada do que as precedentes, essa cifra não possui nada de exagerado, uma vez que ela se refere a uma população

---

[340] De acordo com CHAUSSINAND.
[341] *Op. cit.*, p. 310 e seg.

principalmente masculina e adulta. Segundo o Dr. Lisle, "para cada 9.320 falecimentos constatados nos presídios entre 1816 e 1837 inclusive, não se contabilizaram senão 6 suicídios".[342] De uma enquete feita pelo Dr. Ferrus, vem à tona o fato de que só tinha havido 30 suicídios em sete anos nos diferentes edifícios centrais, para uma população média de 15.111 prisioneiros. Mas a proporção foi ainda mais fraca nos presídios nos quais não se constataram senão 5 suicídios de 1838 a 1845 para uma população média de 7.041 indivíduos.[343] Brierre de Boismont confirma esse último fato e acrescenta: "Os assassinos de profissão, os grandes culpados usam mais raramente o recurso a esse meio violento para se subtraírem à expiação penal do que os detentos de uma perversidade menos profunda".[344] O Dr. Leroy observa do mesmo modo que "malandros de profissão, aqueles que estão acostumados com as penitenciárias", raramente atentam contra os seus dias.[345]

Duas estatísticas, citadas uma por Morselli[346] e a outra por Lombroso[347], tendem, é verdade, a estabelecer que os detentos, em geral, estão excepcionalmente inclinados para o suicídio. Mas, como esses documentos não distinguem os homicidas e os assassinos dos outros criminosos, não se tem como concluir nada no que diz respeito à questão que nos ocupa. Eles parecem mesmo antes confirmar as observações precedentes. Com efeito, eles provam que, por si mesma, a detenção não desenvolve uma inclinação muito forte para o suicídio. Mesmo se não levarmos em conta os indivíduos que se matam logo que são presos e antes da condenação, resta um número considerável de suicídios que não têm como ser atribuídos à influência exercida pela vida na prisão.[348] Nesse caso, porém, o homicida encarcerado deveria ter para a morte voluntária uma inclinação de uma extrema violência, se o agravamento que resulta já de seu encarceramento fosse ainda reforçado pelas predisposições congênitas que se atribuem a ele. O fato de que essa inclinação se encontra, segundo esse ponto de vista, antes abaixo da média do que acima dela não é, por sua vez, favorável à hipótese segundo a qual o detento teria, em virtude simplesmente de seu temperamento, uma afinidade natural com o suicídio, afinidade essa completamente pronta a se

---

[342] *Op. cit.*, p. 67.
[343] *Des prisonniers, de l'emprisonnement et des prisons*, Paris, 1850, p. 133.
[344] *Op. cit.*, p. 95.
[345] *Le suicide dans le département de Seine-et-Marne*.
[346] *Op. cit.*, p. 377.
[347] *L'homme criminel*, trad. fr., p. 338.
[348] Em que consiste essa influência? Uma parte dela parece precisar ser atribuída ao regime da cela. Mas não nos espantaríamos se a vida comum da prisão fosse de uma natureza tal que produzisse os mesmos efeitos. Sabe-se que a sociedade dos malfeitores e dos detentos é muito coerente; o indivíduo se acha aí completamente dissolvido e a disciplina da prisão age no mesmo sentido. Poderia, portanto, acontecer aí algo de análogo ao que nós observamos no exército. O que confirma essa hipótese é o fato de que as epidemias do suicídio são frequentes nas prisões tanto quanto nas casernas.

manifestar desde que as circunstâncias favorecessem o seu desenvolvimento. Mas não pretendemos sustentar com isso que ele goza de uma verdadeira imunidade em relação ao suicídio; as informações das quais dispomos não são suficientes para resolver a questão. É possível que, em certas condições, os grandes criminosos tenham uma perspectiva módica em relação às suas vidas e renunciem a ela sem muito pesar. Em todo caso, porém, o fato não tem a generalidade e a necessidade que estão logicamente implicadas na tese italiana. É isso que, para nós, basta estabelecer.[349]

IV

Mas a segunda proposição da escola precisa ainda ser discutida. Tendo em vista que o homicídio e o suicídio não derivam de um mesmo estado psicológico, é preciso investigar se há um real antagonismo entre as condições sociais das quais eles dependem.

A questão é mais complexa do que tinham pensado os autores italianos e muitos de seus adversários. É certo que, em um grande número de casos, a lei da inversão não é verificada. Com muita frequência, os dois fenômenos, em vez de se repelirem e de se excluírem, se desenvolvem paralelamente. Assim, na França, desde o dia seguinte à guerra de 1870, os homicídios manifestaram certa tendência de crescimento. Computaram-se, em uma média anual, apenas 105 homicídios dolosos entre os anos de 1861 a 1865; eles se elevaram para 163 de 1871 a 1876 e os homicídios premeditados, durante o mesmo período, passaram de 175 para 201. Ora, ao mesmo tempo, os suicídios aumentaram em proporções consideráveis. O mesmo fenômeno produziu-se durante os anos que vão de 1840 a 1850. Na Prússia, os suicídios que, de 1865 a 1870, não tinham ultrapassado 3.658, atingiram a marca de 4.459 em 1876, 5.042 em 1878, um aumento de 36%. Os homicídios dolosos e premeditados seguiram a mesma marcha; de 151 em 1869, passaram sucessivamente para 166 em 1874, 221 em 1875 e 253 em 1878, um aumento de 67%.[350] O mesmo fenômeno acontece na Saxônia. Antes de 1870, os suicídios oscilavam entre 600 e 700; uma só vez, em 1868, houve 800. A partir de 1876, eles sobem a 981, depois para 1.114, para 1.126 e, enfim, em 1880, eles estavam em 1.171.[351] Paralelamente, os atentados contra a vida dos outros

---

[349] Uma estatística apresentada por FERRI (*Omicidio*, p. 373) não é mais comprobatória. De 1866 a 1876, teria havido, nos presídios italianos, 17 suicídios cometidos por detentos condenados por crimes contra a pessoa, e apenas 5 cometidos por outros crimes contra a propriedade. Mas, no presídio, os primeiros são muito mais numerosos do que os segundos. Essas cifras, portanto, não possuem nada de concludente. Ignoramos, além disso, de que fonte o autor dessa estatística retirou os elementos dos quais se serviu.
[350] De acordo com OETTINGEN, *Moralstatistik,* anexos, quadro 61.
[351] *Ibid.,* quadro 109.

passaram de 637 em 1873 para 2.232 em 1878[352]. Na Irlanda, de 1865 a 1880, o suicídio cresceu 29%, enquanto o homicídio cresceu também e quase na mesma proporção.[353]

Na Bélgica, de 1841 a 1885, os homicídios passaram de 47 para 139 e os suicídios de 240 para 670; o que implica um crescimento de 195% para os primeiros e de 178% para os segundos. Essas cifras concordam tão pouco com a lei que Ferri foi forçado a colocar em dúvida a exatidão da estatística belga. Mas mesmo se nos detivermos nos anos mais recentes e naqueles sobre os quais os dados são mais suspeitos, chegamos ao mesmo resultado. De 1874 a 1885, o aumento foi para os homicídios de 51% (139 casos no lugar de 92) e, para os suicídios, de 79% (670 casos no lugar de 374).

A distribuição geográfica dos dois fenômenos dá ensejo a observações análogas. Os departamentos franceses nos quais é computado o maior número de suicídios são: o Sena, o Sena e Marne, o Sena e Oise, e o Marne. Ora, se eles não têm igualmente a dianteira no caso dos homicídios, não deixam de ocupar um lugar bastante elevado. O Sena é o 26° para os homicídios dolosos e o 17° para os homicídios premeditados, enquanto o Sena e Marne está no 33° lugar e no 14° respectivamente, o Sena e Oise no 156° e no 24° e o Marne no 27° e no 21°. O Var, que está em 10° lugar no caso dos suicídios, é o 5° para os homicídios premeditados e o 6° para os homicídios dolosos. Nas Bocas do Ródano, onde as pessoas matam muito, elas se matam também bastante; eles estão na 5ª posição no caso dos homicídios dolosos e na 6ª para os homicídios premeditados.[354] Sobre o mapa dos suicídios, assim como sobre o mapa dos homicídios, a Ilha de França é representada por uma mancha cinza, assim como a banda formada pelos departamentos mediterrânicos; com a única diferença de que a primeira região é de uma tinta mais escura sobre o mapa do homicídio do que sobre o mapa do suicídio e que ocorre o inverso em relação à segunda região. O mesmo acontece na Itália. Roma, que é o terceiro distrito judiciário para as mortes voluntárias, é também o quarto para os homicídios qualificados. Enfim, vimos que, nas sociedades inferiores, onde a vida é pouco respeitada, os suicídios são, com frequência, muito numerosos.

Porém, por mais incontestáveis que sejam esses fatos e haja algum interesse em não os perder de vista, há aí posições contrárias que não são menos constantes e que são até mesmo mais numerosas. Se, em certos casos, os dois fenômenos concordam, ao menos parcialmente, em outros eles se encontram manifestamente em antagonismo:

---

[352] *Ibid.*, quadro 65.
[353] De acordo com os mesmos quadros traçados por FERRI.
[354] Essa classificação dos departamentos se deve a BOURNET, *De la criminalité en France et en Italie*, Paris, 1884, p. 41 e 51.

1º) Se, em certos momentos do século, elas progridem no mesmo sentido, as duas curvas, tomadas em seu conjunto, lá ao menos onde se pode segui-las por um tempo suficiente, contrastam muito nitidamente. Na França, de 1826 a 1880, o suicídio cresce regularmente, assim como vimos; o homicídio, ao contrário, tende a decrescer, ainda que menos rapidamente. Entre 1826 e 1830, havia anualmente 279 acusações de homicídio doloso em média, enquanto havia apenas 160 entre 1876 e 1880 e, nesse intervalo, o seu número desceu para 121 entre 1861 e 1865 e para 119 entre 1856 e 1860. Nas duas épocas, por volta de 1845 e logo após a guerra, houve uma tendência para a recuperação; mas, se nos abstrairmos dessas oscilações secundárias, o movimento geral de decréscimo é evidente. A diminuição é de 43%, tão mais sensível quanto o crescimento da população, no mesmo período, de 16%.

A regressão é menos acentuada nos homicídios premeditados. Havia 258 acusados entre 1826 e 1830 e ainda havia 239 entre 1876 e 1880. O recuo não é sensível senão quando se leva em conta o crescimento da população. Essa diferença na evolução do homicídio premeditado não tem nada de surpreendente. Trata-se, com efeito, de um crime misto que possui com o homicídio doloso características comuns, assim como diferentes; ele emerge, em parte, de outras causas. Ora o que está em questão aqui é um homicídio mais refletido e mais desejado, ora se trata apenas do prosseguimento de um crime contra a propriedade. Em função desse último, ele é colocado sob a dependência de outros fatores, diferentes dos do assassinato. O que o determina não é o conjunto das tendências de todos os tipos que impelem ao derramamento de sangue, mas os motivos muito diferentes que estão na raiz do roubo. A dualidade desses dois crimes era já sensível no quadro de suas variações mensais e sazonais. O homicídio premeditado atinge seu ponto culminante no inverno e, mais especificamente, em novembro, assim como os atentados contra as coisas. Não é, portanto, por meio das variações pelas quais ele passa que podemos observar melhor a evolução do homicídio corrente; a curva do homicídio doloso traduz melhor a orientação geral.

O mesmo fenômeno pode ser observado na Prússia. Em 1834, havia 368 instruções abertas para mortes causadas por golpes mortais, ou seja, uma para 29.000 habitantes; em 1851, não havia mais do que 257 ou uma para cada 53.000 habitantes. O movimento continuou em seguida, ainda que com um pouco mais de lentidão. Em 1852, havia ainda uma instrução para cada 76.000 habitantes; em 1873, uma somente para cada 109.000.[355] Na Itália, de 1875 a 1890, a diminuição dos homicídios simples e qualificados foi de 18% (2.660 no lugar de 3.280), enquanto que os suicídios

---

[355] STARKE, *Verbrechen und Verbrecher in Preussen*, Berlim, 1884, p. 144 e seg.

aumentaram 80%.[356] Lá onde o homicídio não perde terreno, ele permanece pelo menos estacionário. Na Inglaterra, de 1860 a 1865, computavam-se anualmente 359 casos, enquanto não havia senão 329 entre 1881 e 1885; na Áustria, havia 528 entre 1866 e 1870 e não há mais do que 510 entre 1881 e 1885,[357] e é provável que se, nesses diferentes países, isolássemos o homicídio doloso do premeditado, a regressão seria ainda mais marcada. Durante o mesmo período, o suicídio aumentava em todos os Estados.

Não obstante, o Sr. Tarde procurou demonstrar que essa diminuição do homicídio na França não era senão aparente.[358] Segundo ele, ela ocorre simplesmente porque se tinha deixado de acrescentar aos casos julgados pelas cortes judiciais aqueles casos que tinham sido classificados como interrompidos pelos tribunais ou que se mostraram, por fim, como descabidos. De acordo com esse autor, o número dos homicídios que permanecem, assim, sem continuidade e que, por essa razão, não entram na conta dos totais da estatística judiciária não teria deixado de crescer; se nós os juntássemos aos crimes da mesma espécie que foram objeto de um julgamento, teríamos uma progressão contínua em vez da regressão anunciada. Infelizmente, a prova que ele dá para essa afirmação se baseia em um arranjo muito engenhoso das cifras. Ele se contenta em comparar o número dos homicídios dolosos e premeditados que não foram deferidos nas audiências durante o quinquênio de 1861-1865 com aqueles dos anos de 1876-1880 e 1880-1885, mostrando em seguida que o segundo e, sobretudo, o terceiro são superiores ao primeiro. Acontece, porém, de o período entre 1861 e 1865 ser, de todo o século, aquele no qual, de longe, houve menos casos assim interrompidos antes do julgamento; o número é excepcionalmente ínfimo e nós não sabemos quais são as causas disso. Nesse sentido, ele constitui um termo de comparação tão impróprio quanto possível. Não é, além disso, comparando-se duas ou três cifras, que se pode induzir uma lei. Se, em vez de escolher assim seu ponto de apoio, o Sr. Tarde tivesse observado durante um longo período de tempo as variações sofridas pelos números de casos, ele teria chegado a uma conclusão totalmente diferente. Eis aí, com efeito, o resultado desse trabalho.

---

[356] De acordo com os quadros de FERRI.
[357] Ver BOSCO, *Gli Omicidii in alcuni Stati d'Europa*, Roma, 1889.
[358] *Philosophie pénale*, p. 347-48.

Número de casos sem continuidade[359]

	1835-38	1839-40	1846-50	1861-65	1876-80	1880-85
Homicídios dolosos	442	503	408	223	322	322
Homicídios premeditados	313	320	333	217	231	252

As cifras não variam de uma maneira muito regular; mas, de 1835 a 1885, elas cresceram sensivelmente, apesar da recuperação que se produz por volta de 1976. A diminuição é de 37% para os homicídios dolosos e de 24% para os homicídios premeditados. Não há, portanto, nada que permita concluir um crescimento da criminalidade correspondente.[360]

2º) Se há países que acumulam o suicídio e o homicídio, isso se dá sempre em proporções desiguais; jamais essas duas manifestações atingiram o seu máximo de intensidade no mesmo momento. Mesmo que seja uma regra geral dizer que, lá *onde o homicídio é bastante desenvolvido, ele confere uma espécie de imunidade contra o suicídio.*

A Espanha, a Irlanda e a Itália são os três países da Europa nos quais as pessoas menos se matam; o primeiro conta 17 casos para um milhão de habitantes, o segundo 21 e o terceiro 37. Inversamente, eles são países onde as pessoas matam muito. *São os únicos países nos quais o número de homicídios*

---

[359] Alguns desses casos não tem continuidade porque eles não constituem nem crimes nem delitos. Haveria, então, espaço para alijá-los. No entanto, não o fizemos, a fim de seguirmos nosso autor em seu próprio terreno; além disso, esse alijamento, estamos seguros, não alteraria nada no resultado que se destaca das cifras acima.

[360] Uma consideração secundária, apresentada pelo mesmo autor como apoio de sua tese, não é mais comprobatória. De acordo com ele, seria preciso também levar em conta os homicídios classificados por erro entre as mortes voluntárias e acidentais. Ora, como o número de uns e das outras aumentou desde o início do século, ele conclui a partir daí que a cifra dos homicídios colocados sob uma e outra dessas duas etiquetas também deve ter crescido do mesmo modo. Eis aí uma vez mais, diz ele, um aumento sério o qual é preciso levar em conta, caso se queira apreciar exatamente a marcha do homicídio. – O raciocínio, porém, repousa sobre uma confusão. Do fato de que a cifra das mortes acidentais e voluntárias cresceu não se segue que o mesmo tenha acontecido com os homicídios estabelecidos erroneamente sobre essa rubrica. Do fato de que há mais suicídios e mais acidentes não resulta que haja também mais falsos suicídios e falsos acidentes. Para que tal hipótese tivesse qualquer verossimilhança, seria necessário estabelecer que as enquetes administrativas ou judiciárias, nos casos duvidosos, foram piores do que em outros tempos; suposição para a qual não conhecemos nenhum fundamento. O Sr. Tarde, é verdade, se espanta que haja hoje mais mortes por afogamento do que outrora e está disposto a ver aí, sob tal crescimento, um crescimento dissimulado dos homicídios. Mas o número de mortes por raios também cresceu muito mais; ele dobrou. A perfídia criminal, porém, não tem nisso nenhuma parte. A verdade é de início o fato de que as recensões estatísticas vêm se construindo cada vez mais exatamente e, para os casos de afogamento, como os banhos de mar são agora mais frequentes, os portos mais ativos, os barcos mais numerosos sobre os nossos rios: tudo isso dá ensejo a mais acidentes.

ultrapassa o número de mortes voluntárias; a Espanha tem três vezes mais homicídios do que mortes voluntárias (1.484 homicídios em média durante os anos de 1885 e 1889 e 514 suicídios apenas); a Irlanda apresenta o dobro (225 de um lado e 116 do outro); a Itália uma vez e meia a mais (2.322 contra 1.437). Ao contrário, a França e a Prússia são muito fecundas em termos de suicídios (160 e 260 casos para cada milhão); os homicídios são aí dez vezes menos numerosos: a França apresenta apenas 734 casos e a Prússia 459, no período de 1882 a 1888.

As mesmas relações podem ser observadas no interior de cada país.

Na Itália, no mapa dos suicídios, todo o norte está sombreado, todo o sul, absolutamente claro; é exatamente o inverso, por outro lado, que acontece sobre o mapa dos homicídios. Se, além disso, repartíssemos as províncias italianas em duas classes segundo a taxa dos suicídios e se buscássemos saber qual é, em cada uma delas, a taxa média dos homicídios, o antagonismo apareceria da maneira mais acentuada.

1ª classe: de 4,1 suicídios a 30 por milhão   271,9 homicídios por milhão
2ª classe: de 30 suicídios a 88 por milhão   95,2 homicídios por milhão

A província em que mais se mata é a Calábria, 69 homicídios qualificados por milhão; mas nessa província o suicídio não é tão raro.

Na França, os departamentos nos quais se cometem mais homicídios são a Córsega, os Pirineus Orientais, a Lozère e a Ardèche. Ora, com relação aos suicídios, a Córsega cai do 1° lugar para o 85°, os Pirineus Orientais para o 63°, a Lozère para o 83° e, por fim, a Ardèche para o 68°.[361]

Na Áustria, é na Áustria inferior, na Boêmia e na Morávia que o suicídio encontra o seu máximo, enquanto é pouco desenvolvido na Carníola e na Dalmácia. Ao contrário, a Dalmácia conta 79 homicídios para um milhão de habitantes e a Carníola, 57,4, enquanto a Áustria inferior não apresenta senão 14, a Boêmia, 11 e a Morávia, 15.

3°) Nós mostramos como as guerras possuem uma influência enfraquecedora sobre o suicídio. Elas produzem o mesmo efeito sobre os roubos, os estelionatos, o abuso de confiança, etc. Mas há um crime que experimenta aí uma exceção. Trata-se do homicídio. Na França, em 1870, os homicídios que eram em média 119 durante entre 1866 e 1869, passaram bruscamente para 133 e depois para 224 em 1871, um aumento de 88%,[362] para caírem

---

[361] Para o homicídio premeditado, a inversão é menos pronunciada; o que confirma o que foi dito acima sobre o caráter misto desse crime.
[362] Os homicídios premeditados, ao contrário, que eram 200 em 1869, 215 em 1868, caem para 162 em 1870. Vê-se, assim, o quanto esses dois tipos de crimes precisam ser distinguidos.

mais uma vez a 162 em 1872. Esse crescimento se mostrará ainda mais importante, se lembrarmos que a idade na qual se mata mais está situada por volta dos trinta anos, e que toda a juventude se encontrava nessa época uniformizada. Os crimes que ela teria cometido em tempos de paz não entraram, portanto, nos cálculos da estatística. Além disso, não há dúvida de que a desordem da administração judiciária impediu mais de um crime de ser conhecido ou mesmo mais de uma investigação de chegar a ser realizada. Se, apesar dessas duas causas de diminuição, o número de homicídios cresceu, é possível conceber o quanto o aumento real deve ter sido sério.

Ao mesmo tempo, na Prússia, logo que estoura a guerra contra a Dinamarca em 1864, os homicídios passam de 137 para 169, nível que eles não atingiam desde 1854; em 1865, eles caem para 153, mas se elevam uma vez mais em 1866 (159), momento em que o exército prussiano tinha sido mobilizado. Em 1870, em relação a 1869, constata-se uma ligeira baixa (151 casos em vez de 185), baixa que se acentua ainda em 1871 (136 casos), mas que é muito menor do que a dos outros crimes! No mesmo instante, os roubos qualificados baixam para a metade, 4.599 em 1870 em vez de 8.676 em 1869. Além disso, nessas cifras, homicídios dolosos e premeditados são confundidos; ora, esses dois crimes não possuem a mesma significação e sabemos que, na França também, os primeiros só aumentam nos tempos de guerra. Se, então, a diminuição total dos homicídios de todos os tipos não é mais considerável, pode-se acreditar que os homicídios dolosos, uma vez isolados dos homicídios premeditados, manifestariam uma alta importante. De mais a mais, se pudéssemos reintegrar todos os casos que devem ter permanecido omissos pelas duas causas assinaladas mais acima, essa regressão aparente seria ela mesma reduzida a pouca coisa. Enfim, é digno de nota que os homicídios involuntários tenham se elevado agora muito sensivelmente, de 268 em 1869 para 303 em 1870 e para 310 em 1871.[363] Não temos aqui, portanto, a prova de que, nesse momento, se tinha uma menor consideração pela vida humana do que em tempos de paz?

As crises políticas têm o mesmo efeito. Na França, enquanto que, de 1840 a 1846, a curva dos homicídios permaneceu estacionária, ela aumenta bruscamente em 1848, para atingir seu máximo em 1849 com 240 casos.[364] O mesmo fenômeno já tinha sido produzido durante os primeiros anos do reinado de Luís Filipe. As competições entre os partidos políticos foram nesse momento de uma extrema violência. Também é, por outro lado, nesse momento que os homicídios atingem o ponto mais alto a que eles tinham chegado durante todo o século. De 204 em 1830, eles se elevam para 264 em

---

[363] De acordo com STARKE, *op. cit.*, p. 133.
[364] Os homicídios premeditados permanecem mais ou menos estacionários.

1831, cifra que nunca foi ultrapassada; em 1832, eles estão ainda em 253 e, em 1833, em 257. Em 1834, produz-se uma baixa brusca que se afirma cada vez mais; em 1838, não há mais do que 145 casos, ou seja, uma diminuição de 44%. Durante esse tempo, o suicídio evoluiu no sentido inverso. Em 1833, ele estava no mesmo nível que em 1829 (1.973 casos de um lado, 1.904 do outro); depois, em 1834, começa um movimento ascensional que é muito rápido. Em 1838, o aumento é de 30%.

4º) O suicídio é muito mais urbano do que rural. É o contrário que acontece com o homicídio. Adicionando-se aí o conjunto dos homicídios, parricídios e infanticídios, nos deparamos com o fato de que, no campo, em 1887, foram cometidos 11,1 crimes desse gênero e 8,6 apenas nas cidades. Em 1880, as cifras são praticamente as mesmas; elas são respectivamente 11,0 e 9,3.

5º) Vimos que o catolicismo diminui a tendência para o suicídio, enquanto o protestantismo a aumenta. Inversamente, os homicídios são muito mais frequentes nos países católicos do que nos protestantes.

Países católicos	Homicídios simples 1 milhão de habitantes	Homicídios premeditados para 1 milhão de habitantes	Países protestantes	Homicídios simples para 1 milhão de habitantes	Homicídios premeditados para 1 milhão de habitantes
Itália	70	23,1	Alemanha	3,4	3,3
Espanha	64,9	8,2	Inglaterra	3,9	1,7
Hungria	56,2	11,9	Dinamarca	4,6	3,7
Áustria	10,2	8,7	Holanda	3,1	2,5
Irlanda	8,1	2,3	Escócia	4,4	0,70
Bélgica	8,5	4,2			
França	6,4	5,6			
Médias	32,1	9,1	Médias	3,8	2,3

Sobretudo no que diz respeito ao homicídio simples, a oposição entre esses dois grupos de sociedade é espantosa.

O mesmo contraste pode ser observado no interior da Alemanha. Os distritos que mais se elevam acima da média são todos católicos; esses distritos são Posen (18,2 homicídios dolosos e premeditados para cada milhão de habitantes), Donau (16,7), Bromberg (14,8), a Alta e a Baixa Baviera (13,0). Ao mesmo tempo também, no interior da Baviera, as províncias são tanto mais fecundas em homicídios quanto computam menos protestantes:

Minoria católica	Homicídios dolosos e premeditados para 1 milhão de habitantes	Maioria católica	Homicídios dolosos e premeditados para 1 milhão de habitantes	Onde há mais de 50% de católicos	Homicídios dolosos e premeditados para 1 milhão de habitantes
Palatinado do Reno	2,8	Francônia inferior	9	Alto Palatinado	4,3
Francônia central	6,9			Alta Baviera	13,0
Alta Francônia	6,9	Suábia	9,2	Baixa Baviera	13,0
Média	5,5	Média	9,1	Média	10,1

A questão é que o Alto Palatinado faz exceção à lei. É apenas comparar o quadro acima com aquele da página 144 para que a inversão entre a distribuição do suicídio e a dos homicídios apareça com evidência.

6°) Enfim, enquanto a vida da família tem sobre o suicídio uma ação moderadora, mais ela estimula o homicídio. Entre 1884 e 1887, um milhão de esposos resultava, em média, por ano, 5,07 homicídios; um milhão de solteiros com mais de 15 anos, 12,7. Os primeiros parecem, portanto, gozar, em relação aos segundos, de um coeficiente de preservação de mais ou menos 2,3. Todavia, é preciso levar em conta aqui o fato de que essas duas categorias de sujeitos não possuem a mesma idade e que a intensidade da tendência homicida varia nos diferentes momentos da vida. Os solteiros têm em média de 25 a 30 anos; os esposos, por volta de 45. Ora, é entre 25 e 30 anos que a tendência para o homicídio é máxima; um milhão de indivíduos dessa idade produz anualmente 15,4 homicídios, enquanto aos 45 anos a taxa não é maior do que 6,9. A relação entre o primeiro desses números e o segundo é igual a 2,2. Assim, em razão de sua idade mais avançada, as pessoas casadas deveriam cometer 2 vezes menos homicídios do que os solteiros. Sua situação, privilegiada em aparência, não provém, portanto, do fato de que são casadas, mas do fato de que são mais velhas. A vida doméstica não lhes confere aqui nenhuma imunidade.

Não apenas ela não preserva em relação ao homicídio, mas é de se supor antes que o incite. Com efeito, é mais do que provável que a população casada goze, em princípio, de uma moralidade mais alta do que a população solteira. Ela deve essa superioridade não tanto, como acreditamos, à seleção matrimonial, cujos efeitos, contudo, não são negligenciáveis, mas muito mais à própria ação exercida pela família sobre cada um de seus membros. Não há qualquer dúvida de que, quando uma pessoa está isolada e entregue à sua própria sorte, ela está menos temperada em termos morais do que quando sofre a cada instante os efeitos da disciplina benfazeja do meio familiar. Se, então, no que concerne ao homicídio, os esposos não se encontram em uma melhor situação do que os solteiros, então isso acontece porque essa influência moralizante da qual eles se beneficiam, e que deveria retirá-los de toda e qualquer espécie de crime, é neutralizada parcialmente por uma influência agravante que os impele a matar e que deve estar relacionada com a vida familiar.[365]

Em resumo, portanto, por vezes o suicídio coexiste com o homicídio, por vezes eles se excluem mutuamente; por vezes eles reagem da mesma maneira à influência das mesmas condições, por vezes reagem em sentido contrário e os casos de antagonismo são os mais numerosos. Como explicar esses fatos, em aparência contraditórios?

A única maneira de conciliá-los é admitir que há espécies diferentes de suicídio, das quais algumas possuem um certo parentesco com o homicídio, enquanto outras o repelem. Pois não é possível que um só e mesmo fenômeno se comporte de maneira tão diferente nas mesmas circunstâncias. O suicídio que varia como o homicídio e aquele que varia em sentido inverso não poderiam possuir uma e a mesma natureza.

E, com efeito, mostramos que há diferentes tipos de suicídio, cujas propriedades características não são todas as mesmas. A conclusão do livro precedente se encontra, assim, confirmada, ao mesmo tempo que serve para explicar os fatos que acabam de ser expostos. Por si mesmos, eles já seriam suficientes para conjecturar a diversidade interna do suicídio; mas a hipótese deixa de se mostrar como hipótese no momento em que é articulada com os resultados anteriormente obtidos, assim como esses resultados experimentam essa aproximação como um suplemento de prova. Mesmo agora que sabemos quais são os diferentes tipos de suicídios e em que eles consistem, podemos facilmente perceber quais são aqueles que são incompatíveis com o homicídio e aqueles que, ao contrário, dependem em parte das mesmas causas, e porque a incompatibilidade é o fato mais geral.

O tipo do suicídio que é atualmente o mais difundido e que contribui para elevar a cifra anual das mortes voluntárias é o suicídio egoísta. O que o caracteriza é um estado de depressão e de apatia produzido por uma individuação exagerada. O indivíduo não se importa com o ser, porque ele não se atém mais tanto ao único intermediário que pode ligá-lo ao real, quero dizer, a sociedade. Tendo de si mesmo e de seu próprio valor um sentimento muito vivo, ele quer ser para si mesmo o seu próprio fim e, como tal objetivo não teria como o satisfazer, ele arrasta em meio ao langor e ao tédio uma existência que lhe parece desde então desprovida de sentido. O homicídio

---

[365] Essas observações estão, além disso, antes destinadas a colocar a questão do que resolvê-la. Ela não poderá ser resolvida senão quando se tiver isolado a ação da idade e aquela do estado civil, tal como fizemos para o suicídio.

depende de condições opostas. Trata-se aqui de um ato de violência que não tem como ser cometido sem paixão. Ora, lá onde a sociedade é muito integrada, de tal modo que a individuação das partes é pouco pronunciada, a intensidade dos estados coletivos eleva o nível geral da vida passional; ao mesmo tempo, o terreno não é em lugar algum tão favorável quanto aqui ao desenvolvimento das paixões especialmente homicidas. Lá onde o espírito doméstico guardou sua antiga força, as ofensas dirigidas contra a família são consideradas sacrilégios que não teriam como ser vingados com um excesso de crueldade e cuja vingança não pode ser abandonada às lágrimas. Foi daí que proveio a prática da *vendetta* que ainda torna sangrenta a nossa Córsega e certos países meridionais. Lá onde a fé religiosa é muito viva, ela é com frequência inspiradora dos homicídios e o mesmo vale inteiramente para a fé política.

Além do mais e sobretudo, a corrente homicida, de uma maneira geral, se mostra tanto mais violenta quanto menos é contida pela consciência pública, ou seja, quanto mais os atentados contra a vida são julgados de maneira leviana; e, como se lhes atribui uma gravidade tanto menor quanto mais a moral comum der menos apreço ao indivíduo e àquilo que lhe interessa, uma individuação fraca ou, para retomar a nossa expressão, um estado de altruísmo excessivo impele aos homicídios. Eis aí por que, nas sociedades inferiores, eles são tão numerosos quanto pouco reprimidos. Essa frequência e a indulgência relativa da qual eles se beneficiam derivam de uma e mesma causa. O menor respeito do qual as personalidades individuais são objeto as expõe, inversamente, às violências, ao mesmo tempo que esse menor respeito faz com que suas violências se mostrem menos criminosas. O suicídio egoísta e o homicídio provêm, portanto, de causas antagônicas e, por conseguinte, é impossível que um possa se desenvolver facilmente lá onde o outro floresça. Lá onde as paixões sociais estão vivas, o homem está muito menos inclinado aos delírios estéreis tanto quanto aos frios cálculos do epicurista. Quando ele está habituado a não estimar muito os destinos particulares, não é levado a se interrogar ansiosamente sobre o seu próprio destino. Quando faz pouco caso da dor humana em geral, o peso dos seus sofrimentos pessoais lhe é mais leve.

Ao contrário, e pelas mesmas causas, o suicídio altruísta e o homicídio podem muito bem andar paralelamente; pois dependem de condições que não diferem senão em graus. Quando alguém está acostumado a menosprezar sua própria existência, não pode estimar muito a existência do outro. É por essa razão que os homicídios e as mortes voluntárias se acham igualmente em estado endêmico em certos povos primitivos. Mas não é verossímil que se possa atribuir à mesma origem os casos de paralelismo que encontramos nas nações civilizadas. Não é por um estado de altruísmo exagerado que podem ter sido produzidos esses suicídios que vimos por vezes, nos meios mais cultivados, coexistirem em grande número com os homicídios. Pois, para impelir ao suicídio, é preciso que o altruísmo seja excepcionalmente intenso, mais intenso até mesmo do que para impelir ao homicídio. Com efeito, por menor que seja o valor que dou à existência do indivíduo em geral, a existência do indivíduo que eu sou sempre valerá mais aos meus olhos do que a existência dos outros. Indiferente a todas as coisas, o homem médio é mais inclinado a respeitar a pessoa humana em si mesmo do que em seus semelhantes; por conseguinte, é preciso uma causa mais enérgica para abolir esse sentimento de respeito no primeiro caso do que no segundo. Ora, hoje, exceto em alguns meios especiais e pouco numerosos como o exército, o gosto pela impessoalidade e pela renúncia é muito pouco pronunciado e os sentimentos contrários são muito genéricos e fortes demais para tornar fácil a tal ponto a imolação de si mesmo. Deve haver, então, outra forma, mais moderna, do suicídio, suscetível igualmente de se combinar com o homicídio.

Essa outra forma é o suicídio anômico. A anomia, com efeito, abre o espaço para o surgimento de um estado de exasperação e de lassidão irritada que pode, segundo as circunstâncias, se voltar contra o próprio sujeito ou contra o outro; no primeiro caso, há um suicídio, no segundo, um homicídio. Quanto às causas que determinam a direção a ser seguida pelas forças assim superexcitadas, elas se devem provavelmente à constituição moral do agente. À medida que ela é mais ou menos resistente, ela se vê inclinada para um lado ou para o outro. Um homem de moralidade medíocre mais mata do que se mata. Nós mesmos vimos que, por vezes, essas duas manifestações se produzem uma seguida da outra e não são senão duas faces de um e mesmo ato; o que demonstra o seu estreito parentesco. O estado de exacerbação em que se encontra, então, o indivíduo é tal que, para se aliviar, são necessárias duas vítimas.

Eis aí por que, hoje, é possível ver certo paralelismo entre o desenvolvimento do homicídio e o desenvolvimento do suicídio, sobretudo nos grandes centros e nas regiões de civilização intensa. É que a anomia está aí em um estado agudo. A mesma causa impede os homicídios de decrescerem tão rapidamente quanto crescem os suicídios. Com efeito, se os progressos do individualismo secam uma das fontes do homicídio, a anomia, que acompanha o desenvolvimento econômico, abre uma outra. Notadamente, pode-se acreditar que, se na França e, sobretudo, na Prússia, homicídios de si mesmo e homicídios do outro aumentaram simultaneamente depois da guerra, a razão disso está na instabilidade moral que, por causas diferentes, se tornou maior nesses dois países. Enfim, pode-se explicar da seguinte forma como é que, apesar dessas concordâncias parciais, o antagonismo é o fato mais geral. É que o suicídio anômico não ocorre em massa senão em pontos especiais, lá onde a atividade industrial e comercial experimentou um grande incremento. O suicídio egoísta é, provavelmente, o mais difundido; ora, ele exclui os crimes de sangue.

Chegamos, portanto, à conclusão seguinte. Se o suicídio e o homicídio variam frequentemente em razão inversa um do outro, isso não se dá senão porque são duas faces diferentes de um único e mesmo fenômeno; é porque constituem, em certos aspectos, duas correntes sociais contrárias. Eles se excluem, portanto, como o dia exclui a noite, como as doenças da extrema secura excluem aquelas da extrema umidade. Se, não obstante, essa oposição geral não impede toda harmonia, é que certos tipos de suicídios em vez de dependerem de causas antagônicas àquelas das quais derivam os homicídios, exprimem, ao contrário, o mesmo estado social e se desenvolvem no cerne do mesmo meio moral. Pode-se, além disso, prever que os homicídios coexistem com o suicídio anômico e que aqueles homicídios que se coadunam com o suicídio altruísta não devem ser da mesma natureza; que o homicídio, por conseguinte, exatamente como o suicídio, não é uma entidade criminológica una e indivisível, mas deve compreender uma pluralidade de espécies muito diferentes umas das outras. Mas esse não é o lugar para insistir sobre essa importante proposição da criminologia.

Portanto, não é exato dizer que o suicídio teria contrapartidas felizes, que diminuiriam a sua imoralidade e que se poderia, por conseguinte, ter aí um interesse em não obstruir o seu desenvolvimento. Ele não é um derivado do homicídio. Sem dúvida, a constituição moral da qual depende o suicídio egoísta e aquela que faz regressar o homicídio nos povos mais civilizados são solidários. Mas o suicida dessa categoria, longe de ser um homicida abortado, não possui nada daquilo que poderia transformá-lo em um homicida. Ele é uma pessoa triste e deprimida. Nesse sentido, é possível condenar seu ato sem transformar em assassinos aqueles que estão na mesma via que ele. Dir-se-á que condenar o suicídio é ao mesmo tempo condenar e, por conseguinte, enfraquecer o estado de espírito do qual ele procede, a saber, essa espécie de hiperestesia para tudo aquilo que concerne ao indivíduo? Que, por meio disso, nos arriscamos a reforçar o gosto pela impessoalidade e pelo homicídio que deriva dele? Mas o individualismo, para poder conter a tendência para o homicídio, não tem a necessidade de alcançar esse grau de intensidade excessiva que constitui uma das fontes dos suicídios. Para que o indivíduo repugne verter o sangue de seus semelhantes, não é necessário que ele não se apegue a nada exceto a si mesmo. Basta que ele ame e que respeite a pessoa humana em geral. A tendência para a individualização pode, então, ser contida em justos limites, sem que a tendência para o homicídio seja, por meio disso, reforçada.

Quanto à anomia, como ela produz tanto o homicídio quanto o suicídio, tudo o que pode refreá-la também acaba por refrear ambos. Não há mesmo razão para temer que, uma vez impedida de se manifestar sob a forma de suicídios, ela acabaria por se traduzir em homicídios mais numerosos; pois o homem muito sensível à disciplina moral para renunciar a se matar por respeito à consciência pública e às suas proibições será ainda muito mais refratário ao homicídio, uma vez que ele é nesse caso ainda mais severamente retraído e reprimido. De resto, vimos que são os melhores que se matam em um caso semelhante; não há, portanto, nenhuma razão para favorecer uma seleção que se faria de trás para frente.

Este capítulo pode servir para elucidar um problema frequentemente debatido.

Sabe-se a que discussões deu lugar a questão de saber se os sentimentos que temos em relação aos nossos semelhantes não são mais do que uma extensão dos sentimentos egoístas ou, ao contrário, se são independentes desses sentimentos. Ora, acabamos de ver que nenhuma dessas hipóteses é fundada. Com certeza, a piedade pelo outro e a piedade por nós mesmos não são estranhas uma à outra, uma vez que progridem ou recuam paralelamente; mas uma não vem da outra. Se existe entre elas um laço de parentesco, é porque elas derivam todas de um mesmo estado da consciência coletiva, cuja opinião aprecia o valor moral do indivíduo em geral. Se ele se acha em alta conta na estima pública, aplicamos esse julgamento social aos outros ao mesmo tempo que a nós mesmos; sua pessoa, tal como a nossa, assume um preço maior aos nossos olhos e nos tornamos mais sensíveis ao que toca individualmente cada um deles, assim como àquilo que nos toca em particular. Suas dores, assim como nossas dores, nos são agora mais facilmente intoleráveis. A simpatia que temos por eles não é, então, um simples prolongamento daquela simpatia que temos por nós mesmos. Mas uma e outra são efeitos de uma mesma causa; elas são constituídas por um mesmo estado moral. Sem dúvida, ele se diversifica conforme o apliquemos a nós mesmos ou ao outro; nossos instintos egoístas o reforçam no primeiro caso e o enfraquecem no segundo. Mas ele está presente e atuante em um caso tanto quanto no outro. Ele é tão verdadeiro que até mesmo os sentimentos que parecem mais se dever à compleição pessoal do indivíduo dependem de causas que o ultrapassam! Nosso egoísmo é, em grande parte, um produto da sociedade.

PRANCHA VI[366]

Suicídios por idade dos casados e dos viúvos conforme eles tenham ou não filhos (departamentos franceses menos o Sena)

NÚMEROS ABSOLUTOS (ANOS DE 1889-91)

Idade	Casados		Viúvos	
	Sem filhos	Com filhos	Sem filhos	Com filhos
Homens				
De 0 a 15 anos	1,3	0,3	0,3	
De 15 a 20	0,3	0,6		
De 20 a 25	6,6	6,6	0,6	
De 25 a 30	33	34	2,6	3
De 30 a 40	109	246	11,6	20,6
De 40 a 50	137	367	28	48
De 50 a 60	190	457	48	108
De 60 a 70	164	385	90	173
De 70 a 80	74	187	86	212
De 80 anos e mais	9	36	25	71
Mulheres				
De 0 a 15 anos				
De 15 a 20	2,3	0,3	0,3	
De 20 a 25	15	15	0,6	0,3
De 25 a 30	23	31	2,6	2,3
De 30 a 40	46	84	9	12,6
De 40 a 50	55	98	17	19
De 50 a 60	57	106	26	40
De 60 a 70	35	67	47	65
De 70 a 80	15	32	30	68
De 80 anos e mais	1,3	2,6	12	19

---

[366] Esse quadro foi estabelecido com os documentos inéditos do Ministério da Justiça. Não pudemos nos servir muito desses documentos porque a enumeração da população não nos faz conhecer, em cada idade, o número de esposos e de viúvos sem filhos. No entanto, publicamos os resultados de nosso trabalho, na esperança de que ele será utilizado mais tarde, quando essa lacuna da enumeração tiver sido preenchida.

CAPÍTULO III

CONSEQUÊNCIAS PRÁTICAS

Agora que sabemos o que é o suicídio, quais são as suas espécies e as leis principais, é preciso que investiguemos qual é a atitude que as sociedades atuais devem adotar em relação a ele.

Essa questão mesma, porém, supõe uma outra. O estado presente do suicídio nos povos civilizados deve ser considerado normal ou anormal? Com efeito, segundo a solução a que nos ordenarmos, encontraremos quais reformas são necessárias e possíveis com vistas a refreá-lo ou, ao contrário, que convém aceitá-lo tal como ele é, sem deixar, por isso, de desaprová-lo.

I

As pessoas talvez se espantem que a questão possa ser formulada.

Com efeito, estamos habituados a considerar anormal tudo aquilo que é imoral. Se, então, tal como definimos, o suicídio fere a consciência moral, parece impossível não ver aí um fenômeno de patologia social. No entanto, procuramos mostrar em outro lugar[367] que mesmo a forma eminente da imoralidade, a saber, o crime, não deveria ser necessariamente classificada no nível das manifestações mórbidas. Essa afirmação, é verdade, desconcertou certos espíritos e pode parecer a um exame superficial que ela abalava os fundamentos da moral. Ela não possui, no entanto, nada de subversivo. Basta, para se convencer disso, se reportar à argumentação sobre a qual ela repousa e que pode ser resumida assim.

Ou bem a palavra doença não significa nada, ou bem ela designa qualquer coisa de evitável. Sem dúvida, nem tudo aquilo que é evitável é mórbido, mas tudo o que é mórbido pode ser evitado, ao menos pela generalidade dos sujeitos. Se não se quiser renunciar a toda distinção nas ideias tanto quanto nos termos, é impossível chamar assim um estado ou um caráter que os seres de uma espécie não podem não ter, um estado ou um caráter que estão implicados necessariamente em sua constituição. Por outro lado, não temos senão um signo objetivo, empiricamente determinável e suscetível de ser controlado por outro, no qual podemos reconhecer a existência dessa necessidade; trata-se da universalidade. Quando, sempre e por toda

---
[367] Ver *Regras do método sociológico*, cap. III.

parte, dois fatos se encontram em conexão, sem que uma única exceção seja citada, é contrário a todo método supor que eles possam ser separados. Não que um seja sempre a causa do outro. O laço que há entre eles pode ser mediado,[368] mas não deixar existir e de ser necessário.

Ora, não há sociedade conhecida na qual, sob formas diferentes, não se observe uma criminalidade mais ou menos desenvolvida. Não há povo cuja moral não seja cotidianamente violada. Portanto, devemos dizer que o crime é necessário, que ele não pode não ser, que as condições fundamentais da organização social, tal como elas são conhecidas, o implicam logicamente. Por conseguinte, ele é normal. É vão invocar aqui as imperfeições inevitáveis da natureza humana e sustentar que o mal, por mais que não possa ser impedido, não deixa de ser o mal; essa é a linguagem do pregador, não do cientista. Uma imperfeição necessária não é uma doença; de outro modo, seria necessário colocar a doença por toda parte, porque a imperfeição está por toda parte. Não há nenhuma função do organismo, nenhuma forma anatômica a propósito da qual não se possa imaginar qualquer aperfeiçoamento. Houve certa vez um relato de que um oftalmologista teria rugido e alardeado aos quatro ventos que teria fabricado um instrumento de visão tão grosseiro quanto o olho humano. Mas não se concluiu daí nem se poderia concluir que a estrutura desse órgão seria anormal. Há mais; é impossível que aquilo que é necessário não tenha em si alguma perfeição, para usar a linguagem um pouco teológica de nossos adversários. *Aquilo que é condição indispensável da vida não pode não ser útil, a menos que a vida não seja útil.* Não há como fugir disso. E, com efeito, mostramos como é que o crime pode ser útil. A questão é apenas que ele não é útil senão se for reprovado e reprimido. Acreditou-se equivocadamente que o simples fato de catalogá-lo entre os fenômenos sociológicos implicava a sua absolvição. Se é normal que haja crimes, também é normal que eles sejam punidos. A pena e o crime são os dois termos de um casal inseparável. Um não pode faltar, assim como o outro. Todo relaxamento anormal do sistema repressivo tem por efeito estimular a criminalidade e dar a ela um grau de intensidade anormal.

Apliquemos o que foi dito acima ao suicídio.

Não temos, é verdade, informações suficientes para podermos assegurar que não há sociedades onde o suicídio não se faça presente. Não há senão um pequeno número de pessoas por meio das quais a estatística nos ensina algo sobre esse ponto. Quanto a outras vias, a existência de um suicida crônico não pode ser atestada senão pelos traços que o suicida deixa na legislação. Ora, não sabemos com certeza se o suicídio foi por toda parte

---

[368] E mesmo todo laço lógico não é ele mesmo mediado? Por mais próximos que sejam os dois termos que ele liga, há sempre entre eles uma distância, um intervalo lógico.

o objeto de uma regulamentação jurídica. Mas se pode afirmar que esse é o caso mais geral. No momento em que ele é prescrito, é reprovado; no momento em que a interdição que se abate sobre ele se torna formal, ele passa a comportar reservas e exceções. Mas todas as analogias permitem crer que ele nunca pode permanecer indiferente para o direito e para a moral; isso significa dizer que ele sempre teve bastante importância para atrair para si o olhar da consciência pública. Em todo caso, é certo que as correntes suicidógenas, mais ou menos intensas segundo as épocas, sempre existiram nos povos europeus; a estatística nos fornece a prova disso em relação ao século passado, assim como os monumentos jurídicos a fornecem para as épocas anteriores. O suicídio é, então, um elemento de sua constituição normal e mesmo, provavelmente, de toda constituição social.

Além disso, não é impossível perceber como ele se acha ligado a toda constituição social.

Essa ligação fica evidente sobretudo com relação ao suicídio altruísta, se considerarmos as sociedades inferiores. Precisamente porque a estreita subordinação do indivíduo ao grupo é o princípio sobre o qual elas repousam, o suicídio altruísta é, nesse caso, por assim dizer, um procedimento indispensável da disciplina coletiva. Se o homem não tivesse nenhuma estima por sua vida, ele não seria aquilo que deve ser e, no momento em que passa a fazer pouco caso de si, é inevitável que tudo se torne para ele um pretexto para se desembaraçar de si. Há, portanto, um laço estreito entre a prática desse suicídio e a organização moral dessas sociedades. O mesmo acontece hoje nesses meios particulares, nos quais a abnegação e a impessoalidade são rigorosas. Ainda hoje, o espírito militar não pode ser forte senão se o indivíduo for separado de si mesmo, e tal separação abre necessariamente o espaço para o suicídio.

Por razões contrárias, nas sociedades e nos meios em que a dignidade da pessoa é o fim supremo da conduta, onde o homem é Deus para o homem, o indivíduo se acha facilmente inclinado a considerar Deus como sendo o homem que há em si mesmo, a erigir a si mesmo como o objeto de seu próprio culto. Quando a moral fixa para si mesma como tarefa apresentar de si mesma uma ideia por demais elevada, bastam certas combinações de circunstâncias para que ela se torne incapaz de perceber alguma coisa que esteja acima dela. O individualismo, sem dúvida, não se confunde necessariamente com o egoísmo, mas ele se aproxima daí; não se tem como estimular um sem que esse estímulo repercuta também sobre o outro. Assim se produz o suicídio egoísta. Enfim, nos povos em que o progresso é e deve ser rápido, as regras que contêm os indivíduos devem ser suficientemente flexíveis e maleáveis; se elas mantivessem a rigidez imutável que possuíam nas sociedades primitivas, a evolução entravada não teria como se realizar tão prontamente. Mas, então, é inevitável que os desejos e as ambições, estando menos intensamente contidos, ultrapassem certos pontos de maneira tumultuosa. Desde o momento em que se inculca nos homens esse preceito de que é para eles um dever progredir, é mais difícil fazer deles seres resignados; por conseguinte, o número dos descontentes e dos inquietos não pode deixar de aumentar. Toda moral do progresso e do aperfeiçoamento, portanto, é inseparável de certo grau de anomia. Assim, uma constituição moral determinada corresponde a cada tipo de suicídio e é solidária desse tipo. Uma não pode existir sem o outro; pois o suicídio é simplesmente a forma assumida necessariamente por cada um deles em certas condições particulares, condições essas que, porém, não podem não se produzir.

Mas, dir-se-á, essas diversas correntes não determinam os suicídios senão quando eles se mostram exagerados; seria, então, impossível que eles tivessem por toda parte a mesma intensidade moderada? Querer algo assim é querer que as condições da vida sejam por toda parte as mesmas: o que não é nem possível nem desejável. Em toda sociedade, há meios particulares nos quais os estados coletivos não penetram senão modificando-os; eles são aí, de acordo com o caso, ou reforçados ou enfraquecidos. Para que uma corrente tenha no conjunto do país certa intensidade, é necessário então que, sobre certos pontos, ela a ultrapasse ou não a atinja.

Mas esses excessos, para mais ou para menos, não são somente necessários; eles possuem a sua utilidade. Pois, se o estado mais geral também é aquele que melhor convém nas circunstâncias mais gerais da vida social, ele não pode estar em relação com as outras circunstâncias; e, contudo, a sociedade deve poder se adaptar a umas tanto quanto às outras. Um homem cujo gosto pela atividade nunca ultrapassasse o nível médio não poderia se manter nas situações que exigem um esforço excepcional. Ao mesmo tempo, uma sociedade na qual o individualismo intelectual não poderia ser exagerado seria incapaz de sacudir o jogo de tradições e renovar suas crenças, ainda que isso fosse necessário. Inversamente, lá onde esse mesmo estado de espírito não tiver como, vez por outra, diminuir bastante para permitir à corrente contrária se desenvolver, o que aconteceria nos tempos de guerra, uma vez que a obediência passiva é aqui o primeiro dos deveres? Mas, para que essas formas de atividade possam se produzir quando elas são úteis, é preciso que a sociedade não as tenha desaprendido completamente. Portanto, é indispensável que tenham um lugar na existência comum; que haja esferas nas quais se nutra um gosto intransigente pela crítica e pelo livre exame e, por outro lado, que haja esferas nas quais, como no caso do exército, se guarde praticamente intacta a velha religião da autoridade. Sem dúvida, é preciso que, em tempos normais, a ação desses campos especiais não se estenda para além de certos limites; como os sentimentos que são aí elaborados correspondem a circunstâncias particulares, é essencial que eles não sejam generalizados. Mas, se é importante que permaneçam localizados, também é importante que existam. Essa necessidade parecerá ainda mais evidente se levarmos em conta que as sociedades não apenas são obrigadas a enfrentar situações diversas no curso de um mesmo período, mas também que elas não podem se manter sem se transformar. As proporções normais do individualismo e do altruísmo, que convêm aos povos modernos, não serão mais ou menos as mesmas em um século. Ora, o futuro não será possível, se os germes não estiverem dados no presente. Para que uma tendência coletiva possa se enfraquecer ou se intensificar ao evoluir, é preciso ainda que ela não se fixe de uma vez por todas sob uma forma única, da qual não poderia se desfazer em seguida; ela não teria como variar no tempo, se não apresentasse nenhuma variedade no espaço.[369]

As diferentes correntes de tristeza coletiva que derivam desses três estados morais não são elas mesmas desprovidas de razão de ser, contanto que não sejam excessivas. Com efeito, é um erro acreditar que a alegria pura seria o estado normal da sensibilidade. O homem não teria como viver se fosse inteiramente refratário à tristeza. Há certamente dores às quais não podemos nos adaptar senão animando-as, e o prazer que encontramos aí possui necessariamente algo de melancólico. A melancolia não é, portanto, mórbida senão quando assume um lugar grande demais na vida; mas não é menos mórbido que ela seja daí excluída. É preciso que o gosto pela expansão alegre seja moderado pelo gosto contrário; é somente seguindo essa condição que ele guardará a medida e estará em harmonia com as coisas. Acontece com as sociedades o mesmo que com os indivíduos. Uma moral por demais sorridente é uma moral relaxada; ela não conquista senão os povos em decadência e é somente neles que a encontramos. A vida é com frequência rude, com frequência decepcionante ou vazia. É preciso, portanto, que a sensibilidade coletiva reflita esse lado da existência. É por isso que, ao lado da corrente otimista que impele os homens a considerarem o mundo com confiança, é necessário que haja uma corrente oposta, menos intensa, sem dúvida, e menos geral que a precedente, em condições, contudo, de contê-la parcialmente; pois uma tendência não se limita a si mesma, ela não pode jamais ser limitada senão por outra tendência. Mesmo que pareça, de

---

[369] O que contribuiu para obscurecer essa questão é que não se percebe o quanto essas ideias de saúde e de doença são relativas. O que é normal hoje não será amanhã, e vice-versa. Os intestinos volumosos do primitivo são normais em relação ao seu meio, mas não seriam hoje. O que é mórbido para os indivíduos pode ser normal para a sociedade. A neurastenia é uma doença do ponto de vista da fisiologia individual; o que seria uma sociedade sem neurastenias? Elas têm um papel social a desempenhar. Quando se diz de um estado que ele é normal ou anormal, é preciso acrescentar em relação ao que ele é assim qualificado; senão, não nos entendemos.

acordo com certos indícios, que a tendência para certa melancolia vá se desenvolvendo mais à medida que galgamos a escala dos tipos sociais. Assim como já dissemos em outra obra,[370] é um fato ao menos digno de nota que as grandes religiões dos povos mais civilizados estejam mais profundamente impregnadas de tristeza que as crenças mais simples das sociedades anteriores. Certamente, não é que a corrente pessimista deva definitivamente submergir a outra, mas é uma prova de que ela não perde terreno e não está destinada a desaparecer. Ora, para que possa existir e se manter, é preciso que haja na sociedade um órgão especial que lhe sirva de substrato. É preciso que haja grupos de indivíduos que representem mais especialmente essa disposição do humor coletivo. Mas a parte da população que desempenha esse papel é necessariamente aquela na qual as ideias de suicídio germinam mais facilmente.

Porém, de que uma corrente suicidógena dotada de certa intensidade deva ser considerada um fenômeno de sociologia normal, não se segue que toda e qualquer corrente do mesmo gênero teria necessariamente o mesmo caráter. Se o espírito de renúncia, o amor ao progresso, o gosto pela individuação ocorrem em todo e qualquer tipo de sociedade e se eles não podem existir sem se tornar, em certos pontos, geradores de suicídios, ainda assim é preciso que não tenham essa propriedade senão em certa medida, variável segundo os povos. Essa medida só se justifica se não ultrapassar certos limites. Ao mesmo tempo, a tendência coletiva para a tristeza é saudável apenas com a condição de que não seja preponderante. Por conseguinte, a questão de saber se o estado presente do suicídio nas nações civilizadas é ou não normal não tem como ser resolvida por aquilo que dissemos anteriormente. Resta investigar, contudo, se o agravamento enorme que se produziu depois de um século não é de origem patológica.

Afirmou-se que esse agravamento era a contrapartida da civilização. É certo que ele é geral na Europa e que se acha tanto mais pronunciado quanto mais as nações atingem uma cultura mais elevada. Ele foi, com efeito, de 411% na Prússia de 1826 a 1890, de 385% na França de 1826 a 1888, de 318% na Áustria alemã de 1841-1845 até 1877, de 238% na Saxônia de 1841 a 1875, de 212% na Bélgica de 1841 a 1889, de 72% apenas na Suécia de 1841 a 1871-1875, de 35% na Dinamarca durante o mesmo período. A Itália, desde 1870, ou seja, desde o momento em que se tornou um dos agentes da civilização europeia, viu o efetivo dos suicídios passar de 788 casos para 1.653, ou seja, um aumento de 109% em vinte anos. Além disso, por toda parte, é nas regiões mais cultivadas que o suicídio é mais difundido. Pode-se, então, acreditar que haveria um laço entre o progresso das luzes e aquele dos

---

[370] Ver *Divisão do trabalho social*, p. 266.

suicídios, que um não poderia seguir sem o outro;³⁷¹ essa é uma tese análoga à apresentada por um criminologista italiano, segundo o qual o crescimento dos delitos teria por causa e por compensação o crescimento paralelo das transações econômicas.³⁷² Se ela fosse admitida, dever-se-ia concluir que a constituição própria às sociedades superiores implica um estímulo excepcional das correntes suicidógenas; por conseguinte, a extrema violência que essas correntes possuem atualmente, sendo necessária, seria normal, e não haveria razão alguma para tomar contra ela medidas especiais, a menos que tomássemos ao mesmo tempo medidas contra a civilização.³⁷³

Mas um primeiro fato deve nos colocar em alerta contra esse raciocínio. Em Roma, no momento em que o Império atingiu seu apogeu, vê-se igualmente se produzir uma verdadeira hecatombe de mortes voluntárias. Poder-se-ia sustentar, portanto, como agora, que esse tinha sido o preço pago pelo desenvolvimento intelectual ao qual se tinha chegado e que uma das leis dos povos cultivados é fornecer ao suicídio um número maior de vítimas. O prosseguimento da história, porém, mostrou o quanto tal indução teria sido pouco fundada; pois essa epidemia de suicídios não dura senão um tempo, enquanto a cultura romana, por outro lado, sobrevive a esse tempo. Não apenas as sociedades cristãs assimilaram daí os melhores frutos, mas, desde o século XVI, depois das descobertas da imprensa, depois do Renascimento e da Reforma, elas ultrapassaram, e muito, o nível mais elevado jamais alcançado pelas sociedades antigas. E, no entanto, até o século XVIII, o suicídio não foi senão parcamente desenvolvido. Não era, portanto, necessário que o progresso tivesse feito correr tanto sangue, uma vez que os resultados puderam ser conservados e mesmo ultrapassados, sem que continuasse a haver os mesmos efeitos homicidas. Mas, então, não é provável que as coisas também fossem assim hoje e que a marcha de nossa civilização e a marcha do suicídio não se implicassem logicamente, e que a marcha do suicídio, por conseguinte, pudesse ser bloqueada sem que a outra ao mesmo tempo se interrompesse? Vimos, além disso, que o suicídio se apresenta desde as primeiras etapas da evolução e que ele vez por outra até mesmo experimentou uma forte virulência nessas primeiras etapas. Se, então, ele existe no seio das tribos mais grosseiras, não há nenhuma razão para pensar que ele esteja ligado por uma relação necessária ao extremo refinamento das

---

³⁷¹ OETTINGEN, *Ueber acuten und chronischen Selbstmord*, p. 28-32 e *Moralstatistik*, p. 761.
³⁷² POLETTI; não conhecemos, além disso, sua teoria senão pela exposição feita pelo Sr. TARDE, em seu *Criminalité comparée*, p. 72.
³⁷³ Diz-se, é verdade (OETTINGEN), para escapar dessa conclusão, que o suicídio é somente um dos aspectos ruins da civilização (*Schattenseite*) e que é possível reduzi-lo sem combatê-lo. Mas isso é conversa fiada. Se ele deriva das mesmas causas de que depende a cultura, não se pode diminuir um sem apequenar a outra; pois a única forma de alcançar eficácia é agir sobre as causas.

morais. Sem dúvida, os tipos observados nessas épocas distantes, em parte, desapareceram; justamente esse desaparecimento, porém, deveria atenuar um pouco nosso tributo anual e é tanto mais surpreendente que esse tributo se torne todo ano mais pesado.

Há, então, espaço para acreditar que esse agravamento se deve não à natureza intrínseca do progresso, mas às condições particulares nas quais ele se efetua em nossos dias; e nada nos assegura que elas sejam normais. Pois não é preciso se deixar deslumbrar pelo brilhante desenvolvimento das ciências, das artes e da indústria, desenvolvimento esse do qual somos testemunhas; é mais do que certo que ele se realiza em meio a uma efervescência doentia, da qual cada um de nós sente os contragolpes dolorosos. É, portanto, muito possível, e mesmo verossímil, que o movimento ascensional dos suicídios tenha por origem um estado patológico que acompanha presentemente a marcha da civilização, mas sem ser dela a condição necessária.

A rapidez com a qual eles cresceram não permite mesmo outra hipótese. Com efeito, em menos de cinquenta anos, eles triplicaram, quadruplicaram, quintuplicaram mesmo variando o país. Por outro lado, sabemos que eles se devem àquilo que há de mais inveterado na constituição das sociedades, uma vez que eles exprimem dela o humor, e que o humor dos povos, tanto quanto o humor dos indivíduos, reflete o estado do organismo naquilo que ele tem de mais fundamental. É preciso, então, que nossa organização social tenha sido profundamente alterada no curso desse século para ter podido determinar tal crescimento na taxa de suicídios. Ora, é impossível que uma alteração, ao mesmo tempo tão grave e tão rápida, não seja mórbida; pois uma sociedade não pode mudar de estrutura de modo tão abrupto. Não é senão por meio de uma série de modificações lentas que ela chega a assumir outras características. Ao mesmo tempo, as transformações que são assim possíveis são elas mesmas restritas. Uma vez que um tipo social é fixado, ele não é mais indefinidamente plástico; um limite que é rapidamente alcançado não teria como ser ultrapassado. As mudanças que a estatística dos suicídios contemporâneos supõe não podem, portanto, ser normais. Sem mesmo saber com precisão em que elas consistem, pode-se afirmar que resultam não de uma evolução regular, mas de um abalo doentio que pode muito bem ter desenraizado as instituições do passado, mas sem nada colocar no lugar; pois não é em alguns poucos anos que é possível se refazer a obra dos séculos. Nesse caso, então, se a causa é anormal, o efeito não pode ser diverso. O que atesta, consequentemente, a maré crescente das mortes voluntárias não é o sucesso crescente de nossa civilização, mas um estado de crise e de perturbação que não tem como se prolongar sem perigo.

A essas diferentes razões uma última pode ser acrescentada. Se é verdade que normalmente a tristeza coletiva tinha de desempenhar um papel na vida das sociedades, comumente ela não é nem bastante geral nem bastante intensa para penetrar até os centros superiores do corpo social. Ela permanece no estado de corrente subjacente, que o sujeito coletivo sente de maneira obscura e cuja ação ele sofre sem se dar conta. Ao menos se essas vagas disposições chegam a afetar a consciência comum, isso não acontece senão por meio de impulsos parciais e intermitentes. Ao mesmo tempo, de maneira geral, elas não se exprimem senão sob a forma de julgamentos fragmentários, de máximas isoladas, que não se ligam umas às outras, que não almejam exprimir, a despeito de seu ar absoluto, senão um aspecto da realidade, que as máximas contrárias corrigem e completam. É daí que provêm esses aforismos melancólicos, os chistes proverbiais contra a vida, com os quais se compraz por vezes a sabedoria das nações, mas que não são mais numerosos do que os preceitos opostos. Eles traduzem evidentemente as impressões passageiras que não fizeram outra coisa senão atravessar a consciência sem mesmo ocupá-la inteiramente. É somente quando esses sentimentos adquirem uma força excepcional que eles absorvem tanto a atenção pública para poderem ser percebidos em seu conjunto, coordenados e sistematizados, e que se tornam, então, a base de doutrinas completas sobre a vida. De fato, em Roma e na Grécia, foi quando a sociedade se sentiu gravemente ferida que apareceram as teorias desencorajadoras de Epicuro e de Zenão. A formação desses grandes sistemas é, então, o indício de que a corrente pessimista alcançou um grau de intensidade anormal, graças a alguma perturbação do organismo social. Ora, sabe-se como eles se multiplicaram em nossos dias. Para se fazer uma ideia justa de seu número e de sua importância, não se precisa senão considerar as filosofias que possuem oficialmente esse caráter, tais como as de Schopenhauer, de Hartmann, etc. É preciso ainda levar em conta aquelas que, com nomes diferentes, procedem do mesmo espírito. O anarquista, o esteta, o místico, o socialista revolucionário, se não se desesperam com o futuro, eles se entendem ao menos com o pessimismo em um mesmo sentimento de ódio ou de desgosto por aquilo que é; e isso com um mesmo desejo de destruir o real ou de escapar dele. A melancolia coletiva não teria invadido a esse ponto a consciência se ela não tivesse tomado um desenvolvimento mórbido e, por conseguinte, o desenvolvimento do suicídio, que resulta daí, é de uma mesma natureza.[374]

---

[374] Esse argumento se acha exposto a uma objeção. O budismo e o jainismo são doutrinas sistematicamente pessimistas da vida; é preciso ver aí o indício de um estado mórbido dos povos que os praticam? Nós os conhecemos mal demais para ousar resolver a questão. Que não se considere, portanto, nosso raciocínio senão como se aplicado aos povos europeus e mesmo às sociedades como a citada. No interior desses limites, nós o consideramos dificilmente discutível. Permanece possível que o espírito de renúncia próprio a certas sociedades possa, sem a anomalia, se formular e se sistematizar.

Todas as provas se reúnem, então, para nos fazer considerar o enorme crescimento que vem se produzindo há um século no número de mortes voluntárias como um fenômeno patológico que se torna todos os dias mais ameaçador. A que meios recorrer para conjurá-lo?

II

Alguns autores preconizaram o restabelecimento das penas comunitárias que eram outrora usuais.[375]

Nós nos dispomos voluntariamente a acreditar que nossa indulgência atual com o suicídio seja, com efeito, excessiva. Como ofende a moral, ele deveria ser repelido com mais energia e precisão e essa reprovação deveria se exprimir por meio de signos exteriores definidos, quer dizer, por meio de penas. O relaxamento de nosso sistema repressivo nesse ponto é, por ele mesmo, um fenômeno anormal. A questão é que penas um pouco mais severas são impossíveis aqui: elas não seriam toleradas pela consciência pública. Pois o suicídio é, como vimos, um parente próximo das virtudes verdadeiras, das quais ele não é mais do que um exagero. A opinião pública é, então, facilmente dividida em seu julgamento. Como esse juízo procede, até certo ponto, de sentimentos que ela estima, ela não o acusa sem reserva e sem hesitação. É daí que provêm as controvérsias perpetuamente renovadas entre os teóricos sobre a questão de saber se o suicídio é ou não contrário à moral. Como ele se liga por uma série contínua de intermediários graduados a atos que a moral aprova ou tolera, não é extraordinário que se creia por vezes que ele possui uma mesma natureza que esses atos e que se queira fazer com que ele se beneficie da mesma tolerância. Uma dúvida parecida não é senão muito raramente levantada em relação ao homicídio e ao roubo, porque aqui a linha de demarcação é mais nitidamente traçada.[376] Além disso, o simples fato de a morte ter sido infligida pela vítima inspira, apesar de tudo, piedade demais para que a acusação possa ser inexorável.

Por todas essas razões, não se poderia ditar, portanto, senão penas morais. Seria possível apenas recusar ao suicida as honras de uma sepultura regular, retirar do autor da tentativa certos direitos cívicos, políticos ou familiares, por exemplo, certos atributos de poder paternal e de elegibilidade para as funções públicas. A opinião geral aceitaria, acreditamos, facilmente que qualquer um

---

[375] Entre outros LISLE, *op. cit.*, p. 437 e seg.
[376] Não é que, mesmo nesse caso, a separação entre os atos morais e os atos imorais seja absoluta. A oposição entre o bem e o mal não tem o caráter radical que lhe empresta a consciência vulgar. Passa-se sempre de um para o outro por meio de uma degradação insensível e as fronteiras são com frequência indefinidas. É somente quando o que está em questão é um crime patente que a distância é grande e a relação entre os extremos, menos aparente do que para o suicídio.

que tenha procurado se libertar de seus deveres fundamentais fosse privado de direitos correspondentes. Todavia, por mais legítimas que pudessem ser essas medidas, elas não teriam jamais como exercer mais do que uma influência secundária; é pueril supor que elas pudessem ser suficientes para represar uma corrente de tal violência.

Além disso, por si mesmas, elas não tocariam na fonte propriamente dita do mal. Com efeito, se renunciamos proibir legalmente o suicídio, isso aconteceu porque não sentimos nele senão muito tibiamente a presença da imoralidade. Deixamos que ele se desenvolva em liberdade porque não nos revolta mais com a mesma intensidade que outrora. Mas não é por disposições legislativas que se poderá algum dia despertar a nossa sensibilidade moral. Não depende do legislador que algo nos pareça moralmente odioso ou não. Quando a moral reprime os atos que o sentimento público julga inofensivos, é ela que nos indigna, não o ato que ela pune. Nossa tolerância excessiva em relação ao suicídio vem do fato de que, como o estado de espírito do qual ele deriva se acha hoje generalizado, não temos como condená-lo sem condenar ao mesmo tempo a nós mesmos; estamos muito impregnados por esse estado para não o desculparmos em parte. Nesse caso, porém, o único modo de nos tornarmos mais severos é agir diretamente sobre a corrente pessimista, colocá-la em seu leito normal e contê-la aí, subtraindo de sua ação a generalidade das consciências e fortificando-as. Uma vez que elas tiverem reencontrado sua base moral, elas reagirão como convém contra tudo aquilo que as ofende. Assim, não será mais necessário imaginar todas as peças de um sistema repressivo; ele se instituirá por si mesmo sob a pressão da necessidade. Até lá, ele seria artificial e, por conseguinte, sem grande utilidade.

A educação não seria o meio mais seguro de obter esse resultado? Como ela age sobre os caracteres, não seria suficiente formá-los de modo que se tornassem mais valentes e, assim, menos indulgentes em relação àqueles que desistem de si? Foi isso que pensou Morselli. Para ele, o tratamento profilático do suicídio precisa encontrar-se inteiramente no seguinte preceito:[377] "Desenvolver no homem o poder de coordenar suas ideias e seus sentimentos, a fim de que esteja em condições de perseguir um fim determinado na vida; em uma palavra, dar ao caráter moral força e energia". Um pensador de uma escola completamente diferente chega à mesma conclusão: "Como é possível alcançar o suicídio em sua causa?", diz o Sr. Franck. "Melhorando a grande obra da educação, trabalhando para desenvolver não apenas as inteligências, mas também o caráter das pessoas, não apenas as ideias, mas também as convicções."[378]

---

[377] *Op. cit.*, p. 499.
[378] Artigo "suicídio" em: *Diction. philos.*

Mas isso significa conferir à educação um poder que ela não tem. Ela não é mais do que a imagem e o reflexo da sociedade. Ela a imita e a reproduz por meio de um atalho; ela não a criou. A educação é saudável quando os próprios povos se acham em um estado de saúde; mas ela se corrompe com eles, sem poder se modificar por si mesma. Se o meio moral é viciado, como é que os próprios mestres que nele vivem poderiam não ser influenciados por ele; como é, então, que eles poderiam imprimir àqueles que formam uma orientação diferente daquela que eles receberam? Cada geração nova é educada pela geração anterior. Portanto, é preciso que essa geração anterior se modifique para que a seguinte possa se modificar. Movemo-nos em círculos. Pode muito bem acontecer que, de tempos em tempos, surja alguém cujas ideias e aspirações ultrapassam aquelas de seus contemporâneos; mas não é com individualidades isoladas que se refaz a constituição moral dos povos. Sem dúvida, nos apraz acreditar que uma voz eloquente pode ser suficiente para transformar como que por encanto a matéria social; aqui, porém, tanto quanto alhures, nada provém do nada. As vontades as mais enérgicas não podem retirar do nada as forças que não existem, e os fracassos da experiência vêm sempre dissipar essas fáceis ilusões. Além disso, ainda que, por um milagre ininteligível, um sistema pedagógico conseguisse se constituir em um antagonismo com o sistema social, ele seria sem efeito por conta desse mesmo antagonismo. Se a organização coletiva da qual resulta o estado moral que queremos combater é mantida, a criança, a partir do momento em que entra em contato com tal organização, não tem como não sofrer dela a sua influência. O meio artificial da escola não tem como preservá-la senão por um tempo e sempre de maneira fraca. À medida que a vida real se apossar da criança diretamente, ela destruirá a obra do educador. A educação pode, portanto, se reformar somente se a própria sociedade se reformar. Por isso, é preciso atingir em suas causas o mal do qual ela sofre.

Ora, essas causas, nós as conhecemos. Nós as determinamos quando mostramos de que fontes emergem as principais correntes suicidógenas. Não obstante, há certamente uma que não é de modo algum insignificante para o progresso atual do suicídio; trata-se da corrente altruísta. Hoje, com efeito, ela vem perdendo terreno muito mais do que ganhando; é nas sociedades inferiores que ela é antes observada. Se essa corrente se mantém no exército, não parece que ela possua agora uma intensidade anormal; pois é necessária, em certa medida, para o entretenimento do espírito militar. E, além disso, mesmo aí, ela vem cada vez mais declinando. O suicídio egoísta e o suicídio anômico, portanto, são os únicos cujo desenvolvimento pode ser considerado mórbido, e é com eles apenas, por conseguinte, que temos de nos ocupar.

O suicídio egoísta provém do fato de que a sociedade não tem em todos os seus pontos uma integração suficiente para manter seus membros sob a sua dependência. Se, então, esse suicídio se multiplica de maneira desmesurada, é porque esse mesmo estado do qual ele depende se difundiu de maneira excessiva; é porque a sociedade, perturbada e enfraquecida, deixa escapar excessivamente de sua ação um número grande demais de sujeitos. Por conseguinte, a única forma de remediar o mal é dar aos grupos sociais a consistência suficiente para que cuidem mais firmemente do indivíduo e para que o próprio indivíduo se mantenha unido a eles. É preciso que ele se sinta antes solidário a um ser coletivo que o precedeu no tempo, que sobrevive a ele e que o excede por todos os lados. Com essa condição, ele deixará de buscar em si mesmo o único objetivo de sua conduta e, compreendendo que ele é o instrumento de um fim que o ultrapassa, se aperceberá de que serve para alguma coisa. A vida retomará um sentido aos seus olhos, porque ela reencontrará seu fim e sua orientação naturais. Mas quais são os grupos mais aptos a lembrar perpetuamente o homem desse sentimento salutar de solidariedade?

Não é a sociedade política. Hoje sobretudo, nos grandes Estados modernos, ela está longe demais do indivíduo para agir de maneira eficaz sobre ele com suficiente continuidade. Por mais que haja laços entre a nossa tarefa cotidiana e o conjunto da vida pública, esses laços são indiretos demais para que tenhamos dele um sentimento vivo e ininterrupto. É somente quando graves interesses estão em jogo que sentimos de maneira intensa nosso estado de dependência em face do corpo político. Sem dúvida, nos sujeitos que constituem a elite moral da população, é raro que a ideia da pátria esteja completamente ausente; em tempos comuns, porém, ela permanece na penumbra, em um estado de representação surda, e chega até mesmo a ser inteiramente eclipsada. É preciso que haja circunstâncias excepcionais, tais como uma grande crise nacional ou política, para que ela passe para o primeiro plano, invada as consciências e se torne o móvel diretor da conduta. Ora, não é uma ação tão intermitente que pode refrear de uma maneira regular a tendência para o suicídio. É necessário que, não apenas de tempos em tempos, mas a cada instante de sua vida, o indivíduo possa se dar conta de que isso que ele faz dirige-se a um fim. Para que sua existência não lhe pareça vã, é preciso que ele a veja, de uma maneira constante, servir a um fim que o toque imediatamente. Mas isso é possível apenas se um meio social mais simples e menos extenso o envolver mais de perto e oferecer um termo mais próximo para a sua atividade.

A sociedade religiosa não é menos imprópria para essa função. Não é, sem dúvida alguma, que ela não pudesse, quando as condições são dadas, exercer uma influência favorável; mas é que as condições necessárias para essa influência não estão dadas atualmente. Com efeito, ela não protege do suicídio senão quando é constituída de maneira suficientemente potente para conter estreitamente o indivíduo. É porque a religião católica impõe aos seus fiéis um vasto sistema de dogmas e de práticas e porque penetra, assim, em todos os detalhes de sua existência, mesmo temporal, que ela os prende com mais força a esses dogmas do que o protestantismo o faz. O católico é muito menos suscetível de perder de vista os laços que o unem ao grupo confessional do qual faz parte, porque esse grupo o toca a cada instante sob a forma de preceitos imperativos que se aplicam às diferentes circunstâncias da vida. Ele não tem de se perguntar ansiosamente sobre para onde estão se dirigindo seus passos; ele os remonta a Deus porque são, em sua maior parte, regulados por Deus, isto é, pela Igreja, que é o corpo visível de Deus. Mas também, como esses comandos devem emanar de uma autoridade sobre-humana, a reflexão humana não tem o direito de se aplicar aí. Haveria uma verdadeira contradição entre atribuir a ele tal origem e permitir a livre crítica. A religião não modera, portanto, a tendência para o suicídio senão na medida em que impede o homem de pensar livremente. Ora, esse domínio sobre a inteligência individual é, já no presente, difícil e se tornará cada vez mais difícil. Esse domínio fere nossos sentimentos mais caros. Nós nos recusamos cada vez mais a admitir que se possam atribuir os limites à razão e lhe dizer: "tu não podes ir mais longe". E esse movimento não data de um ontem histórico do espírito humano, ele é a história mesma do progresso do livre pensamento. É, portanto, pueril querer reprimir uma corrente que tudo prova como irresistível. A menos que as grandes sociedades atuais se decomponham irremediavelmente e retornemos aos pequenos grupamentos sociais de outrora,[379] ou seja, a menos que a humanidade retorne ao seu ponto de partida, as religiões não terão mais como exercer um império tão extenso ou tão profundo sobre as consciências. Isso não significa dizer que não se fundarão novas igrejas. Mas as únicas viáveis serão aquelas que concederem mais espaço ao direito de exame, à iniciativa individual, mais espaço até mesmo do que as seitas mais liberais do protestantismo. Elas não teriam, com isso, como possuir sobre os seus membros a forte ação que seria indispensável para obstaculizar o suicídio.

Se um número tão grande de escritores viu na religião o único remédio contra o mal, isso aconteceu porque desprezaram as origens de seu poder. Eles fizeram da religião quase inteira um certo número de pensamentos elevados

---

[379] Que ninguém compreenda mal nosso pensamento. Sem dúvida, um dia virá no qual as sociedades atuais morrerão; elas se decomporão, então, em grupos menores. A questão é que, se induzirmos o futuro com base no passado, essa decomposição não será senão provisória, os grupos parciais serão a matéria de sociedades novas, muito mais vastas que aquelas de hoje. Pode-se ainda prever que elas serão muito mais vastas mesmo do que aquelas cuja reunião formou as sociedades atuais.

e de máximas com os quais o racionalismo, em suma, poderia se acomodar, e pensaram que seria suficiente fixar esses pensamentos e máximas no coração e no espírito dos homens para prevenir as falhas. Mas isso significa se equivocar quanto àquilo que constitui a essência da religião e, sobretudo, quanto às causas da imunidade que ela por vezes conferiu ao suicídio. Esse privilégio, com efeito, não vem do fato de que ela manteria no homem um sentimento vago qualquer acerca de um além mais ou menos misterioso, mas antes da disciplina forte e minuciosa à qual ela submete a conduta e o pensamento. Quando ela não é mais do que um idealismo simbólico, do que uma filosofia tradicional, mais discutível e mais ou menos estrangeira em relação às nossas ocupações cotidianas, é difícil que tenha sobre nós muita influência. Um Deus cuja majestade está relegada a uma posição fora do universo e de tudo aquilo que é temporal não teria como servir de meta para a nossa atividade temporal, que se encontraria, assim, sem objetivo. Há, por isso, muitas coisas que não possuem nenhuma relação com ele e que são suficientes para dar um sentido para a vida. Ao nos abandonar em meio a um mundo indigno de si, ele nos deixa, ao mesmo tempo, abandonados a nós mesmos para tudo aquilo que concerne à vida no mundo. Não é com meditações sobre os mistérios que nos cercam, não é nem mesmo com a crença em um ser onipotente, mas infinitamente distante de nós e ao qual não temos contas a prestar senão em um futuro indeterminado, que se pode impedir os homens de se desprender da existência. Em uma palavra, não somos preservados do suicídio egoísta senão na medida em que socializamos; mas as religiões não podem nos socializar senão na medida em que nos retiram o direito ao livre exame. Ora, elas não possuem mais e, segundo toda a verossimilhança, jamais terão novamente sobre nós tanta autoridade a ponto de poderem obter tal sacrifício. Portanto, não é com elas que se pode contar para conter o suicídio. Se, além disso, aqueles que veem em uma restauração religiosa o único meio de nos curar fossem coerentes consigo mesmos, eles deveriam reclamar o restabelecimento das religiões mais arcaicas. Pois o judaísmo protege mais do suicídio do que o catolicismo, e o catolicismo, mais do que o protestantismo. E, contudo, a religião protestante é a mais descolada das práticas materiais e, por conseguinte, a mais idealista. O judaísmo, ao contrário, apesar de seu grande papel histórico, assemelha-se ainda, em muitos aspectos, às formas religiosas mais primitivas. Tanto isso é verdade que a superioridade moral e intelectual do dogma não tem nenhuma responsabilidade na ação que ele possa exercer sobre o suicídio!

Resta a família, cuja virtude profilática não é duvidosa. Todavia, seria uma ilusão acreditar que seria suficiente diminuir o número de solteiros para interromper o desenvolvimento dos suicídios. Pois, se os esposos possuem uma tendência menor a se matarem, essa mesma tendência vai aumentando com a mesma regularidade e segundo as mesmas proporções que aquela dos solteiros. De 1880 a 1887, os suicídios dos esposos cresceram 35% (3.706 casos em vez de 2.735); os suicídios de solteiros, por outro lado, só cresceram 13% (2.894 casos em vez de 2.554). Entre 1863 e 1868, de acordo com os cálculos de Bertillon, a taxa dos primeiros era de 154 por milhão, mas passou a 242 por milhão em 1887, um aumento de 57%. Durante o mesmo tempo, a taxa dos solteiros não se elevou muito mais; ela passou de 173 para 289, com um crescimento de 67%. *O agravamento que se produziu no curso do século é, então, independente do estado civil.*

É que, com efeito, se produziram mudanças na constituição da família, mudanças essas que não lhe permitiram mais ter a mesma influência preservadora que outrora. Enquanto antes, ela mantinha a maior parte dos membros em sua órbita desde o nascimento até a morte e formava uma massa compacta, indivisível, dotada de uma espécie de perenidade, ela não possui hoje mais que uma duração efêmera. Ela nem bem foi constituída e já se dispersa. Logo que as crianças passam a ser materialmente educadas, elas vão muito frequentemente realizar a sua educação fora; sobretudo quando ficam adultas, é quase uma regra que elas se estabeleçam longe de seus parentes, e o lar, assim, fica vazio. Pode-se então dizer que, durante a maior parte do tempo, a família se reduz a um único par conjugal, e sabemos que ele age de maneira fraca sobre o suicídio. Por conseguinte, tendo um espaço menor na vida, a família deixa de ser suficiente como meta. Isso não significa, certamente, que tenhamos menos carinho por nossos filhos; mas sim que eles são unidos de uma maneira menos estreita e menos contínua à nossa existência, que, por conseguinte, tem a necessidade de alguma outra razão de ser. Como é preciso que vivamos sem eles, também é preciso que liguemos nossos pensamentos e nossas ações a outros objetos.

Mas é sobretudo a família como ser coletivo que essa dispersão reduz periodicamente a nada. Outrora, a sociedade doméstica não era apenas um conjunto de indivíduos, unidos entre si por laços de afeição mútuos; era também o grupo ele mesmo, em sua unidade abstrata e impessoal. Ela era o nome hereditário, com todas as lembranças que esse nome evocava, a casa familiar, o campo dos antepassados, a situação e a reputação tradicionais, etc. Tudo isso tende a desaparecer.

Uma sociedade que se dissolve a cada instante para se reformar em outros pontos, mas em condições completamente novas e com elementos totalmente diferentes, não tem continuidade bastante para adquirir uma fisionomia pessoal, uma história que lhe seja própria e à qual possam se ligar seus membros. Se, então, os homens não substituem esse objetivo antigo de sua atividade à medida que ele lhes falta, é impossível que não se produza um grande vazio na existência.

Essa causa não multiplica apenas os suicídios dos esposos, mas também os dos solteiros. Pois esse estado civil obriga os jovens a deixarem a sua família natal antes que estejam em condições de fundar uma; é em parte por essa razão que as famílias de uma só pessoa se tornam cada vez mais numerosas e vimos que esse isolamento reforça a tendência para o suicídio. E, contudo, nada conseguiria parar esse movimento. Outrora, quando cada meio local era mais ou menos fechado aos outros meios por conta dos hábitos, das tradições, pela raridade das vias de comunicação, cada geração era forçada a se manter em seu lugar de origem, ou, ao menos, não podia se afastar muito dele. No entanto, à medida que essas barreiras foram caindo, à medida que esses meios particulares se nivelaram e se perderam uns nos outros, tornou-se inevitável que os indivíduos se espraiassem, de acordo com o grau de suas ambições e com o melhor de seus interesses, nos espaços mais vastos que lhes estavam abertos. Nenhum artifício, portanto, teria como impedir esse pulular necessário e como oferecer de volta à família a indivisibilidade que constituía a sua força.

III

O mal seria, então, incurável? Poder-se-ia acreditar que sim à primeira vista, uma vez que, de todas as sociedades cuja honrosa influência estabelecemos anteriormente, não havia nenhuma que parecesse estar em condições de trazer para ele um verdadeiro remédio. Mas mostramos que, se a religião, a família e a pátria preservam do suicídio egoísta, a causa dessa preservação não devia ser buscada na natureza especial dos sentimentos que cada uma delas coloca em jogo. Ao contrário, todas elas devem essa virtude ao fato geral de que são sociedades e de que não possuem tal virtude senão na medida em que são sociedades bem integradas, ou seja, sem excesso nem em um sentido nem no outro. Um grupo totalmente diverso pode, então, ter a mesma ação, contanto que tenha a mesma coesão. Ora, afora a sociedade confessional, familiar e política, há ainda outra forma social, que não investigamos até o presente; trata-se daquela sociedade que é formada pela associação de todos os trabalhadores de uma mesma ordem, por todos os cooperativados de uma mesma função, ou seja, o grupo profissional ou a corporação.

Que ela está em condições de desempenhar esse papel, isso é algo que se deduz de sua própria definição. Uma vez que é composta de indivíduos que se entregam aos mesmos trabalhos e cujos interesses são solidários ou mesmo se acham confundidos, não há nenhum terreno mais propício para a formação de ideias e de sentimentos sociais. A identidade de origem, de cultura, de ocupações faz da atividade profissional a mais rica matéria para uma vida comum. De resto, a corporação testemunhou no passado o fato de que ela era suscetível de ser uma personalidade coletiva, zelosa, até mesmo em excesso, de sua autonomia e de sua autoridade sobre seus membros; não há dúvida de que ela não pode ser para eles senão um meio moral. Não há razão para que o interesse corporativo não adquira aos olhos dos trabalhadores esse caráter respeitável e essa supremacia que o interesse social tem sempre em relação aos interesses privados em uma sociedade bem constituída. Por outro lado, o grupo profissional tem sobre todos os outros tipos sociais essa tripla vantagem de que ele existe em todos os instantes, em todos os lugares e de que o império que ele exerce se estende à maior parte da existência. Ele não age sobre os indivíduos de uma maneira intermitente como a sociedade política, mas está sempre em contato com eles por meio apenas do fato de que a função da qual eles são órgãos e com a qual eles colaboram está sempre em exercício. Ele segue os trabalhadores por toda parte para onde eles se transportam; o que a família não tem como fazer. Não importa em que ponto estejam, eles encontram aí uma vez mais aqueles que os cercam, que os lembram de seus deveres e que os ajudam vez por outra. Enfim, como a vida profissional é quase toda a vida, a ação corporativa se faz sentir sobre todo detalhe de nossas ocupações, que estão assim orientadas em um sentido coletivo. A corporação possui, então, tudo aquilo que é necessário para enquadrar o indivíduo, para tirá-lo do estado de isolamento moral e, dada a insuficiência atual dos outros grupos, ela é a única capaz de cumprir essa tarefa indispensável.

Mas, para que ela tenha essa influência, é preciso que seja organizada sobre outras bases, diferentes das de hoje. De início, é essencial que, em vez de um grupo privado permanecer permitido por lei, mas ignorado pelo Estado, a corporação se torne um órgão definido e reconhecido de nossa vida pública. O que temos em vista com isso não é que seria necessário torná-la obrigatória; mas sim que o que importa é que ela seja constituída de maneira a poder desempenhar um papel social, em vez de não exprimir senão combinações diversas de interesses particulares. E isso não é tudo. Para que esse quadro não fique vazio, é preciso colocar aí todos os germes da vida que possuem por natureza a tendência a se desenvolver. Para que esse agrupamento não seja uma pura etiqueta, é preciso atribuir-lhe funções determinadas, e ele é aquele que, entre todos os outros, está em melhores condições para realizar tais funções.

Atualmente, as sociedades europeias estão colocadas diante dessa alternativa de ou deixar sem regulamentação a vida profissional, ou regulamentá-la por intermédio do Estado, pois não há nenhum outro órgão constituído que possa desempenhar esse papel moderador. Mas o Estado está longe demais dessas manifestações complexas para encontrar a forma especial que convém a cada uma delas. Ele é uma máquina pesada que não se constitui senão por meio de anseios gerais e simples. Sua ação, sempre uniforme, não tem como se dobrar e se ajustar à infinita diversidade das circunstâncias particulares. Resulta daí que ela é forçosamente compressora e niveladora. Todavia, por outro lado, sentimos muito bem que é impossível deixar em um estado de desorganização toda a vida, assim, desprotegida. Eis aí como é que, por uma série de oscilações sem fim, passamos alternadamente de uma regulamentação autoritária, que seu excesso de rigidez torna impotente, para uma abstenção sistemática, que não tem como durar por causa da anarquia que ela provoca. Quer se trate da duração do trabalho ou da higiene, dos salários ou das obras de previdência e de assistência, por toda parte as boas vontades se chocam com a mesma dificuldade. Logo que se tenta instituir algumas regras, essas regras mesmas se mostram inaplicáveis à experiência, porque elas carecem de flexibilidade; ou, ao menos, elas não se aplicam à matéria para a qual são feitas senão lhe fazendo violência.

A única maneira de resolver essa antinomia é constituir fora do Estado, ainda que submetido à sua ação, um amálgama de forças coletivas cuja influência reguladora possa se exercer com mais variação. Ora, não apenas as corporações reconstituídas satisfazem a essa condição, mas não se vê que outros grupos poderiam satisfazê-la. Pois elas estão bem próximas dos fatos, estão muito direta e constantemente em contato com eles para sentir deles todas as nuances, e deveriam ser bastante autônomas para poderem respeitar a diversidade. É, então, a elas que cabe presidir essas caixas seguradoras, de assistência, de pensão, das quais tantos espíritos bons sentem a necessidade, mas que se hesita, não sem razão, em colocar nas mãos já tão potentes e tão inábeis do Estado; também cabe a elas do mesmo modo regular os conflitos que se elevam sem cessar entre os ramos de uma mesma profissão, fixando, de uma maneira diversa segundo os diferentes tipos de empreendimento, as condições às quais devem se submeter os contratos para que sejam justos, impedindo, em nome do interesse comum, que os fortes explorem abusivamente os fracos, etc. Na medida em que o trabalho se divide, o direito e a moral, repousando por toda parte sobre os mesmos princípios gerais, assumem, em cada função particular, uma forma diferente. Além dos direitos e dos deveres que são comuns a todos os homens, há aqueles direitos que dependem de características próprias de cada profissão, e o número desses direitos aumenta tanto quanto sua importância à medida que a atividade profissional se desenvolve e se diversifica mais. Para cada uma dessas disciplinas especiais, é preciso um órgão igualmente especial para aplicá-la e mantê-la. Bem, mas de que esse órgão pode ser composto senão de trabalhadores que realizam a mesma função?

Eis aí, em traços gerais, o que deveriam ser as corporações para que pudessem realizar os serviços que estamos no direito de esperar delas. Sem dúvida, quando se considera o estado em que estão atualmente, é difícil imaginar que elas possam algum dia ser elevadas à dignidade de poderes morais. Elas são, com efeito, formadas a partir de indivíduos que não se sentem unidos uns aos outros por nada, que não possuem entre si senão relações superficiais e intermitentes, que estão mesmo dispostos a se tratar antes como rivais e como inimigos do que como cooperadores. Mas no dia em que eles tiverem muitas coisas em comum, em que as relações entre eles e o grupo do qual fazem parte forem a tal ponto estreitas e contínuas, nasceriam sentimentos de solidariedade que ainda são quase desconhecidos e a temperatura moral desse meio profissional, hoje tão fria e tão extrínseca aos seus membros, se elevaria necessariamente. E essas mudanças não se produzirão apenas, tal como os exemplos precedentes poderiam nos fazer acreditar, nos agentes da vida econômica. Não há nenhuma profissão na sociedade que não reclame essa organização e que não seja suscetível de acolhê-la. Assim, o tecido social, cujas malhas se encontram agora tão perigosamente relaxadas, se retesará e se tornará mais firme em toda a sua extensão.

Essa restauração, da qual se sente universalmente a necessidade, tem infelizmente contra si a má reputação que deixaram na história as corporações do Antigo Regime. Não obstante, o fato de elas terem perdurado, não apenas desde a Idade Média, mas também desde a Antiguidade greco-latina,[380] não possui uma maior força comprobatória para determinar que são indispensáveis do que a sua recente revogação pode ter para provar a sua inutilidade. Se, salvo durante um século, por toda parte em que a atividade profissional experimentou algum desenvolvimento, ela se organizou corporativamente, não é altamente plausível que essa organização seja necessária e que, se ela não se encontra mais à altura de seu papel há cem anos, o remédio seria reformá-la e aprimorá-la, mas não suprimi-la radicalmente? É certo que ela tinha acabado por se tornar um obstáculo para os progressos mais urgentes. A velha corporação, estreitamente local, fechada para toda influência vinda de fora, tinha se tornado um disparate em uma nação moral e politicamente unificada; a autonomia excessiva da qual ela gozava e que fazia dela um Estado dentro do Estado não tinha como se manter, uma vez que o órgão governamental, estendendo em todos os sentidos as suas ramificações, cada vez mais subordinava a si todos os órgãos secundários da sociedade. Era preciso, então, ampliar a base sobre a qual repousava a instituição e ligá-la ao conjunto da vida nacional. Mas se, em vez de permanecerem isoladas, as corporações similares das diferentes localidades tivessem experimentado uma ligação mútua, de modo a formar um mesmo sistema; se, por outro lado, todos esses sistemas tivessem sido submetidos à ação geral

---

[380] Os primeiros colegiados de artesãos remontam à Roma real. Ver MARQUARDT, *Privat Leben der Roemer*, II, p. 4.

do Estado e tivessem se mantido assim em um sentimento perpétuo de sua solidariedade, então o despotismo da rotina e o egoísmo profissional teriam permanecido restritos no interior de justos limites. A tradição, com efeito, se mantém tão facilmente invariável em uma vasta associação, difundida sobre um imenso território, apenas em um pequeno círculo social, que não ultrapassa o espaço fechado de uma cidade;[381] ao mesmo tempo, cada grupo particular está menos inclinado a ver e a perseguir apenas o seu interesse próprio, uma vez que se acha em uma relação ininterrupta com o centro diretor da vida pública. Essa é mesmo a única condição que o pensamento do bem comum poderia manter desperto nas consciências com uma continuidade suficiente. Pois, como as comunicações estariam presentes sem interrupção entre cada órgão particular e o poder encarregado de representar os interesses gerais, a sociedade não se lembraria dos indivíduos apenas de uma maneira intermitente ou vaga; nós a sentiríamos presente em todo o curso de nossa vida cotidiana. Invertendo, porém, o que existia sem colocar nada em seu lugar, não se fez outra coisa senão substituir o egoísmo corporativo pelo egoísmo individual, que é mais dissolutor ainda. Eis aí por que, entre todas as destruições que foram levadas a cabo nessa época, essa é a única que precisamos lastimar. Ao dispersar os únicos grupos que poderiam unificar com constância as vontades individuais, quebramos com as nossas próprias mãos o instrumento designado de nossa reorganização moral.

Mas não é apenas o suicídio egoísta que seria combatido dessa maneira. Parente próximo do precedente, o suicídio anômico merece de maneira justificada o mesmo tratamento. A anomia vem, com efeito, do fato de que, em certos pontos da sociedade, há uma falta de forças coletivas, ou seja, de grupos constituídos para regulamentar a vida social. Ela resulta, portanto, em parte desse mesmo estado de desagregação do qual provém também a corrente egoísta. Só que essa mesma causa produz efeitos diferentes segundo o seu ponto de incidência, conforme ela aja sobre as funções ativas e práticas ou sobre as funções representativas. Ela inebria e exaspera os primeiros; desorienta e desconcerta os segundos. O remédio é, então, o mesmo em um caso e no outro. E, com efeito, tivemos a oportunidade de ver que o principal papel desempenhado pelas corporações seria, tanto no futuro quanto no passado, o de regular as funções sociais e, mais especialmente, as funções econômicas, tirando-as, por conseguinte, do estado de desorganização no qual elas estão agora. Todas as vezes em que as cobiças excitadas tendessem a não reconhecer limites, seria à corporação que caberia fixar a parte que deve retornar de maneira equitativa para cada ordem de cooperados. Superior aos seus membros, ela teria toda a autoridade necessária para reclamar

---

[381] Ver as razões em nosso *Divisão do trabalho social*, livro II, cap. III, notadamente p. 335 e seg.

deles os sacrifícios e as concessões indispensáveis, impondo-lhes uma regra. Ao obrigar os mais fortes a não usar da sua força senão com comedimento, ao impedir os mais fracos de estenderem sem fim as suas reivindicações, ao lembrar uns e outros do sentimento de seus deveres recíprocos e do interesse geral, ao regular, em certos casos, a produção de modo a impedir que ela não degenere em uma febre doentia, ela moderaria as paixões umas pelas outras e, assinalando para elas limites, permitiria o seu apaziguamento. Assim, se estabeleceria uma disciplina moral de um gênero novo, sem a qual todas as descobertas da ciência e todos os progressos do bem-estar poderiam produzir somente homens descontentes.

Não se consegue ver em que outro meio essa lei da justiça distributiva, por mais urgente que seja, poderia ser elaborada, nem por que outro órgão ela poderia ser aplicada. A religião, que outrora tinha assumido em parte esse papel, seria agora imprópria para isso. Pois o princípio necessário da única regulamentação, à qual a religião pode submeter a vida econômica, é o desprezo pela riqueza. Se ela exorta os fiéis a se contentarem com a sorte, é em virtude dessa ideia mesma de que nossa condição terrestre é indiferente para a nossa salvação. Se ela ensina que nosso dever é aceitar docilmente nosso destino tal como as circunstâncias o constituíram, ela o faz para nos ligar a fins mais dignos de nossos esforços; e é por essa mesma razão que, de uma maneira geral, ela recomenda a moderação em nossos desejos. Essa resignação passiva, porém, é irreconciliável com o lugar que os interesses temporais assumiram agora na existência coletiva. A disciplina da qual eles precisam deve ter por objeto não os relegar ao segundo plano e reduzi-los tanto quanto possível, mas dar-lhes uma organização que tenha relação com a sua importância. O problema se tornou mais complexo e, se não há outro remédio senão abrir os flancos aos apetites, então para contê-los não é suficiente comprimi-los. Se os últimos defensores das velhas teorias econômicas se equivocam ao desconhecer que uma regra é necessária hoje tanto quanto em outros tempos, os apologistas da instituição religiosa se equivocam ao acreditarem que a regra de outrora poderia ser eficaz hoje. É mesmo sua ineficácia que é a causa do mal.

Essas soluções fáceis não possuem nenhuma relação com as dificuldades da situação. Sem dúvida alguma, não há senão uma potência moral que possa fazer a lei valer para os homens; no entanto, ainda é preciso que ela esteja bastante misturada com as coisas desse mundo para poder estimá-las em seu verdadeiro valor. O grupo profissional apresenta esse duplo caráter. Como ele é um grupo, domina de uma posição bem elevada os indivíduos, estabelecendo limites para as suas cobiças; ao mesmo tempo, porém, ele vive por demais as suas vidas para não simpatizar com seus desejos. Continua sendo verdadeiro, além disso, dizer que o Estado possui, ele também, funções importantes a cumprir. Só ele tem como opor ao particularismo de cada corporação o sentimento de utilidade geral e as necessidades do equilíbrio orgânico. Mas sabemos que sua ação só pode ser exercida de maneira útil se existir todo um sistema de órgãos secundários que a diversificam. São, portanto, esses órgãos que é preciso, antes de tudo, suscitar.

Há, no entanto, um suicídio que não teria como ser contido por esse procedimento; trata-se daquele que resulta da anomia conjugal. Aqui, parece que estamos em presença de uma antinomia insolúvel.

Ele tem por causa, dissemos, a instituição do divórcio junto com o conjunto das ideias e das morais das quais essa instituição resulta e que ela não faz outra coisa senão consagrar. Se segue daí que seria preciso revogar tal instituição, onde ela existe? É uma questão por demais complexa para poder ser tratada aqui; ela não tem como ser abordada de maneira útil senão no final de um estudo sobre o casamento e sua evolução. Por agora, não temos de nos ocupar senão com as relações entre o divórcio e o suicídio. De acordo com esse ponto de vista, diríamos: o único meio de diminuir o número de suicídios devidos à anomia conjugal seria tornar o casamento mais indissolúvel.

Mas o que torna o problema singularmente perturbador e lhe atribui um interesse quase dramático é que não se pode diminuir assim os suicídios dos esposos sem aumentar aquele das esposas. Seria, então, preciso sacrificar necessariamente um dos dois sexos, e a solução se reduziria com isso a escolher, entre esses dois males, o menos grave? Não se vê que outra escolha seria possível, enquanto os interesses dos esposos no casamento forem tão manifestamente contrários. Enquanto uns têm antes de tudo necessidade de liberdade, e outros, de disciplina, a instituição matrimonial não poderá beneficiar ambos do mesmo modo. Mas esse antagonismo, que torna atualmente a solução um impasse, não é irremediável e é possível esperar que ele esteja destinado a desaparecer.

Tal antagonismo provém, com efeito, do fato de os dois sexos não participarem igualmente da vida social. O homem se acha imiscuído nesta vida, enquanto a mulher não faz outra coisa senão vê-la à distância. Os gostos do homem, suas aspirações, seu humor possuem, em grande parte, uma origem coletiva, enquanto os de sua companheira estão mais imediatamente localizados sob a influência do organismo. Ele possui, portanto, necessidades completamente diferentes das dela e, por conseguinte, é impossível que uma instituição, destinada a regular a vida comum, possa ser justa e satisfazer simultaneamente exigências tão opostas. Tal instituição não tem como convir ao mesmo tempo a dois seres, dos quais um é quase inteiramente um produto da sociedade, enquanto o outro permaneceu muito mais tal como o tinha feito a natureza. Mas não se acha de modo algum comprovado que essa oposição deva necessariamente se manter. Sem dúvida alguma, em um sentido, ela era menos marcada na origem do que é hoje; mas não se pode concluir daí que esteja destinada a se desenvolver sem fim. Pois os estados sociais mais primitivos se reproduzem com frequência nos estágios mais elevados da evolução, mas sob formas diferentes e quase contrárias àquelas que possuíam no princípio. Com certeza, não há lugar para supor que, um dia, a mulher estará em condições de realizar na sociedade as mesmas funções que o homem; mas ela poderá ter aí um papel que, embora pertencendo propriamente a ela, será, contudo, mais ativo e mais importante do que aquele que ela tem hoje. O sexo feminino não se tornará mais semelhante ao sexo masculino; ao contrário, pode-se prever que ele se distinguirá ainda mais dele. No entanto, essas diferenças serão, mais do que no passado, utilizadas socialmente. Por que é, por exemplo, que, à medida que o homem, absorvido cada vez mais pelas funções utilitárias, for obrigado a renunciar às funções estéticas, essas funções não seriam assumidas pela mulher? Os dois sexos se aproximariam, assim, ao mesmo tempo em que se diferenciam. Eles socializariam igualmente, mas de maneiras diferentes.[382] E é claramente nesse sentido que parece se realizar a evolução. Nas cidades, a mulher se diferencia do homem muito mais do que no campo; e, no entanto, é na cidade que a sua constituição intelectual é mais impregnada de vida social. Em todo caso, esse é o único meio de atenuar o triste conflito moral que divide atualmente os sexos e dos quais a estatística dos suicídios nos fornece uma prova definida. Somente quando a distância entre os dois esposos for menor é que o casamento não estará mais, por assim dizer, condenado a favorecer necessariamente um em detrimento do outro. Quanto àqueles que reclamam hoje para a mulher direitos iguais aos do homem, eles esquecem rápido demais que a obra dos séculos não pode ser abolida em um instante; que, além disso, essa igualdade jurídica não tem como ser legítima enquanto a desigualdade psicológica for de tal modo flagrante. Portanto, precisamos empregar nossos esforços para diminuir essa desigualdade psicológica. Para que o homem e a mulher possam ser igualmente protegidos pela mesma instituição, é preciso antes de tudo que eles sejam seres de uma mesma natureza. Com isso, a simples indissolubilidade do laço conjugal não poderá ser acusada de não servir senão a uma das duas partes em discussão.

---

[382] Essa diferenciação, pode-se prever, não teria provavelmente mais o caráter estritamente regular que possui hoje. A mulher não seria mais imediatamente excluída de certas funções e relegada a outras. Ela poderia escolher mais livremente, mas sua escolha, sendo determinada por suas atitudes, se portaria em geral sobre uma mesma ordem de ocupações. Essa ordem seria sensivelmente uniforme, sem ser obrigatória.

IV

Em resumo, mesmo que o suicídio não provenha das dificuldades que o homem pode ter para viver, o meio de frear seu progresso não é tornar a luta menos rude e a vida mais fácil. Se hoje nos matamos mais do que outrora, isso não acontece porque precisamos fazer, para nos mantermos, esforços mais dolorosos, nem porque nossos desejos legítimos se acham menos satisfeitos. Ao contrário, isso se dá porque não sabemos mais onde estão os desejos legítimos e porque não percebemos mais o sentido de nossos esforços. Sem dúvida, a concorrência tem se tornado cada dia mais intensa, porque a facilidade maior das comunicações coloca lado a lado um número de concorrentes que vai sempre crescendo. Por outro lado, porém, uma divisão do trabalho mais aperfeiçoada e a cooperação mais complexa que a acompanha, multiplicando e variando ao infinito os empregos nos quais os homens podem se tornar mais úteis uns aos outros, multiplicam os meios de existência e colocam-nos à disposição de uma variedade maior de sujeitos. Mesmo as atitudes mais inferiores podem encontrar aí um lugar. Ao mesmo tempo, a produção mais intensa que resulta dessa cooperação mais sábia, aumentando o capital de recursos do qual a humanidade dispõe, assegura a cada trabalhador uma remuneração mais rica e mantém, assim, o equilíbrio entre a usura maior das forças vitais e sua reparação. É certo, com efeito, que, em todos os graus da hierarquia social, o bem-estar cresceu, ainda que esse crescimento não tenha podido sempre ocorrer segundo as proporções mais justas. A doença da qual sofremos não vem, portanto, do fato de que as causas objetivas dos sofrimentos aumentaram em número ou em intensidade; ela atesta não uma maior miséria econômica, mas uma alarmante miséria moral.

Não obstante, não se pode compreender mal o sentido da palavra. Quando se diz de uma afecção individual ou social que ela é totalmente moral, compreende-se comumente por isso que ela não responde a nenhum tratamento efetivo, mas pode ser curada com o auxílio de exortações repetidas, de castigos metódicos, em uma palavra, por meio de uma ação verbal. Raciocina-se como se um sistema de ideias não tivesse nenhuma relação com o resto do universo, como se, por conseguinte, para desfazê-lo ou para refazê-lo, fosse suficiente pronunciar de certa maneira fórmulas determinadas. Não se vê que isso é o mesmo que aplicar às coisas do espírito as crenças e os métodos que o primitivo aplica às coisas do mundo físico. Ao mesmo tempo que ele acredita na existência de palavras mágicas que têm o poder de transmutar um ser em outro, admitimos implicitamente, sem perceber a grosseria da concepção, que com as palavras apropriadas se pode transformar as inteligências e os caracteres. Assim como o selvagem que, afirmando energicamente sua vontade de ver tal fenômeno cósmico ser produzido, se imagina capaz de determinar a realização desse fenômeno por meio de virtudes oriundas da magia simpática, pensamos que, se enunciarmos com fervor o nosso desejo de ver se realizar tal ou tal revolução, ela se operará espontaneamente. Mas, em realidade, o sistema mental de um povo é um sistema de forças definidas que não se pode nem desorganizar, nem rearranjar pela via de simples injunções. Ele depende, com efeito, da maneira como os elementos sociais são agrupados e organizados. Dado um povo formado a partir de certo número de indivíduos dispostos de certa maneira, resulta daí um conjunto determinado de ideias e de práticas coletivas que permanecem constantes enquanto as condições das quais elas dependem forem idênticas. Com efeito, conforme as partes que o compõem forem mais ou menos numerosas e ordenadas segundo tal ou tal plano, a natureza do ser coletivo varia necessariamente e, por conseguinte, suas maneiras de pensar e de agir; não se pode, porém, mudar essas maneiras de pensar e de agir senão mudando o próprio ser coletivo e não se pode mudá-lo sem modificar sua constituição anatômica. No entanto, ao chamar de moral o mal de que o progresso anormal dos suicídios é o sintoma, o que pretendíamos não era reduzi-lo a alguma afecção superficial qualquer que se poderia fazer adormecer com boas palavras. Muito pelo contrário, a alteração do temperamento moral que nos é assim revelado atesta uma alteração profunda de nossa estrutura social. Para curar uma, é necessário reformar a outra.

Dissemos em que, segundo nossa opinião, deve consistir essa reforma. Mas aquilo que acabamos de demonstrar como urgente é que essa reforma se tornou necessária não apenas pelo estado atual do suicídio, mas por todo o conjunto de nosso desenvolvimento histórico.

Com efeito, o que esse desenvolvimento tem de característico é que ele fez sucessivamente tábula rasa de todos os antigos quadros sociais. Uns depois dos outros, eles foram destruídos seja pelo desgaste lento do tempo, seja pelas grandes comoções, mas sem que nada os tivesse substituído. Na origem, a sociedade é organizada sobre a base da família; ela é formada pela reunião de certo número de sociedades menores, os clãs, dos quais todos os membros são ou se consideram parentes. Essa organização não parece ter durado muito tempo em estado de pureza. Cedo demais, a família deixa de ser uma divisão política para se tornar o centro da vida privada. O antigo agrupamento doméstico é substituído, então, pelo agrupamento territorial. Os indivíduos que ocupam um mesmo território constroem a longo prazo, independentemente de toda consanguinidade, ideias e morais que lhes são comuns, mas que não são, no mesmo grau, aquelas ideias e morais de seus vizinhos mais distantes. Ele é constituído, assim, por pequenos agregados que não possuem nenhuma outra base material para além da vizinhança e das relações que a partir daí são obtidas, pequenos agregados esses, porém, dos quais cada um tem a sua fisionomia distinta; trata-se aqui do vilarejo e, melhor ainda, da cidade com suas dependências. Sem dúvida, o que acontece com eles na maioria dos casos é que não se fecham em um isolamento selvagem. Eles estabelecem entre si uma confederação, assumem entre si combinações de formas variadas e formam, assim, sociedades mais complexas, nas quais, contudo, eles entram apenas resguardando a sua personalidade. Eles se mantêm como o segmento elementar do qual a sociedade total não é senão a reprodução ampliada. Pouco a pouco, porém, à medida que essas confederações se tornam mais estreitas, as circunscrições territoriais passam a se confundir umas com as outras e perdem sua antiga individualidade moral. De uma cidade para a outra, as diferenças vão diminuindo.[383] A grande mudança que foi realizada pela Revolução Francesa foi precisamente levar esse nivelamento a um ponto que não tinha sido conhecido até então. Não é que ela o tenha improvisado; ele foi longamente preparado por essa centralização progressiva que havia sido levada a cabo pelo Antigo Regime. Mas a supressão legal das antigas províncias, a criação de novas divisões, puramente artificiais e nominais, a consagrou definitivamente. Depois, o desenvolvimento das vias de comunicação, misturando a população, apagou quase até os seus últimos traços o antigo estado das coisas. E como, no mesmo momento, o que existia de organização profissional foi violentamente destruído, todos os órgãos secundários da vida social se acharam aniquilados.

Uma única força coletiva sobreviveu à tormenta: o Estado. Ele tende, então, pela força das coisas, a absorver em si todas as formas de atividade que poderiam apresentar um caráter social e a não possuir mais diante de si senão a poeira inconsistente dos indivíduos. Nesse caso, porém, ele foi obrigado, por causa disso mesmo, a se sobrecarregar de funções que lhe eram impróprias e das quais não pôde se desfazer adequadamente. Pois trata-se de uma observação feita com frequência a de que ele é tão invasivo quanto impotente. Ele faz um esforço doentio para se estender a todos os tipos de coisas que lhe escapam ou das quais não se apropria senão violentando-as. Daí provém esse desperdício de forças que censuramos nele e que não possui, com efeito, nenhuma relação com os resultados obtidos. Por outro lado, os particulares não são mais submetidos a outra ação coletiva para além da sua, uma vez que é a única coletividade organizada. É somente por seu intermédio que eles sentem a sociedade e a dependência em que se encontram em face da sociedade. Ora, mas como o Estado está longe deles,

---

[383] Bem entendido, não podemos indicar senão as principais etapas dessa evolução. Não pretendemos dizer senão que as sociedades modernas sucederam a cidade; deixamos de lado os intermediários.

ele não tem como exercer sobre eles senão uma ação longínqua e descontínua; é por isso que esse sentimento não está presente para eles nem com a consequência, nem com a energia necessárias. Durante a maior parte de sua existência, não há nada à volta deles que os retire deles mesmos e lhes imponha um freio. Nessas condições, é inevitável que se percam no egoísmo ou no desregramento. O homem não pode se ligar a fins que lhe sejam superiores e se submeter a uma regra, se não perceber acima dele nada que lhe seja solidário. Libertá-lo de toda pressão social é abandoná-lo a si mesmo e desmoralizá-lo. Tais são, com efeito, as duas características de nossa situação moral. Enquanto o Estado se infla e se hipertrofia para encerrar de maneira bastante intensa os indivíduos, sem consegui-lo, esses indivíduos, sem ligação entre si, rolam uns sobre os outros como um monte de células líquidas, sem encontrar nenhum centro de forças que os retenha, os fixe e os organize.

De tempos em tempos, para remediar o mal, propõe-se restituir aos grupamentos locais qualquer coisa de sua antiga autonomia; é isso que se chama descentralizar. Mas a única descentralização verdadeiramente útil é aquela que produziria ao mesmo tempo uma concentração maior das forças sociais. É preciso, sem relaxar os laços que unem cada parte da sociedade com o Estado, criar poderes morais que tenham sobre a multidão dos indivíduos uma ação que o Estado não pode ter. Ora, hoje, nem a cidade, nem o departamento, nem a província possuem uma preponderância suficiente sobre nós para poderem exercer essa influência; não vemos aí mais do que rótulos convencionais, desprovidos de toda significação. Sem dúvida, sem levar em conta nada em particular, normalmente se gosta mais de viver nos lugares onde se nasceu e onde se foi educado. Mas não há mais patriotismos locais e não pode mais haver. A vida geral do país definitivamente unificado é refratária a toda dispersão desse gênero. Pode-se lamentar aquilo que não existe mais; mas essas lástimas são vãs. É impossível ressuscitar artificialmente um espírito particularista que não tem mais fundamento. Desde então, poder-se-ia muito bem, com o auxílio de algumas combinações engenhosas, aligeirar um pouco o funcionamento da máquina governamental; mas não é assim que se poderá um dia modificar a base moral da sociedade. Será possível por meio daí descarregar os ministérios lotados, se fornecerá um pouco mais de matéria para a atividade das autoridades regionais; mas não por isso se fará das diferentes regiões o mesmo número de meios morais. Pois só medidas administrativas seriam capazes de levar a tal resultado; tomado nele mesmo, ele não é nem possível nem desejável.

A única descentralização que, sem quebrar a unidade nacional, permitiria multiplicar os centros da vida comum é aquela que se poderia chamar de a *descentralização profissional*. Pois, como cada um dos centros não teria como ser o berço senão de uma atividade especial e restrita, eles seriam inseparáveis uns dos outros, e o indivíduo poderia, por conseguinte, se ligar aí sem se tornar menos solidário do todo. A vida social não pode ser dividida, permanecendo completamente una, salvo se cada uma de suas divisões representar uma função. Foi isso que compreenderam os escritores e os homens de Estado, sempre mais numerosos,[384] que queriam fazer do grupo profissional a base de nossa organização política, ou seja, que queriam dividir o colégio eleitoral não em circunscrições territoriais, mas em corporações. A questão é que, para tanto, é preciso começar pela organização da corporação. É preciso que ela seja mais do que um conjunto de indivíduos que se encontram no dia de votação sem ter nada em comum entre si. Ela só terá como desempenhar o papel a que se destina se, em vez de permanecer um ser convencional, se tornar uma instituição definida, uma personalidade coletiva, tendo suas morais e suas tradições, seus direitos e seus deveres, sua unidade. A grande dificuldade não é decidir por decreto que os representantes serão nomeados por profissão e quantos representantes terá cada uma dessas profissões, mas fazer as coisas de tal sorte que cada corporação se torne uma individualidade moral. De outro modo, não se fará outra coisa além de anexar um quadro exterior e artificial àqueles que existem e que se querem preencher.

Assim, uma monografia sobre o suicídio tem um escopo que ultrapassa a ordem particular dos fatos a que especialmente visa. As questões que ela levanta são solidárias aos mais graves problemas práticos formulados na presente hora. Os progressos anormais do suicídio e a doença geral pela qual são afetadas as sociedades contemporâneas derivam das mesmas causas. É isso que nos prova esse número excepcionalmente elevado de mortes voluntárias e o estado de perturbação do qual sofrem as sociedades civilizadas. Ao mesmo tempo, esses fatos atestam a sua gravidade. Pode-se mesmo dizer que o suicídio lhe dá a medida. Quando esses sofrimentos se exprimem pela boca de um teórico, pode-se acreditar que eles são exagerados e traduzidos de maneira nada fiel. Mas aqui, na estatística dos suicídios, eles vêm como que registrar a si mesmos, sem deixar lugar para a apreciação pessoal. Não se pode, portanto, bloquear essa corrente de tristeza senão atenuando, ao menos, a doença coletiva da qual ela é a resultante e o signo. Nós mostramos que, para atingir essa meta, não é necessário restaurar artificialmente formas sociais ultrapassadas e às quais não se poderia fazer mais do que transmitir uma aparência de vida, nem inventar formas inteiramente novas e sem analogias na história. O que é preciso é investigar no passado os germes da vida nova que ele contém e apressar com isso o seu desenvolvimento.

---

[384] Ver sobre esse ponto, BENOIST, L'organisation du suffrage universel, em: *Revue des Deux Mondes*, 1886.

Quanto a determinar com mais exatidão sob que formas particulares esses germes são chamados a se desenvolver no futuro, ou seja, o que deverá ser, no detalhe, a organização profissional da qual precisamos, é isso que não tínhamos como esboçar no curso da presente obra. É somente em seguida a um estudo especial sobre o regime corporativo e as leis de sua evolução que será possível precisar mais as conclusões que precedem. E não se pode exagerar o interesse desses programas excessivamente definidos nos quais se consomem geralmente os filósofos da política. Esses são jogos de imaginação, sempre por demais afastados da complexidade dos fatos para terem valor prático; a realidade social não é muito simples e é ainda muito pouco conhecida para poder ser antecipada no detalhe. Somente o contato direto com as coisas pode fornecer aos ensinamentos da ciência a determinação que lhe falta. Uma vez estabelecida a existência do mal, em que ele consiste e de que ele depende, quando se sabe, por conseguinte, as características gerais do remédio e o ponto no qual ele deve ser aplicado, o essencial não é chegar de antemão a um plano que preveja tudo, mas se entregar resolutamente à obra.

© desta tradução: Editora Martin Claret Ltda., 2014.

Direção
MARTIN CLARET

Produção editorial
CAROLINA MARANI LIMA
MAYARA ZUCHELI

Diagramação
CAROL PALOMO

Capa
MAYARA ZUCHELI

Tradução
MARCO ANTONIO CASANOVA

Revisão
ALEXANDER B. A. SIQUEIRA

Impressão e acabamento
BARTIRA GRÁFICA

Dados Internacionais de Catalogação na Publicação (CIP)
(Câmara Brasileira do Livro, SP, Brasil)

Durkheim, Émile, 1858-1917.
O suicídio / Émile Durkheim; tradução Marco Casanova. — São Paulo: Martin Claret, 2024.

Título original: Le suicide.
ISBN 978-85-440-0278-0

1. Suicídio - Aspectos sociológicos I. Título.

23-1849119   CDD-394.8

Índices para catálogo sistemático:

1. Suicídio: Aspectos sociológicos: Costumes   394.8
Cibele Maria Dias - Bibliotecária - CRB-8/9427

EDITORA MARTIN CLARET
Rua Alegrete, 62 — 01254-010 — São Paulo — SP
Tel.: (11) 3672-8144 — www.martinclaret.com.br
Impresso — 2024

CONTINUE COM A GENTE!

Editora Martin Claret

editoramartinclaret

@EdMartinClaret

www.martinclaret.com.br

Impressão e Acabamento
Bartiragráfica
(011) 4393-2911